KB052073

하늘에서 본

낚시터 대백과

경기 · 강원 충청편

댐, 저수지 + 강낚시터 추가수록

낚시춘추 편집부 지음

황금시간
Golden Time

하늘에서 본

낚시터 대백과

경기 * 강원 * 충청편

황금시간
Golden Time

일러두기

- 이 책에 수록된 경기·강원·충청도의 191개 낚시터는 2014년 발간된 『하늘에서 본 대한민국 낚시터 대백과』에 수록된 524개 낚시터 중 중부지방 176개 저수지와 새로 추가수록한 15개 하천 낚시터를 합친 것이다.

- 이 책에 수록된 저수지들의 항공사진은 초정밀 항공사진 제작업체 삼아항업에서 촬영하였다. 이 항공사진들은 1만6천미터 상공에서 촬영되었으며 동일한 사진이 다음지도와 네이버지도에 서비스되고 있다.

- 각 항공사진들은 2014년과 2013년에 촬영되었다. 따라서 2015년 이후 건설된 도로나 시설물은 나타나지 않는다. 또한 군사지역에 속하여 항공사진 공개가 불허되는 경기북부와 강화도 일부, 강원북부의 몇몇 저수지들은 이 책에 실리지 못하였다.

- 낚시터를 선정할 때의 기준은 첫째 대중성, 둘째 조황, 셋째 여행지로서의 가치에 두었다. 따라서 1만평 미만의 작은 소류지나, 유명 낚시터라도 근래 조황이 나쁜 곳이나, 주민들과 낚시인 간 마찰이 심한 곳은 선정과정에서 탈락하였다.

- 각 항공사진에 표기된 낚시정보들은, 1차로 해당 낚시터를 추천한 각 지역 낚시전문가들이 기입하였고, 2차로 각 저수지를 여러 번 출조한 전국구 낚시전문가들이 보완하였다.

- 낚시터의 배열순서는 낚시터명 가나다순으로 하였다. 그러나 편집인쇄상 배열의 편의를 위하여 같은 시군 안에서 가나다순이 약간 바뀐 저수지들도 있다.

- 저수지 이름은 행정명칭으로 표기하고 낚시인들 간에 통용되는 지역별칭은 괄호 안에 병기하였다. 그런데 낚시인들은 행정명칭보다 별칭을 부르는 경우가 많다. 가령 경기 용인 이동지와 괴산 달천은 각각 송전지와 괴강이라는 별칭으로 더 많이 불리고 있다.

- 이 책에는 출조지 선정 시 독자의 판단을 돕기 위해 각 저수지마다 다섯 가지 등급기준으로 나누어 평점을 매겨놓았다.(평점 범례 참고)
①가령 씨알이 ★★★★이고 마릿수가 ★★인 곳은 큰 붕어가 낚이지만 입질이 뜸해 전문 낚시인들에게 적합한 낚시터라고 할 수 있으며, 반대로 씨알이 ★★이고 마릿수가 ★★★★인 곳은 중치급 붕어들이 잘 낚이는 곳이라 초보낚시인들에게 적합한 낚시터라 할 수 있다.
②조과보다 가족여행을 위해 찾는다면 수질과 경관이 ★★★★ 이상인 곳을 찾는 게 좋겠다.
③낚시회 등에서 단체출조를 계획한다면 주차여건이 ★★★★ 이상인 곳 중에서 마릿수 평점이 높은 곳을 택하면 무난할 것이다.

- 이 책에 수록된 낚시터를 찾아갈 때는 책에 표기된 내비게이션 주소를 차량의 내비게이션에 입력하면 된다. 수면적이 넓어서 진입로가 두 개 이상인 저수지는 내비 주소도 두 개 이상을 기입하여 원하는 포인트까지 최단시간에 찾아갈 수 있게 하였다.

– 이 책에 수록된 낚시터들의 항공사진을 더욱 정밀하게 보고 싶다면 컴퓨터나 스마트폰으로 인터넷지도(다음스카이뷰 또는 네이버 지도)를 연 다음 검색창에 해당 낚시터의 '인터넷지도 검색명'을 입력하거나 '내비게이션 주소'를 입력하면 된다.

– 저수지의 정보를 찾고자 할 때 해당 저수지의 시군명을 알고 있다면 목차를 통해 찾을 수 있고, 행정구역을 몰라도 저수지 이름만 알면 책 맨 뒤의 색인을 통해 찾을 수 있다.

평점 기준 범례

씨알
★ 6치 이하가 주종이며 월척은 기대하기 힘들다
★★ 6~7치가 주종이며 드물게 월척이 낚인다
★★★ 7~8치가 주종이나 준척 월척도 자주 낚인다
★★★★ 9치 이하는 보기 드문 월척터로서 4짜 확률도 높다
★★★★★ 40cm 중후반과 5짜 붕어까지 기대할 수 있다

마릿수
★ 2박 이상 버텨도 한 번 입질 받기 어렵다
★★ 1박2일에 한두 마리 승부
★★★ 1박2일에 대여섯 마리
★★★★ 1박2일에 10수 이상 무난
★★★★★ 1박2일에 20수 이상 가능

수질
★ 낚은 붕어를 식용하기 어려운 수질
★★ 동절기엔 양호하나 여름엔 녹조가 끼고 매우 혼탁해지는 수준
★★★ 물색은 탁하지만 환경적으로 문제가 없는 깨끗한 물
★★★★ 여름에 옷을 벗고 멱을 감아도 될 정도의 수질
★★★★★ 계곡수와 큰 차이가 없는 수질의 청정수

경관
★ 낚싯대 없이 그냥 앉아 있기엔 삭막한 환경
★★ 딱히 아름답다고 하기는 힘든 풍경
★★★ 수변 풍취가 있어 가족캠핑을 하기에 무리가 없는 경관
★★★★ 조과가 없어도 힐링과 휴식을 즐길 수 있는 청정도
★★★★★ 비경으로 손꼽을만한 탁월한 풍광

주차
★ 차량 진입로가 없어 저수지 인근에 주차하고 많이 걸어야 하는 곳
★★ 차량 진입로가 있으나 주차장소가 협소하여 많은 인원이 낚시하기 힘든 곳
★★★ 주차공간은 넉넉하나 각 포인트까지 도보진입 거리가 다소 먼 곳
★★★★ 주차공간도 넓고 도보진입거리도 짧은 곳, 단체출조지로 적합
★★★★★ 물가에 바로 주차하고 낚시할 수 있는 곳, 단체출조지로 적합

부호 범례

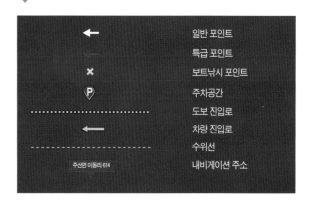

← 일반 포인트
특급 포인트
× 보트낚시 포인트
Ⓟ 주차공간
도보 진입로
← 차량 진입로
수위선
내비게이션 주소
주신면 이동리 614

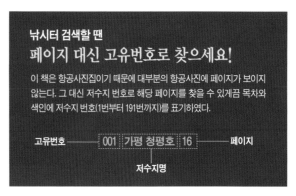

낚시터 검색할 땐
페이지 대신 고유번호로 찾으세요!
이 책은 항공사진집이기 때문에 대부분의 항공사진에 페이지가 보이지 않는다. 그 대신 저수지 번호로 해당 페이지를 찾을 수 있게끔 목차와 색인에 저수지 번호(1번부터 191번까지)를 표기하였다.

고유번호 —— 001 가평 청평호 16 —— 페이지
저수지명

오늘, 낚시를 통해 자연으로 돌아갑니다.

차 례

경기도

남한강 양평 세월리 본류

인천 검단수로

씨 알	★★★
마릿수	★★★★
수 질	★★
경 관	★★
주 차	★★★

Profile

검단수로는 서울과 수도권 낚시인들의 안방터로 인기가 높은 곳이다. 인천시 서구와 경기도 김포시 양촌읍의 경계선에 위치해 있어 김포 검단수로라고도 불린다. 약 30만평 규모의 대형 수로로 어자원이 풍부하고 연중 물낚시가 가능하다. 특히 겨울철 얼음낚시가 잘 되며 연안낚시뿐만 아니라 보트낚시도 활성화되어 있다.

(지도 레이블) 제2외곽순환도로 · 북청라IC · 검단양촌IC · 대곶IC · ①상류 · 검단일반산업단지 · ②중류·하류 · 오류동(인천시 서구) · ③최하류 · 검단사거리 · 수문 · 학운리(김포시 양촌읍) · 학운2산업단지 · 매점 · 안암도유수지(민간인 출입금지) · 바타(서해)

↑ 검단수로는 연안 전역이 0.8~1.5m 수심으로 얕고 갈대와 부들이 발달해 있다. 어종은 붕어, 잉어, 배스, 동자개, 메기 등이 서식한다. 블루길은 없다. 미끼는 글루텐과 지렁이가 제일 효과적이다.

행정명칭 ▶ 검단천
지역별칭 ▶ 검단수로
인터넷지도 검색명 ▶ 검단천
내비게이션 주소 ▶ 인천시 서구 오류동 1460 외

어종과 미끼

주어종 ▶ 붕어, 떡붕어
외래어종 ▶ 배스
토착어종 ▶ 잉어, 메기, 뱀장어, 가물치, 동자개, 강준치 등
잘 듣는 미끼 ▶ 지렁이, 떡밥, 글루텐, 새우
채집 가능한 생미끼 ▶ 없음

①검단수로 상류

새물이 유입되는 곳이며 봄철 산란기 때와 초여름이 붕어낚시 시즌이다.

● 중하류는 부들이나 갈대가 붕어 포인트 역할을 한다면 상류는 말풀이 군데군데 자라 있어 갈대와 부들뿐만 아니라 말풀이 자라 있는 맨바닥을 노려도 붕어를 쉽게 낚을 수 있다.

※ 2월 초순부터 5월 하순까지가 시즌으로 특히 3월 중순 이후 부들 새순이 돋아날 때 가장 조황이 좋다.
※ 물 흐름이 갯탕을 걷어내어 중하류에 비해 바닥이 깨끗하고 붕어들의 입질도 시원스럽다.

검단양촌IC

인천시 서구 오류동 1045-6

농로 입구(농번기에 간혹 쇠사슬로 막아 놓는다.)

얼음낚시 포인트

갓길주차

보트낚시 포인트

초봄 붕어 명당

보트낚시 포인트
수심 1~1.5m

펌프장

보트낚시 포인트(겨울철 유명 얼음낚시 포인트)

김포학운산업단지 조성 예정지〈진입 금지〉

(2대)

비포장도로

외딴집

수심 0.8~1m

학운리

②검단수로 중류·하류
폭이 제일 넓은 본류권으로 연안낚시는 물론
보트낚시도 제일 많이 이뤄지는 곳이다.

보트낚시 포인트

● 북쪽 연안은 경기도 김포시 양촌읍 학운리, 남쪽 연안은
인천시 서구 오류동으로 진입하는 길이 다르다.

● 연안의 수심은 얕지만 중앙의 수심은 만수 시 4m로 제일
깊다. 늦가을·초겨울이나 농번기 배수기에 깊은 수심 맨바
닥을 노려 야간 보트낚시를 하면 미릿수 손맛을 즐길 수 있
다.

보트낚시 포인트

외딴집

비포장도로

Ⓟ (2-3대)

만수위 때 붕어 명당

Ⓟ (2-3대)

※ 연안낚시는 초여름·늦가을 사이에 가장 잘 된다.
※ 겨울 얼음낚시에 조황이 가장 좋고 포인트도 많아
   늘 많은 낚시인들이 몰린다.

보트낚시 포인트

Ⓟ (2-3대)

수심 0.8~1m

김포시 양촌읍 학운리 742

Ⓟ

Ⓟ

갓길주차 가능
(주차 10대)

Ⓟ

수심 0.8~1.2m

학운리

맨바닥 포인트
수심 1~2.5m

매점

도보로 진입

화장실

도로변 일렬로
주차가능

③검단수로 최하류
봄철 산란기와 얼음낚시 첫탕에 좋은 조황을 보인다.

♠ 이곳은 매점 앞, 수문 하류 석축 구간, 수문 우측 작은 골로 나뉜다.

N

검단일반산업단지
인천시 서구 오류동 1611-17

비포장도로

● 수문 우측 작은 골은 갈대와 부들이 군락을 이루어 봄철 산란기에 좋은 곳이며 특히 첫 얼음낚시에서도 좋은 조황을 보이는 특징이 있다.

갈대, 부들 군락

수초직공낚시가 유리

(3대) P

비포장도로

갈대, 부들 군락
수심 0.8~1m

석축

수심 1.2~1.5m

도보로 진입

P
(8대)

(2-3대) P

여름·초가을 포인트

수문

(2대) P

수심 1~1.5m

보트낚시 포인트

보트 선착장

매점(낚시용품 판매)
032-564-1152

대형 공터
(50대 이상 주차 가능)

● 수문 하류 석축 구간은 50만평에 이르는 안암도유수지(민간인 출입금지구역)의 최상류에 해당되는 곳으로 검단수로와는 다른 곳이다. 큰비가 내린 뒤 안암도유수지의 붕어가 떼로 올라붙어 호황을 보이는 곳이어서 이때 자리다툼이 벌어진다. 봄철 산란기에도 좋은 곳이다.

인천시 서구 오류동 1460

안암도유수지
(출입금지)

가평 청평호

씨 알 ★★★
마릿수 ★★★
수 질 ★★★★
경 관 ★★★★
주 차 ★★★

※ 1943년 완공, 1984년 11월 보호수면에서 해제

Profile

춘천호–의암호–청평호로 이어지는 북한강 붕어낚시터 중 서울에서 가장 가깝고 봄낚시 개막이 제일 빠른 곳이다. 다른 댐에 비해 수심이 얕고 수초가 발달한 지류와 습지가 많아서 3월 중순부터 월척잔치가 벌어진다. 그러나 낚시터보다 유원지로 더 많이 알려져 있어 이곳을 모르는 낚시인들이 아직도 많다.

행정명칭 ▶ 청평호
지역별칭 ▶ 청평댐
주소 ▶ 가평군 외서면·설악면, 춘천시 남면·남산면, 홍천군 서면
면적 ▶ 532만평
준공연도 ▶ 1943년
인터넷지도 검색명 ▶ 청평호
내비게이션 주소 ▶
각 지역별 세밀도 참조

어종과 미끼

주어종 ▶ 붕어, 떡붕어
외래어종 ▶ 배스
토착어종 ▶ 잉어, 끄리, 누치, 쏘가리, 메기
잘 듣는 미끼 ▶ 지렁이, 글루텐떡밥
채집 가능한 생미끼 ▶ 없음

❶ 자라섬 가평 시내에서 가장 가까워
오래전부터 많은 낚시인이 찾는 곳

☞ 해방 후 중국인들이 농사를
지었다는 데서 '중국섬'으로 불리다가
1986년 자라목이라 부르는 늪산을
바라보고 있는 섬이란 뜻에서
가평군이 '자라섬'으로 명명하였다.

청평호 낚시의 특징

● 3월 중순부터 5월까지 두 달 동안 피크

● 대상어종은 토종붕어와 떡붕어. 토종붕어는
평균 씨알이 8~9치급. 떡붕어는 30~40cm급

● 낮낚시보다 밤낚시가 우세. 큰 붕어는
밤 12시부터 새벽 6시 사이에 잘 낚임

● 수시로 댐 수문을 열어 방류하는 통에
자주 변하는 수위가 최대 단점

● 쌍바늘채비에 지렁이와 떡밥을
짝밥으로 달아 사용해야 효과

● 붕어바늘 7-8호에 원줄 3호, 목줄 2~2.5호.
물의 흐름에 대비하여 고부력찌에
다소 무거운 봉돌을 사용한다.

● 어디서든 수초 또는 밑걸림을 끼고
자리를 잡아야 한다

중도, 서도, 남도 등 3개의 섬과
2개의 부속섬이 5개의 골을 이루고 있다.

2월 말부터 붕어가 낚이기 시작하며
4월과 5월 두 달이 피크시즌

35cm 이상의 대형붕어는
새벽 4시부터 아침 7시 사이에 잘 낚인다.

자라섬
캠핑장

1~2m

80cm~1m

1~1.5m

80cm~1.5m

수상클럽하우스

모빌홈사이트

낚싯대는
2.5칸~3.2칸대가
알맞다.

잔디광장

카라반사이트B

가평읍 달전리 362-1

경춘선

카라반사이트A

달 전 리

가평오거리

가평역

N

자라섬

❷ 이화리 청평댐 지류에서 가장 먼저
봄붕어의 입질이 시작되는 곳

※ 남이섬 건너편에 위치해 있는
1만여 평 규모의 습지

버드나무와 부들, 갈대, 마름이 가득한 곳이기 때문에
초봄 붕어 산란장으로 최적의 조건. 갈수기에는 수심이 나오지 않는다.

3월에는 7~8치급 토종붕어가 낚이다가 4월이 되면
대형 떡붕어가 붙기 시작한다.

금대리

북한강변로 908-33

휴먼타운펜션

말풀·부들 산재

1~2m

버드나무와 부들,
뗏장이 밀생해 있다.
토종붕어 위주로
낚이며 지렁이가
잘 듣는다.

버드나무 군락

휴먼타운

1~2m

P

P

주차 후 물가로
바로 내려갈 수 있다.

이화교

북한강변로 888

자라섬

❸ 금대리권 길가에 있기 때문에 접근성이 좋고
어디에 앉아도 고른 조과가 장점

금대리 ↗

도로변 전역
주차 가능

긴 대를 사용하여
부들 부근에 채비 넣으면
대물붕어를
낚을 수 있는 곳

1~2m

돌모루집

부들

가평읍 산유리 57

※ 7천평 규모의 습지

전반적으로 밑걸림이 적어
약간의 수초 걸림이
있는 곳이 유리하다.

1~1.5m

떡밥에 마릿수 붕어를
기대할 수 있는 곳

1~1.5m

이화리 ←

히어엔나우펜션

낚시자리 편하고
마릿수는 많지만
씨알이 잔 편

포시즌펜션

가평읍 복장리 29

75

녹색문화체험관

가평민박

1~2m

고성리

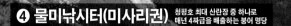

❹ 물미낚시터(미사리권) 청평호 최대 산란장 중 하나로 매년 4짜급을 배출하는 붕어 명당

예전부터 청평호 단골꾼들은
"봄이면 고성리권과 물미를 두고 고민한다"고 할 정도로
초봄에는 자리다툼이 심하다.
명칭이 물미낚시터일 뿐 유료낚시터는 아니다.

캠핑홀리데이
가평연꽃호수캠핑장

2m

1.5m

1.5m

P

설악면 송산리 976-5

※ 장마철 물이 넘쳐 자연적으로 생겨진 습지다.
고성리권에 비해 포인트의 규모가 크고 앉을 자리가 많다.
물속에 말풀 수초가 자라있어 밑걸림이 심하므로
짧고 부력 센 찌가 필요하다.

미사리

P

80cm~1m

마름 + 부들

일조량이 많기 때문에 조황이 가장 좋다.
40cm 이상의 대형 떡붕어도 잘 낚인다.

P

연꽃호수펜션

옛날에는 토종붕어가 많이 낚였으나
지금은 토종붕어보다 대형급 떡붕어가 잘 낚인다.

3월 중순부터 입질을 보이기 시작해
4월 중순경 피크

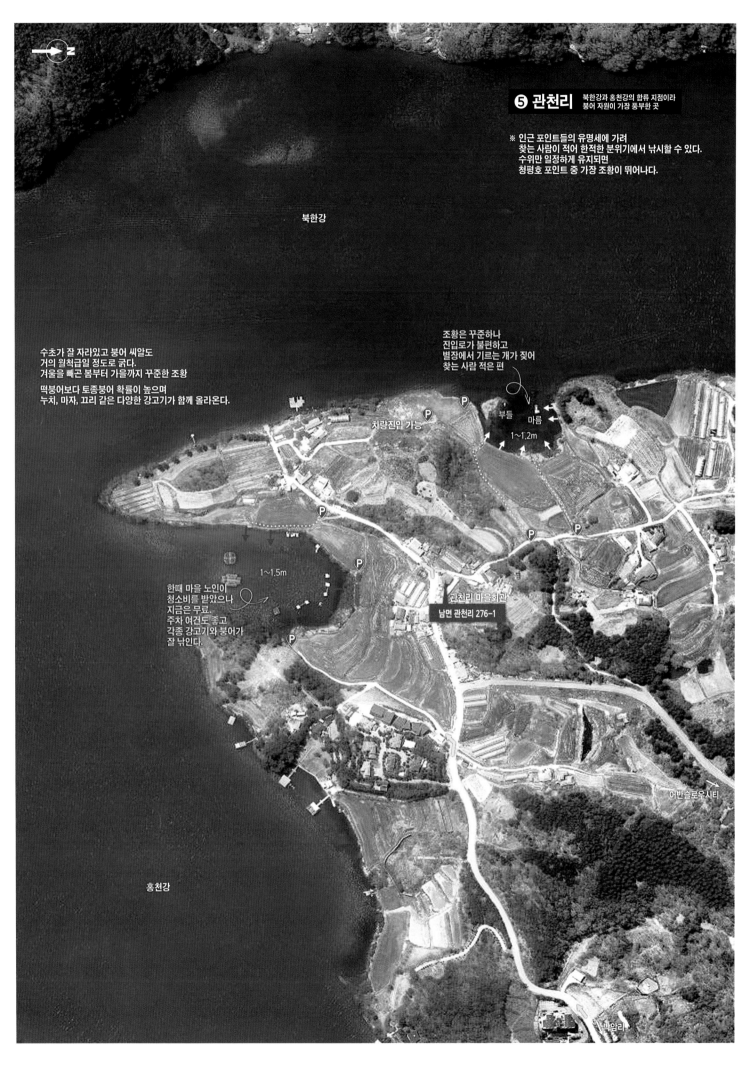

⑤ 관천리 북한강과 홍천강의 합류 지점이라
붕어 자원이 가장 풍부한 곳

※ 인근 포인트들의 유명세에 가려
찾는 사람이 적어 한적한 분위기에서 낚시할 수 있다.
수위만 일정하게 유지되면
청평호 포인트 중 가장 조황이 뛰어나다.

북한강

조황은 꾸준하나
진입로가 불편하고
별장에서 기르는 개가 짖어
찾는 사람 적은 편

수초가 잘 자라있고 붕어 씨알도
거의 월척급일 정도로 굵다.
겨울을 빼곤 봄부터 가을까지 꾸준한 조황

떡붕어보다 토종붕어 확률이 높으며
누치, 마자, 끄리 같은 다양한 강고기가 함께 올라온다.

차량진입 가능

부들

마름

1~1.2m

1~1.5m

한때 마을 노인이
청소비를 받았으나
지금은 무료.
주차 여건도 좋고
각종 강고기와 붕어가
잘 낚인다.

관천리 마을회관
남면 관천리 276-1

어반슬로우시티

홍천강

관천리

바위리
가리

❻ 고성리 잘 알려지지 않아 한적한 낚시를 즐길 수 있는 봄낚시 명당

※ 3개의 작은 골창이 포인트다.
  원래는 성희네민박집 아래 골이 명당이었으나
  땅 소유자가 철문을 만들어 출입을 금지하는 바람에,
  나머지 두 골에서만 낚시를 할 수 있다.

블루레이크

까치놀펜션

청평면 고성리 53

뜨리제

아스포텔펜션

1~1.5m

청평호반의 주도로인
361번 지방도에서 벗어나
꼬불꼬불한 비포장 산길 진입로를
한참 들어가야 하는데
길이 좁고 험하므로
조심해서 운전해야 한다.

호반의가든펜션

청평면 고성리 340-10

솔나무민박

75번 국도

1~1.5m

3월에 50cm 이상 되는 떡붕어가
여러 마리 낚이는 곳

포인트가 많지 않아 사람이 몰릴 경우
자리다툼이 단점.

낮에는 납자루의 성화가 있고
붕어는 밤에 잘 낚인다.
특히 초저녁인 8시경부터
대물이 붙는 경우가 많다.

성희네민박

고성리의 최고 명당이었으나
땅 소유주가 진입 금지

청평IC·설악면사무소

청심빌리지

❼ 송산리 버드나무와 갈대, 부들, 마름 수초군이
발달해 있는 초봄 청평호 최대의 산란장

자리를 잡은 뒤 채비를 던져보고 밑걸림이 없는 곳은
붕어가 잘 붙을지 않으므로 얼른 옮겨야 한다.

3월 초순이면 붕어가 낚이기 시작하며 4월 중순경 피크

새우가 서식하는 곳이라 새우를 채집해
미끼로 사용하면 의외의 조과 기대

수초가 없고 경사가 심해
붕어보다 모래무지나 마자 같은
강고기가 잘 낚인다.

보트선착장

1~1.5m

갈대 + 부들

※ 현지에선 '송산리 청심병원 앞 포인트'라고 불린다.
경춘고속도로 청평IC에서 내리면 가깝다.

논둑 앞으로
매년 4짜급 붕어를
배출하는
최고의 명당

청심평화
월드센터

봄철 수위선

부들과 갈대가
밀생해 있어
수초직공낚시.
토종붕어 위주로
낚이고 마릿수도 좋다.

송산천

설악면 송산리 554-5

해피하우스민박

주차장

청심국제병원

미사리보건진료소

남한강 여주 점동면 도리 본류 — 월척을 기다리는 태공들.

강화 분오리지

씨 알 ★★★
마릿수 ★★★
수 질 ★★★
경 관 ★★
주 차 ★★

붕어낚시 피크는 산란철인 3월이며 이후로는 늦가을에 굵은 씨알이 잘 낚인다. 붕어용 미끼는 떡밥과 지렁이를 함께 꿴 짝밥이 잘 먹히는데 글루텐보다는 전통 곡물떡밥에 어분을 섞어 쓰는 방식에 더 잦은 입질을 받을 수 있다.

☞ 동막해수욕장 가는 입구에 있으며 펜션, 식당, 편의점 등 각종 편의시설이 잘 갖춰져 있어 가족과 낚시를 와도 불편함이 없다.

릴낚시로 전방 물골지대를 노리면 박카스병 굵기의 굵은 장어가 올라온다. 미끼는 산지렁이와 땅강아지(김포지역 낚시점에서 판매)

바다

소나무
장어 원투 포인트 2~4m
1.5~2m

제방권은 도보로 진입

소나무
장어 원투 포인트
2~3m
3~4m

붕어·메기 포인트
1.5~2m

※ 월척은 주로 밤에 낚인다. 해안가 저수지임에도 의외로 밤낚시 조과가 뛰어난 편이다.

7~8m
1.5~2m

수초 밀생

옛 물골자리
30~40m
2~4m
0.8~1.5m
붕어낚시 대물 명당

3.5칸 이상 긴 대를 써서 물골에 미끼 떡 어뜨릴 때 활발한 입 질을 받을 수 있다.

1.5~2m
석축
P P P
펜션촌
화도면 사기리 486-5

0.8~1.5m

P
편의점
새물 유입구

동막해수욕장

펜션촌

온수리·초지대교

Profile

강화도에서는 유일한 무료낚시터다. 유료터로 관리된 적이 없어 배스를 제외하면 순수 토종 물고기들만 살고 있다. 어종이 다양해 어종백화점이라는 별명도 갖고 있는데 겨울에는 빙어도 잘 낚여 가족 낚시터로도 인기가 높다. 3면이 제방이며 여름철 갈수기 때는 심하게 물이 빠지기도 하지만 물이 차면 다시 정상 조황을 회복한다.

어종과 미끼

주어종▶ 붕어
외래어종▶ 배스
토착어종▶ 잉어, 가물치, 장어, 메기, 강준치, 살치, 숭어, 망둥어
잘 듣는 미끼▶ 떡밥과 지렁이 짝밥
채집 가능한 생미끼▶ 없음

행정명칭▶ 분오리지
지역별칭▶ 없음
주소▶ 인천광역시 강화군 화도면 사기리
면적▶ 5만5천평
준공연도▶ 1978년
인터넷지도 검색명▶ 분오저수지
내비게이션 주소▶ 화도면 사기리 486-5

안성 고삼지

씨 알 ★★★
마릿수 ★★
수 질 ★★★
경 관 ★★★
주 차 ★★★

Profile

용인 송전지와 더불어 경기도를 대표하는 대형 저수지다. 한때 떡붕어가 주로 낚였으나 현재는 토종붕어가 주류이며 배스가 유입된 후 4짜 붕어까지 낚이는 대물터로 변했다. 좌대낚시터로 유명하지만 봄 산란철이나 오름수위 때는 연안에서도 월척붕어가 잘 낚인다. 연안 입어료는 붕어낚시 7천원, 루어낚시 5천원, 수상좌대료는 6만~25만원

행정명칭▶ 고삼지
지역별칭▶ 없음
주소▶ 안성시 고삼면 월향리
면적▶ 83만7천평
준공연도▶ 1963년
인터넷지도 검색명▶ 고삼저수지
내비게이션 주소▶ 세밀도 참조

어종과 미끼

주어종▶ 붕어, 떡붕어
외래어종▶ 배스, 블루길
토착어종▶ 잉어, 마자
잘 듣는 미끼▶ 글루텐 떡밥, 지렁이
채집 가능한 생미끼▶ 없음

고삼지 좌대낚시터(031)

월향리낚시터좌대 673-6399
느티나무좌대 672-7065
둥글레좌대 674-6210
고삼호수좌대 672-3481
극터좌대 672-3642
연못좌대 672-3870
양촌좌대 011-333-3752
양촌좌대(배스) 011-477-0044
돌배좌대 671-0756
삼은좌대 672-3679

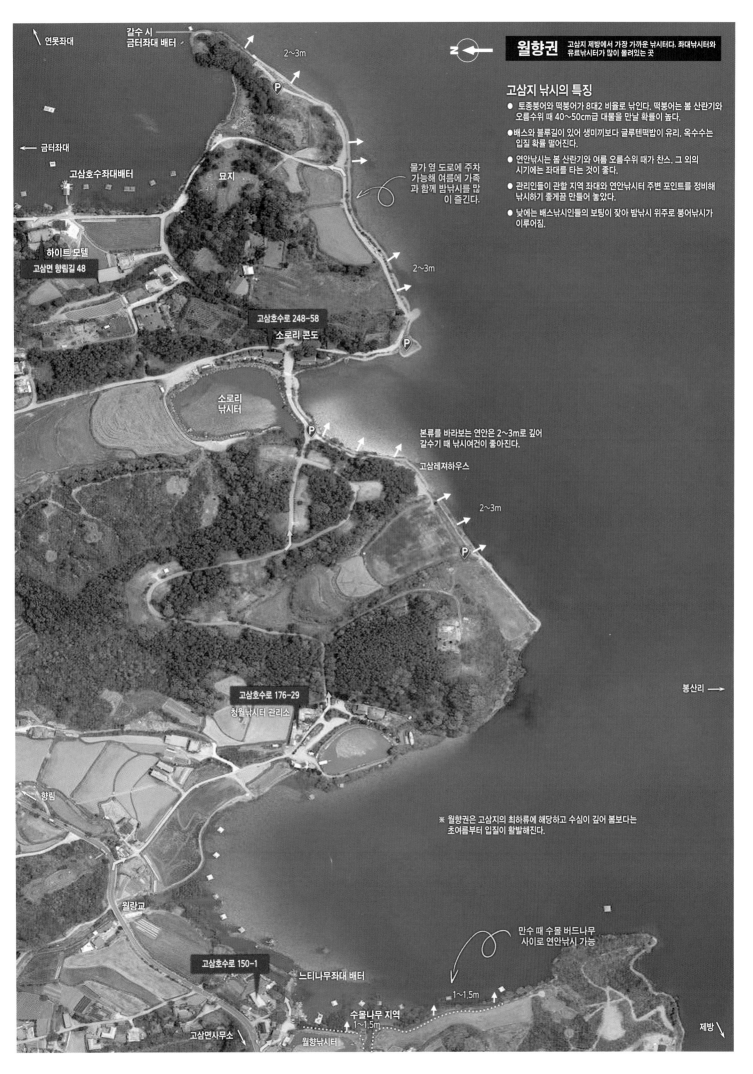

연못좌대 ←

갈수 시
금터좌대 배터

2~3m

← 금터좌대

고삼호수좌대배터

묘지

물가 옆 도로에 주차
가능해 여름에 가족
과 함께 밤낚시를 많
이 즐긴다.

2~3m

월향권 고삼지 제방에서 가장 가까운 낚시터다. 좌대낚시터와
유료낚시터가 많이 몰려있는 곳

고삼지 낚시의 특징

● 토종붕어와 떡붕어가 8대2 비율로 낚인다. 떡붕어는 봄 산란기와
오름수위 때 40~50cm급 대물을 만날 확률이 높다.

● 배스와 블루길이 있어 생미끼보다 글루텐떡밥이 유리. 옥수수는
입질 확률 떨어진다.

● 연안낚시는 봄 산란기와 여름 오름수위 때가 찬스. 그 외의
시기에는 좌대를 타는 것이 좋다.

● 관리인들이 관할 지역 좌대와 연안낚시터 주변 포인트를 정비해
낚시하기 좋게끔 만들어 놓았다.

● 낮에는 배스낚시인들의 보팅이 잦아 밤낚시 위주로 붕어낚시가
이루어짐.

하이트 모텔
고삼면 향림길 48

고삼호수로 248-58
소로리 콘도

소로리
낚시터

본류를 바라보는 연안은 2~3m로 깊어
갈수기 때 낚시여건이 좋아진다.

고삼레저하우스

2~3m

봉산리 →

고삼호수로 176-29
청원낚시터 관리소

향림

※ 월향권은 고삼지의 최하류에 해당하고 수심이 깊어 봄보다는
초여름부터 입질이 활발해진다.

월랑교

고삼호수로 150-1

느티나무좌대 배터

만수 때 수몰 버드나무
사이로 연안낚시 가능

1~1.5m

제방

고삼면사무소

수몰나무 지역
1~1.5m

월향낚시터

향림권 고삼지 좌안 중류권의 좌대낚시 명소. 도로변 새물
유입구 부근에서 봄붕어 입질 활발

돌배
좌대

고삼면 산양길 119

양촌좌대
배터

갈수기 양촌좌대
배터

산대골

산길을 넘어 양촌좌대 일대까지
갈 수 있다.

팔자섬

고삼면 산양길 23

연못좌대 관리소

향림교

연못낚시터

보개면
사무소

연못좌대 배터

연못좌대는 연안에서 걸어서 들어갈 수 있
는 구조여서 가족낚시객들이 자주 찾는다.

수초 밀생해
연안낚시 불가 지역

※ 향림권은 전반적 수심이 완만해 봄부터
가을까지 꾸준한 조황이 나오는 구간이다

금터좌대 배터

70

월항낚시터

수상좌대 사이에서 버드나무
노려 연안낚시 가능

금터좌대
이정표

1~1.5m

1~1.5m

둥굴레본가

고삼호수로 290

향림고개

월항

봉산리권 주차 여건이 좋고 수심이 깊어 갈수기에도 많은 포인트가 형성되는 곳.

N

← 삼은리

고삼면 산항길 40

금슬펜션

1~2m
갈수 포인트

1~2m

꼴미낚시터

만수 시 진입 불가

1~1.5m

※ 봄 산란기 때 관리인들이 봉산리권 연안 포인트를
잘 다듬어 놓는다. 봄에는 버드나무 사이에서 붕어가
잘 낚이며 여름 갈수기 때도 많은 포인트가 나온다.

1~1.5m

화봉마을

1~1.5m

도로변 주차 가능

1~1.5m

1~1.5m

꽃뫼펜션

고삼재연수원
고삼면 삼은길 15-48

고삼재연수원 일대는 낚시는 가능하나
관리원과 간혹 미찰을 빚는다.

꼴미가든
고삼면 봉산리 산 52-5

← 향림

P

배스
보팅 포인트

갈수기에는 붕어낚시가 가능하나 길에서
너무 멀어 배스낚시인들이 주로 찾는 구간

1.5~2m

1.5~2m

도로변 주차 가능

P

↙ 고삼면사무소

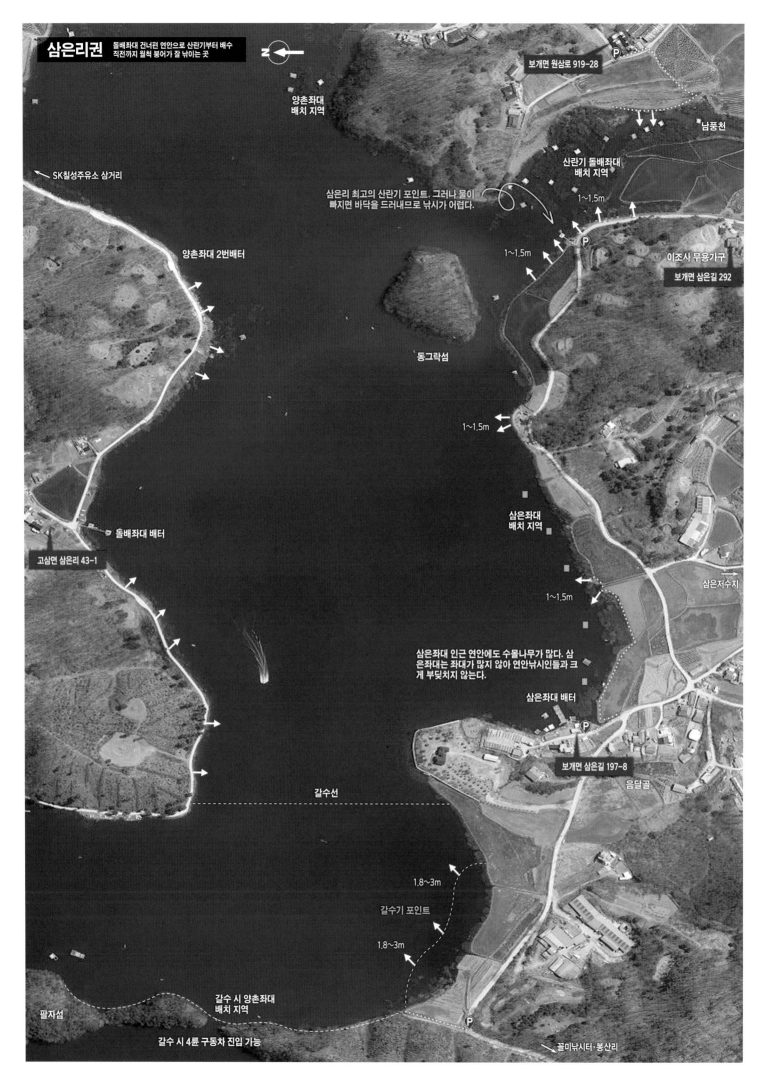

삼은리권 돌배좌대 건너편 연안으로 산란기부터 배수
직전까지 월척 붕어가 잘 낚이는 곳

보개면 원삼로 919-28

남풍천

양촌좌대
배치 지역

산란기 돌배좌대
배치 지역

삼은리 최고의 산란기 포인트. 그러나 물이
빠지면 바닥을 드러내므로 낚시가 어렵다.

1~1.5m

1~1.5m

이조사 무용가구
보개면 삼은길 292

← SK칠성주유소 삼거리

양촌좌대 2번배터

동그락섬

1~1.5m

돌배좌대 배터

고삼면 삼은리 43-1

삼은좌대
배치 지역

삼은저수지

1~1.5m

삼은좌대 인근 연안에도 수몰나무가 많다. 삼
은좌대는 좌대가 많지 않아 연안낚시인들과 크
게 부딪치지 않는다.

삼은좌대 배터

보개면 삼은길 197-8

음달골

갈수선

1.8~3m

갈수기 포인트

1.8~3m

갈수 시 양촌좌대
배치 지역

팔자섬

갈수 시 4륜 구동차 진입 가능

끌미낚시터·봉산리

양촌권 고삼지에서 가장 인기 높은 구간. 봄 산란기 때와 오름수위 때 낚시인으로 붐빈다.

보개면사무소 →

동평보건소

서삼초등학교

보개면 동평리 629-2

새터말

주차 가능하나 농번기 때는 종종 마찰

만수 시에는 잠겨 연안낚시 불가

보

SK 칠성주유소 삼거리

1~1.8m

수몰 버드나무 지대

도로변 주차 가능

1~1.8m

산란철 양촌좌대 배치 구역

1.5~2m

1.5~2m

양촌좌대 배치 지역

상류에서 양촌좌대 관리소로 진입하는 길가가 모두 포인트. 연안 버드나무 사이를 노린다.

양촌좌대 2번 배터

1~1.8m

1~1.8m

※ 고삼지의 대물 피크는 산란기부터 배수 전까지. 이때 최상류 양촌좌대와 돌배좌대는 주중에도 예약이 어려울 정도로 많은 낚시인이 몰린다.

※ 낮에는 보트낚시를 하는 배스낚시인들이 많다.

고삼호수캠핑장

돌배좌대 배터

고삼면 삼은리 43-1

도로변 주차 가능

1.5~2m

만수 때는 양촌좌대 배터 인근에도 많은 좌대를 배치한다.

갈수선

향림·언못좌대

양촌좌대 1번 배터

안성 광혜지 (두메지)

씨 알	★★★★
마릿수	★★★★★
수 질	★★★★
경 관	★★★★
주 차	★★★★

Profile

전국적으로 알려진 떡붕어 유료낚시터인데 토종붕어와 잉어, 향어 자원도 풍부해 바닥낚시도 활발히 이뤄지고 있다. 관리실 앞 대형 잔교에선 봄부터 가을까지 매월 떡붕어낚시대회가 열린다. 시설 좋은 좌대가 많기로도 유명하며 겨울엔 수차를 돌려 결빙을 막고 물낚시를 즐길 수 있다. 입어료는 떡붕어 낚시 1만원(손맛), 바닥낚시 1만5천원

※ 저수지 인근에 안성맞춤랜드와 임꺽정이 운둔생활을 한 칠장사가 있다.

※ 토종붕어는 곡물떡밥과 지렁이 짝밥, 떡붕어는 감자 계열 떡밥 양콩알낚시를 많이 한다.

※ 빙어 자원이 많아서 겨울엔 안성빙어축제(빙어일음낚시)가 열린다.

봄·산란기 포인트
1~2m

잔교
2~4m

죽산

1~1.5m
봄 만수위 포인트

봄·만수위 포인트

육초
3m
2~3m   1m

P
1~2m

3m
수상좌대
갈수기 포인트

수상좌대

두메교

떡붕어 전용 잔교

4월에서 11월까지 자연산 떡붕어가 마릿수로 낚인다. 만수위에 15m, 저수위에 7·8m 수심을 보인다.

죽산면 두교리 465

관리실
2~4m

겨울 물낚시 가능 ── 연안 좌대

여름·갈수기 포인트

3m

2~4m

사계절 포인트. 낮에는 잉어와 향어, 밤에는 토종붕어와 떡붕어가 낚인다. 2.9칸~3.2칸대 최적.

어종과 미끼

주어종 ▶ 떡붕어, 붕어
외래어종 ▶ 배스, 블루길, 향어
토착어종 ▶ 잉어, 가물치, 메기, 동자개, 장어, 빙어
잘 듣는 미끼 ▶ 떡밥, 지렁이
채집 가능한 생미끼 ▶ 없음

행정명칭 ▶ 광혜지
지역별칭 ▶ 두메지, 두메낚시터
주소 ▶ 안성시 죽산면 두교리
면적 ▶ 10만8천평
준공연도 ▶ 1988년
인터넷지도 검색명 ▶ 안성 광혜지
내비게이션 주소 ▶ 죽산면 두교리 465
관리실 전화 ▶ 031-672-7838

광혜원

안성·일죽 IC

안성 덕산지

씨 알 ★★★
마릿수 ★★★★
수 질 ★★★★
경 관 ★★★★
주 차 ★★★★★

N

▶ 한동안 4짜가 잘 낚이는 대물터로 유명했으나 현재는 다양한 씨알의 붕어가 낚이고 있다.

▶ 수상좌대는 주로 수몰 버드나무 지대에 배치.

▶ 글루텐떡밥이 가장 효과적이며 봄에는 떡밥과 지렁이를 짝밥으로 사용하면 좋다.

Profile

산으로 둘러싸여 경관이 수려한 준계곡형 저수지다. 토종붕어, 떡붕어, 잉어, 향어 등이 서식하는 유료낚시터로서 붕어는 8치부터 4짜급까지 꾸준히 방류하고 있다. 붕어낚시는 산란기인 3월 중순부터 배수 전인 5월 초까지 호황을 보인다. 배스가 유입돼 있어 잡어 성화가 없으며 평균 씨알이 굵어 대물낚시인들도 자주 찾는다. 연안입어료 1만5천원.

1~2m

버드나무 지대

봄 포인트

P

P

2~2.5m

P

삼죽면 덕산호수길 91-8

관리소

배터

1.5~2.5m

갈수선

관리실이 있는 우측 연안은 민수 때는 낚시가 어렵고 주로 갈수기에 포인트가 나온다.

1~1.5m
갈수기 명당

1.5~2m

P

갈수기 포인트

화장실
P

1.5~1.8m

학림원

산란기 포인트

버드나무 군락
1~2m

P

어종과 미끼

주어종▶ 붕어
외래어종▶ 배스
토착어종▶ 잉어, 떡붕어, 가물치
잘 듣는 미끼▶ 떡밥, 지렁이
채집 가능한 생미끼▶ 없음

1.5~1.8m

70

P

KGC인재개발원

갈수기 포인트

P

행정명칭▶ 덕산지
지역별칭▶ 없음
주소▶ 안성시 삼죽면 덕산리
면적▶ 10만2천평
준공연도▶ 1992년
인터넷지도 검색명▶ 안성 덕산지
내비게이션 주소▶ 삼죽면 덕산호수길 91-8
관리소 전화▶ 031-672-4527

삼죽면소재지

행복원룸

안성 마둔지

씨 알 ★★★
마릿수 ★★★
수 질 ★★★★
경 관 ★★★★
주 차 ★★★★

N

↑남안성IC

토종붕어는 7·8치급부터 35cm까지 낚이며
떡붕어는 20-30cm가 주종으로
4짜 후반급까지 낚인다.

갓길 주차
다리골가든 미림골
계곡수 유입
2~2.5m 여름 포인트 여름 잉어 포인트 3m

평택-제천
고속도로

백곡면사무소

갈수선

※ 3월 말부터 11월 중순까지가 시즌
※ 4월 중순부터 토종붕어, 떡붕어가
동시에 피크시즌

급심지역

송어마을식당

수몰나무 지역

석축 포인트(사철 명당)
2~3m

무넘기

해와달식당

전층낚시 잔교

전층낚시 잔교

관리소

안성시
남안성IC

토종붕어 미끼는 어분+보리+글루텐을 섞은
떡밥을 많이 쓰며 떡붕어는 감자계열의 떡밥을
주로 사용한다.

떡붕어는 전층낚시에 입질이 빠르고
피라미 성화가 심할 때는 15푼 정도 되는
고부력채비를 사용해 미끼를 빨리 내리는 게
요령이다. 바닥낚시를 할 때는
채비를 예민하게 맞춰 쓰는 게 좋다.

금광면 장죽리 산26-4

갈수선

새서울가든

산란기
대물 포인트

수몰나무 지역

325

오리사당식당

북진천

광생청국장

Profile

안성 지역의 대표적인 떡붕어
전층낚시터다. 향어 자원도 많
다. 떡붕어낚시는 관리소 앞
잔교(200명 동시 입장 가능)
에서만 허용하며 토종붕어는
연안과 방갈로좌대 모두 이용
가능하다. 만수위에는 연안에
서 진입할 수 있는 방갈로 좌
대를 상류에 배치하기 때문에
취향에 맞춰 낚시할 수가 있
다. 연안 입어료는 2만원.

어종과 미끼
주어종▶붕어, 떡붕어
외래어종▶향어
토착어종▶잉어, 메기, 가물치,
동자개, 버들치, 마자
잘 듣는 미끼▶
떡밥, 글루텐, 지렁이, 새우
채집 가능한 생미끼▶새우

행정명칭▶ 마둔지
지역별칭▶ 없음
주소▶ 안성시 금광면 장죽리
면적▶ 12만3천평
준공연도▶ 1975년
인터넷지도 검색명▶ 마둔저수지
내비게이션 주소▶
금광면 장죽리 산26-4(관리소)
관리소 전화▶
010-5351-7986

안성 만수지 (만정지)

씨 알 ★★★
마릿수 ★★★★
수 질 ★★★
경 관 ★★★★
주 차 ★★★

Profile

떡붕어낚시터로 많이 알려진 곳이지만 2012년부터 토종붕어를 방류하여 지금은 토종붕어가 7:3 정도로 더 많이 낚이고 있다. 겨울에도 수상좌대에 물 분사시설을 설치해 물낚시가 가능하다. 토종붕어 포인트는 전역이며 떡붕어는 제방 잔교와 관리소 앞 잔교에서만 낚시를 허용하고 있다. 경치가 좋아 가족 낚시터로도 인기 있다. 연안입어료 2만원.

● 2월 하순부터 12월 말까지 물낚시가 이뤄지며 3월 중순부터 4월 중순 사이 최고의 조황, 그리고 여름철 오름수위에 두 번째 호황.

소나무숲 그늘에서 캠핑낚시도 할 수 있다.

여름 좌대 낚시터

상류 연안까지 관리소에서 5천원의 뱃삯을 받고 태워준다.

도선

산란기 포인트
1~2m

산란기 포인트
1m

갈대·부들

3m

잉어 포인트
여름 포인트

제방 전역에 전층 잔교

잔교

어종과 미끼

주어종▶ 붕어, 떡붕어, 중국붕어(약간)
외래어종▶ 향어
토착어종▶ 잉어, 메기, 가물치, 동자개, 피라미
잘 듣는 미끼▶ 지렁이, 글루텐, 옥수수, 새우
채집 가능한 생미끼▶ 새우

/ 양성면소재지

펜션형 좌대
(도보 진입 가능)

관리소

캠핑장

공도읍 만정리 56

만정리

갈대·부들

산란기 명당
1~2m

산란기에 맞춰 잔교좌대 3동 (60명 동시 입장)을 옮겨놓는다.

토종붕어는 떡밥+지렁이 짝밥에 마릿수가 좋고, 옥수수나 새우에는 4짜까지 기대.

떡붕어는 배수기에 최고의 조황. 떡붕어 미끼로는 글루텐과 감자계열 떡밥 사용

공도읍 안성IC

행정명칭▶ 만수지
지역별칭▶ 만정지, 만수터지
주소▶ 안성시 공도읍 만정리
면적▶ 7만2천평
준공연도▶ 1945년
인터넷지도 검색명▶ 안성 만정저수지
내비게이션 주소▶ 공도읍 만정리 56(관리소)
관리소 전화▶
031-658-5006, 010-5251-8348

안성 장계지

씨 알 ★★★
마릿수 ★★
수 질 ★★★★
경 관 ★★★★
주 차 ★★★

Z

2~3m
제등낚시 포인트

2~3m
수몰나무 지역
바닥낚시 포인트

1~1.5m
산란기 대물 포인트

새물 유입구

1~1.8m

안성CC 골프장

간이화장실

떡붕어
전층낚시
허용 구간

※ 갈수기와 오름수위에도
붕어가 낚이지만
봄철에 비하면 떨어진다.

※ 관리소를 기준으로
떡붕어낚시는 하류에서만 허용하며
토종붕어는 상하류 다 가능.

※ 토종붕어는 글루텐, 곡물떡밥,
새우로 밤낚시를 하며
떡붕어는 글루텐과 감자 계열 떡밥 사용.

1~3m

낚시짐 운반용
손수레 비치

떡붕어 특급 포인트
2~3m

제등낚시 포인트

무넘기
P
새물 유입구

죽산면소재지

간이화장실

관리소
P

죽산면 장계리 산114-1

P

간이화장실

새물 유입구
2~3m

산란기 대물 포인트

1~3m

철문
P

골프장에서 철문으로
차량 진입을 막고 있다.
탁골낚시인들은
손수레를 이용해 이동.

Profile

1만원의 입어료를 받는 유료낚
시터지만 수상좌대나 잔교 같
은 시설물은 없는 자연 저수지
다. 물 맑고 터가 센 곳으로 유
명하지만 4월 중순부터 한 달
동안은 상류 쪽에서 좋은 조황
을 보인다. 떡붕어와 토종붕어
가 6:4의 비율로 떡붕어가 많
다. 토종붕어는 7~9치가 주종
으로 옛날에는 4짜도 낚였으나
최근에는 35~38cm까지 낚이
고 있다.

어종과 미끼

주어종▶ 떡붕어, 붕어
외래어종▶ 없음
토착어종▶ 잉어, 향어, 메기, 동자개
잘 듣는 미끼▶ 떡밥, 지렁이, 옥수수
채집 가능한 생미끼▶ 새우

행정명칭▶ 장계지
지역별칭▶ 없음
주소▶ 안성시 죽산면 장계리
면적▶ 3만6천평
준공연도▶ 1989년
인터넷지도 검색명▶ 안성 장계지
내비게이션 주소▶
죽산면 장계리 산114-1
관리실 전화▶ 010-9100-4773

안성 칠곡지

씨 알 ★★★
마릿수 ★★★★
수 질 ★★★
경 관 ★★★
주 차 ★★★

Profile

토종붕어만 방류하는 유료낚시터다. 충남 대호와 평택호 등지의 토종붕어를 집중 방류하여 자연지 분위기의 토종붕어낚시를 좋아하는 마니아들이 자주 찾는다. 주변에 식당, 카페, 모텔 등의 편의시설이 많아 가족과 함께 찾기에도 좋다. 평택제천간고속도로 서안성IC에서 10분 정도면 도착할 수 있다. 연안 입어료는 2만원.

원곡면소재지

물고기창레스토랑

목림식당

1.5~3m

무넘기

진입로 없어 낚시 불가 구간

우렁각시식당

※ 7치부터 월척까지 낚이며 4짜 붕어도 종종 올라온다. 배스 루어터로도 인기 높다.

※ 정통 두바늘채비에 떡밥이 가장 잘 먹힌다. 옥수수는 입질이 늦다.

※ 하절기에는 수초제거기로 마름밭에 생자리 개척하면 좋은 조과 기대.

2~2.5m

일명 '단호박오리식당' 일대는 수심은 1m 내외로 얕지만 다양한 수초가 밀생해 꾸준한 조황을 보이는 곳

마리아커피숍

소호갤러리카페

2.5~3m

단호박오리식당 안내 현수막

얼음낚시 명당

호반모텔

호텔프라하

2.5~3m

1m

4m

3.5m

밤에도 주변 레스토랑과 커피숍 불빛 때문에 한적함은 다소 떨어지나 붕어들이 불빛에 적응한 까닭에 조황에는 영향을 미치지 않는다.

2.5~3m

수상좌대

1m

1m

평택·서안성 IC

2~2.5m

관리소
원곡면 만세로 112

2~2.5m

베로나레스토랑

GS칼텍스 주유소

2~2.5m

1.5~2m

청담 스튜디오

최상류안 베로나레스토랑 앞은 도로변이지만 마릿수 조과가 탁월하며 35cm가 넘는 대물 떡붕어가 잘 낚이는 곳으로 유명하다

행정명칭 ▶ 칠곡지
지역별칭 ▶ 칠곡낚시터
주소 ▶ 안성시 원곡면 칠곡리
면적 ▶ 4만8천평
준공연도 ▶ 1958년
인터넷지도 검색명 ▶ 안성 칠곡지
내비게이션 주소 ▶ 원곡면 만세로 112
관리실 전화 ▶ 010-3721-1988

어종과 미끼

주어종 ▶ 붕어
외래어종 ▶ 배스, 블루길
토착어종 ▶ 잉어, 가물치
잘 듣는 미끼 ▶ 글루텐떡밥, 지렁이
채집 가능한 생미끼 ▶ 없음

45

용인

양성면소재지

여주 남한강

씨 알 ★★★★
마릿수 ★★★★
수 질 ★★★
경 관 ★★★★
주 차 ★★★★

N

남종면
팔당호

❶양평 예마당
양평JC
45
6
❹양근성지&양근섬
양평
양평군청
병산리 샛강❸

❷왕창리 샛강
중부내륙고속도로

강하면
남양평하이패스JC

퇴촌면
강상면

98

세월리&전북리 본류❺

37

산북면
금사면

초월읍
325
3

동곤지암JC
52
광주원주고속도로
홍천

곤지암읍
경기광주휴게소
원주방면

백사면

신둔면

Profile

남한강은 수도권을 대표하는 강 낚시터로 첫손가락에 꼽힌다. 서울에서 가까워 접근성이 뛰어날 뿐만 아니라 방대한 포인트에 다양한 강고기가 서식하여 오래전부터 낚시인의 발길이 끊이지 않는 곳이다. 특히 4대강 사업으로 이포보, 여주보, 강천보가 건설된 후 남한강 포인트들은 수위가 높아지고 물 흐름이 멈추면서 붕어낚시 여건이 그 전보다 좋아졌다. 사라진 낚시터들도 있지만 더 많은 붕어 낚시터들이 새로 생겨났고, 그동안 진입로가 없어서 접근하지 못하다가 4대강 사업 후 도로가 개통되면서 새롭게 등장한 본류권 포인트들이 많다.

행정명칭 ▶ 남한강
지역별칭 ▶ 없음
인터넷지도 검색명 ▶ 남한강
내비게이션 주소 ▶ 양평군 양서면 대심리 145-3 외

어종과 미끼

주어종 ▶ 붕어, 떡붕어
외래어종 ▶ 배스, 블루길
토착어종 ▶ 잉어, 메기, 동자개, 가물치, 누치, 뱀장어, 강준치, 끄리, 쏘가리 등 강계어종
잘 듣는 미끼 ▶ 지렁이, 떡밥, 글루텐, 옥수수, 새우
채집 가능한 생미끼 ▶ 새우(일부 포인트)

01 남한강 하류

남한강 보와 낚시터 위치

이포보 하류의 주요 낚시터
①양평 예마당
②왕창리 샛강
③병산리 샛강
④양근섬, 양근성지
⑤세월리 & 전북리 본류
⑥전북리 둠벙

이포보~여주보 구간 주요 낚시터
⑦이포보 캠핑장 샛강 & 본류
⑧여주 상백리 본류
⑨여주 전차수로

여주보~강천보 구간 주요 낚시터
⑩세종대교 부근(양섬, 세종섬, 당남리섬)
⑪점동면 도리 본류

강천보 상류의 주요 낚시터
⑫비내섬 습지
⑬충주 월상수로
⑭충주 입석낚시터

용문면

지평면

일신역

양동면

매곡역

개군면

⑥전북리 둠벙

이포보

⑦이포보캠핑장 샛강 본류

동여주(하이패스전용)JC

양평휴게소
광주방면

대신JC

대신면

⑧여주 상백리 본류

북내면

홍천면

⑨여주 전차수로

여주보

현암JC

⑩세종대교 주변

서여주JC

여주시청

능서면

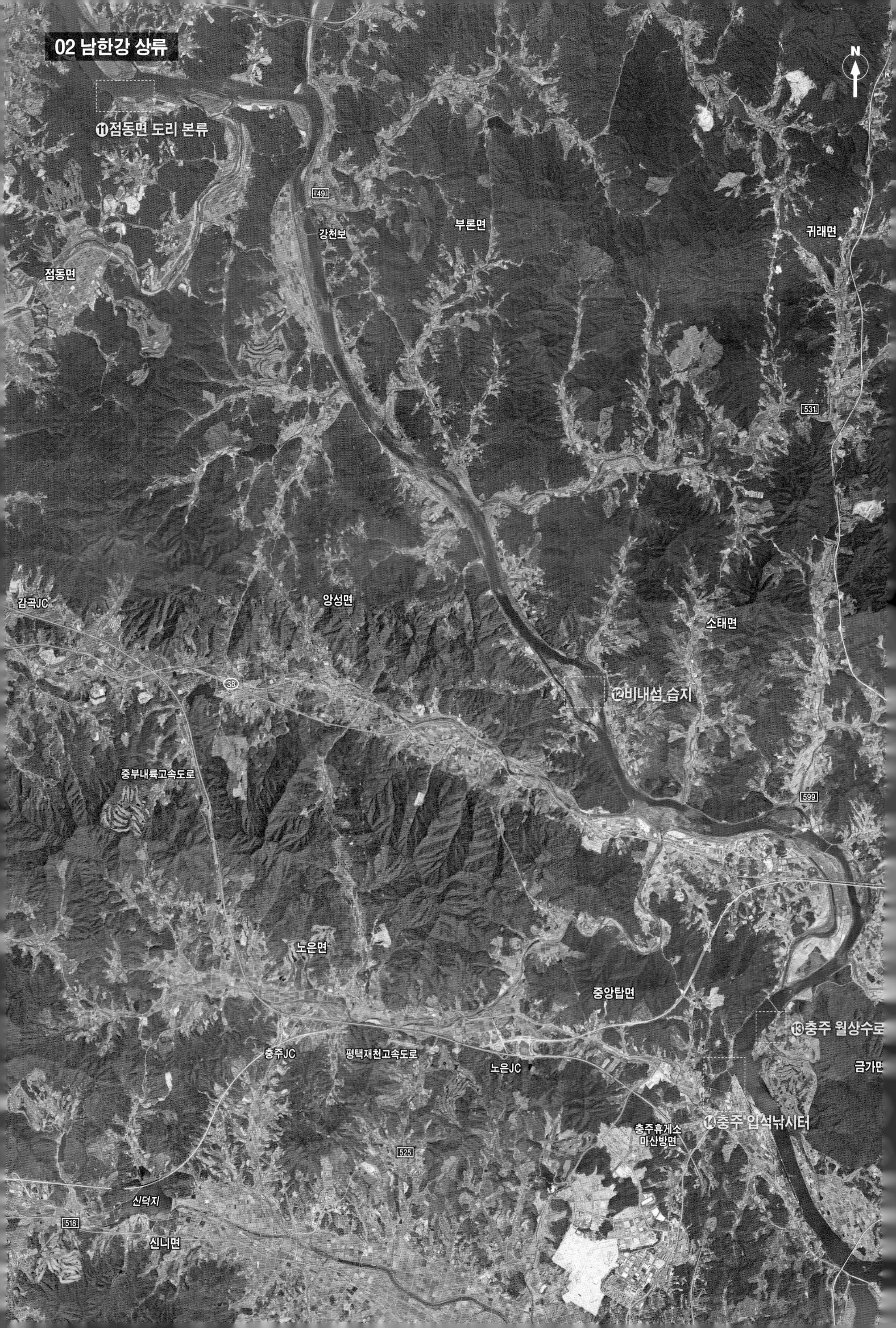

N

⑪점동면 도리 본류

49

강천보

부론면

귀래면

점동면

531

감곡JC

양성면

소태면

38

⑫비내섬 습지

중부내륙고속도로

599

노은면

중앙탑면

⑬충주 월상수로

충주JC

평택제천고속도로

노은JC

금가면

⑭충주 입석낚시터

525

충주휴게소
마산방면

신덕지

518

신니면

①예마당

배스, 블루길이 많고, 허리급에서 4짜 붕어가 주종으로 낚여
양평권 샛수로에서 대표적인 대물 포인트로 알려져 있다.

님프의 정원 펜션

공터(10대 이상 주차가능)

예마당주차장

외래어종 성화로 생미끼는 잘 사용하
지 않고 글루텐떡밥과 옥수수를 사용
한다.
버드나무 아래가 대표적인 대물 포인
트이다.

연밭
수심 1.5~2m

연밭
수심 1.5m

부들 1~1.2m 부들 부들

양평군 양서면 대심리 145-3

버드나무 수심 1m

예마당

극단매직아티스트
(공연장)

대심리

부들
수심 0.8~1m

● 4천평 규모의 습지로 연, 부레옥잠, 부들, 버드나무
  등이 우거져 붕어 서식 환경이 잘 조성되어 있다.
● 낚시터 입구에 예마당이란 식당이 있어 낚시인들은
  예마당 포인트라고 부르고 있다.

※예마당 주차장에는 주차할 수 없으며 조금 더 가면 나
  오는 큰 공터에 주차해야 한다.
※여름철이면 마름과 부레옥잠이 전 수면을 뒤덮는다.

②왕창리 샛강 양평권의 샛수로중 규모가 큰 곳이지만 연안낚시 포인트는 많지 않고 낚시는 수로와 늪지형 둠벙에서 이루어진다.

● 양평권 샛수로 중 병산리와 함께 제일 빨리 낚시가 되는 곳으로 3월 초순이면 시작된다.
● 블루길과 배스, 동자개가 서식한다. 붕어는 잔챙이부터 4짜까지 다양한 씨알이 낚인다.

남 한 강

N

수심 70~90cm

수심 50~70cm

둠벙

수심 80cm

둠벙

수심 70~90cm

석축 아래로 내려가야 함

보트낚시 포인트

수심 0.9~1m

마름, 부레옥잠 군락

수심 70cm

부들

공원

홍가네슈퍼

운심리

※ 연안에서 진입 못하는 수로 본류대에는 마름, 부들, 부레옥잠이 자라 있고, 보트낚시에 씨알 굵은 붕어가 마릿수 조과를 선보인다.
※ 공원 내에 낚시터가 있으며 공원 입구 주차장에 주차 후 도보로 포인트까지 진입해야 하므로 장비는 간단하게 챙기는 것이 좋다.

공원화장실

P

주차장

공원 입구 주차장에 주차 후 도보로 진입

양평군 강하면 운심리 376-1

로즈마리펜션

황금천

강하면 소재지

다리 입구에 주차 후 도보로 진입

다리

퇴촌리

③병산리 샛강

수로 규모는 크지 않지만 양평권 낚시터 중에 제일 조황이 좋은 편이다.

● 겨울만 빼고 사철 낚시가 가능하지만 4월 한 달과 7·8월에 큰 비가 내린 뒤 4짜 월척이 폭발적인 조황을 선보인다.

500m 거리의 큰 도로에 주차

자전거도로

남 한 강

부들

수심 1~1.3m

수심 0.5~1m

섬으로 건너가기만 하면 조과를 보장 받을 수 있다. 수심이 얕아 산란기철에 좋다.

섬 포인트

※봄에는 지렁이 미끼가 효과적이며 여름·가을에는 배스 성화가 있어 옥수수, 글루텐 미끼가 잘 듣는다.

장화 신고 들어갈 수 있음

부들

수상좌대 설치

펌프장

주차(5대)

수심 0.8~1.2m

본류와 제일 가까운 곳으로 3월 초순부터 굵은 붕어가 가장 먼저 낚인다. 긴 대로 수로 물골을 노리거나 건너편 부들에 찌를 세우는 게 요령.

수심 0.7~1m

부들군락

병산리샛강의 특급 포인트. 3월 15일~4월 10일이 피크.

강상면소재지 (양근대교)

수심 0.8~1m

연세공인중개사

양평군 강상면 병산리 1088-11

강하면소재지

P 주차장(5-6대)

← 양평대교

④양근섬 & 양근성지
양평권 최고의 붕어 포인트로 손색이 없는 곳.

▲양근섬은 많은 인원을 수용할 수 있고 잔챙이 붕어부터 대형급까지 고른 조과를 보여준다. 양근성지는 좁은 수로 형태로 마릿수는 떨어지지만 낚이면 거의 월척으로 4짜 붕어까지 기대할 수 있다.

양근섬은 입구에 펜스를 쳐 자동차 진입을 막고 있어 주차 후 100~500m 도보로 진입해야 한다.

떠드렁섬

양근성지

부들

부들

수심 90cm

파육칼식당(한식)

헤이즈 카페

야산해촌(한식)

뱅크모텔

갓길주차(4·5대)

양평군산림조합

물안개공원

수심 2m

수심 1~1.3m

부들

리버햇살펜션

부들

수심 0.7~1m

양근섬
야외무대

부레옥잠

양평군 양평읍 양근리 557-6

족구장

배구장

아일랜드모텔

양근섬 최고의 포인트.

부레옥잠+부들
수심 70~90cm

양평철판오리불고기

양평군 양평읍 양근리 479-8

부들
수심 1~1.5m

SK주유소

채선당 양평점

오덕식당

부들

신라부페

양근대교

수심 1m

다리 밑에 주차 후 도보로 진입

양근사거리

⑤세월리&전북리 본류

오래전부터 현지꾼들이 털낚시를 해오고 있었지만 외부에는 제일 늦게 알려졌다.

♠ 앉을 자리가 많고 주차 후 바로 앞에서 낚시할 수 있어 낚시회 정출장소로 많이 이용되고 있다.

● 대략 2014-2015년부터 대물 붕어가 배출되면서 본격적으로 낚시인들이 찾기 시작했다.

양덕리

수심 0.8~1.3m

전역에 줄풀이 자라 있음

전북리 둠벙

전북리 본류

수심 70~90cm
줄풀

줄풀

이포보

여주시 금사면 전북리 337-1

전북리

온누리펜션

※ 낮에는 보트가 자주 지나다니므로 주로 밤과 새벽 낚시에 좋은 조과를 선보인다.

※ 미끼는 글루텐떡밥을 많이 쓰지만 다른 곳과 달리 새우가 채집되고 새우 미끼를 사용하면 허리급이 넘는 붕어를 낚을 수 있는 게 특징이다.

수심 얕아 낚시 불가능. 가족 물놀이터로 캠핑이 가능하고 새우가 채집되므로 반두를 준비하면 좋다

캠핑 가능

자동차 건너갈 수 있음

P(30대)

마름군락

줄풀

비포장도로

세월리 본류

수심 0.9~1.2m

연안 따라 줄풀 발달

P(5대)

갓길 주차 가능

주차 후 바로 앞에서 낚시 가능

P(5대)

여주시 금사면 전북리 350

줄풀

전북교

용담천

전북리유원지

드래곤플라이펜션

세월리

퇴촌, 산북면 소재지

⑥전북리 둠벙

전북리 강변에 남아 있는 유일한 둠벙으로 붕어가 잘 낚인다.

♠ 과거 전북리에는 여러 개의 둠벙이 있었고, 낚시터로 명성이 높았으나 4대강 사업 때 모두 매립되었고, 2천평 규모의 이 둠벙만 남게 되었다.

N

둠벙 전역이 포인트로 여름이면 줄풀이 빽빽하게 자란다.

수심 알아 낚시 불가능

수심 60~70cm

P

줄풀

줄풀

수심 1~1.2m

릴낚시 포인트

● 여름이면 둠벙에는 줄풀로 들어차지만 빈 공간에 찌를 세워 밤낚시를 하면 4짜급 대물붕어까지 낚인다.

P

※ 미끼는 지렁이와 떡밥이 효과적이다.
※ 주변에 주차공간이 넓다.
※ 둠벙에 빈 자리가 없을 때는 남한강 본류를 노려도 입질을 받을 수 있다.

여주시 금사면 금사리 3-6

전북교

경비행기 격납고

⑦이포보캠핑장 앞 샛강

봄부터 가을까지 꾸준한 조황이 이어질 뿐만 아니라 낚시 자리가 많고 주차가 편리하여 낚시회 정출장소로도 인기가 많은 곳이다.

※ 여름이면 샛수로 전역에 마름이 올라오고 연안에는 줄풀이 자란다.
※ 강 본류 연안은 유속이 있어 채비를 무겁게 사용해야 한다.

당남리섬
낚시금지구역

수심 1.5~3m

수심 1~2m

수심 1.5~3m

피넛교(자동차 진입 못함)

비포장도로

갓길 주차 가능

P

P

P (10대 이상)

이포강변펜션

봄 산란기철 붕어
특급 포인트.

수심 70~80cm

상류 1.5km 지점에
있는 이포보강변펜
션 앞에서 강변으로
내려가 비포장도로
를 타고 다시 올라와
야 한다. 비 오는 날
은 진창에 빠질 수
있으니 주의!

이포보오토캠핑장

수심 60~70cm

이포보캠핑장 입구는 펜스가 쳐져 있어 캠
핑장 이용 고객이 아니면 출입할 수 없다.
그래서 남한강 상류에 있는 다른 길을 이용
해서 진입해야 한다.

곡수천

옹기교

⑧여주 상백리 여주권에서 전차수로, 세종섬 일대와 함께 제일 인기 있는 포인트다. 포인트와 주차공간이 넓어 낚시회 정출 장소로도 안성맞춤.

N

배터

장어 릴낚시 구간

공터

수심 90cm

배터 둠벙
(2명 낚시 가능)

남 한 강

● 이곳은 낚시터가 수로와 본류권으로 나눠지는데 수로에서 낚시가
잘 된다. 전형적인 붕철 포인트로서 여름이면 부레옥잠이 수로 전
체를 덮어버리기 때문에 그때는 본류권에서 낚시를 해야 한다.

※ 밤낚시가 잘 되고 오전까지 꾸준한 입질을 보인다.
※ 다른 곳보다 장어가 잘 낚여 장어 릴낚시인들도 많이 찾는다.

보트낚시 포인트

수심 60~90cm

수심 70~90cm

수심 0.9~1m

버드나무
수몰지역

수심 50~80cm

보트낚시 포인트

수로 전역이 부레옥잠과
줄풀로 형성

수심 1~1.2m

주차후 바로 앞에서 낚시 가능

여주시 흥천면 상백리 36-3

비포장도로

사륜구동차가 아니면 개울을 건너
갈 수가 없다. 특히 비가 올 때에는
비포장도로 진입을 삼가야 한다.

여주시 흥천면 상백리 25

상벽교

북 하 천

복대사거리

333

금사면소재지, 이포보

⑨ 여주 전차수로

동시에 100명 이상 낚시가 가능하여 낚시대회를
열어도 될 만큼 광활한 포인트를 가지고 있다.

N

● 여주시 대신면 당산리 앞 남한강 본류 포인트다. 바로
  앞에 있는 섬에 전차훈련소가 있어 전차수로라는 이름
  이 붙여졌다.
※ 연안 수심이 얕아 긴 대를 편성해야 하며 물 속에 좌대
  를 설치하면 좋다.

내양리

주차 후 바로 앞에서 낚시 가능

P

P

여주시내

여주보

맨바닥낚시

바위

보트낚시 포인트

①물 흐름이 있어 채
비를 다소 무겁게 사
용해야 한다.

수심 0.7~1m

이포보

당산리

마주보고 있는 섬부터 상류까지
는 유속이 약해 하류 본류권보다
낚시가 잘 되는 특징이 있다.

주차 후 바로 앞에서
낚시 가능

수심 0.7~1m

전차수로

대신면소재지

수심이 70cm~1m로 고르고 연안을
따라 줄풀이 듬성듬성 자라 있다.

37번 국도

4짜 이상 대물붕어
자주 출현 지역

여주시 대신면 당산리 98-1

여주 시내

최근 남한강에서 제일 핫한 조과를 보여준 곳으로 세종대교를 기준으로
남쪽엔 양섬, 북쪽 연안에는 세종수로와 세종섬이 위치해 있다.

→ N

대신면소재지

현암동

현암IC

보트낚시터

하트섬

오금천

부레옥잠

마름
수심 1m 내외

세종섬

여주시 현암동 574

세종법원타운단지

공터
(30대 이상 주차 가능)

수심 1~1.3m

도보로 진입(사륜구동
차는 진입 가능)

♠ 양섬은 4대강 사업 때 판 수로로 인해 생긴 섬이다. 늦봄부터 가
을까지 꾸준한 조과를 배출해내고 있다.

공터(30대 이상 주차 가능)

수원지방검찰청
여주지청

♠ 세종수로와 세종섬은 남한강에서 제일 늦게 개발된 곳으로 진입
하는 길이 불편하지만 어자원이 많아 마릿수와 대물 붕어를 양
수겸장으로 노릴 수 있는 곳이다.

수심 1~2m

세종수로

좁은 수로 형태로 여름에는 마름과
부레옥잠이 빼곡하여 봄과 가을에
낚시가 잘 된다. 주차 후 30m 이상
내려가야 연안에 닿는다.

70~90cm

법무교차로

보트낚시터

세종대교

여주수상센터

양섬

여주시 현암동 637-42

수심 1~1.3m

자전거도로

P (7대)

야생초화원

수심 1~1.5m

보트선착장

야구장

마름

전역에 마름과 말풀
이 올라오며 긴 대에
붕어 입질을 받을 수
있다. 낮에는 보트가
왕래하여 낚시가 어
렵고 밤과 아침에 좋
은 조과를 보여준다.

자전거도로가 시작되는 곳.
차는 진입할 수 없어 도보로
진입해야 한다.

P (8대)

주차장과 화장실이 있어 편
리하게 이용할 수 있다.

수심 1m

부레옥잠

마름

0.7~1m

여주시 하동 3-112

주차장

야구장

왕대리교

갓길주차 가능

수초가 없는 맨바닥으로 수심
이 깊다. 물 흐름이 있어 채비
를 무겁게 사용해야 한다.

여주IC ↙

하동

↓ 여주시내

수심 1~2m

⑪ 점동면 도리 본류권

수백 대 주차할 수 있는 공터가 있어 낚시회 점출장소로 인기가 높은 곳이다.

↗N

유일하게 말풀이 빽빽하게 올라오는 곳으로 월척 붕어 확률이 높다.

말풀

수심 1~1.2m

ⓟ 일렬로 주차

비 온 뒤에는 장화를 신어야 건너갈 수 있음

부레옥잠 군락

공터(5~6대 주차) ⓟ

더 이상 못 감

▲ 진입 도로가 없어 낚시를 못하던 곳이었으나 2015년 도리마을 주변 도로가 만들어지고 연안 수풀이 제거되어 낚시가 가능해졌다.

※ 옥수수와 지렁이, 떡밥 등 다양한 미끼가 사용되지만 채집되는 새우를 미끼로 사용하면 월척 확률이 높다.
※ 연안 따라 줄풀이 듬성듬성 나 있지만 부레옥잠과 말풀 군락이 특급 포인트이다.

주차 후 바로 앞에서 ⓟ 낚시 가능

대형 공터

수심 0.8~1m

연안 따라 줄풀이 듬성듬성 자라 있음

ⓟ

나무그늘이 있는 여름철 베이스캠프.

비포장도로

시멘트 포장도로

← 점동면소재지

여주시 점동면 도리 142-2

주차 후 바로 앞에서 낚시 가능

수심 0.8~1m

⑫비내섬 습지

큰 비가 내린 뒤 조황이 가장 좋고 봄부터 가을까지 꾸준하게 붕어가 낚인다.

♠ 25만평에 달하는 비내섬 안에 있는 3천평 규모의 습지. 여름이면 전 수면에 마름이 올라오고 연안에는 연과 부들이 자라서 붕어가 서식하기 좋은 천혜의 환경이다.

※ 남한강 어자원이 수시로 유입되고, 붕어 외에 대형 장어와 메기도 서식한다.
※ 옥수수와 지렁이에 대물 붕어가 잘 낚인다.
※ 특히 연밭에 찌를 세우면 월척 확률이 높다.

남 한 강

비 온 뒤에는 이곳을 통해 어자원이 유입된다.

건너가지 못함

수심 1m

수심 0.7~1m

전역에 마름

수심 0.8~1m

수심 50~80cm

연밭

부들

연밭

P (6대)

P (5대)

P (4대)

비내섬

비가 내린 뒤에는 진창에 차가 빠지는 경우가 많다.

비포장도로

충주시 앙성면 조천리 204-2

조천리 마을

⑬ 월상둠벙(월상수로)

탄금호에 있는 용머리수로, 종포수로, 입석낚시터 등과 함께 겨울철이면 주목받는 곳이다.

♠ 2만평 규모의 월상둠벙은 도로를 사이에 두고 윗둠벙과 아랫둠벙으로 나뉘는데 아랫둠벙에 앉을 자리가 많고 조황도 뛰어난 편이다. 여름에는 전역에 부레옥잠과 마름이 올라와 낚시가 불편하고 수초가 삭고 난 가을부터 봄까지 낚시가 이어진다.

동충주IC

식당, 관리소

월상유료낚시터

금가능이옥 식당

남한강

참숯가마찜질방

월상339 펜션

인삼밭

부들

수심 0.8~1m

수심 1~1.2m

전역에 부레옥잠 분포

논

아랫둠벙

(3대) P

부들

마름

부들

갓길주차

수심 0.8~1m

충주시 금가면 월상리 499

부들

마름

P (3대)

P (4~5대)

충주시 금가면 월상리 293-5

※ 충주호에서 발전방류한 물이 내려와 얼지 않기 때문에 겨우내 물낚시를 즐길 수 있다.
※ 수위변동에 민감한 단점이 있다. 이곳의 특징은 물이 빠질 때 붕어가 잘 낚인다는 것.

수심 1~1.5m

마름 ── 수심 얕아 낚시 불가능

호반가든

월상리 표석

수심 1m

호반낚시(043-853-8486)

전역에 부레옥잠

황토평강펜션

온달마루 식당

윗둠벙

월상리

월상리 마을회관

충주시내

⑭충주 입석낚시터

겨울에 얼지 않아서 12-1월에도
물낚시가 가능한 곳이다.

♠ 남한강과 연결된 자연 습지에 만들어진 10만평 규모의 관리형
낚시터이다. 연안에 각종 수초가 발달해 있고 여러 동의 수상좌
대도 설치되어 있다. 충주호 조정지댐의 발전방류수가 유입되어
혹한기가 아니면 얼지 않는다.

※ 방한 준비와 함께 지렁이와 글루텐을 사용, 정숙한 낚시를 하면
겨울에도 대물 붕어를 낚을 수 있다.

N

조정지댐(탄금호)

용전리

중원체육공원

중앙탑치안센터
중앙탑면사무소

마름

북충주IC

입석삼거리

(7대) P

갓길주차

부들   마름

수심 1m

도보로 진입

수심 1m

수상좌대

여름철이면 전 수면에
마름이 올라옴

탑평리

마름

수심 70~90cm

충주 고구려비전시관

관리사무소 (043-855-4688)
충주시 중앙탑면 용전리 1-8

마름

P (10대)

수심 1~1.5m

마름

자동차 진입 가능

마름

수심 1.5~2m

갓길주차

P (7대)

부들

수심 1m

충주시 중앙탑면 탑평리 211-6

충북단재교육연수원

부들

수심 1.5~2m

P (10대)

마름

수심 1.5m

마름

P (8대)

부들군락

P (20대)

수상좌대

부들

중원교차로

갓길 주차

수심 1m

수심 얕아 낚시 불가능

하구암천

북충주IC

82번 국도

충주

갈동사거리

여주 원부지 (어우실지)

씨 알 ★★★★
마릿수 ★★★
수 질 ★★★★
경 관 ★★★★
주 차 ★★★★

Profile

물 맑고 수심 깊은 준계곡지로 입어료 2만원을 받는 토종붕어 전용낚시터로 관리되고 있다. 상류에는 뗏장과 말풀, 중하류에는 갈대가 있고 6월 이후에는 마름이 전 수면을 뒤덮지만 관리인이 자리마다 수초 제거 작업을 해놓는다. 한때 중국붕어를 방류한 적 있지만 2000년 이후 토종붕어만 방류해오고 있다.

2012년 쏘가리를 대량 방류해 블루길은 거의 사라진 상태이며 배스가 일부 서식

원부리·여주IC·감곡IC

무넘기

갈수위에 간혹 4짜 후반급의 대물붕어 낚인다

※ 아늑한 분위기, 깨끗한 수질이 매력
※ 피크 시즌은 4-5월 산란기와 오름수위 (산란기보다 오름수위가 낫다)
※ 입질시간대는 사계절 모두 오후 10-12시, 오전 2-5시
※ 겨울에도 수차 돌려 수상좌대에서 물낚시 가능. 송어 루어낚시도 개장

잔교

3-6월에 호황

P

2.5~3m

수초 말생

배수 때 대물터

방갈로

배터

수상좌대 배치 2.5m

배수 때 잔교에서 대물 출현

갈대

갈대

점동면 관한리 418

P

관리소

2~2.5m

갈대

5월 하순경 배수가 이뤄지면 하류 관리소 앞 잔교와 주변 접지좌대에서 호황. 수심이 3-5m로 깊어 장대 위주 낚시. 토종붕어 최고 씨알은 48cm

2~2.5m

2~2.5m

도로변 주차 가능

토라샘펜션

두둠이산

새물 유입구

관한천

어종과 미끼

주어종 ▶ 붕어
외래어종 ▶ 배스, 블루길(약간)
토착어종 ▶ 쏘가리, 잉어, 메기, 동자개, 가물치
잘 듣는 미끼 ▶ 곡물떡밥+어분, 곡물떡밥+글루텐, 옥수수, 지렁이
채집 가능한 생미끼 ▶ 없음

행정명칭 ▶ 원부지
지역별칭 ▶ 어우실지
주소 ▶ 여주시 점동면 관한리
면적 ▶ 5만1천평
준공연도 ▶ 1945년
인터넷 검색명 ▶ 여주 원부지
내비게이션 주소 ▶ 점동면 관한리 418
관리소 전화 ▶ 031-882-6500, 010-5218-5399

용인 용담지 (사암지)

씨 알 ★★★★
마릿수 ★★★
수 질 ★★★
경 관 ★★★
주 차 ★★★★

Profile

얼음만 얼지 않으면 초겨울에도 낚시가 가능한 사계절 유료 낚시터이며 얼음낚시도 잘 된다. 연안 따라 줄풀, 뗏장수초가 발달해 있고 최상류에는 연밭이 형성되어 있다. 토종붕어와 떡붕어 비율이 7:3 정도로 토종붕어 비율이 높다. 토종붕어는 봄(3~4월)과 가을(10~11월)에 굵게 낚인다. 연안 입어료는 2만원.

▶ 2005년 봄 최상류를 공원화하면서 둘레길을 만들고 연을 심었고, 낚시는 계속 허용하고 있다.

배스와 블루길이 서식하지만 관리인이 매년 정치망, 통발 60개를 넣어 퇴치하여 갈수록 자원이 줄고 있다.

어종과 미끼

주어종▶ 붕어, 떡붕어
외래어종▶ 배스, 블루길, 향어
토착어종▶ 동자개, 가물치, 메기
잘 듣는 미끼▶ 글루텐(딸기)+어분 짝밥, 새우, 옥수수, 지렁이
채집 가능한 생미끼▶ 새우

행정명칭▶ 용담지
지역별칭▶ 사암지, 사암낚시터
주소▶ 용인시 처인구 원삼면 사암리
면적▶ 11만4천평
준공연도▶ 1977년
인터넷지도 검색명▶ 용인 용담지
내비게이션 주소▶ 원삼면 사암리 332-1
관리실 전화▶ 031-322-7860, 010-4254-8182

← 원삼면소재지

사암사거리

사암 오리구이

용인호수 오토캠핑장

1.5~2m 봄철 명당 (떡붕어)

연밭

용담버스 정류장 앞 교차로

용담마을

1.5~2m 뗏장 밀생

서울쌈밥집 앞

1~2m 갈수기 포인트

비포장 도로

용머리산

※토종붕어는 5치부터 4짜까지 다양한 씨알 서식.

※글루텐(딸기)+어분 짝밥에 마릿수가 좋고, 새우를 사용하면 씨알이 굵다. 저수온기에는 지렁이 사용.

호수마을 전원주택

사계절 포인트

줄풀

1.5~2.5m

줄풀

로엔그린 레스토랑

공터

P

갈수기에만 진입 가능

갈수기 포인트 2~3m

차량통행 가능

잔교

봄철 명당 (토종붕어)

줄풀·뗏장 70cm~1.5m

2~2.5m

무넘기

잔교좌대

수상좌대 배치

관리실 원삼면 사암리 332-1

줄풀

줄풀

← 원삼사거리

작실슈퍼

사암낚시터 앞 교차로

용인 용덕지 (신원지)

씨   알 ★★★★
마릿수 ★★★
수   질 ★★★★
경   관 ★★★★
주   차 ★★★★

원삼면소재지 →

미술관

새물 유입구

1~1.8m

1~1.8m

봄 산란기 포인트

수몰 나무 지역

1~1.8m

경치도 좋고 조황도 좋아 가장 많이 붐빈다.

도로변 주차는 가능하나 차량통행 많아 위험

잉어 포인트

2~2.5m

잔교좌대

갈수기 포인트
2.5~3m

1.5~1.8m

도로변 주차 가능

관리소

이동면 묵리 886-4

3~4m

좌대 구간

도선

유일하게 갈대와 말풀이 자라는 곳으로 10명 정도 앉을 수 있다.

둠벙 포인트(산란기 명당)

1.5~2m

잉어 포인트

318

잔교좌대

※ 어분+글루텐 짝밥에 마릿수
※ 떡붕어는 거의 낚이지 않지만 산란기 때 간혹 4짜급이 낚인다.

토종붕어 대물을 노리려면 새우(채집은 안 된다)를 이용한 다대편성이 유리하고 옥수수를 사용하기도 한다.

무넘기

용인 시내 ↓

Profile

토종붕어 전용 유료 낚시터로 3월 초 개장하여 11월 말까지 이어진다. 산란철과 장마철 오름수위에 좋은 조황을 보이며 4월 중순부터 5월 중순 사이에 4짜급 확률이 제일 높다. 20~30cm가 주종으로 45cm까지 낚인다. 가을은 추석 무렵 조황을 기대할 수 있으나 수위에 따라 기복이 심한 편으로 만수위에 가까울수록 호황을 보인다. 연안 입어료 2만원.

어종과 미끼

주어종▶ 붕어, 떡붕어(약간)
외래어종▶ 배스, 향어
토착어종▶ 잉어, 메기, 동자개, 강준치, 누치
잘 듣는 미끼▶ 지렁이, 옥수수, 새우, 글루텐 어분떡밥
채집 가능한 생미끼▶ 없음

행정명칭▶ 용덕지
지역별칭▶ 신원지, 샘골지
주소▶ 용인시 처인구 이동면 묵리
면적▶ 7만2천평
준공연도▶ 1959년
인터넷지도 검색명▶ 용인 용덕지
내비게이션 주소▶
이동면 묵리 886-4(관리소)
관리소 전화▶ 031-332-7634,
010-6350-8507

용인 이동지 (송전지)

씨 알 ★★★★
마릿수 ★★
수 질 ★★★
경 관 ★★★
주 차 ★★★

Profile

용인을 대표하는 대형 낚시터다. 해빙기인 2월 중순부터 붕어 입질이 시작되며 40cm가 넘는 토종붕어와 떡붕어가 잘 낚인다. 고삼지와 더불어 중부권에서 5짜 떡붕어를 만날 수 있는 낚시터다. 좌대낚시터로 유명하지만 산란기, 오름수위 때는 연안낚시도 잘 돼 포인트 다툼이 벌어진다. 입어료는 연안낚시 1만원, 루어낚시 5천원, 좌대 7만~8만원.

행정명칭 ▶ 이동지
지역별칭 ▶ 송전지
주소 ▶ 용인시 이동면 어비리
면적 ▶ 98만평
준공연도 ▶ 1972년
인터넷지도 검색명 ▶ 송전저수지
내비게이션 주소 ▶ 세밀도 참조

어종과 미끼

주어종 ▶ 붕어, 떡붕어
외래어종 ▶ 배스, 블루길
토착어종 ▶ 잉어, 가물치
잘 듣는 미끼 ▶ 글루텐 떡밥, 지렁이
채집 가능한 생미끼 ▶ 없음

송전권 송전지에서 가장 빨리 입질이 시작되고
조황도 뛰어나 포인트 경쟁이 가장 치열한 곳

레이크힐스CC

갈수기 때 낚시자리가 많이 드러난다.
수심이 50~60cm로 얕아져도
붕어가 빠지지 않고 머무는 게 특징.
봄에 40~50m급 떡붕어가 곧잘 낚인다.

P 1대 주차

차량 진입로

새물 유입구

장어 릴낚시 포인트

사계절낚시터

1.2~1.5m

이동면사무소

심통치킨·중국성
사잇길로 진입해
들어온다

1m

둠벙 포인트
산란기 때만 호황

간이화장실

※ 송전권은 빠르면 해빙과 동시에 물낚시가
　시작될 정도로 붕어 입질이 빨리 시작된다.

※ 봄에는 채비가 약간 무거워야 바닥층의 수초를 누르고
　채비가 안착하기 유리하다. 봄에는 붕어 씨알이 굵어
　예민성은 크게 따지지 않는다.

갓길 주차

산란기
최고의 명당
버드나무와 갈대가
밀생해 있어
장박낚시인들로
붐빈다.

70cm~1.5m

버드나무 지역

이동면 송전리 492

80cm~1.5m

산란기 명당
버드나무 사이 공략

이동면 경기동로 752-19

송전게이트볼장

송전게이트볼장 앞
연안은 수초가 많지 않아
붕어 포인트로 부적합

70cm~1.5m

80cm~1.5m

갓길 주차

이동면사무소

송전교

세월낚시
010-7137-1252

45

서진낚시

송전지 배터 묘봉권

용인시 공설공원묘지

→ z

※ 묘봉권은 송전권에 봄 입질이 붙은 후
짧게는 보름, 길게는 한 달 후 입질이 시작된다.

※ 굳이 좌대를 타지 않아도 될 만큼
포인트 여건이 좋아 인기가 많은 구간이지만
주차 후 먼 거리까지 걸어야 하는 게 단점

송전지 좌대 연락처(031)

창신집 336-7089	관광집 336-7312
오산집 336-4342	평택집 336-7354
수원집 336-7314	송전집 336-9332
송도집 336-7313	서울집 336-7207
안성집 336-7315	미성집 335-7854
제일집 336-7310	호남집 336-7309
장수집 335-7730	

송전지 좌대 배터

골재채취장

송전교

차량 진입 불가 P

오일뱅크
주유소

1~1.2m

1~1.5m

둠벙 포인트
산란기 명당

만수 때 큰 붕어들이
몰리는 명당
본류 연안은 수상좌대와 포인트가
겹쳐 주로 논둑과 진입로에서 낚시

1~1.5m

P

송전민물장어집
이동면 경기동로 882-1

P

봄 산란기
특급 연안 포인트
80cm~1.2m

힐탑파크

45

P

아랫말

묘봉2리 복지회관

갓길 1대 주차 P

대우콘테이너
이동면 묘봉리 873-4

P

묘봉교차로

개울 건너 차량 진입

동일테크원 앞 교차로·장서리

용인수상스키장

제방

어비1리삼거리

장서리권 송전지 하류권으로 봄 입질은 늦지만
4짜급 붕어가 잘 낚여 인기가 높은 곳

이건봉

제방

절골

남산집·제방 구간은
연안이 밋밋하고 수심도 깊어
붕어낚시터로는 인기가 없다.
갈수 때 배스낚시인들이
주로 찾는다.

1~2m

수몰나무

제방 밑에서 진입 가능.
산란기에는 큰 호황이 없고
여름 갈수기 때부터
낚시가 잘 된다.
5·6명 낚시할 수 있다.

이동면 이진로 863

남산집식당

갈수 시 넓게 드러나는 구간.
갈수기에 배스낚시, 잉어 릴낚시 성행

금당골

민물공원

1~1.2m

갈수기 포인트

1~1.2m

1.5~2m

만수 시 진입 불가

P

장수집 좌대

갈수 때 생기는 둠벙.
7~9치급 붕어가
마릿수로 낚인다.

1.5~2m

P

점촌

모차모텔

산타페모텔

갈수 시
오산집좌대 배터

1.5~2m

구 도로에서
굴다리 밑을
통과해 진입

1.5~2m

이동면 경기동로 1024

45

묘봉·송전교

버드나무 지대

장서리

장수·오산집
좌대 배치 구간

동일테크원 앞 교차로

1.5~2m

장수집좌대 배터

P

오산집좌대 배터

P

P

둔병 도야트
수초제거작업 필수

P

복덕말

82

양성면사무소

장서교차로

어비2리사거리

평택 진위천

씨 알 ★★★★★
마릿수 ★★★★
수 질 ★★★
경 관 ★★★
주 차 ★★★

⑥동청리

두릉리

어연IC

서정리역

어연리

동청리

울포리

고덕국제신도시

⑤백봉리 일대

좌교리

여염리

고덕면

해창리

평택TG

평택화성고속도로

평택고덕IC

평택제천고속도로

양교리

④궁안교 일대

● 진위천은 과거에는 수질이 나빠 기피하는 낚시인들이 많았지만 현재는 수질이 많이 개선되어 수도권을 대표하는 하천낚시터로 각광받고 있다.

안화리

궁리

죽리

②방축리(태평아파트 앞

오성IC

오성면

동고리

③삼경낚시 앞

Profile

진위천은 경기도 용인시 송전지에서부터 물줄기가 시작돼 평택시 진위면–서탄면–오성면을 거쳐 평택호로 흘러드는 하천이다. 하천이 길고 규모가 크기 때문에 포인트가 많으며, 특히 겨울낚시가 잘 되는 구간이 곳곳에 있어 사철 붕어낚시가 이루어진다. 본격적인 붕어낚시 구간은 동연교가 있는 평택시 고덕면 동청리 하류권부터. 안성천과 합류하는 창내리에 이르는 구간 곳곳에 다양한 특징을 갖춘 포인트가 즐비하다.

①창내리 양수장 앞

석봉리

당거리

창내리

어종과 미끼

주어종▶붕어, 떡붕어
외래어종▶배스, 블루길
토착어종▶잉어, 가물치, 동자개
잘 듣는 미끼▶떡밥, 지렁이, 옥수수
채집 가능한 생미끼▶없음

행정명칭▶진위천
지역별칭▶없음
인터넷지도 검색명▶진위천
내비게이션 주소▶청북읍
백봉길 314-39 외

팽성대교

원정리

내리

근내리

↓평택호

도두리

동창리

①창내리 양수장 앞 겨울 북서풍에 의지돼 겨울이면 늘
포인트 경쟁이 처열하다.

● 수심 깊은 석축과 얕은 수초밭이 공존한다.

동고리

※ 전반적으로 겨울 북서풍에 의지된다.

※ 양수장 하류권은 수심이
깊어 겨울에 호황

팽성대교 →

석축 포인트
3~3.5m

수초 포인트
수심 1~2m

창내리양수장

P

P 주차 가능

P

← 방축리

※ 양수장 상류권 수초밭은
봄 산란기 포인트

315 오성면 강변로 1301

원창내

↓ 오성IC

중대마을

②방축리(태평아파트 앞) 수심이 5m에 달해 겨울에 붕어들이 많이 몰리는 곳이다.

→N

궁안교↗

소풍정원 캠핑장

● 5칸 이상의 긴 대가 유리하며 물 흐름이 있어 원줄을 가늘게 쓸수록 유리한 곳이다.

신리

수심 앝아 낚시 힘들다.

315

봄 산란기 포인트

← 창내리 양수장 앞·팽성대교

※ 물 흐름이 있어 1호 내외의 가는 원줄이 유리. 중통낚시를 많이 한다.

둑방길 주차

수심 5m 내외

버드나무를 기준으로 상류 30m까지가 최고의 명당

수심 5m 내외

둑방길 주차

발판 안 좋고 길이 험해 버드나무 상류권보다는 인기 떨어지는 구간

큰버드나무

고덕면 방축리 770-3

모래득들

태평아파트↘

③삼경낚시 앞 수심 깊은 겨울낚시 명당이다. 걸어가는 거리가 먼 게 흠이지만 겨울 조황은 확실한 곳이다.

N

↑ 창내리양수장 앞·팽성대교

↑ 방축리(태평아파트 앞)

소풍정원 캠핑장

차량 진입 불가

좌대 없이도 낚시 가능
수심 3~4m

P
P
주차공간

← 궁안교

수심 4~5m

※ 낚시점 앞에 주차하고 걸어서 들어가
아 되므로 짐을 최소화하는 게 좋다.

석축지대라 좌대 필수. 수초 없는
맨바닥 포인트.

차량 진입 불가

삼경레저낚시

낚시점 앞 주차 →

털보낚시

오성면 신리 69-1

315

← 오성IC

④궁안교 일대 포인트는 적지만 겨울에 얼지 않아 인기가 높은 곳이다.

→ N

● 궁안교 우안 상류에 있는 삼정펄프 제지공장에서 겨우내 온수가 나와 붕어 활성이 높다.

오성IC

백봉리

팽성대교

38

궁안교

맨바닥 포인트

P P

소풍정원 캠핑장

주차 6~7대 가능

삼정펄프 제지공장

송탄

쇠기둥이 있어 차량 진입로 차단 시 걸어서 진입.

궁리마을

오일뱅크주유소

궁리사거리

고덕면 고덕로 8

서정리천

경부고속철도

방축리(태평아파트 앞)

평택 시내

⑤백봉리 일대 　진위천의 겨울 낚시터 중 가장 구간이 넓은 곳이다. 씨알과 마릿수가 모두 탁월하다.

N

해창리

고덕면소재지

평택제천고속도로

오성IC

● 이곳은 유속이 빨라서 일반 채비보다 중통채비가 특히 잘 먹히는 곳이다.

▶'중통채비'란?
목줄을 봉돌에 바로 묶지 않고 봉돌의 구멍이나 고리 사이로 통과하게끔 유동식으로 연결하여 붕어가 미끼를 물고 돌아서면 봉돌은 움직이지 않고 낚싯줄만 끌려가서 찌가 물속으로 빨려드는 채비를 말한다. 이 경우 무거운 봉돌을 써도 붕어가 이물감을 느끼지 못하므로 무거운 봉돌이 필요한 유속이 있는 곳에서 많이 사용한다.

작은 둠벙
수심 1m 전후
봄 산란기 포인트

오성면 안화리 47-3

겨울 포인트

P
P
P

비 오면 4륜구동차만 진입 가능.

큰 둠벙

수심 1m 전후

수심 3~4m

평택에너지 서비스

P

온수 유입으로 겨울에도 얼지 않는다.

석축 포인트

동연교

수심 3~4m

수심 3~4m

P

청북읍 백봉길 314-39

P
P
P

어연IC, 동연교

길가 주차

연안 도로로 내려 가는 곳

청북읍 백봉리 437

평택제천고속도로

⑥동청리 　사철 낚시가 잘 되는 구간이다. 물 흐름이 빨라 긴 대보다는
짧은 대를 하류 방향으로 펼쳐 낚시를 한다.

→Ｎ

↑청북읍

● 석축에서 낚시를 한다. 2칸 대 내외의 짧은 대에도 입질
이 활발하다. 사철낚시가 되지만 주로 늦가을~봄 사이에
많이 찾는 곳이다. 물 흐름이 강해 낚싯대는 적게 펴는 게
좋다.

어연IC교차로

동연교차로

315

동연교

핵심 낚시구간

수심 2m 전후

둑길 위에 주차

Ⓟ

걸어서 진입. 4륜구동차는
진입 가능.

Ⓟ 둑길 위에 주차

유속 강해 갓낚시
형태로 낚시하는
게 좋다.

경부고속철도

고덕면 동청2길 30-52

동청리

아랫말

영촌

해창리
마을회관

두룡천

평택고덕신도시↓

이천 용풍지

씨 알 ★★★★
마릿수 ★★★
수 질 ★★★
경 관 ★★★★
주 차 ★★★

송산2리

장호원읍·
감곡IC

관리소

제방 전역이
떡붕어낚시터다.

방수천

무넘기

접근 어려워
연안낚시 불편

장호원읍 송산리 산 16-2

수상 좌대

2~3m

잔교 좌대

2~3m

접지 좌대

갓길 주차

하절기엔 마름이 뒤덮이기 시작하지만
관리인이 미리 수초제거 작업을 해놓기 때문에
낚시가 가능하다. 특히 비가 많이 와
흙탕물이 지면 마릿수 조과를 거둘 수 있다.

1~1.2m
버드나무 사이 공략

접지 좌대

38번 국도변
서머나교회
부근에서 진입

장호원읍·
감곡IC

80cm~1m
산란기 명당

토종붕어는 떡밥, 지렁이, 옥수수를 쓰면
5~8치급 마릿수가 가능하고 낮에도 잘 낚이며
채집 가능한 새우나 참붕어를 미끼로
밤낚시를 하면 25~35cm급이
주종으로 낚인다. 최고 46cm까지 낚었다.
떡붕어 미끼는 글루텐떡밥.

※ 붕어낚시는 3월 초부터 11월 말까지
이어지며 4월 한 달이 피크시즌

※ 여름철 오름수위에도 기대할 수 있으나
봄에는 못 미친다.

※ 여름엔 하류권에서 떡붕어가 잘 낚인다.

낚시가 힘든 구간
(갈수기 때는 가능)

1~1.2m
산란기 포인트

마름

80cm~1m

부들

산란기 포인트
80cm~1m

부들, 마름 속에서
새우와 참붕어 미끼에
25cm부터 4짜까지
낚인다.

송산교회

갓길 주차

Profile

40년 넘게 윤부산, 윤영호 부자가 운영해오고 있는 유료낚시터다. 90년대에 떡붕어가 유입되고, 가물치낚시터로 부각되면서 중층낚시인과 루어낚시인들의 발길이 많아졌지만 산란기와 오름수위에는 상류 쪽에서 굵은 토종붕어가 잘 낚인다. 토종붕어는 5~6치부터 4짜급까지 낚이며 떡붕어는 20~30cm가 주종이다. 연안입어료 1만5천원.

어종과 미끼

주어종▶붕어, 떡붕어
외래어종▶향어
토착어종▶
가물치, 잉어, 메기, 동자개
잘 듣는 미끼▶지렁이, 옥수수,
글루텐 새우, 참붕어
채집 가능한 생미끼▶
새우, 참붕어

행정명칭▶용풍지
지역별칭▶용연지
주소▶이천시 장호원읍 송산리
면적▶9만3천평
준공연도▶1946년
인터넷지도 검색명▶이천 용풍지
내비게이션 주소▶
장호원읍 송산리 산 16-2
관리소 전화▶031-642-3447

화성 고잔지

씨 알 ★★★
마릿수 ★★★
수 질 ★★★
경 관 ★★★
주 차 ★★★★

● 고잔지는
1주일에 2회씩 붕어를 방류한다.
7-9치가 주종이고 월척급도 자주 올라온다.
현지 자연산 토종붕어의 경우 37·38cm급도 올라오고 있다.
떡붕어 자원도 풍부해 7·8치급이 자주 올라오며
40cm가 넘는 씨알도 낚인다.

고잔수로

청북IC

수문

무넘기

마름 밀생

2~3m
마름

전 연안
차량 이동 가능

텐트를 치고
야영하기 좋고
물속에 수초가 많아
조황도 좋은 곳

1.5~2m

P
▲ 캠핑 가능
P

1.5~2m

Profile

유료낚시터로 운영된 지 20년 이상 돼 지역 낚시인들에게 널리 알려진 곳이다. 고잔지는 조황이 꾸준하고 주차여건이 좋아 가족과 단체낚시객들에게 인기가 많은 곳이다. 자연지 외에도 3천평의 잡이터를 함께 운영하는데 붕어를 자주 방류해 손맛을 볼 확률이 높다. 3월 말부터 11월 초까지 시즌이 이어진다. 입어료는 자연지 2만원, 잡이터 3만원.

어종과 미끼
주어종▶ 붕어
외래어종▶ 없음
토착어종▶ 떡붕어, 메기, 가물치, 동자개
잘 듣는 미끼▶ 떡밥, 지렁이, 옥수수
채집 가능한 생미끼▶ 새우, 참붕어

텐트 설치 가능

3~4m

행정명칭▶ 고잔지
지역별칭▶ 고잔낚시터
주소▶ 화성시 양감면 요당리
면적▶ 3만6천평
준공연도▶ 1954년
인터넷지도 검색명▶ 화성 고잔지
내비게이션 주소▶ 양감면 요당리 435
관리소 전화▶ 031-353-7878

부들

2~3m

부들·줄풀

2~3m

여름낚시 잘 됨
4~5m

잔교

3천평 규모의
양어장낚시터(잡이터)

고잔농원

P

1.5m

봄 명당

갈대·부들

1.5m

1~2m 2~3m

관리소

미끼는 떡밥이 가장 잘 먹히며 봄에는 지렁이, 여름에는 옥수수에도 활발한 입질을 보인다.

청산샘오리 숯불구이

양감면 요당리 435

발안IC·향남

39

화성 기천지

씨 알 ★★★★
마릿수 ★★★
수 질 ★★★★
경 관 ★★★★
주 차 ★★★★

Profile

경치가 좋아서 작은 댐낚시터에 온 듯한 분위기를 연출하는 곳이다. 4월 중순부터 붕어 입질이 시작돼 배수 전까지 호황을 보이고 7~8월 오름수위 후 10월 말까지 이어진다. 주 어종은 떡붕어이며 배스 유입 후 8치 이상 35cm에 가까운 씨알이 자주 낚이고 있다. 연안 입어료는 1만2천원, 전층낚시는 캐치앤릴리즈 조건으로 1만원이다.

노리골

수심 얕고
수초 부족

※ 미끼는 떡붕어는 글루텐, 토종붕어와 잉어는 신장떡밥

※ 잉어는 70cm급이 많이 낚인다

※ 배스 유입 후 겨울에 많이 잡히던 빙어는 부쩍 줄었다

전교좌대

P

매점

잔교좌대 쪽 떡붕어들은 전층낚시에 길들여져 바닥낚시로는 재미 보기 어렵다. 다른 연안에서는 바닥낚시로도 떡붕어를 쉽게 만날 수 있다.

P

매점

갈수기
포인트

3~4m

여름 포인트

2~2.5m

P

직벽에 설치한
전층좌대

갈수위
떡붕어 명당

"적어도 5~6회는 다녀봐야 기천지 떡붕어 낚시 감을 잡는다"고 단골낚시인들은 말하지만 전층낚시 숙련자라면 기천지 떡붕어를 쉽게 낚을 수 있다. 전층낚시를 못한다면 바닥낚시채비의 봉돌을 최대한 가볍게 하고 작은 5호 바늘을 사용하면 된다.

P

비포장길

수원교회

팔탄면소재지

갈수 때 대물 붕어,
잉어 포인트

322

기천지 최고의 명당. 뗏장수초가 있고 수심도 깊어 수위가 낮은 해에도 늘 안정적 조과

1~1.5m

부투골

2~3m

뗏장

매점

관리실

봄 포인트

0.5~1m

P

새물유입구 앞이 큰 둠벙 형태로 생겨 봄에 굵은 떡붕어가 많이 들어온다.

봉담읍 건달산로 282-10

방아골

기천교

43번 국도 자안 입구 삼거리

행정명칭 ▶ 기천지
지역별칭 ▶ 없음
주소 ▶ 화성시 팔탄면 기천리
면적 ▶ 12만9천평
준공연도 ▶ 1993년
인터넷지도 검색명 ▶ 화성 기천지
내비게이션 주소 ▶ 봉담읍 건달산로 282-10
관리소 전화 ▶ 031-227-3223

어종과 미끼

주어종 ▶ 떡붕어
외래어종 ▶ 배스
토착어종 ▶ 붕어, 잉어, 가물치, 메기, 빙어
잘 듣는 미끼 ▶ 글루텐떡밥, 신장떡밥, 어분, 지렁이
채집 가능한 생미끼 ▶ 없음

화성 남양호

씨 알 ★★★
마릿수 ★★★
수 질 ★★★
경 관 ★★★★
주 차 ★★★★

Profile

평택호와 함께 수도권의 대형 간척호 낚시터로 인기가 높은 곳이지만 2004년 홍원리수로와 장안양수장 일부 구간을 빼곤 전역이 낚시 금지구역으로 지정됐다. 3월 중순부터 시즌이 열리며 겨울에는 얼음낚시도 잘 된다. 주 어종은 떡붕어지만 산란기에는 토종붕어도 곧잘 낚인다. 떡붕어와 토종붕어의 비율은 8:2다.

● 화성시 장안면 장안양수장 일대, 평택시 포승면 홍원리수로 일부만 낚시 허용 구간이다.

평택IC
서평택분기점
고잔리
발안IC
발안천
홍원1교
서해안고속도로
낚시 허용 구역
낚시 허용 구역
홍원리
독정리
홍원리수로
서평택IC
서해[
평택-제천 고속도로
313
낚시 허용 구역
장안대교
조암IC
장안양수장
도곡수로
도곡리
낚시 허용 구역
장안리
남양호는 수위 영향을 많이 받는 곳이다. 수문을 열면 수위가 낮아지고 붕어 입질도 뚝 끊긴다. 주말을 전후해 물을 뺄 때가 많으므로 주중에 출조하는 게 유리하다.

봄과 겨울 얼음낚시 때는 지렁이를 쓰지만 그 외 계절에는 글루텐떡밥이 잘 먹힌다.

장안면
덕다리
노진리
중앙수로(노진리수로)
이화리수로
남양대교
원정리
이화리
77
화성 우정면

행정명칭 ▶ 남양호
지역별칭 ▶ 없음
주소 ▶ 화성시 우정면 이화리
면적 ▶ 228만평
준공연도 ▶ 1973년
인터넷지도 검색명 ▶ 남양호
내비게이션 주소 ▶
장안면 장안리 2653-1(장안교차로),
포승읍 홍원리 988-2(홍원리수로 입구)

남양호방조제

어종과 미끼

주어종 ▶ 떡붕어, 붕어
외래어종 ▶ 배스, 블루길
토착어종 ▶ 잉어, 가물치
잘 듣는 미끼 ▶ 글루텐떡밥, 지렁이
채집 가능한 생미끼 ▶ 없음

장안양수장·홍원리수로 일원
남양호에서 낚시가 허용된 구간

● 수로의 북쪽보다는 남쪽 연안의 수초 발달이 뛰어나다.

● 봄과 가을, 오름수위 때 호황을 보인다.

● 수심이 얕아 갈수기 때는 낚시가 어렵다.

● 홍원1교 밑 간이매점에서 식사도 팔며 연안을 낚시하기 좋게 만들어 놓았다.

서평택분기점

고 잔 리

서해안고속도로

구문천리

독정리

조암

장 안 리

남양호에서는 수심이 얕아 전층낚시는 어렵고 미끼만 바닥에 살짝 닿게 찌맞춤한 바닥낚시를 한다. 바닥이 감탕이어서 봉돌이 닿는 채비는 입질이 지저분하거나 빈도가 떨어진다.

홍원교

70cm~1m

도로변 주차

갈대

낚시 허용 구간

낚시 허용 구간

부들

70cm~1m

홍원1교

간이매점

간이매점

안중읍소재지

홍 원 리

홍원리수로

서평택IC

홍원리사거리

평택기계전시장

햇살들 농협

포승읍 홍원리 988-2

313

연 촌 리

도로변 가드레일 설치로 주차 불편

갈대

70cm~1m

말풀

공중화장실

남 양 호

갈대

낚시 허용 구간

400m 낚시 금지 구간

간이매점

공중화장실

400m 낚시 금지 구간

장안대교

장안양수장

장어 릴낚시 포인트

장안교차로

장안면 장안리 2640

공중화장실

P

도곡수로

70cm~1m

낚시 허용 구간

씨알·마릿수 포인트
(떡밥에 효과)

중앙수로

방조제

화성 대성지

씨 알 ★★★
마릿수 ★★★★
수 질 ★★★
경 관 ★★
주 차 ★★★

Profile

마릿수 조과가 탁월한 유료낚시터다. 떡붕어와 토종붕어 비율은 8대2, 씨알은 두 어종 모두 6~7치급이 많이 낚인다. 다른 저수지에 비해 물을 적게 빼봄낚시 시즌이 긴 게 장점이다. 특이한 점은 다양한 손님고기들의 조황이 좋다는 점. 가물치, 동자개, 메기, 장어가 자주 올라온다. 4월 초부터 11월 초까지가 붕어낚시 시즌이다.

318 팔탄면 면사무소

화성시청

팔탄면 녹막말길 133-27
관리실·식당

과거 양어장을 했던 곳. 말풀과 부들이 밀생해 있는 산란기 명포인트

0.7~1.2m
둠벙

화장실

평지형 저수지로서 여름이면 침수수초가 밀생해 수초를 제거한 곳 위주로 낚시해야 하는데 잔 씨알의 붕어가 많이 서식하고 마릿수 재미가 좋다보니 초보자도 낚기 쉬운 낚시터다.

버드나무

P

잔교
1.2~1.5m

P
1.2~1.5m

잔교
(바닥낚시만 허용)

1.2~1.5m

양식장
낚시 불가

연안낚시터로 가장 인기 있는 구간. 한적한 분위기에 오후엔 시원한 그늘이 지기 때문에 시원하다.

화장실

화장실

P

잔교

1.5~2m

1.5~2m

수상 좌대
배치

마름 밀생
1.5~2m

※전역에 말풀 밀생해 낚싯대는 2.5~3.5칸대면 충분
※수초제거가 필수

방갈로좌대 배치

제방으로
차량 진입 가능

걸어서 들어가는 수상 방갈로엔 TV, 에어컨 등이 잘 갖춰져 있어 가족과 찾기에 좋다.

2~3m

수상좌대

진입차단
바리케이트

대성교

잉어·메기
1.5~2m

화장실

수심이 깊어서 사계절 꾸준히 호황 보이는 자리.

무넘기

자안천

노하
산업단지

붕어는 글루텐, 잉어는 신장떡밥, 메기는 지렁이에 잘 낚인다.

행정명칭 ▶ 대성지
지역별칭 ▶ 대성낚시터
주소 ▶ 화성시 팔탄면 율암리
면적 ▶ 3만평
준공연도 ▶ 1945년
인터넷지도 검색명 ▶ 대성낚시터
내비게이션 주소 ▶ 팔탄면 녹막말길
133-27
관리실 전화 ▶ 031-352-7935

어종과 미끼

주어종 ▶ 떡붕어
외래어종 ▶ 없음
토착어종 ▶ 붕어, 잉어, 가물치, 뱀장어, 동자개
잘 듣는 미끼 ▶ 떡밥, 지렁이
채집 가능한 생미끼 ▶ 새우, 참붕어

화성 덕우지 (발안지)

씨 알 ★★★
마릿수 ★★★
수 질 ★★★
경 관 ★★
주 차 ★★★

Profile

관록의 명낚시터로 여전히 조황이 좋아 초보자들도 쉽게 살림망을 채울 수 있는 곳이다. 4월 초순부터 모내기 전까지가 호기다. 물을 빼면 주춤했다가 7월 장마철에 또 호황을 맞는다. 발안지의 주 어종은 떡붕어이며 토종붕어는 산란철과 오름수위 때 잠깐 낚인다. 연안 입어료는 1만5천원, 수상좌대 이용료는 6만원(입어료 포함), 배스낚시 1만원.

▲ 덕우지는 떡붕어 씨알이 평균 7-9치에 4짜까지 낚이지만 토종붕어 씨알은 6-8치가 주종이다. 공간이 넓은 곳에는 잉어 릴낚시인들이 늘 포진해 있다. 주변에 맛집들이 많아 가족과 찾기에 좋은 곳이다.

기천교

1~1.5m

버드나무 밀생
2~2.5m

봄철과 새물찬스 명당. 버드나무와 부들이 많아 산란을 앞둔 떡붕어들이 몰린다

독적골

※ 해병대사령부 앞 연안은 낚시 금지구역

해병대사령부
(군사시설이라 항공사진에 미표시)

▶ 글루텐떡밥 내림낚시 유리
▶ 잉어 노릴 때는 신장떡밥+곰표떡밥+어분
▶ 3칸 반 이상의 긴 대 유리

무넘기

318

전층좌대 5m

관리소에서 도선

여름 포인트

2~3m

매점

잉어·가물치

잉어·가물치

화성

팔탄입구삼거리

P

연안낚시 여건은 좋지만 주차할 만한 곳이 마땅치 않아 접근 어렵다

화장실

부림빌라

갈담초교

행정명칭 ▶ 덕우지
지역별칭 ▶ 발안지, 돌담거리지
주소 ▶ 화성시 봉담읍 덕우리
면적 ▶ 33만평
준공연도 ▶ 1939년
인터넷지도 검색명 ▶ 화성 덕우지
내비게이션 주소 ▶ 봉담읍 삼천병마로 709
관리실 전화 ▶ 031-298-9116

43

수상좌대

2~3m
잔교좌대

산란철좌대 배치 지역

봉담

어종과 미끼

주어종 ▶ 떡붕어, 붕어
외래어종 ▶ 배스
토착어종 ▶ 잉어, 가물치, 메기
잘 듣는 미끼 ▶ 글루텐떡밥, 지렁이
채집 가능한 생미끼 ▶ 없음

서봉문화전시관

관리실
봉담읍 삼천병마로 709

화성 동방지 (방농장지)

씨 알 ★★★
마릿수 ★★★★
수 질 ★★★
경 관 ★★★
주 차 ★★★★

N

화성휴계소

서해안고속도로

발안IC

향남읍내

율암교차로

팔탄면소재지

비봉IC

Profile

떡붕어가 마릿수로 낚이는 유료낚시터인데 동절기에는 토종붕어도 잘 낚인다. 낚시터 전역이 포인트라고 할 수 있으며 연이 무성해 아늑한 느낌을 준다. 동방지 붕어낚시는 연이 올라오기 시작하는 4월 초부터 시작된다. 기본 어종은 떡붕어이며 붕어, 잉어, 동자개, 메기, 가물치 등도 올라온다. 연안입어료 1만5천원.

수질 정화 시설

P

석축

산란철 포인트

연 1~1.5m

2~3m

준설 구간

덕천교차로

화장실

화성세화 호텔온천

온천삼거리

화성세화호텔온천 퇴수구 부근은 겨울에도 얼지 않아 물낚시 가능

온천 퇴수로

P

새우가 많아서 새우 미끼로 대물낚시를 즐기는 낚시인도 많다. 새우 미끼에는 27·28cm 토종붕어가 낚인다.

화장실

좌안은 연발이 2칸 대 거리에 떨어져 있어 그 앞을 노리는 식으로 낚시를 한다.

여름 밤낚시 포인트 2~2.5m

연

화장실

1.5~2m

82

수물나무 1.5~2m

마름

마름

마름

부들 1~1.5m

수물나무

화장실

1.5~2m

붕어·가물치

P

P

방갈로

화장실

P

연안 접지 좌대

연안 접지 좌대 2~3m

※ 떡붕어와 토종붕어 비율은 7:3
※ 수상좌대는 없지만 관리실 앞에 4-5개의 방갈로가 있어 가족단위로 왔을 때 이용 가능. 또 방갈로 앞의 조황이 가장 꾸준하다.

조암 IC

관리실 식당

팔탄면 노하리 596

연

무넘기

제방 밑 차량 이동

덕우교차

행정명칭 ▶ 동방지
지역별칭 ▶ 방농장지
주소 ▶ 화성시 팔탄면 노하리
면적 ▶ 18만6천평
준공연도 ▶ 1945년
인터넷지도 검색명 ▶ 동방저수지
내비게이션 주소 ▶ 팔탄면 노하리 596
관리소 전화 ▶ 031-353-9516

어종과 미끼

주어종 ▶ 떡붕어, 붕어
외래어종 ▶ 없음
토착어종 ▶ 가물치, 메기, 동자개
잘 듣는 미끼 ▶ 떡밥, 지렁이
채집 가능한 생미끼 ▶ 없음

화성 멱우지

씨 알 ★★★
마릿수 ★★★★
수 질 ★★★
경 관 ★★★
주 차 ★★★

Profile

1박2일에 5~7치급 떡붕어를 20마리 이상 낚을 수 있는 마릿수터로 유명하다. 3월 말부터 시즌이 열리며 4월 중순~5월 초가 씨알 피크이고 9월 말~11월 초에도 호황을 보인다. 떡붕어는 커야 월척이지만 잉어는 70cm 이상, 메기는 50cm 이상의 씨알들이 자주 낚인다. 연안 입어료는 1만5천원, 수상좌대는 2명 기준 6만원(입어료 포함), 배스낚시 1만원.

● 제2서해안고속도로 장안IC에서 5분 거리

뉴스타파크 모텔

관리소 앞은 접지좌대가 깔려있고 주차 후 바로 낚시할 수 있고 조황도 꾸준해 인기가 높다.

우정읍 한뿌리 1길 157-15

관리소
도로변 주차
관음사
무넘기
배터
3~3.5m
릴낚시 가능
잉어·가물치 포인트
뗏장 1.5~2m
마름 1.5~2m
둠벙 0.7~1m

포승 남양호

※중상류는 연과 각종 수초로 덮여 있다
※두바늘채비에 붕어바늘 4-5호, 예민한 찌맞춤 필요
※긴 대보다 2.5-3칸대로 수초에 가깝게 붙이는 게 유리

최고의 포인트. 뗏장과 마름이 섞여 있고 물골과 접해있어 붕어가 떼로 몰리는 곳이다.

2~3m
수상 좌대 배치

잉어 가물치 릴낚시 포인트

멱우교
암읍

산란철 명당
0.7~1m

가물치 루어 포인트

부들 밀생

6-7월 가물치 루어 포인트

화수사거리

'마을 앞' 포인트
2m
방축교
새물 유입구

멱우교차로

조암IC

향남

어종과 미끼

주어종 ▶ 떡붕어
외래어종 ▶ 배스
토착어종 ▶ 붕어, 가물치, 메기, 참게
잘 듣는 미끼 ▶ 글루텐떡밥, 지렁이
채집 가능한 생미끼 ▶ 없음

행정명칭 ▶ 멱우지
지역별칭 ▶ 없음
주소 ▶ 화성시 우정면 멱우리
면적 ▶ 15만6천평
준공연도 ▶ 1945년
인터넷지도 검색명 ▶ 멱우저수지
내비게이션 주소 ▶ 우정읍 한뿌리 1길 157-15
관리실 전화 ▶ 031-351-1385

화성 버들지

씨 알 ★★★
마릿수 ★★★
수 질 ★★★
경 관 ★★★★
주 차 ★★★★

Profile

화성권의 유료낚시터 중 자연지 분위기가 많이 나는 곳이다. 원래 힘 좋은 토종붕어가 많이 낚이던 곳이었으나 현재는 70% 이상이 떡붕어다. 붕어를 방류하지만 성어를 넣는 것이 아니라 치어를 방류하고 있어 잔챙이와 중치급 붕어가 모두 낚이는 곳이다. 그래서 이곳은 자연지의 순수함을 좋아하는 낚시인이 주로 찾고 있다. 입어료 2만원.

※ 봄에 씨알과 마릿수가 가장 좋고 만수 때의 낚시 여건이 좋은 편이다.
※ 3월 중순부터 5월 배수 전까지 호황.
※ 아직도 상류의 부들 지역에서는 만수위에 생미끼 낚시가 가능하다.
※ 떡붕어 위주로 낚이면서 바닥낚시보다는 내림낚시가 잘 먹힌다.

대물 포인트 2~3m
4~5m 전층낚시 잔교
화장실
2~3m 대물 포인트
갓길 주차 가능
급경사 접근 불가
갈수기 가물치 루어낚시 포인트
갈수기 도보 이동로
갈수기 잉어 포인트 2~2.5m
산란기 포인트 1~1.5m
비닐하우스
조암IC
310
봄·가을 특급 포인트
70cm~1m 70cm~1m 잔교
70cm~1m
관리실·매점
부들과 갈대가 잘 자라있고 수초대 앞으로 잔교좌대 설치
장안면 버들안길 2
화장실
발안IC

어종과 미끼
주어종 ▶ 떡붕어, 붕어
외래어종 ▶ 배스
토착어종 ▶ 잉어, 가물치
잘 드는 미끼 ▶ 글루텐떡밥, 지렁이
채집 가능한 생미끼 ▶ 없음

행정명칭 ▶ 버들지
지역별칭 ▶ 없음
주소 ▶ 화성시 장안면 석포리
면적 ▶ 2만7천평
준공연도 ▶ 1945년
인터넷지도 검색명 ▶ 버들저수지
내비게이션 주소 ▶ 장안면 버들안길 2
관리소 전화 ▶ 031-358-6346

화성 한펄지 (독지리지)

씨 알 ★★★
마릿수 ★★★
수 질 ★★★
경 관 ★★
주 차 ★★

시화호 간척지 ↑

제방을 포함한 전 도로 협소해
주차 여건 불편

● 새우와 참붕어가 많은 곳이며
큰 붕어는 새우와 참붕어에 잘 낚인다.
마릿수는 떡밥콩알낚시가 최고.

제방은 갑자기 수심이 깊어지는 곳이라서
마름밭의 연안을 노리는 갓낚시가 유리하다.

마릿수 포인트
1.5~2m

형도각지 ↗

1.5~2m

2.5칸 미만 대로
갓낚시 유리

P

1.5~2m   마름

마릿수·씨알 양호
1.5~2m

얼음낚시 구간
2~3m

축사

떳장

초봄~늦가을 명당
(새우에 월척 잘 낚임)
1.5~2m

1.5~2m

완경사 지형

어종과 미끼

주어종 ▶ 붕어
외래어종 ▶ 배스
토착어종 ▶ 잉어, 장어, 가물치
잘 듣는 미끼 ▶ 새우, 참붕어, 떡밥, 지렁이
채집 가능한 생미끼 ▶ 새우, 참붕어

Profile

시화호 형도각지로 가는 길에 있는 평지형 저수지다. 삼각형의 각지이며 여름에는 전역에 마름이 밀생한다. 2008년경 4짜 붕어가 많이 낚여 유명해진 곳인데 지금은 배스가 줄면서 잔챙이 붕어도 많이 늘어 마릿수 재미가 좋아졌다. 붕어 씨알은 5~7치급이 많으며 봄(3~4월), 가을 그리고 얼음낚시 때는 월척도 곧잘 낚인다.

송산면 독지리 916-2

P

행정명칭 ▶ 없음
지역별칭 ▶ 한펄지, 독지리지
주소 ▶ 화성시 송산면 독지리
면적 ▶ 2만3천평
준공연도 ▶ 미상
인터넷지도 검색명 ▶ 한펄저수지
내비게이션 주소 ▶
송산면 독지리 916-2

↙ 송산면소재지

강원도

강릉시 **경포지(죽헌지), 동막지, 사천지(사기막지),**
　　　신왕지, 장현지, 향호지
양양군 **포매호**
원주시 **고산지, 귀운지(귀래지), 대안지, 반계지,**
　　　손곡지, 철원군 용화지, 잠곡지
춘천시 **서상지(반송지), 소양호, 신매지(툇골지),**
　　　의암호, 춘천호,
홍천군 **굴운지, 상오안지, 생곡지, 속초지, 홍천강,**
　　　청량지
화천군 **파로호**
횡성군 **삼배지, 중금지(한치지)**

춘천호 고탄리

강릉 경포지(죽헌지)

씨	알	★★★★
마릿수		★
수	질	★★★★★
경	관	★★★★★
주	차	★★

경포사거리 ↑

위촌천

● 2002년 태풍 루사, 2003년 매미 때
제방이 무너졌지만 30~40%의 저수율을
유지해 붕어 자원이 많이 남아있었다.
제방 보수 후 인근 경포호의 붕어를 갖다 넣어
평균씨알이 굵게 낚이지만 배스 때문에
개체수가 줄어 대물 한 방을 노리는
낚시터라고 보면 된다.

※ 배수기엔 제방 전체가 포인트

2~3m

1~3m

3~5m

보트 포인트

P 민가에 양해 후 주차 가능

강릉시 죽헌동 482-4

2~3m
산란기 명당

마릿수
좋은 자리

보트 포인트

갈수기 특급 포인트

섬

P

장어

장어

P

닭집

Profile

강릉을 대표하는 낚시터다. 강릉
시내에서 10분 거리로 가까워 많
은 낚시인이 찾는 곳이다. 하류는
수심이 깊지만 중상류는 완만하고
포인트가 많은 게 장점이다. 붕어
낚시도 빨리 시작돼 2월 말이면 입
질이 시작되며 12월까지 시즌이
이어진다. 봄철과 오름수위 때 호
황. 중상류권이 포인트여서 일단
만수가 돼야 낚시여건이 좋아진다.

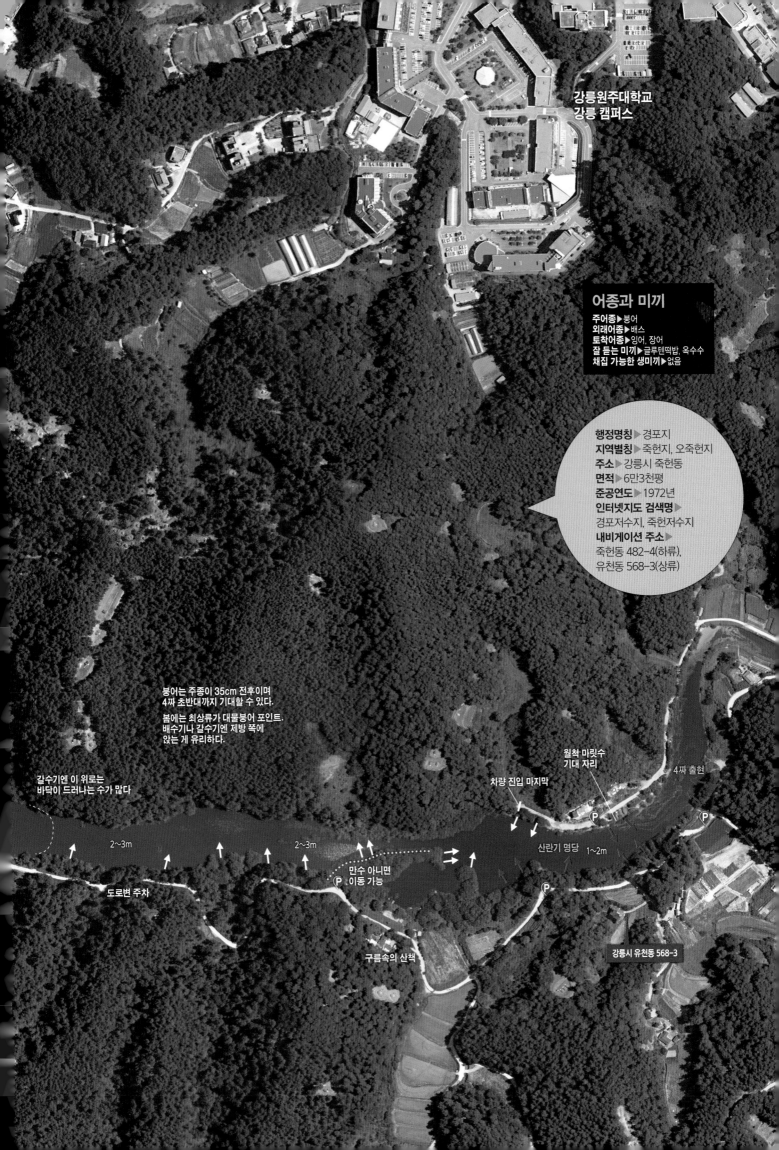

강릉원주대학교
강릉 캠퍼스

어종과 미끼
주어종▶붕어
외래어종▶배스
토착어종▶잉어, 장어
잘 듣는 미끼▶글루텐떡밥, 옥수수
채집 가능한 생미끼▶없음

행정명칭▶경포지
지역별칭▶죽헌지, 오죽헌지
주소▶강릉시 죽헌동
면적▶6만3천평
준공연도▶1972년
인터넷지도 검색명▶
경포저수지, 죽헌저수지
내비게이션 주소▶
죽헌동 482-4(하류),
유천동 568-3(상류)

붕어는 주종이 35cm 전후이며
4짜 초반대까지 기대할 수 있다.
봄에는 최상류가 대물붕어 포인트.
배수기나 갈수기엔 제방 쪽에
앉는 게 유리하다.

월척 마릿수
기대 자리

4짜 출현

차량 진입 마지막

갈수기엔 이 위로는
바닥이 드러나는 수가 많다

2~3m   2~3m

산란기 명당   1~2m

만수 아니면
이동 가능

도로변 주차

구름속의 산책

강릉시 유천동 568-3

강릉 동막지

Profile

4짜 대물을 노려볼 수 있는 한 방터로서 붕어 시즌은 5월 중순~9월 말로 짧다. 연안이 모래톱으로 이루어진 곳이 많아 붕어낚시 여건은 그리 좋지 않으며 배수가 돼 본바닥이 나올 때 대물을 만날 확률이 높고 포인트 진입여건도 좋아진다. 물이 차오르면 오름수위 때 잠깐 빼고는 낚시가 잘 안 된다. 결빙이 잘 안 돼 얼음낚시는 안 된다.

2002년 루사 태풍 때 제방이 붕괴되었는데 제방 보수 후 수질이 안 좋은 경포호의 붕어를 방류했다고 하여 한동안 찾는 낚시인들이 많지 않았다.

4짜 확률 높은 곳

2~3m

2~3m

2~3m

1~2m

※ 배스가 서식하고 있어 미끼는 글루텐떡밥이 가장 유리하며 옥수수는 썩 잘 듣는 편은 아니다.

릴낚시 포인트

차량 진입통제 바리케이드 열려 있을 경우 안쪽으로 10대 정도 주차 가능

동막마을

금광천

금광리 남강릉TG

3~5m

2~4m

2~4m

2~4m

수몰나무 지대

구정면 동막길 87

행정명칭 ▶ 동막지
지역별칭 ▶ 없음
주소 ▶ 강릉시 구정면 어단리
면적 ▶ 4만5천평
준공연도 ▶ 1961년
인터넷지도 검색명 ▶ 강릉 동막지
내비게이션 주소 ▶ 구정면 동막길 87

어종과 미끼

주어종 ▶ 붕어
외래어종 ▶ 배스
토착어종 ▶ 잉어, 장어
잘 듣는 미끼 ▶ 글루텐떡밥
채집 가능한 생미끼 ▶ 없음

강릉 사천지 (사기막지)

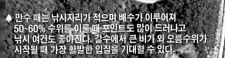

씨 알 ★★★
마릿수 ★★★
수 질 ★★★★
경 관 ★★★★
주 차 ★★★

Profile

제방권 수심이 20m에 달할 만큼 깊은 계곡지다. 배스가 서식하고 있음에도 여전히 토종 어류들이 잘 낚이고 있으며 7~9치급 토종붕어로 마릿수 손맛을 볼 수 있는 곳이어서 현지 낚시인들이 즐겨 찾는다. 갈겨니 성화가 너무 심해 붕어낚시가 애로를 겪을 때가 많다. 붕어낚시는 4월 중순부터 시작돼 10월 말까지 시즌이 이어진다.

▲ 만수 때는 낚시자리가 적으며 배수가 이루어져 50~60% 수위를 이룰 때 포인트도 많이 드러나고 낚시 여건도 좋아진다. 갈수에서 큰 비가 와 오름수위가 시작될 때 가장 활발한 입질을 기대할 수 있다.

P

직벽 지대 장대 유리

5~6m

산란기 특급 포인트

대물 붕어
확률 높은 포인트

P

진입 불가 구간
(갈수 때만 도보 이동 가능)

갈수 포인트

1~2m

2~3m

만수 포인트

양봉장 P

P

오름수위 만수시 명당
밑걸림 심한 지역

사천면 사기막리 825

※ 여름철엔 새벽 2-4시에 입질 확률이 높다.

※ 가장 큰 붕어 씨알은 38-39cm급이다.

※ 90년대 중반에 인근 절(용연사)에서 관리하면서 낚시를 금지시켰던 적 있다.

행정명칭 ▶ 사천지
지역별칭 ▶ 사기막지, 용연지
주소 ▶ 강릉시 사천면 사기막리
면적 ▶ 5만4천평
준공연도 ▶ 1985년
인터넷지도 검색명 ▶ 사기막저수지
내비게이션 주소 ▶
사천면 사기막리 825

어종과 미끼

주어종 ▶ 붕어
외래어종 ▶ 배스
토착어종 ▶ 갈겨니, 잉어, 장어
잘 듣는 미끼 ▶ 글루텐떡밥, 옥수수
채집 가능한 생미끼 ▶ 없음

강릉 신왕지

씨 알 ★★★★
마릿수 ★★
수 질 ★★★★★
경 관 ★★★★★
주 차 ★★★

무넘기

만수 때 포인트
1~2m

※2009년에 쉬리클럽 회원이 낚아낸 47.5cm 붕어가 최대어다.
※워낙 터가 세 갈수기 외에는 붕어를 만나기 어렵다.
※상류와 연결된 수천동계곡에서 캠핑을 할 수도 있다.

Profile

20년 전까지 상수원보호구역으로 묶여 있었다. 붕어낚시 시즌은 5월 초~9월 말이며 배스가 서식함에도 다양한 토종어종이 낚이고 있다. 다른 강릉권 저수지들과 달리 2000년대 초반에 닥친 태풍 피해를 입지 않았다. 배스 유입 후 참붕어와 버들치는 사라졌으나 산메기, 미꾸라지들이 많이 덤벼 붕어낚시를 어렵게 한다.

연곡면사무소

2~3m

배수 시 드러나는 섬
(연안과 섬 사이가 포인트)

2~3m

2~3m

대물 포인트
2~3m

만수
포인트

산란철에
47.5cm 붕어 배출한 지역

2~4m

자갈밭 포인트
2~3m

2~3m

4륜구동
차만 진입

4~5대 주차

물골
(장어 릴낚시 포인트)

연곡면 신왕리 206-1

초봄 포인트
새벽 입질이 잦다

2~3m

↑ 신왕지 붕어낚시는 수위가 50% 정도로 내려갔을 때 가장 잘된다. 그러데 신왕지의 특징은 밑에 연곡천이 흐르고 있어 농업용수로 사용되지 않는다는 것이다. 5년에 한 번 배수가 이루어질 정도다. 그래서 대물붕어 호황찬스도 4~5년에 한 번꼴로 오며 평소엔 큰 재미를 보기 어렵다.

중왕교

2~3m

급경사 지대
(진입불가)

※갈수시 중왕교
상류는 드러남

신왕리
휴양림

부귀교

행정명칭 ▶ 신왕지
지역별칭 ▶ 없음
주소 ▶ 강릉시 연곡면 신왕리
면적 ▶ 5만4천평
준공연도 ▶ 1961년
인터넷지도 검색명 ▶ 강릉 신왕지
내비게이션 주소 ▶
연곡면 신왕리 206-1

어종과 미끼

주어종 ▶ 붕어
외래어종 ▶ 배스
토착어종 ▶ 잉어, 장어, 미꾸라지
잘 듣는 미끼 ▶ 옥수수, 글루텐떡밥
채집 가능한 생미끼 ▶ 없음

강릉 장현지

씨 알 ★★★★
마릿수 ★
수 질 ★★★★
경 관 ★★★★
주 차 ★★★★

강릉시청

강동면소재지

어단천

남강릉IC

석축으로 이루어져
포인트 협소

1~2m

말풀 밀생

3~4m

할머니집
포인트

보트 포인트

석축구간
진입 불가

잉어 포인트

※ 일주도로가 잘 나있어 진입 여건 좋은 편.
10·15대씩 주차 가능한 곳이 많아
단체출조에도 적합

산란기 특급 포인트

1~2m

수몰나무·갈대

1~2m

2차 산란 지역

● 장현지는 2002년 루사, 2003년 매미 태풍 때
제방이 붕괴돼 물이 완전히 말랐던 곳이다.
제방 보수 후 경포호 붕어를 방류했는데
그때 배스가 함께 유입됐고 이후 대물 붕어만
낚이는 대물터로 변했다.
수질이 좋지 않은 경포호 붕어를 방류하면서
현지 낚시인들에게는 인기를 잃었으나
외지 낚시인들은 자주 찾고 있다.

1~2m

산란기 특급 포인트

2~2.5m

자갈밭 지역

1~2m

장어 릴낚시
포인트

성불사

수몰나무·갈대

강릉시 장현동 379-4

추어탕집
포인트

섬석천

Profile

강릉에서 터가 가장 센 대물터
다. 하룻밤에 단 한 번의 입질을
기대하는 곳이다. 3월 초부터
시즌이 시작돼 10월 말까지 이
어지는데 봄 산란기와 장마철
첫 오름수위 때를 제외하면 입
질 보기가 어렵다. 그러나 걸었
다하면 35cm 이상의 대물이 낚
여 기대감을 갖게 만든다. 가장
큰 씨알이 45cm 전후이며 아직
5짜는 낚인 적 없다.

어종과 미끼

주어종 ▶ 붕어
외래어종 ▶ 배스
토착어종 ▶ 잉어, 메기
잘 듣는 미끼 ▶ 옥수수, 글루텐떡밥, 지렁이
채집 가능한 생미끼 ▶ 없음

행정명칭 ▶ 장현지
지역별칭 ▶ 모산지
주소 ▶ 강릉시 장현동
면적 ▶ 13만2천평
준공연도 ▶ 1947년
인터넷지도 검색명 ▶ 강릉 장현지
내비게이션 주소 ▶
강릉시 장현동 379-4

관동대학교

구성면소재지

강릉 향호지

씨 알 ★★★★
마릿수 ★
수 질 ★★★★★
경 관 ★★★★★
주 차 ★★

Profile

'강릉의 충주호'라 불리는 곳이다. 터가 센 계곡지로 입질은 뜸하지만 걸면 월척 또는 4짜일 정도로 굵은 붕어가 낚인다. 붕어낚시 시즌은 5월 초부터 9월 말까지다. 낮에도 음산한 기운이 감도는 계곡지여서 단독출조를 꺼리는 사람이 많다. 강릉 지역에서는 한 방에 대물을 노릴 수 있는 곳이라는 이미지가 강해 대물낚시인들이 자주 찾는다.

☞ 향호지에서 2km 거리에 '향호'가 있어서 혼동하기 쉽다. 향호는 같은 향호리 바닷가에 있는 10만평짜리 석호(潟湖)인데 상류 둠벙에서만 붕어낚시를 할 뿐 본류에선 장어낚시를 주로 한다.

차량 더 이상 진입 불가

만수위 특급 명당

떳장밭

산란철 4짜 포인트

2~4m

제방에서 볼 때 우안보다 주차공간이 많은 좌안을 선호하나 좌안 골짜기는 휴대폰 통화가 잘 안된다.
여름에도 밤에는 싸늘하므로 낚시텐트나 긴팔 점퍼 등을 준비해가는 게 좋다.

※토종붕어 씨알은 35~42cm 전후
※떡붕어가 없었으나 제방 보수 후 떡붕어가 유입됐다.
※봄 산란기에 확률이 높다. 이때 바닥채비에 떡붕어도 낚인다.
※밤에는 토종붕어, 낮에는 떡붕어와 잉어가 주로 낚인다.
※장어를 노리는 낚시인들도 자주 찾는다.

장어

4짜 붕어 포인트

장어

중하류권에서는 가장 좋은 포인트.

2~3m

1~2m

1~2m (밤낚시)
2~3m

주문진읍 향호리 1048

4짜 붕어 출현

5대 주차

1.5~2m

마릿수 좋은 구간

일명 '아일랜드섬'

장어

장어

2~3m

2~3m

4~5m

보트 포인트(마을 수몰터)

수몰나무 주의!
장어

장어

직벽 지형

행정명칭▶ 향호지
지역별칭▶ 없음
주소▶ 강릉시 주문진읍 향호리
면적▶ 37만6천평
준공연도▶ 1987년
인터넷지도 검색명▶ 향호지
내비게이션 주소▶ 주문진읍 향호리 1048

어종과 미끼

주어종▶ 붕어, 장어
외래어종▶ 배스
토착어종▶ 떡붕어, 잉어
잘 듣는 미끼▶ 글루텐 떡밥, 옥수수
채집 가능한 생미끼▶ 없음

주문진

양양 포매호

씨 알 ★★★
마릿수 ★★★
수 질 ★★
경 관 ★★
주 차 ★★

Profile

동해안 7번 국도변에 있는 석호로서 주문진에 있는 향호와 비슷한 여건을 지닌 호수다. 붕어낚시 시즌은 연중이지만 12월 초~3월이 피크다. 붕어 씨알은 7치~월척급까지 다양하며 물낚시보다 얼음낚시 때 인기가 높은 곳으로 빙어도 잘 낚인다. 물낚시철에는 붕어낚시보다 장어낚시터로 더 유명한 곳이다.

♠ 포매천과 건불천에서 물이 유입되는 이곳은 제방이 없고 파도에 밀린 모래톱이 제방 역할을 한다. 수심이 얕다보니 폭우 때 주변 논이 자주 침수되어 농민들이 수시로 모래둑을 터버리므로 하절기에는 조황 기복이 심하다.

● 포매호의 다양한 물고기들 : 붕어 외에 뱀장어, 빙어, 가물치가 있고 바다어종으로 전어, 숭어, 황어가 붕어낚시 채비에 종종 올라온다. 장어는 1.8kg에 달하는 대물도 낚인 적 있다.

남애해수욕장

포매교

⑦

30~50cm
장어 포인트
(수심 얕아 붕어낚시 불가능)

하계캠핑장

장어 포인트
(수심 얕아 붕어낚시 불가능)

준설 후 4·5m 수심

상류를 빼곤 연안 수심이 얕아 대낚시는 불가능하다. 장어낚시도 대낚시보다 릴낚시가 유리하다.

← 동산항

보트 포인트

보트낚시 포인트
2~3m

장어 섬

만수 포인트

만수 시 최고의 명당
1~1.5m

현남중학교

보트낚시는 현남중학교와 펜션 앞의 조황이 뛰어난데 이른 봄이나 장마철에 호황.

옥수수밭 포인트

주차공간 부족

만수 시 폭 2·3m 쪽수로에서도 붕어 잘 낚임

황토펜션
현남면 광진리 99-1

행정명칭▶없음
지역명칭▶포매호, 매호
주소▶양양군 현남면 광진리
면적▶약 46만평
준공연도▶천연 석호
인터넷지도 검색명▶포매호
내비게이션 주소▶
현남면 광진리 99-1

어종과 미끼
주어종▶붕어, 장어
외래어종▶없음
토착어종▶잉어, 빙어, 가물치
잘 듣는 미끼▶지렁이, 떡밥
채집 가능한 생미끼▶없음

원주 고산지

씨 알 ★★★
마릿수 ★★★
수 질 ★★★★★
경 관 ★★★★
주 차 ★★★★

Profile

향어와 붕어가 주 어종이며 겨울에는 빙어 얼음낚시를 개장하는 유료낚시터다. 산으로 둘러싸인 계곡지로서 물이 맑고 수심이 깊다. 장대낚시를 좋아하는 향어낚시 매니아들이 즐겨 찾으며 토종붕어의 경우 월척 이상급을 주로 방류해 대물 낚시인들에게도 인기가 높다. 곳곳에 걸어서 진입하는 수상 방갈로가 있어 편리하다. 입어료는 2만5천원.

▶ 3월 중순부터 향어와 붕어 입질 시작. 붕어는 11월부터 살얼음 얼기 전까지도 잘 낚인다.
▶ 향어는 어분+글루텐, 붕어는 어분을 차지게 개어 콩알 크기로 달아 쓴다.
▶ 수상좌대 5동, 걸어갈 수 있는 방갈로좌대 2동. 좌대 이용료는 6만원.

수몰버드 나무
만수 때 호황
50~60cm
화장실 방갈로
개울에서 물놀이 가능
2~2.5m
2~3.5m
잉어·향어 포인트
1~3m
하류 방향 산 밑을 노리면 붕어가 잘 낚인다
2~3m
2~3.5m
고니골
붕어 포인트
수상좌대
등산로
1~3m 수상좌대
항어·잉어
우측 연안은 접근 불가
수상좌대
갈수 때 포인트
1~3m
점선 이하 겨울 빙어낚시 구간
2~3m
방갈로
3~3.5m
북원주
수중둔덕
1~3m
만수 포인트
관리소
호저면 고산리 77-6
1~3m
붕어 포인트
하루마루펜션
새물 유입구
항어골 곶부리
다래농장

어종과 미끼

주어종 ▶ 향어, 붕어
외래어종 ▶ 없음
토착어종 ▶ 끄리, 쏘가리, 피라미, 빙어, 메기, 동자개
잘 듣는 미끼 ▶ 어분떡밥, 지렁이, 옥수수
채집 가능한 생미끼 ▶ 새우, 참붕어

행정명칭 ▶ 고산지
지역별칭 ▶ 고산낚시터, 개전지
주소 ▶ 원주시 호저면 고산리
면적 ▶ 3만3천평
준공연도 ▶ 1980년
인터넷지도 검색명 ▶ 원주 고산지
내비게이션 주소 ▶ 호저면 고산리 77-6
관리실 전화 ▶ 033-731-4151

원주 귀운지 (귀래지)

씨 알 ★★★
마릿수 ★★★
수 질 ★★★★
경 관 ★★★★
주 차 ★★★

Profile

배스가 없는데도 8치~월척이 주종일 만큼 붕어 씨알이 굵고 4짜도 종종 올라오고 있다. 2007년 여름에 47cm 붕어가 낚이기도 했다. 90년대 초부터 2011년까지 유료터로 운영되었던 곳이며 잠시 방류했던 중국붕어들이 거의 토종붕어화되어 낚이고 있다. 2012년에 제방 공사를 했지만 어자원은 유실되지 않았다.

귀래마을

귀래면사무소

고청교

궁촌천

귀래초등학교

귀래면 귀문로 527

40~60cm

수심 얕아
상류권은 낚시
어렵다

711

밭 일대는 주민과의 마찰로
낚시 불가 구간

2~3m
중치급 마릿수 포인트

※붕어낚시 시즌은 3월 초~11월 중순
※중상류는 낚시여건 나빠서 포인트가 하류에 편중
※수위가 60%까지 줄었을 때 앉을자리 많다

월척 출현 잦은 포인트
1.5~2m

미끼는 글루텐떡밥과 옥수수. 동자개가 많아 생미끼는 쓰기 힘들다.
밤낚시를 해야 하며 날이 밝으면 곧바로 피라미가 달라붙는다.
3.2칸 이상의 긴 대라야 평평한 바닥에 미끼를 떨어뜨릴 수 있다.
얼음낚시도 잘 된다. 초빙기에 5~6m 수심에서 입질 활발.

대물 포인트
2~2.5m

막IC

4륜구동 차량만
진입가능

공동묘지

어종과 미끼

주어종 ▶ 붕어
외래어종 ▶ 향어
토착어종 ▶ 잉어, 마자, 모래무지,
빙어, 쏘가리, 동자개
잘 듣는 미끼 ▶ 글루텐떡밥, 옥수수
채집 가능한 미끼 ▶ 새우, 참붕어

행정명칭 ▶ 귀운지
지역별칭 ▶ 궁촌지, 귀래지
주소 ▶ 원주시 귀래면 귀래리
면적 ▶ 5만5천평
준공연도 ▶ 1971년
인터넷지도 검색명 ▶ 원주 귀운지
내비게이션 주소 ▶
귀래면 귀문로 527

원주 대안지

씨	알	★★★★
마릿수	★
수	질	★★★★★
경	관	★★★★★
주	차	★★

Profile

원주에서 첫손꼽는 대물터다. 계곡을 막은 저수지라 수몰나무가 많고 경사도 가파르다. 붕어는 마릿수는 적지만 걸었다 하면 30cm 중반이고 4짜도 자주 낚인다. 55cm 붕어가 낚였다는 소문도 있다. 다만 물이 빠진 갈수기 때만 대물을 만날 기회가 주어진다는 게 단점이다. 산란기와 장마철 오름수위 때도 붕어가 낚이지만 갈수기만 못하다.

▶낚시에 가장 적합한 수위는 50%선
▶붕어낚시 시즌이 4월 말~10월 초로 짧다
▶글루텐을 단단하게 달아서 두 시간 이상씩 기다린다
▶4칸 이상의 긴 대가 유리한데 5칸 대도 많이 쓴다

2~3m

수몰 논자리 포인트

2~3m

급경사
낚시 불가능

낚시 불가
수심 5~6m

무넘기는 수위가 60%로 떨어졌을 때 5짜 붕어를 노려볼만한 곳이다.

보트낚시
포인트

2~3m

5짜 대물터
3~4m

우안 중류에도 포인트가 많지만 개인 별장들이 많아 출입이 제한되는 게 단점

2~3m

2~3m

비두리·귀운지

4짜 출몰
잦은 구간

남원주 IC

흥업면 대안로 657

어종과 미끼

주어종▶붕어, 잉어
외래어종▶배스, 향어
토착어종▶마자, 동자개
잘 듣는 미끼▶글루텐, 옥수수
채집 가능한 미끼▶없음

행정명칭▶대안지
지역별칭▶없음
주소▶원주시 흥업면 대안리
면적▶3만6천평
준공연도▶1998년
인터넷지도 검색명▶원주 대안지
내비게이션 주소▶흥업면 대안로 657

원주 반계지

씨 알 ★★★
마릿수 ★★★
수 질 ★★★★
경 관 ★★★★
주 차 ★★

Profile

맑은 물과 수려한 경관을 자랑하는 계곡지다. 배스가 없는데도 붕어의 평균 씨알은 8치 이상으로 굵으며 가물치와 피라미가 많은 곳이다. 여름 농번기에도 물을 많이 빼지 않아 매년 60% 이상 수위를 유지하고 있다. 과거 유료낚시터였던 최상류 소류지는 공원으로 조성되면서 낚시가 금지됐다.

▶ 붕어낚시 시즌은 4월 초~10월 중순
▶ 피라미가 많아 밤낚시 위주로 이루어진다
▶ 글루텐에는 8·9치, 옥수수에는 월척급 붕어가 올라온다

← 캐슬파인 CC

남대골

보트를 타고 섬으로 들어가 낚시하면월척을 낚아낼 수 있는데 풍향에 따라 축사의 악취가 흘러들 수 있다.

사자골 앞들

축사

바리케이드
차량 진입 불가

섬 포인트

캠핑장 P

퇴골교

1.5m

2.5~3m

공원
(낚시금지)

장수폭포
양동면 →

보트
포인트
2m

수상스키장

2~2.5m

2.5~3m

349

도로변 주차 후 펜스 넘어 진입. 도로 밑에 차가 다닐 수 있는 길이 있지만 낚시쓰레기 문제로 진입로가 막혀있다.

☞ 반계지는 2010년 수자원공사에서 치어를 방류한 쏘가리가 자라 많이 낚이고 있다. 저수지 주변에 캠핑장과 공원, 산책로 등을 조성 중인데 향후 낚시가 금지될 것이라는 소문도 있다.

갈수기, 가을 포인트

2.5~3m

P

문막읍 원양1로 91-13

원심천

어종과 미끼

주어종 ▶ 붕어
외래어종 ▶ 배스
토착어종 ▶ 잉어, 가물치, 피라미, 쏘가리
잘 듣는 미끼 ▶ 옥수수, 글루텐
채집 가능한 미끼 ▶ 없음

행정명칭 ▶ 반계지
지역별칭 ▶ 없음
주소 ▶ 원주시 문막읍 반계리
면적 ▶ 8만7천평
준공연도 ▶ 1958년
인터넷지도 검색명 ▶ 원주 반계지
내비게이션 주소 ▶
문막읍 원양1로 91-13

원주 손곡지

Profile

배스 유입 후 걸면 7치 이상, 월척 확률이 높은 대물터가 된 곳이다. 준계곡형 저수지로 봄 시즌이 빨라 3월 초부터 붕어 입질이 시작되며 11월 중순까지 이어진다. 피크시즌은 여름 배수기이며 장마로 물이 차오르는 오름수위 때도 반짝 호황을 보인 후 만수가 되면 조황이 나빠진다. 명당은 갈수기에 무넘기 주변을 비롯한 하류에 형성된다.

※ 1986년경 향어 양식을 한 적 있는데 그때 퍼진 향어와 잉어가 대형으로 성장
※ 떡밥에는 7~8치, 옥수수에는 8치·월척이 낚인다

비두리

평소엔 7~8치가 낚이지만 3~4월 산란기엔 월척 속출

간혹 밭주인 할머니와 마찰

1.5m

송정교

송정마을

부론면 손곡리 923-6

도로변 주차

배수기 포인트
3~4m

2.5~3m

2~3m

어종과 미끼

주어종 ▶ 붕어
외래어종 ▶ 배스, 향어
토착어종 ▶ 잉어
잘 듣는 미끼 ▶ 글루텐 떡밥, 옥수수
채집 가능한 생미끼 ▶ 없음

행정명칭 ▶ 손곡지
지역별칭 ▶ 없음
주소 ▶ 원주시 부론면 손곡리
면적 ▶ 4만8천평
준공연도 ▶ 1985년
인터넷지도 검색명 ▶ 원주 손곡지
내비게이션 주소 ▶ 부론면 손곡리 923-6(왼쪽 상류), 부론면 손곡리 1263-4(오른쪽 하류)

'이장님펜션' 앞은 손곡지에서 유일한 완경사 바닥으로 수위에 상관없이 가장 무난한 조황을 보여준다

펜션 앞 포인트
7~8월 명당

배수기 특급 포인트
2~3m

버드나무

낚시는 가능하나 사유지라서 간혹 마찰 있음

무넘기

이장님 펜션
부론면 손곡리 1263-4

부론면소재지

철원 용화지

씨 알 ★★★
마릿수 ★★★
수 질 ★★★★
경 관 ★★★★★
주 차 ★★★

N

Profile

철원8경의 하나인 삼부연폭포 상류에 위치하고 있으며 명성산 용화동계곡의 맑은 물을 수원으로 하고 있는 꽤 큰 규모의 계곡형 저수지다. 23년 동안 상수원보호구역으로 묶여 있다가 2008년 해제되어 자원은 잘 보존되어 있다. 여름에는 잡어(참붕어) 성화가 심해 붕어를 만나기 어렵고, 가을이면 5~8치 붕어를 마릿수로 낚을 수 있다.

잔챙이 붕어와 잡고기가 많아서 옥수수나 새우, 참붕어를 미끼로 사용해야 월척급 붕어를 만날 수 있다. 현지꾼들은 청지렁이로 대물붕어를 낚기도 한다.

평소 차량이나 사람의 왕래가 적은 곳으로 붕어들이 소음이나 진동에 민감하여 조용히 밤낚시를 해야 손맛을 볼 수 있다.

철원군청

용화천

갈말읍 삼부연로 422

P

3~4m
장대 포인트

※9-10월이 피크시즌
※계곡형 저수지지만 상류는 평지지처럼 경사가 밋밋하다
※버드나무와 수초가 잠긴 수심 2m 내외 완경사가 포인트
※잉어, 메기가 수시로 낚싯대를 끌고 가므로 뒷고리나 총알 설치

2~3m

푸른수피아
캠핑장 P

2~3m

2~3m

수몰나무

2~3m

2~3m

2~3m

1.5~2m

용화교회

P

용화분교(폐교)

P

행정명칭▶ 용화지
지역별칭▶ 없음
주소▶ 철원군 갈말읍 신철원리
면적▶ 8만7천평
준공연도▶ 1960년
인터넷지도 검색명▶ 철원 용화지
내비게이션 주소▶
갈말읍
삼부연로 422

어종과 미끼

주어종▶ 붕어
외래어종▶ 없음
토착어종▶ 잉어, 메기, 동자개, 마자, 모래무지
잘 듣는 미끼▶ 떡밥, 글루텐, 지렁이, 옥수수
채집 가능한 생미끼▶ 새우, 참붕어

철원 잠곡지

씨 알 ★★★★★
마릿수 ★
수 질 ★★★★★
경 관 ★★★★★
주 차 ★★★

Profile

철원에서는 꽤 알려진 대물터이다. 물이 맑고 수심이 깊어 낮에는 거의 낚시가 안 되며 밤에 옥수수나 글루텐을 사용해 조용히 낚시하면 30cm대 후반의 대물붕어를 낚을 수 있는 곳이다. 장마철 오름수위가 가장 확실한 호기인데 두 개의 골에서 새물이 유입되면 너무 찬 물이 들어와 3일 정도 지난 뒤에 낚시가 잘된다.

● 제방 높이 42m, 길이 255m에 달하는 대형 계곡지다. 복주산 원시림에서 흘러드는 물이 차서 5월 말이나 붕어낚시가 되는데 그때 배수가 시작돼 봄낚시는 기복이 심하다.

2~3m

무넘기

2~3m

취수탑

서면↲

463

직벽지대 진입 불가

1.5~2m

2~3m

수몰나무와 육초가 빽빽하여 수초제거기로 자리를 만들지 않으면 미끼가 바닥에 안착되지 않는다.

3~4m

2~3m

방화휴게실

북극산식당

누에마을

근남면 잠곡리 728

복극교

사내면소재지

방화마을

▶ 수온이 찬 6~7월보다는 8월에 오름수위가 되는 게 좋다
▶ 피크시즌은 9~10월
▶ 갈수보다 만수 때 상류 포인트에서 호황

어종과 미끼

주어종 ▶ 붕어
외래어종 ▶ 배스
토착어종 ▶ 잉어, 메기, 동자개
잘 듣는 미끼 ▶ 떡밥, 옥수수
채집 가능한 생미끼 ▶ 없음

행정명칭 ▶ 잠곡지
지역별칭 ▶ 잠곡댐, 누에호
주소 ▶ 철원군 근남면 잠곡리
면적 ▶ 12만1천평
준공연도 ▶ 2003년
인터넷지도 검색명 ▶ 잠곡저수지
내비게이션 주소 ▶
근남면 잠곡리 728

춘천 서상지 (반송지)

씨 알 ★★★
마릿수 ★★★★
수 질 ★★★★
경 관 ★★★★
주 차 ★★★

최고의 명당이지만 낚시인들이 쓰레기를 많이 버려 밭주인이 진입로를 막아놓은 상태

월송마을

진입 불가

※ 중상류는 마름과 부들이 밀생해 있어 수초제거작업을 하거나 수초직공낚시가 아니면 낚시가 힘들다.

1.5~2m

부들 군락

서면 월송길 606

2~3m

2~3m

3~4m

무넘기

3~4m

제방 밑 농로에 주차하면 농민과 마찰. 가급적 초입에 주차해야

춘천댐

신매대교

신매1리 마을회관

북한강·춘천

Profile

언제 찾아도 꽝이 없는 마릿수 낚시터다. 떡밥엔 4~7치, 옥수수나 생미끼엔 8~9치급이 잘 나오며 30cm 후반대의 대물도 많다. 3월 초~5월 중순이 붕어낚시 시즌이며 이후로는 의암호와 소양호가 시즌에 접어들기 때문에 낚시인들이 댐으로 빠진다. 서상지의 붕어낚시는 10월 말까지 이어진다. 얼음낚시 조황은 썩 좋지 못한 곳이다.

어종과 미끼

주어종▶ 붕어
외래어종▶ 없음
토착어종▶ 잉어, 메기, 동자개
잘 듣는 미끼▶ 곡물떡밥, 글루텐, 지렁이, 옥수수
채집 가능한 생미끼▶ 새우, 참붕어

행정명칭▶ 서상지
지역별칭▶ 반송지, 월송지
주소▶ 춘천시 서면 서상리
면적▶ 4만5천평
준공연도▶ 1957년
인터넷지도 검색명▶ 춘천 반송지
내비게이션 주소▶ 서면 월송길 606

춘천 소양호

씨 알 ★★★★
마릿수 ★★★
수 질 ★★★★
경 관 ★★★★★
주 차 ★★★★

N

Profile

담수량에서 우리나라 최대를 자랑하
는 호수다. 댐 안에 있는 큰 지류만 27
개다. 80~90년대에 향어낚시터로 유
명했고 현재는 대형 떡붕어터로 명성
을 이어가고 있다. 장마철 오름수위
때가 최고 호기로 꼽히는데 매년
6~7월 폭우 뒤 각 골짜기의 최상류에
서 굵은 떡붕어와 토종붕어가 마릿수
로 낚인다. 장어낚시와 쏘가리낚시도
잘되는 곳이다.

화 천 군

간동면사무소

간 동 면

웅 진 리

수 인 리

추 곡 리

①

대 곡 리

청평사

북산면사무소

오 향 리

②

청평골

대 동 리

말골

부 귀 리

통골

산막골

내 평 리

당골

소양강댐

조 교 리

④

춘 천 시

품 안 리

물 로 리

동면사무소

행정명칭 ▶ 소양호
지역별칭 ▶ 소양댐
주소 ▶ 춘천시 북산면 동면, 양구군
양구읍 남면, 인제군 인제읍, 남면
면적 ▶ 2117만평
준공연도 ▶ 1973년
인터넷지도 검색명 ▶ 소양호
내비게이션 주소 ▶ 세밀도 참조

지르마재

③

품 걸 리

평 촌 리

상 걸 리

어종과 미끼

주어종 ▶ 떡붕어, 붕어
외래어종 ▶ 배스, 블루길
토착어종 ▶ 잉어, 장어, 누치, 마자, 피라미,
쏘가리, 끄리
잘 듣는 미끼 ▶ 떡밥, 지렁이, 옥수수
채집 가능한 생미끼 ▶ 새우, 징거미

양구읍

인 제 군

현 리

양 구 군

인제군청

원 리

신 월 리

관 대 리   38대교

인제대교

남 전 리

하 수 내 리

⑤   양구대교   ⑥   부 평 리

수 산 리

상 수 내 리   신 남 리

남면사무소

인 제 군

어 론 리

홍 천 군

블루마운틴CC

두촌면사무소

동홍천IC ↓

소양호 낚시의 특징

● 7대3 비율로 떡붕어가 많이 낚인다.
떡붕어는 월척 이상이 많지만
토종붕어 씨알은 7-9치가 많다.

● 하류권인 추곡리, 동면권은
배수기를 포함해 사철 낚시가 가능하다.

● 일정 시간에만 전력 생산을 위한
발전방류를 하며 밤에는 거의 발전을 하지 않아
수위 변동에 따른 어려움은 별로 없는 곳이다.

● 떡붕어는 글루텐, 토종붕어는
짝밥(떡밥과 지렁이)이 잘 먹힌다.

● 정숙하게 낚시해야 큰 씨알을 만날 수 있다.
큰 붕어는 밤에 낚인다.

● 차로 이동 가능한 포인트도 있지만
보트를 이용해 진입해야 하는 포인트도 많다.

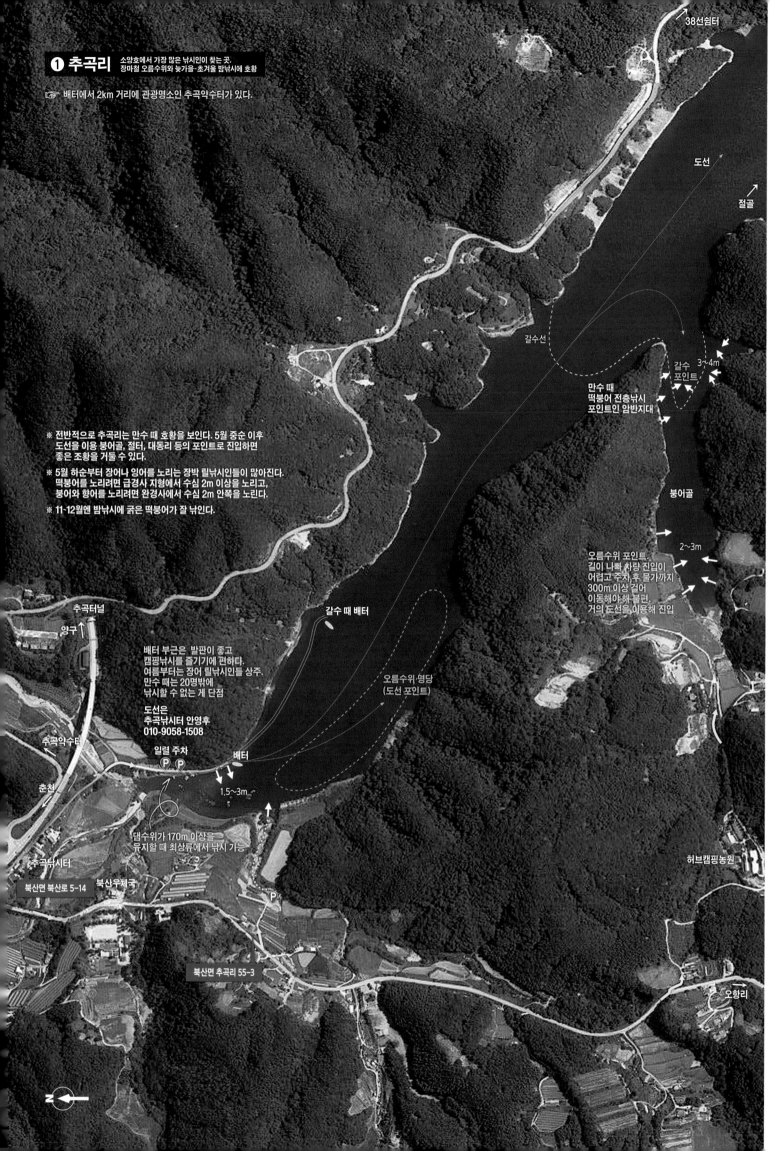

❶ 추곡리
소양호에서 가장 많은 낚시인이 찾는 곳.
장마철 오름수위와 늦가을·초겨울 밤낚시에 호황

☞ 배터에서 2km 거리에 관광명소인 추곡약수터가 있다.

38선쉼터

도선

절골

갈수선

갈수
포인트

3~4m

만수 때
떡붕어 전층낚시
포인트인 암반지대

※ 전반적으로 추곡리는 만수 때 호황을 보인다. 5월 중순 이후
도선을 이용 붕어골, 절터, 대동리 등의 포인트로 진입하면
좋은 조황을 거둘 수 있다.

붕어골

※ 5월 하순부터 장어나 잉어를 노리는 장박 릴낚시인들이 많아진다.
떡붕어를 노리려면 급경사 지형에서 수심 2m 이상을 노리고,
붕어와 향어를 노리려면 완경사에서 수심 2m 안쪽을 노린다.

2~3m

※ 11~12월엔 밤낚시에 굵은 떡붕어가 잘 낚인다.

오름수위 포인트.
길이 나빠 차량 진입이
어렵고 주차 후 물가까지
300m 이상 걸어
이동해야 해 불편.
거의 도선을 이용해 진입

추곡터널

양구↑

갈수 때 배터

배터 부근은 발판이 좋고
캠핑낚시를 즐기기에 편하다.
여름부터는 장어 릴낚시인들 상주.
만수 때는 20명밖에
낚시할 수 없는 게 단점

오름수위 명당
(도선 포인트)

추곡약수터

도선은
추곡낚시터 안영후
010-9058-1508

춘천↓

일렬 주차 ⓟ ⓟ

배터

1.5~3m

추곡낚시터

댐수위가 170m 이상을
유지할 때 최상류에서 낚시 가능

허브캠핑농원

북산면 북산로 5-14

북산우체국

ⓟ

북산면 추곡리 55-3

오항리

N

↑ 대동리

❷ 오항리·추전리·내평리·통골 <small>인근 추곡리보다 사람이 적어
한적한 분위기에서 낚시할 수 있는 곳</small>

← 추곡리

북산면 추전리 43

추전리 마을 앞은
주차공간 적어 주민들과
마찰이 다소 심하다

3~4m

3~4m

3~4m

차량 진입 불가
오항리 배터에서
도선 진입

통골

조교리 ↗

내평리 →

북산면 오항리 101-1

3~4m

갈수 포인트

봄, 가을 만수 포인트

※ 장마 전후부터 늦가을까지 조황이 뛰어나다.
※ 향어가 낚이던 시절에는 낚시인들로 붐볐으나 지금은 한산
※ 대부분 급경사이며 물이 맑아 붕어를 노리려면 밤낚시 필수

도선 연락처는 황새바위낚시(010-2718-6427, 화천군 간동면 간척리)에 문의

이 길 끝의
당골에서도
양안으로
붕어낚시 가능

당골
600m

북산면 내평리 378-2

북산면사무소

추곡리

N

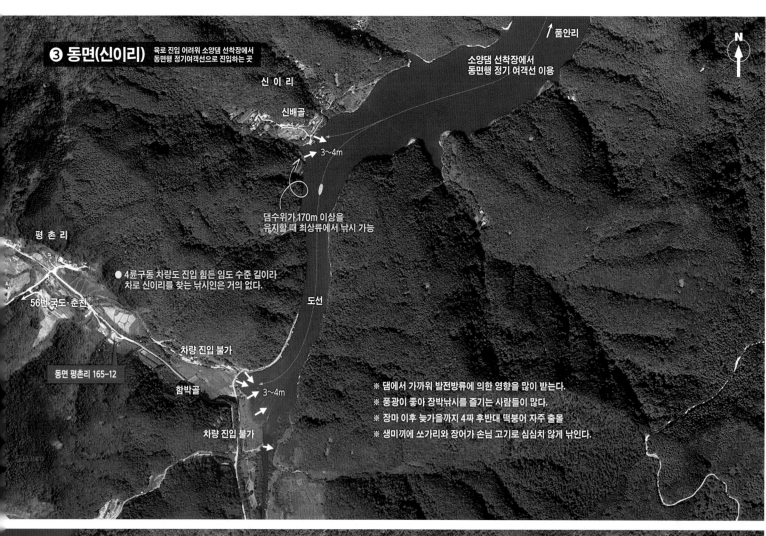

❸ 동면(신이리) 육로 진입 어려워 소양댐 선착장에서 동면행 정기여객선으로 진입하는 곳

↑ 품안리

소양댐 선착장에서 동면행 정기 여객선 이용

신 이 리

신배골

3~4m

댐수위가 170m 이상을 유지할 때 최상류에서 낚시 가능

평 촌 리

● 4륜구동 차량도 진입 힘든 임도 수준 길이라 차로 신이리를 찾는 낚시인은 거의 없다.

56번 국도·춘천

도선

차량 진입 불가

동면 평촌리 165-12

함박골

3~4m

차량 진입 불가

※ 댐에서 가까워 발전방류에 의한 영향을 많이 받는다.

※ 풍광이 좋아 장박낚시를 즐기는 사람들이 많다.

※ 장마 이후 늦가을까지 4짜 후반대 떡붕어 자주 출몰

※ 생미끼에 쏘가리와 장어가 손님 고기로 심심치 않게 낚인다.

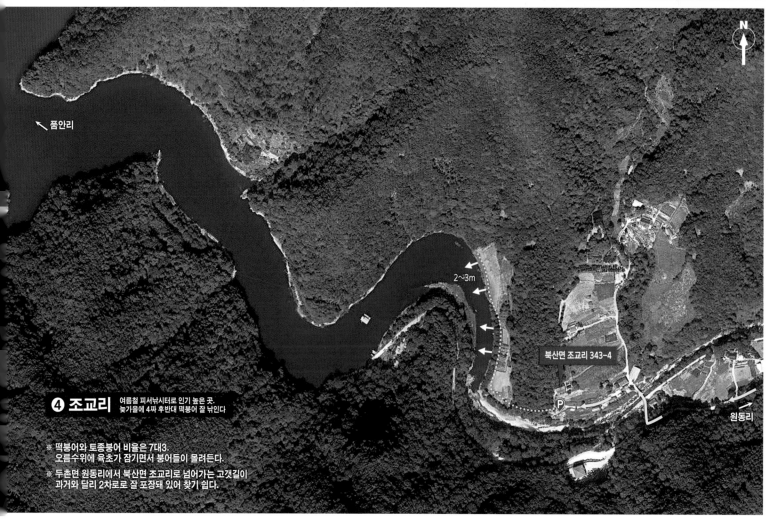

↖ 품안리

2~3m

북산면 조교리 343-4

P

원동리

❹ 조교리 여름철 피서낚시터로 인기 높은 곳. 늦가을에 4짜 후반대 떡붕어 잘 낚인다

※ 떡붕어와 토종붕어 비율은 7대3. 오름수위에 육초가 잠기면서 붕어들이 몰려든다.

※ 두촌면 원동리에서 북산면 조교리로 넘어가는 고갯길이 과거와 달리 2차로로 잘 포장돼 있어 찾기 쉽다.

인제자연학교 캠핑장

⑤ 상수내리·수산리·양구대교 진입과 주차 편리하고
계곡물이 흘러서 캠핑낚시터로 많이 찾는 곳

※ 소양호의 상류권에 속해 6-7월 장마 오름수위 때 호황을 기대할 수 있다.
늦게는 8월에 오름수위 대박이 터지기도 한다.

※ 글루텐떡밥과 지렁이가 잘 먹히지만 보리 계열의 거친 떡밥에
고운 떡밥과 어분을 섞어 써도 좋은 조과를 거둘 수 있다.

1~2m

남면 수산리 246-1

도래골

2~3m

수산리
직벽형 포인트가 대부분.
갈수 때도 낚시 가능

2~3m

남면 수산리 산3-4

먹장골

양구대교
갈수 때 진입과
낚시 여건이 좋으며
수심이 깊어 대낚보다는
릴낚시 성행

2~3m

선착장

대낚시 포인트

2~3m

릴낚시 포인트

양구대교

양구읍

2~3m

46

남면 상수내리 144-6

2~3m

P

P

상수내리
만수 때보다 갈수 때 낚시자리가
많이 나오고 낚시 여건도 좋다.
지형이 완만해 오름수위 때도 호황

남면소재지

❻ 신남권 소양호 최상류권. 오름수위 최대 포인트

갈수선

남면 부평리 560-7

성재

170~180m
오름수위 호황터

수몰된
구 길

부평리

동홍천IC

부평교

남면 부평리 1113-2

보트
띄우는 곳

일렬 주차 Ⓟ Ⓟ

강촌식당

신남선착장

38선휴게소

150~160m
오름수위 호황터

관대리

신월리 ↑

남면 관대리 741-4

160~170m
오름수위 호황터

남면 관대리 184-7

Ⓟ

보트낚시
포인트

갈수선

38대교

인제 ↓

● 소양호에서 가장 넓은 완경사 초지가 있어서
5월부터 8월까지 오름수위에 대규모 어군이 몰린다.
그러나 갈수위에는 물이 없어 낚시 불가능

● 신남권의 오름수위 호황은 관대리→신남선착장 맞은편
→성재→부평리 순으로 진행되는 양상을 보인다.

※ 인제 가는 44번 국도변에 있어 진입 편하다.

※ 겨울 빙어축제에 대비해 마련해 놓은
넓은 주차장(신남선착장)이 있다.

※ 오지인 여타 지역과 달리 마을, 상점 등이
가까운 신남리(남면소재지)에 있어 편리.

※ 글루텐에 떡붕어, 지렁이에 토종붕어가 낚인다.
오름수위 때 떡붕어 씨알은 35~45cm,
토종붕어 씨알은 7~9치다.

춘천 신매지 (툇골지)

씨 알	★★★★
마릿수	★★
수 질	★★★★★
경 관	★★★★★
주 차	★★★★★

N

무넘기

상류에서 개인보트로 진입.
수심이 매우 깊어 맨 안쪽에
서 낚시하는데 안쪽 수심도
5-6m에 달한다.

5~6m

낚시불가

3~4m
마사토바닥

골 상류 육초 수몰지역에서 지렁이, 떡
밥을 미끼로 붕어가 낚이지만 잡어 성
화가 심하다. 옥수수나 새우엔 큰 씨알
의 붕어도 낚을 수 있다.

낚시불가

진입불가

차량 통행 거의 없어
아무 곳에나 갓길 주차 가능

골 쉼터

2~4m

가족 동반 낚시터나 오토캠핑 낚시터로 적합하며 최상류로 흘
러드는 계곡이 깊고 수량이 풍부하여 피서철에 물놀이 하기에
도 좋은 곳이다.
겨울에는 빙어 얼음낚시를 많이 즐긴다.

P

2~3m

1.5~2m

광산말

먹골집

서면 서상리 896-7

P

원조 툇골바위집

춘천레저타운

Profile

춘천 낚시인들은 대
부분 저수지 대신 의
암호를 찾지만 이곳
만큼은 찾는 발길이
끊이지 않는데 마릿
수는 적어도 물이 깨
끗하고 경치가 좋으
며 여름 밤낚시에 월
척급 붕어를 기대할
수 있는 곳이기 때문
이다. 붕어낚시 시즌
은 4월 초에 시작되
고 5월 배수기 이후
면 큰 조황이 없는 춘
천의 다른 저수지와
달리 여름을 거쳐 10
월까지도 붕어가 잘
낚인다.

어종과 미끼

주어종 ▶ 붕어
외래어종 ▶ 없음
토착어종 ▶ 잉어, 메기, 동자개,
피라미
잘 듣는 미끼 ▶ 글루텐,
곡물떡밥, 지렁이, 옥수수
채집 가능한 생미끼 ▶ 새우,
납자루, 버들치

행정명칭 ▶ 신매지
지역별칭 ▶ 툇골지
주소 ▶ 춘천시 서면 서상리
면적 ▶ 4만8천평
준공연도 ▶ 1985년
인터넷지도 검색명 ▶ 춘천 신매지
내비게이션 주소 ▶
서면 서상리 896-7

춘천 의암호

씨 알 ★★★
마릿수 ★★★
수 질 ★★★★
경 관 ★★★★
주 차 ★★★

Profile

의암호는 춘천호와 더불어 수도권 낚시인들이 가장 많이 찾는 댐낚시터다. 수상좌대 낚시터 위주로 운영되었으나 2017년에 모두 철거되어 현재는 연안낚시를 자유로이 즐길 수 있다. 춘천호보다 붕어 시즌이 약간 빨라 통상 3월 말이나 4월 초순이면 얕은 수초대에 붕어 입질이 붙는다.

※ 통상 3월 하순부터 4월 초순 사이에 호황이 터진다.
봄에는 상류, 겨울엔 중류권이 좋다

※ 6월 중순~9월 중순까지의 3개월은 '하절기 수위'라고 해서 평소보다 50cm가량 물을 더 빼놓는다. 이때는 연안 수심이 얕아져서 낚시가 불편하다. 9월 중순 이후 다시 원래 수위를 회복한 후 봄까지 이어진다.

월송리
춘천호
북한강
반송저수지
위도
신매대교
육림랜드
춘천인형극장
고구마섬
원일낚시터 자리
현암리
상중도
소양제2교
소양1교
소양3교
소양강
장학리
동면IC
월척낚시터 자리
광명낚시터 자리
하중도
강원도청
만천리
중도리조트
춘천시청
춘천MBC
공지천
거북이낚시터 자리
춘천승마장
자갈섬낚시터 자리
춘천시외버스터미널
덕두원리
붕어섬
삼천낚시터 자리
춘천 송암레저타운
호반낚시터
소문난드림낚시터 자리
춘천퇴계농공단지
의암댐
강촌유원지
신동면사무소
용산저수지
천전IC
신북읍사무소

어종과 미끼

주어종▶붕어, 떡붕어
외래어종▶배스
토착어종▶잉어, 누치, 마자, 피라미, 쏘가리, 꼬리
잘 듣는 미끼▶지렁이, 글루텐
채집 가능한 생미끼▶없음

행정명칭▶의암호
지역별칭▶의암댐
주소▶춘천시 서면, 신동면, 신북읍
면적▶453만8천평
준공연도▶1967년
인터넷지도 검색명▶의암호
내비게이션 주소▶세밀도 참조

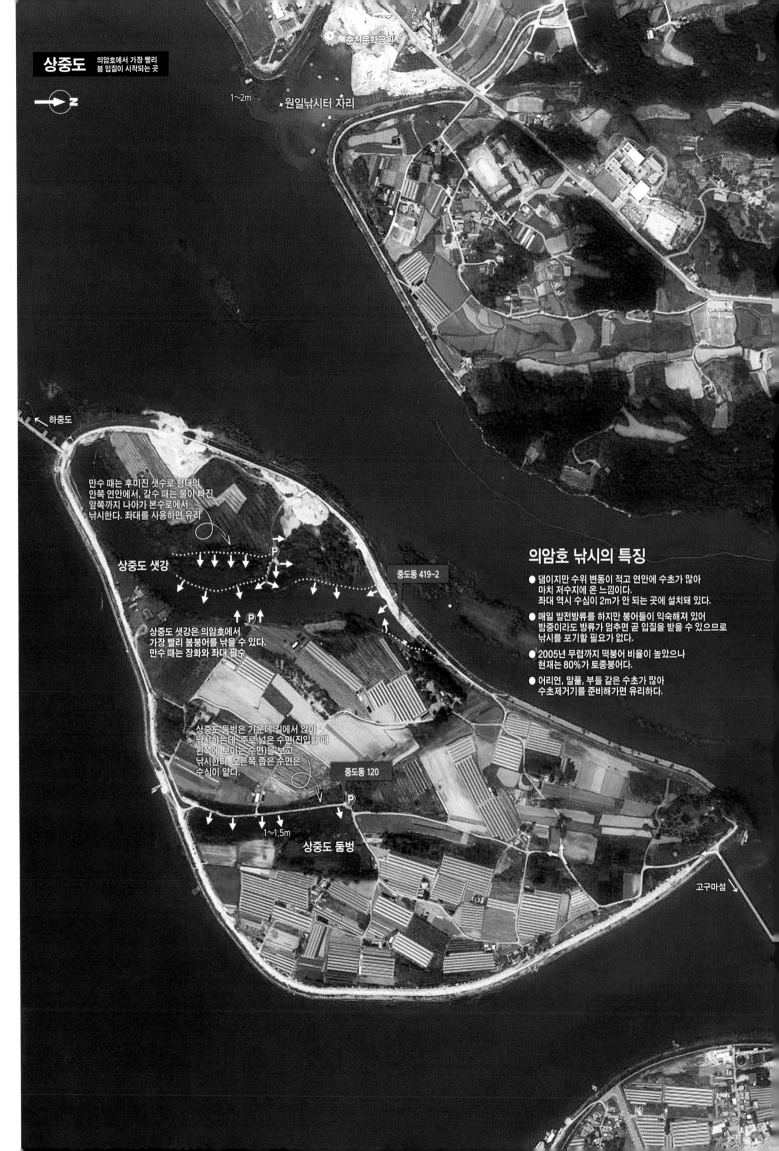

상중도 의암호에서 가장 빨리
봄 입질이 시작되는 곳

→N

춘천문학공원

1~2m

원일낚시터 자리

하중도

만수 때는 후미진 샛수로 형태의
안쪽 연안에서, 갈수 때는 물이 빠진
앞쪽까지 나아가 본수로에서
낚시한다. 좌대를 사용하면 유리

상중도 샛강

중도동 419-2

P

P

상중도 샛강은 의암호에서
가장 빨리 봄붕어를 낚을 수 있다.
만수 때는 장화와 좌대 필수

의암호 낚시의 특징

● 댐이지만 수위 변동이 적고 연안에 수초가 많아
마치 저수지에 온 느낌이다.
좌대 역시 수심이 2m가 안 되는 곳에 설치돼 있다.

● 매일 발전방류를 하지만 붕어들이 익숙해져 있어
밤중이라도 방류가 멈추면 곧 입질을 받을 수 있으므로
낚시를 포기할 필요가 없다.

● 2005년 무렵까지 떡붕어 비율이 높았으나
현재는 80%가 토종붕어다.

● 어리연, 말풀, 부들 같은 수초가 많아
수초제거기를 준비해가면 유리하다.

상중도 둠벙은 가운데 길에서 앉아
낚시하는데 주로 넓은 수면(진입할 때
왼쪽에 보이는 수면)을 보고
낚시한다. 오른쪽 좁은 수면은
수심이 얕다.

중도동 120

P

1~1.5m

상중도 둠벙

고구마섬

상중도·하중도 주변 _{의암호의 연안낚시 포인트가 밀집된 지역}

소 양 강

강원방송

소양초등학교

강변로아주아파트

신사우동

동부아파트

강원도청

춘천시청

우두동 1056-6

소양제2교

두미르아파트

호반사거리

2~3m

신북읍·춘천댐 →

춘천평화생태공원

평화공원사거리

육림랜드

상중도

상중도 둠벙

중도주민선착장

P

고구마섬

근화동 572-1

1~2m

갈수기에는 낚시 불가

초봄~초여름 강세

1~1.5m

공지천유원지

P

P

춘천댐

1~2m

상중도 샛강

부들·수몰나무

춘천도시첨단 정보산업단지

서면 신매리 80-11

P

고구마섬을 바라보는 금산리·신매리 연안에 버드나무 밀생. 만수 때 산란기 포인트로 각광

공

서면 금산리 641-7

춘천MBC

금산초등학교

원일낚시터 자리 2~3m 부들밭

하중도

서면도서관

P

버드나무와 수초가 우거진 원일좌대 연안은 연안낚시 A급 포인트

하중도는 유원지여서 낚시불가

서면 금산리 402-11

창작개발센터

중도리조트

금 산 리

서면사무소

월척낚시터 자리

보트 포인

장원정보 문화진흥원

광명낚시터 자리

덕두원리 →

현 암 리

N

이 책에 소개된 낚시터에서 낚이는
민물고기 미니도감

낚시터에서 만나는 민물 갑각류

줄새우(새우) 붕어낚시용 미끼로 가장 많이 사용하는 새우.

백새우 염분이 많은 간척호나 해안 수로에 서식하는 새우.

징거미 새우보다 크고 두 번째 앞다리가 로봇 팔처럼 긴 새우.

참게 집게발의 부드러운 털다발이 특징. 해안가 하천이나 저수지에 서식.

가물치 뱀을 연상시키는 외모와 강렬한 힘을 가진 대형 어종. 1m까지 자란다.

각시붕어(납자루) 미끼로 쓰는 소형 어류. 흔히 납자루라 부르지만 진짜 납자루는 따로 있다.

갈겨니 깨끗한 물에 서식하며 피라미와 비슷하게 생겼지만 황갈색이 선명하다.

강준치 강에 많이 서식하는 육식어종. 40~60cm 크기가 많으며 1m까지 자란다.

꺽지 1급수에 서식하는 우리나라 고유종. 회와 매운탕 맛이 뛰어나다.

동사리 생미끼에 잡히는데 '구구 구구' 소리를 낸다고 해서 구구리라고 부른다.

동자개 '빠각빠각' 소리를 낸다고 해서 빠가사리라고 불리며 매운탕감으로 인기 높다.

떡붕어 1970년대 초 일본에서 수입되어 토착화된 어종이다. 주로 떡밥으로 낚는다.

마자(참마자) 강계에 서식하는 어종으로 15cm 전후 크기가 주로 낚인다.

망둥어 바닷고기이지만 바다를 메워 만든 간척저수지나 해안가 수로에서도 낚인다.

메기 바위틈이나 그늘진 곳을 좋아하는 육식어종. 60cm가 넘는 대형도 종종 낚인다.

모래무지 강에 서식하는 물고기로서 마자와 섞여 낚이는 경우가 많다.

배스 1973년 수입된 북미산 육식어종. 배스가 유입되면 토종고기의 개체수가 줄어든다.

뱀장어(장어) 바다에서 태어나 민물에서 자라는 물고기. 해안가 저수지와 수로에 많다.

버들치 계곡을 막은 저수지에 서식하는 10cm 안팎의 소형 물고기. 관상어로 인기가 높다.

붕어(토종붕어) 민물낚시의 주대상종. 5년이면 30cm 전후, 6~10년이면 40cm 이상으로 자란다.

블루길 1969년 미국에서 식용으로 수입된 육식성 어종. 15~25cm 크기가 주로 낚인다.

빙어 1년생의 냉수어종으로 물낚시에선 낚기 어렵고 얼음낚시 때 잘 잡힌다.

살치 미끼를 가리지 않고 달려드는 탐식성 탓에 붕어낚시인들에겐 골칫거리.

쏘가리 우리나라 토착 육식어종으로 살아 있는 어류만 잡아먹는다. 매화꽃무늬가 아름답다.

잉어 1m 이상 자라는 대형 담수어종. 30cm급의 어린 잉어는 발갱이, 쭈레기라고 부른다.

참붕어 다 자란 성어의 크기가 6~8cm인 소형 물고기. 채집하여 낚시미끼로 활용한다.

피라미 비교적 깨끗하고 흐르는 물에 사는 소형 어종. 혼인색을 띤 수컷(위)은 '불거지'라고 부른다.

향어 자연번식이 잘 되지 않아 인위적으로 방류한 곳에서만 낚인다. 일명 이스라엘잉어.

희나리 토종붕어와 떡붕어의 중간 형태를 띠고 있는 우리나라의 고유종.

춘천 춘천호

씨 알 ★★★
마릿수 ★★★
수 질 ★★★★
경 관 ★★★★
주 차 ★★★

Profile

하류는 춘천시, 상류는 화천군에 속한 춘천호는 인접한 의암호에 비해 연안낚시 구간이 많아 인기가 높다. 댐이지만 늘 일정 수량을 유지하여 각종 수초가 발달해 있다. 과거엔 떡붕어가 토종붕어보다 많이 낚였으나 2010년 이후로는 토종붕어가 8대2로 더 많이 낚이는 상황이다. 낮에는 잡어가 많아 붕어를 노리려면 밤낚시가 필수.

춘천댐은 의암호와 더불어 발전과 수위 조절 때만 방류하고 농업용수로는 쓰지 않기 때문에 연중 일정한 수위가 유지되는 게 장점이다. 그래서 소양호나 파로호와 달리 각종 수초가 풍성하게 자라며 봄철 산란기 낚시가 특히 잘된다.

화천군청

봉어섬

논미리

파로호

용암리

⑤

④

거레리

하남면사무소

③

원천리

원천낚시터

서오지리

지촌리

어종과 미끼

주어종▶붕어, 떡붕어
외래어종▶배스
토착어종▶잉어, 누치, 마자, 피라미, 쏘가리, 끄리
잘 듣는 미끼▶지렁이, 글루텐
채집 가능한 생미끼▶없음

지촌초등학교

건넌들

②

신포리

사북면사무소

신포낚시터

가일리

신포중학교

행정명칭▶춘천호
지역별칭▶춘천댐
주소▶춘천시 서면 사북면, 화천군 하남면 화천읍 간동면
면적▶433만2천평
준공연도▶1965년
인터넷지도 검색명▶춘천호
내비게이션 주소▶세밀도 참조

세월낚시터

호수낚시터

송암리

원평리

①

인람리

고탄리

고탄낚시터

오월리

오월낚시터

춘천호 좌대 연락처(033)
고탄낚시터   244-4300
원천낚시터   441-3677
신포낚시터   243-8351
호수낚시터   243-1373
세월낚시터   243-6820
오월낚시터   244-7907

춘천댐

의암호

춘천

❶ 인람리·고탄리

많은 낚시인이 신포리와 건너들로 몰려
이 지역은 한적한 분위기에서 낚시 가능

N

지암천

원평1교

원평리

오월낚시터

버드나무

소나무숲포인트

1~2m

2~3m

오월교

2~3m

사북면 인람리 285

⑤

간월교

춘천숯불갈비

※ 물이 맑고 수심이 깊어 수온 상승이 느리
고 5월 초는 돼야 봄 시즌에 접어든다. 여
름 밤낚시가 잘 된다.

춘천댐

※ 연안의 크고 작은 홈통마다 육초, 버드나
무가 잠겨있어 만수 때 낚시 여건 좋아짐

춘천

큰물건너산골민박

407

춘천호 낚시의 특징

● 봄에는 떡밥과 지렁이를 함께 꿴 짝밥이 잘 먹힌다.
  대형 떡붕어도 봄에는 지렁이에 잘 낚인다.

● 물이 맑아 정숙하게 낚시해야 큰 씨알을 만날 수 있다.

● 댐 좌안으로 나 있는 5번 국도만 타고 가면 쉽게
  유명 포인트들에 도착할 수 있어 편리

● 배수를 할 경우 상류와 중류권 포인트는 연안낚시가
  어렵지만 하류권인 인람리, 고탄리권은 낚시가 가능.

● 낮부터 방류를 하더라도 춘천시내 공장들이 가동을
  멈추는 밤 10시 이후로는 발전 방류를 멈춘다.

고탄낚시터

단국대학교수련원

말풀

1~2m

버드나무

사북면 고탄리 509

거례리

❷ 신포리·건넌들
춘천호 제일의 대물터이며 혹부리붕어가
자주 낚여 포인트 경쟁이 심한 곳

고탄리

밤나무골
포인트
1~2m   부들+말풀   2~3m

주차 가능한
공터 많음
사북면 지촌리 357-2   호수
낚시터

한때 미터급 잉어를 노리는 릴낚시터로 유명했던 곳.
5번 국도에서 멀리 떨어져 다른 낚시터보다 한적한 게 장점

거례리

말풀
사북면 가일리 278-5
1~2m

산 밑으로는 비포장이라 진입 불
편. 한적한 분위기를 원하는 낚시
인이 주로 찾는다. 봄에 4짜 후반
대 떡붕어 자주 출몰

하남면 서오지리 110-2

1~2m
건넌들 포인트

※ 각 포인트마다 겨우 두세 명 낚시할 수 있을 정도로 자리 협소.
만수 때 수심이 1m 정도여서 물이 빠지면 낚시가 어려운 게 단점

※ 수심 얕고 물이 맑아 낮에는 잡고기가 주로 낚이며 붕어는
밤낚시가 필수

지촌천

2~3m   신포낚시터   사북면 신포리 164-5

지촌초교   2~3m
신포리 공병대 포인트
하남면
소재지   사북면 지촌리 375-2
하나로마트
신포중학교
⑤
사북면사무소
춘천댐

❸ 원천리 조황이 무난하고 도로변 주차 후 편하게 낚시할 수 있는 곳

붕어섬

※ 원천리의 토종붕어는 8-9치가 대부분이며 봄에는 35cm 넘는 대형 떡붕어가 잘 낚인다.

연안 버드나무 틈새에서 수상좌대를 마주 보고 낚시한다.

원천리좌대

버드나무 밀생
1～1.5m

원천인조축구장

하남면 원천리 201-6

둠벙(봄·여름 특급 포인트)

부들
버드나무

1～2m

건너들

하남면 사무소

차량통행 적은 도로 곳곳에 주차 가능

화천원천농공단지

❹ 거레리 춘천호 상류의 수로형 포인트. 봄, 가을 만수 때 호황 잦은 곳

화천군청↑

봉어섬↑

화천공설운동장

N

춘천호 하류 고탄리에서 화천 방면 407번 지방도를 타고
산길을 10km 달리면 처음으로 만나는 샛수로형 낚시터다.

※ 춘천호에서 유일하게 수로낚시
분위기가 나는 곳. 수온이 빨리
오르고 바닥이 뻘층이라 물빛이
탁함. 물빛 맑은 다른 구간과
달리 낮에도 입질을 받을 수 있다.

버드나무 군락

1~1.2m

일명 버드나무 군락 포인트. 자
리가 협소해 3~4명 낚시할 수 있
는 여건. 현지 장박낚시인들이
상주해 외지 낚시인은 포인트 차
지하기 어렵다.

P

강산휴게소

자전거도로

공용
주차장

느티나무

407

1~1.2m

긴 늪지와 수로를 섞어 놓은 듯
한 낚시터로서 3칸 이하의 짧은
낚싯대로 수초와 수몰나무 사이
사이를 공략하는 것이 주효

⑤

화천공원묘원

하남면 거레리 572-1

3~4m

거레리

모래채취장

고탄리

하남면사무소↙

❺ 붕어섬 일대 마릿수 조과 뛰어나고 수량이 풍부한 초붐과 가을에 낚시 잘 되는 곳

파로호 ↑

화천대교

● 화천군청

화천공설운동장

용암리

용암초교

하남면 용암리 1105

GS칼텍스 주유소

수상 데크설치

붕어섬

1.5~3m

1~3m

1~2m

※ 춘천호 최상류인 붕어섬 일대는 주로 산란기 때와 가을에 수량이 풍부할 때 호황을 보인다. 배수가 되면 포인트가 드러나 낚시가 어렵다.

논미리삼거리

보트포인트

원천리 →

하남면 논미리 1067-15

논미리

산란기 낚시 명당. 버드나무와 갈 대, 말풀이 무성해 연안낚시 여건 뛰어나다. 다만 주차 후 펜스를 넘 어 포인트까지 약간 걸어가야 하는 점이 불편. 수심은 1m 안팎

046

홍천 굴운지

씨 알 ★★★★★
마릿수 ★
수 질 ★★★★★
경 관 ★★★★
주 차 ★★★★

N

굴운교차로·동홍천IC

P

P
갈수기 포인트

무넘기

Profile

공작산에서 내려오는 물을 막아 만
든 굴운지는 일급수를 자랑하는 저
수지로 터가 세긴 하지만 불가사의
한 대물자원을 지니고 있다. 오래전
에 배스가 유입되어 마릿수 조과는
힘들지만 아카시아꽃 피는 5월과 장
마철 첫 오름수위와 10월에는 상류
에서 대형 붕어를 낚을 수 있는 기회
가 온다. 붕어는 나오면 거의 4짜가
넘고 5짜도 낚인다.

▶ 전역이 급심이라 만수 때
두 골 상류에 포인트 형성
▶ 글루텐떡밥이나 옥수수
여러 알 꿰기로 붕어를 낚는다
▶ 상류 유입수가 많을 시
굵은 산지렁이를 쓰면
큰 재미를 볼 수 있다

2m

1.5m

1.5~2m

1m 내외

도로변 주차

※ 진입할 때 첫 번째 골보다
두 번째 골의 조과가 앞선다.

※ 외래어종의 득세로 입질 받기가 힘들지만
워낙 낚이는 씨알이 커서
대물꾼들에게 인기 있는 곳이다.

※ 지렁이나 구더기를 써서 잡어낚시를 하면
마자나 모래무지 같은 고기는
쉽게 낚을 수 있다.

P

어종과 미끼

주어종▶ 붕어
외래어종▶ 배스, 블루길
토착어종▶
잉어, 메기, 동자개, 마자, 모래무지
잘 듣는 미끼▶
글루텐, 옥수수, 산지렁이
채집 가능한 생미끼▶ 없음

풍경화펜션
화촌면 굴운리 206

행정명칭▶ 굴운지
지역별칭▶ 없음
주소▶ 홍천군 화촌면 굴운리
면적▶ 4만5천평
준공연도▶ 1977년
인터넷지도 검색명▶ 굴운저수지
내비게이션 주소▶
화촌면 굴운리 206

공작산자연휴양림 ↓

홍천 상오안지

씨 알 ★★★
마릿수 ★★
수 질 ★★★★
경 관 ★★★★★
주 차 ★★★★★

● 4월 말경부터 봄낚시가 시작되지만 곧 배수기와 맞물리면서 조황 기복이 심하다. 그보다는 여름 오름수위 때 입질 활률이 높은 편이다. 이후 9-10월 사이에 가을낚시가 잠시 된 후 10월 말이면 시즌을 마감한다.

※ 장마 후 물이 차오르면 폭발적인 입질
※ 수심 1.5-3m에서 조황이 좋으며 너무 깊은 곳은 피할 것
※ 물이 맑고 잡어가 많아 낮낚시는 어렵고 밤에도 12시를 넘어야 입질 활발

Profile

경관이 아름답고 어자원도 풍부한 홍천군의 유명낚시터다. 준공 이후 13년간 낚시금지구역으로 묶여 있다가 1995년 낚시가 허용되었다. 토종붕어 외에 홍천 지역에서는 드물게 떡붕어가 서식하며 새우는 잘 안 들고 떡밥, 옥수수에 입질을 잘 받는 편이다. 붕어의 씨알은 7~9치급이며 월척급 붕어도 꽤 많지만 잘 낚이지는 않는다.

잡목 등이 수몰되는 봄·가을 만수 때 붕어 포인트
이화농장

3~4m 1~1.5m
3~4m
1~1.5m
2~3m
2~3m
홍천읍 상오안리 488
1.5~2m
공골

급경사 진입 불가

무넘기

상오안지에서는 토종붕어와 떡붕어가 5대5 비율로 섞어 낚인다. 토종붕어는 35cm 전후, 떡붕어는 35cm 이하급들이 주로 낚이며 토종과 떡붕어 모두 4짜는 구경하기 어렵다.

홍천읍

어종과 미끼
주어종▶붕어
외래어종▶없음
토착어종▶떡붕어, 잉어, 메기, 동자개, 피라미, 버들치, 동사리
잘 듣는 미끼▶곡물떡밥, 글루텐, 옥수수, 지렁이
채집 가능한 생미끼▶새우, 참붕어

행정명칭▶상오안지
지역별칭▶없음
주소▶홍천군 홍천읍 상오안리
면적▶1만8천평
준공연도▶1982년
인터넷지도 검색명▶상오안저수지
내비게이션 주소▶홍천읍 상오안리 488

홍천 생곡지

씨 알	★★★
마릿수	★★★★
수 질	★★★★★
경 관	★★★★★
주 차	★★★★

N

↑ 서석면소재지

내촌천

생곡2리 사무소

P P

2~3m

서석면 피리골길 311-5

제방

무넘기

※ 5월에 시작하여 10월 중순에 피크를 맞는다.

※ 수달이 서식하기 때문에 살림망 보관에 주의.

※ 쏘가리와 뱀장어가 많아서 생미끼에 자주 낚인다.

P

2~3m

상류에는 계곡이 있어 피서낚시터로도 좋고 겨울 빙어낚시터로도 유명하다.
낮에는 잔챙이나 잡고기 위주로 낚시하다가 밤에 붕어를 노리는 게 좋다.

낮에도 씨알 좋은 붕어를 구경할 수 있는 게 특징이지만 낮에는 잡어의 성화가 심하기 때문에 건탄(크고 단단하게 뭉친 떡밥), 옥수수, 새우를 미끼로 쓴다.

급경사
진입 불가

Profile

상오안지와 더불어 홍천에서 가장 인기 있는 낚시터다. 1급수 맑은 물과 빼어난 경관, 때 묻지 않은 자연환경 때문에 연중 낚시객이 많이 찾는다. 넓은 수면적에 비해 낚시할 포인트는 그리 많지 않다. 바닥 새우가 많은 곳으로 새우를 미끼로 월척급 붕어도 낚을 수 있지만, 대부분은 떡밥낚시로 5~6치 붕어를 마릿수로 낚는다.

어종과 미끼

주어종▶ 붕어
외래어종▶ 향어
토착어종▶ 잉어, 메기, 동자개, 마자, 빙어, 모래무지, 뱀장어, 꺽지, 쏘가리
잘 듣는 미끼▶
글루텐, 옥수수, 새우, 지렁이
채집 가능한 생미끼▶ 새우, 참붕어

3~4m

소나무밭
(텐트자리 많음)

사이말

행정명칭▶ 생곡지
지역별칭▶ 없음
주소▶ 홍천군 서석면 생곡리
면적▶ 6만6천평
준공연도▶ 1983년
인터넷지도 검색명▶ 홍천 생곡지
내비게이션 주소▶
서석면 피리골길 311-5

계곡물 유입

홍천 속초지

씨 알 ★★★★★
마릿수 ★
수 질 ★★★★
경 관 ★★★
주 차 ★★★★

↑ 노천1리

Profile

배스가 유입된 지 오래된 저수지로 홍천군에서는 굴운지와 더불어 대물터로 알려진 곳이다. 낚이는 붕어의 씨알은 거의 4짜가 넘을 정도로 크지만 마릿수는 극히 적다. 낮낚시는 거의 안 되며 글루텐이나 옥수수 미끼로 긴 대를 사용하여 장기전을 해야 한다. 옹곡산의 계곡수가 유입되어 여름철 피서낚시터로 잘 어울린다.

1~2m

2~3m

제방 쪽은 6m 정도로 깊지만 중상류는 1-2m로 완만하다.

한적해서 단골 낚시인들이 자주 찾는 자리

2~3m

2~3m

2~4m

동면 공작산로 1008

444

※ 낚시 시즌은 5월 초~10월 중순
※ 장마철 오름수위에 육초 수몰될 때가 4짜 붕어 찬스
※ 9월 중순부터 10월 중순까지가 최고의 피크 시즌

물이 맑아 2m 수심까지 들여다보인다. 그래서 밤낚시가 필수이며 밤에도 초저녁보다는 10시 이후에 입질 확률이 높다.

어종과 미끼

주어종▶ 붕어
외래어종▶ 배스
토착어종▶ 잉어, 메기, 동자개
잘 듣는 미끼▶
곡물떡밥, 글루텐, 옥수수
채집 가능한 생미끼▶ 없음

행정명칭▶ 속초지
지역별칭▶ 노천지
주소▶ 홍천군 동면 속초리
면적▶ 2만1천평
준공연도▶ 1959년
인터넷지도 검색명▶ 홍천 속초지
내비게이션 주소▶
동면 공작산로 1008

기

↙ 동면소재지

050

홍천 **홍천강**

씨 알 ★★★★
마릿수 ★★★★
수 질 ★★★★★
경 관 ★★★★★
주 차 ★★★★

N

가정리

남 면

복장리

박암리

관천리

❹가정리

❸마곡유원지

발산1교

⑤미사리

마곡리

북한강

홍천강

서울양양고속도로

소남이섬

미사리

❷모곡밤벌유원지

가평휴게소
춘천방향

신촌리

송산리

클럽모우골프장

모곡리

설악IC

창의리

동막리

후농리

행촌리

추곡리

60

광판리

강촌IC

발산리

♠ 홍천강의 하류는 청평호 상류의 관천리, 물미낚시터로 이어진다.

※ 홍천강의 옛 이름은 홍천 남천이며 벌력천, 녹요강, 화양강이라고도 한다.

● 홍천군 서석면 생곡리 미약골산에서 발원해 내촌천이라는 이름으로 흐
르다가 두촌면 남쪽에서 장남천을 합류하고 남서쪽으로 흘러 야시대천,
풍천천, 덕치천을 차례로 합류하고 홍천읍을 지나 유로를 서쪽으로 바꾸
면서 오안천, 성동천, 어룡천, 중방천을 차례로 합친 뒤 경기도 가평군 설
악면과 강원도 춘천시 남면 관천리 경계에서 북한강으로 흘러든다.

산수리

어유포리

70

①팔봉산유원지

한덕리

팔봉산 (327m)

반곡리

86

팔봉리

개야리

두미리

어종과 미끼

주어종 ▶ 붕어, 떡붕어
외래어종 ▶ 배스, 블루길
토착어종 ▶ 잉어, 가물치, 메기, 누치, 동자개
강준치, 쏘가리, 꺽지 등 강계어종
잘 듣는 미끼 ▶ 지렁이, 떡밥, 글루텐, 옥수수
채집 가능한 생미끼 ▶ 없음

행정명칭 ▶ 홍천강
지역별칭 ▶ 없음
인터넷지도 검색명 ▶ 홍천강
내비게이션 주소 ▶ 홍천군
서면 어유포리 295-6 외

Profile

홍천강은 한강의 제2지류, 북한
강의 제1지류이며 길이는 143
km이다. 물이 맑고 경치가 수려
하며 민물고기 박물관이라 할
수 있을 정도로 강계의 거의 모
든 어종이 서식하고 있다. 상류
는 수온이 낮아 붕어낚시는 중
류부터 가능하다. 북한강과 만
나는 관천리 전까지 많은 포인
트가 있으며 개발되지 않은 붕
어 포인트가 산재해 있다. 보통
봄부터 초여름까지, 그리고 가
을철에 낚시가 이루어지며 여름
에는 청평댐의 잦은 양수발전으
로 수위 변동이 심해 낚시하기
가 쉽지 않은 곳이다.

① 팔봉산 유원지
수심이 비교적 깊고 굵은 붕어가 잘 낚이는 곳이다. 간혹 4짜 붕어도 낚인다.

서면사무소 ↑

보금자리펜션

← 서면사무소

갓길주차

곰테마펜션

70번 지방도

수심 1~2.5m

마름

도보로 진입

갓길주차

홍천강

마름

수심 1~2.5m

홍천군 서면 어유포리 295-6

※ 말풀이 잘 발달된 곳으로 수심은 1~3m 정도다.

※ 큰물 이후 흐름이 완만해질 때 최고 조황을 보여준다.

※ 모래무지, 마자, 꺽지 같은 강고기가 손님고기로 낚여 붕어 입질이 뜸해도 심심하지 않다.

마름

몽블랑펜션

● 팔봉산의 8봉 인근에 있는 포인트로 지류인 구만천과 합수하는 곳 바로 아래가 붕어 포인트이다.

남춘천IC →

구만천

팔봉산유원지 주차장

② 모곡밤벌유원지 말풀 포인트가 잘 발달되어 있는 곳으로 여름과 가을이 시즌이다. 수심은 1.5~4m로 깊다.

소남이섬 →

홍천군 서면 모곡리 산 98

P (4대)

마름
수심 1~4m

낚시짐을 내린 후
후퇴하여 도로변에
주차할 것

마름

갓길 일렬로 주차

홍 천 강

수심 1~3m

마름

쉐르빌리안티티펜션

● 모곡밤벌유원지 바로 아래에 있는 포인트로 비교적 수심이 깊고 물밑에 바위가 많아 씨알 좋은 붕어가 잘 낚이는 곳이다.

※ 붕어 채비에 쏘가리나 꺽지 등 강고기가 잘 낚인다.
※ 휴가철 낚시터로 인기 높다. 낮에는 밤벌유원지에서 쉬고 밤에 낚시한다.

한덕리

강촌IC ←

모곡밤벌유원지(캠핑장)

모곡리

③ 마곡유원지 여름철 피서낚시터로 유명한 곳으로 주차나
캠핑을 하면서 낚시하기에 적합한 곳이다.

● 홍천강 중류에 위치한 이곳은 마곡유원지 하류가 붕어
포인트로 충의대교 아래로 300m 정도가 낚시구간이다.

설악IC

카누마을

마루마리펜션

가디언스펜션

마곡리

마름

수심 1.5~3m

충의대교
교차로

마름

※ 수심은 1-3m 정도 나온다.
※ 말풀이 연안으로 잘 발달되어 있으며 말풀 사이
　채비를 던지면 준척급 붕어가 잘 낚인다.

(5대) P

홍천군 서면 마곡리 12

대형공터(20대
이상 주차 가능)

수심 1.5~3m

마름

마곡유원지

충의대교

발산1교

서울양양고속도로

강촌IC

강촌IC

④ 가정리 수초가 밀생해 있어 씨알 좋은 붕어가 잘 낚이는 곳으로 아직까지 외부에는 잘 알려지지 않은 곳이다.

● 마곡유원지 하류에 있는 이곳은 가정천이 홍천강으로 합류하는 하류 쪽 연안에 붕어 포인트가 산재해 있다.

가정천

홍천강

춘천시 남면 가정리 796

갓길 일렬로 주차 가능

→ 수심 1~1.5m

→ 마름

강촌IC ←

→ 마름

연안 따라 부들 밀생

→ 수심 1.5~3m

P (5대)

호수와통나무연수원

호수와통나무 수상레져

호수와통나무펜션

스타 수상레져

※ 수심이 비교적 얕으며 부들과 마름이 밀생해 있다. 수심은 1~2m.
※ 주차와 낚시가 편한 곳이다.

⑤ 미사리 홍천강 포인트 중 대물 붕어가 가장 잘 낚이는 곳으로 홍천
강으로 합류하는 미사천 하류구간이 붕어 포인트이다.

N

홍 천 강

경기도 가평군 설악면 미사리 502-4

(5대) P

● 전 구간에 부들과 마름이 밀생해 있고, 수심은
1~1.5m로 붕어낚시 여건이 잘 갖춰져 있다.

설악면소재지

환타지아 수상레져

수심 1m
둠벙 전 수면에
부들이 발달해 있다

파로티아워터하우스

미 사 천

코발트 수상레져

수심 1m

설악면소재지

도로가에 주차 후 도보로 진입

수심 1~1.5m

연안 따라 부들과
수몰나무 발달

미사수상레져

황토민박

P (3대)

미사식당

경기도 가평군 설악면 미사리 486-5

※ 초봄과 가을이 낚시 최적기이며 여름은 수위 변동
이 심해(양수발전 영향) 낚시하기가 어렵다.
※ 낚이는 붕어는 거의 허리급이며 4짜도 잘 낚인다.
붕어 외 어종은 별로 낚이지 않는다.

홍천 청량지

씨 알 ★★
마릿수 ★★★★
수 질 ★★★★★
경 관 ★★★★★
주 차 ★★★★

속실리

서석면 청량리 162

2~3m

1.5~2m

• 가족단위 피서낚시터로 좋다.
대형 잉어가 대를 자주 차고 나간다.
생곡저수지가 산 너머에 있기 때문에
생곡지를 갔다가 조황이 좋지 않을 때
잔 손맛을 즐기러 찾아도 좋다.

2~4m
자갈 바닥

Profile

2000년에 축조된 저수지로 수
심이 깊고 물이 차서 붕어의 성
장속도가 느리다. 붕어는 5~6
치급이 주를 이루며 밤낚시에는
준척급 붕어도 잡을 수 있다. 다
양한 강고기의 성화가 많다. 낮
에는 상류 계곡에서 강고기를
낚으며 쉬다가 밤이 되면 자생
하는 새우와 참붕어를 미끼로
정숙한 낚시를 하면 묵직한 찌
올림을 만날 수 있다.

수몰나무

2~3m

▶ 상류에 포인트가 집중
▶ 수몰 버드나무와 육초대가 주 포인트
▶ 꺽지, 쏘가리, 산메기가 잘 낚인다
▶ 떡밥과 지렁이(또는 구더기) 짝밥 사용

행정명칭▶ 청량지
지역별칭▶ 없음
주소▶ 홍천군 서석면 청량리
면적▶ 4만5천평
준공연도▶ 2000년
인터넷지도 검색명▶ 홍천 청량지
내비게이션 주소▶
서석면 청량리 162

장대 포인트
3~4m

어종과 미끼

주어종▶ 붕어, 잉어
외래어종▶ 없음
토착어종▶ 메기, 미유기, 동사리, 피라미,
마자, 모래무지
잘 듣는 미끼▶
글루텐, 옥수수, 지렁이, 구더기
채집 가능한 생미끼▶ 참붕어, 새우

취수탑

무넘기

↙ 서석면소재지

화천 파로호

씨　알 ★★★
마릿수 ★★★
수　질 ★★★★★
경　관 ★★★★★
주　차 ★★★★

Profile

강원도 댐낚시터 중 최고의 경치를 자랑하며 서울을 비롯한 중부지역 낚시인들의 여름 피서낚시터로 인기가 높은 곳이다. 연안낚시보다는 좌대낚시터로 유명하다. 매년 5월 초순을 전후해 시즌이 시작되며 여름 장마철 오름수위 때 최고의 호황을 맛볼 수 있는 곳이다. 90년대 중반부터 떡붕어가 증가해 7대3 비율로 토종붕어보다 떡붕어 비율이 높아졌다.

비수구미 ↑

N

북한강

화천 딴산 유원지

화천댐

① 동촌리(옛 태산리)

건천동

산곡

③

다람쥐섬

신천동

방천리

구만리선착장

화천읍

대추나무골낚시터

후동

구만리

병풍산

운수

도송리 ②

용호리

● 간동면사무소

오음리

수입천

상무룡리

⑤

동촌리

군랑리

양구서천

공수리

⑥

파로호
인공습지

월명리

④

어구말

양구군청

양 구 읍

사명산(1,199m)

파로호 붕어낚시의 특징

● 4~5월에 4짜급 대물 떡붕어가 낚이지만 본격적인 호황기는 7~8월 오름수위 때다.

● 떡붕어가 주 대상어이므로 채비를 예민하게 쓰는 게 좋다. 원줄은 1호, 바늘도 작게
사용해야 예민한 떡붕어 입질을 읽어내기 좋다.

● 토종붕어는 6·8치가 대부분이고 커야 월척 초반급이다.

● 국내 댐낚시터 중 수달이 가장 많은 곳이라 철로 만든 살림망이 사용될 정도다.

어종과 미끼

주어종▶ 떡붕어, 붕어
외래어종▶ 배스, 블루길
토착어종▶ 잉어, 쏘가리, 마자
잘 듣는 미끼▶ 글루텐떡밥, 지렁이
채집 가능한 생미끼▶ 없음

행정명칭▶ 파로호
지역별칭▶ 화천댐
주소▶ 강원도 화천군, 양구군
면적▶ 1154만평
준공연도▶ 1944년
인터넷지도 검색명▶ 파로호
내비게이션 주소▶ 세밀도 참조

파로호 좌대(도선) 연락처

동촌리	태산좌대	033-442-3987
용호리	도송좌대	010-6341-5444
용호리	용호좌대	010-6371-0752
방천리	형제좌대	010-5361-6504
월명리	월명좌대	033-482-3385
상무룡리	이씨네좌대	033-481-6382
상무룡리	여씨네좌대	010-6377-5678

※ 수상좌대 요금은 1동(2~4명)에 6만~12만원

※ 육로진입 어려운 자리로 도선 시 뱃삯은
거리에 따라 1팀(2~6명)당 왕복 3만~6만원

웅진리

❶ 동촌리(태산리) 파로호 최하류의 좌대낚시터로 수위 상관없이 연중 낚시 가능한 곳

♠ 태산리는 동촌리 일부 지역의 옛 이름이다.

화천읍 동촌리 1929-1

태산좌대   배터

동촌리의 대표 좌대낚시 구간. 100mm 이상 폭우 뒤 오름수위 명당으로 토종붕어 비율이 높은 편이다.

월하문학관

갈수 포인트. 만수 때는 버드나무가 잠겨 낚시 어렵다
1.5~2m
버드나무 수몰지대
P

2~3m
오름수위 포인트
2~3m

화천읍 동촌리 454-2
2~3m
갈수 포인트. 만수 때 이곳은 도로까지 잠겨 낚시를 할 수 없고 최상류 일부에만 낚시 자리가 나온다.

화천읍

❷ 용호리 하류에 말골 수중보가 있어 수위 영향 없이 낚시할 수 있는 곳

☞ 화천군에서 말골 수중보 상류 구간 전체를 호수공원화하려고 하다가 보류된 상태다.

N

오음리 →

↑ 댐 방류와 관계없이 연중 일정한 수위를 유지. 댐이라기보다는저수지 분위기가 나는 곳으로 수몰 버드나무와 다양한 수초가 자라 있으며 산란 여건이 좋아 붕어 자원도 풍부하다.

간척천

간동면 사모소

P

P 간동면 동송리 545

좌대 수심은 평균 1.5~2m

인공섬

인공섬

2~3m

P

P

오름수위가 되면 전체적으로 낚시 가능한 구간

인공섬

배터 주변에서 낚시 가능. 경사 완만해 대낚시에 적합

파로호가 만수가 되면 말골 수중보 위로 5m 이상 물이 불면서 본류에 있던 붕어들이 용호리로 유입된다.

1~2m

용호좌대

말골 수중보

1~2m

P

배터

P

간동면 용호리 861-3

→ 구만리·도송좌대

461

간동면사무소 →

❸ 방천리 경치가 좋고 배터 인근에 계곡이 있어
피서낚시터로 좋은 곳

↖ 월명리

♠ 붕어낚시인보다 장어낚시인들이 더 많이 찾는 곳이다.
연안낚시는 만수 때 배터 주변에서 이루어지고 갈수 때는
도선 포인트가 유망하다.
도선 연락처는 형제좌대 010-5361-6504

모일

2~4m

2~3m

1.5~2m

도선

도선

간동면 방천리 1324-1

배터

형제좌대

간동면소재지 →

한국수달연구센터

↙ 태산리

※ 수달이 유난히 많은 곳으로 철로 만든 살림망의 뚜껑을
열고 붕어를 꺼내갈 정도다. 낚은 고기 관리에 신경 쓸
필요가 있다.

④ 월명리 파로호에서 가장 유명한 좌대낚시터. 수위에
관계없이 꾸준한 조황이 나오는 곳

N

양구군청 →

오름수위 포인트. 갈수 때 트랙터로
육초 제거작업

403

🔺 완만한 지형이어서 오름수위 때 많은 붕어가 올라붙는다.
만수 때는 최상류 완경사 지형에, 갈수 때는 물골 주변으로 좌대 배치.
한편 도선을 이용해 이승만별장, 서호, 하무룡 일대의 포인트로 진입 가능.
도선 연락처는 월명좌대 033-482-3385

2~4m

← 상무룡리

2~4m

월명낚시터 캠핑장
(월명좌대에서 펜션도
함께 운영)

양구읍 월명리 692-11

월명용호펜션
(033-482-3385)

월명좌대

배터

↓ 방천리

❺ 상무룡리 파로호 상류의 대표적 좌대낚시터.
여름 오름수위 때 최고의 호황

↑ 양구서천

♠ 4~5월에 40cm가 넘는 대형 떡붕어가 자주 출몰해 전층낚시인들도 자주 찾는다. 6~7월에는 토종붕어가 잘 낚인다. 좌대집의 도선을 이용해 육로로 진입하지 못하는 곳까지 들어갈 수 있는데 주로 장어낚시인들이 이용한다.

만수 때는 서너 자리 밖에 안 나오지만 갈수가 되면 포인트가 많이 드러난다. 오름수위 때 호황을 보이나 너무 많은 부유물이 떠내려와 낚시에 어려움을 겪을 때도 있다.

1.5~2m

1~1.5m

2~3m

2~3m

2~3m

배터

여씨네좌대

도선

양구읍 상무룡로 786-18
이씨네좌대

※ 오름수위 때는 물이 안정된 후에도 대류 현상이 잦아 낚시에 불편을 겪기도 한다. 대류가 심할 때는 채비를 다소 무겁게 조절할 필요가 있다.

↓ 수입천

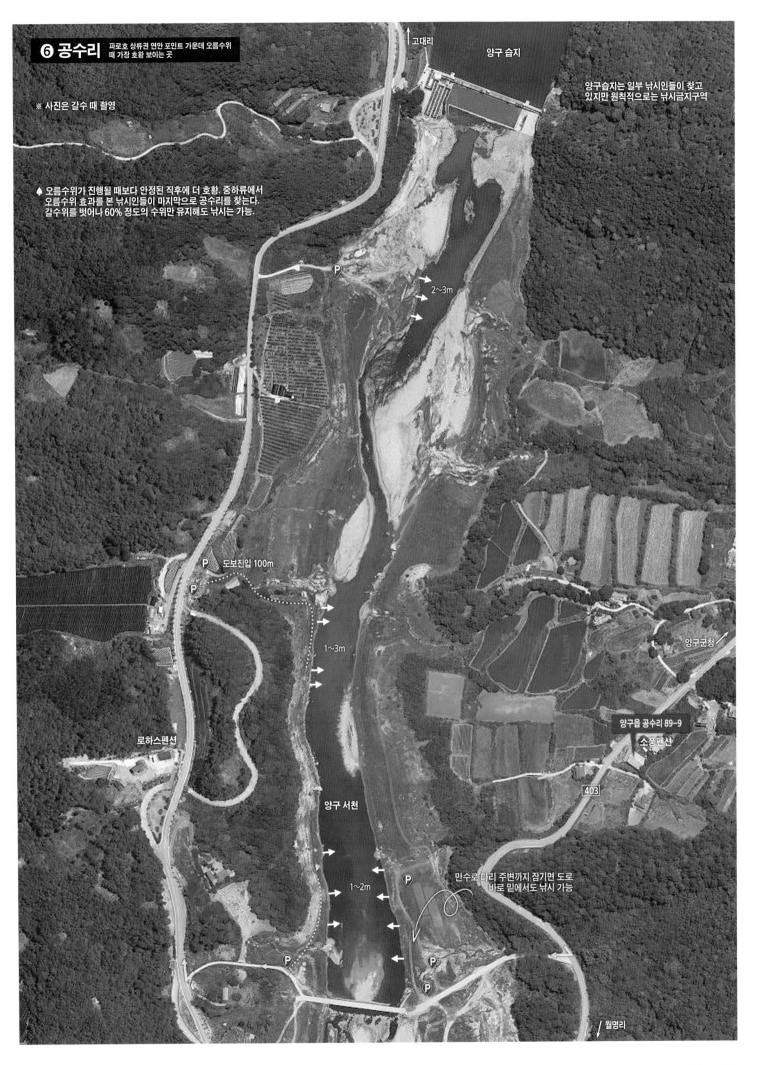

❻ 공수리
파로호 상류권 연안 포인트 가운데 오름수위
때 가장 호황 보이는 곳

고대리

양구 습지

양구습지는 일부 낚시인들이 찾고
있지만 원칙적으로는 낚시금지구역

※ 사진은 갈수 때 촬영

♠ 오름수위가 진행될 때보다 안정된 직후에 더 호황. 중하류에서
오름수위 효과를 본 낚시인들이 마지막으로 공수리를 찾는다.
갈수위를 벗어나 60% 정도의 수위만 유지해도 낚시는 가능.

2~3m

P

P 도보진입 100m

P

1~3m

양구군청

양구읍 공수리 89-9

로하스펜션

소풍펜션

403

양구 서천

P

만수로 다리 주변까지 잠기면 도로
바로 밑에서도 낚시 가능

1~2m

P

P

P

월명리

횡성 삼배지

씨　알 ★★★
마릿수 ★★★
수　질 ★★★★
경　관 ★★★★
주　차 ★★★

Profile

횡성에서 비교적 손을 많이 타지 않은 생미끼 대물낚시터다. 산 속 계곡지라 물이 차서 5월이 되어야 붕어가 낚이기 시작하고 10월 말이면 막을 내린다. 낮에는 피라미 성화가 심하지만 밤낚시를 하면 5~8치를 주종으로 마릿수 재미가 좋다. 생미끼에는 월척에 4짜급까지 낚이며 오름수위 때 호황이 펼쳐진다.

길 없음 ↑

부창리

도로변 주차

1.5~2m

공터 주차

버드나무

갈수선

2~3m
만수 포인트

▶ 만수위를 보이는 5월 중순부터 한 달간, 그리고 추석 이후 10월 말까지 대물 시즌
▶ 채집망을 넣으면 참붕어, 새우, 빙어, 피라미까지 잔뜩 들어온다.
▶ 여름밤 중하류에서 떡밥낚시로 즐기는 중치급 마릿수 손맛도 매력

오름수위 최고 포인트
(육초대 잠기면서 소나기 입질)

2~3m

갈수위 포인트
2~4m

도로 폭이 좁아 주차공간을 찾기가 어려우나 상류 쪽 도로는 차량통행이 적어 도로변 주차가 무난하다.

공근면 삼배리 산27-1

3~4m

3~4m
갈수위 포인트

도로변 주차

여름철
밤낚시 포인트

무넘기

화장실

차량 진입 못함

P

공근면소재지 ↘

행정명칭 ▶ 삼배지
지역별칭 ▶ 없음
주소 ▶ 횡성군 공근면 삼배리
면적 ▶ 1만5천평
준공연도 ▶ 1984년
인터넷 검색명 ▶ 횡성 삼배지
내비게이션 주소 ▶
공근면 삼배리 산27-1

어종과 미끼

주어종 ▶ 붕어
외래어종 ▶ 없음
토착어종 ▶ 잉어
잘 듣는 미끼 ▶ 새우, 참붕어, 옥수수, 떡밥, 지렁이
채집 가능한 생미끼 ▶ 새우

횡성 중금지 (한치지)

씨 알 ★★★★
마릿수 ★★★
수 질 ★★★★
경 관 ★★★★
주 차 ★★★★

Profile

평지형에 가까운 준계곡형지로 씨알과 마릿수 양수겸장으로 노릴 수 있어 횡성에서 반곡지와 함께 가장 대중적인 낚시터로 손꼽힌다. 상류에는 연과 부들이 있고, 여름이면 전 수면이 마름으로 덮인다. 2001년 횡성댐이 만들어지면서 한치지는 농업용수 기능을 잃어 배수기에도 물을 빼지 않는다. 붕어낚시철은 4월 초순부터 10월 말까지다.

쓰레기 문제로 마을에서 1년간 낚시를 금지한 적도 있다. 그때 마을에서 공원으로 만들려고 나무를 심고 정자를 만들었으나 공원화는 결국 무산되었다. 당시 장어를 방류하고 그물질로 배스를 퇴치했다.

컨테이너박스

마름
1~1.5m
갈수위 포인트

갑천면
소재지

마름

※ 4짜급 붕어는 산란 후인 5·6월에 출현 빈도 높다
※ 7-9치급이 주종으로 월척(33-35cm)도 곧잘 낚인다
※ 대물 붕어는 자정부터 동틀 무렵 사이에 출현

0.8~1m

무넘기
1~1.5m
떡밥낚시

마름밭

만수위 포인트

정자

P
5대 주차

연밭
70~80cm

마름밭

긴 대로 공략
말풀

비가 와서 새물이 유입될 때는 건너지 못한다.

수심 얕아 낚시 불가능

최고의 붕어 포인트. 짧은 대로 연 줄기에 붙이는 게 요령. 2012년 6월 초에 45cm까지 낚었다.

19

어종과 미끼

주어종 ▶ 붕어
외래어종 ▶ 없음
토착어종 ▶ 잉어, 장어, 동사리
잘 듣는 미끼 ▶ 옥수수, 새우, 떡밥, 지렁이
채집 가능한 생미끼 ▶ 새우, 참붕어

행정명칭 ▶ 중금지
지역별칭 ▶ 한치지
주소 ▶ 횡성군 갑천면 구방리
면적 ▶ 2만4천평
준공연도 ▶ 1979년
인터넷 검색명 ▶ 횡성 중금지
내비게이션 주소 ▶ 갑천면 구방리 866-2(최상류)

갑천면 구방리 866-2

횡성

충청북도

충주 모점지(앙암지)

괴산 **괴산호**

씨 알 ★★★★
마릿수 ★★
수 질 ★★★★
경 관 ★★★★★
주 차 ★★★

Profile

달천을 막아 축조한 괴산댐은 수면적이 좁은 협곡형 댐이어서 여름철엔 수위 변동 폭이 크다. 붕어, 쏘가리, 잉어 등이 주 어종이다. 배스가 늘어나면서 붕어의 개체수가 줄어든 대신 씨알이 굵어져서 4짜 붕어도 자주 출현한다. 만수위보다는 물이 빠지는 5월부터 낚시가 시작되어 10월까지 이어진다. 주변에 속리산국립공원, 쌍곡계곡, 화양계곡 등이 있다.

칠성면 사은리 산2-9

댐
낚시 금지 구역

유람선 선착장
부표
차돌바위
잉어골

양코바위

둘레길
차량 진입 불가

과수원자리
바위 절벽

섬
유람선 선착장

동정골
병풍바위   피난골
찬바람골
신막이마을

장어 포인트
삼송바위   차량 진입 가능
쌍전주자리
물이 빠지면 삼송바위 앞에서 7-9치 붕어가 잘 낚인다

다리 공사 중

갈론배터

※ 괴산호의 가장 큰 조황 변수는 댐 방류! 방류하지 않는 상황에서 밤낚시를 할 수 있다면 조황을 기대할 수 있고, 오름수위 상황에선 호황이 보장된다

※ 5월 중순-6월 중순에 상류의 굴바위농원 앞과 맞은편의 성골에서 산란특수

굴바위농원
쏘가리 포인트
성골
사은리
갈론계곡

산막이마을까지
차량 진입 가능(비포장길)

덕평리

새뱅이골
쏘가리 포인트
탑바위

행정명칭 ▶ 괴산호
지역별칭 ▶ 괴산댐, 칠성댐
주소 ▶ 괴산군 칠성면 사은리
면적 ▶ 525만평
준공연도 ▶ 1957년
인터넷지도 검색명 ▶ 괴산호
내비게이션 주소 ▶
칠성면 사은리 산 2-9(댐 수문)

어종과 미끼

주어종 ▶ 붕어, 쏘가리, 장어, 잉어
외래어종 ▶ 배스, 블루길, 초어, 백연어
토착어종 ▶ 메기, 가물치, 동자개
잘 듣는 미끼 ▶ 짝밥(떡밥+지렁이), 새우, 옥수수
채집 가능한 생미끼 ▶ 새우

괴산읍

괴산호 하류
둘레길을 걸어서 진입하는 곳.
진입이 힘든 만큼 굵은 붕어로 손맛을 채울 수 있다

괴산읍
괴산읍
달천

댐

낚시 금지 구역

P

칠성면 사은리 375

유람선 선착장

부표

차돌바위

낮에는 유람선 때문에
낚시 못함

둘레길

앙코바위

마름 약간 분포
갈수위에 더 좋다

붕어·장어 포인트
3~4m

잉어골

빈집터

3~5m

P

잉어가 잘 낚이는 포인트로
여름 조황 뛰어나다.
4월 말·5월 초에 뗏장수초나
버드나무 노려 붕어낚시

차단막 설치

절벽지대

과수원
(사유지·낚시금지)

※ 우안 하류엔 산책로가 놓여서 차돌바위, 앙코바위, 병풍바위는
둘레길을 이용해 도보 진입한다

※ 피난골은 갈론 배터에서 배를 타고 들어왔으나
지금은 덕평에서 차로 진입할 수 있다

버드나무섬
(보트낚시 유망터)

유람선 선착장

8m   여름 포인트

2m   2m   마름

피난골

동정골

병풍바위   찬바람골

마름 사이 노리면
붕어 씨알이
8~9치로 굵다

오름수위 명당
대물붕어
자주 낚이는 곳

산막이마을

덕평 ↓

갈론배터 ↓

N

괴산호 중류 붕어낚시 명당과 쏘가리 포인트가 많은 괴산호의 노른자위 구간

괴산호 상류

피난골

제방

N

다리 공사 중

갈론배터

P

1~2m

1.5~3m

성골

그늘이 있고
경치가 뛰어나서
가족낚시터로 추천

← 덕평

굴바위농원
칠성면 사은리 216-3

빈집

1.5m

쏘가리 포인트

갈론계곡

P

P

구름다리

수위에 상관없는 명당
으로 4-5월에 수몰나무
에서 굵은 붕어 낚인다
새우낚시 잘됨

괴산호 상류 산란기 붕어들이 거쳐 가는 길목 포인트

괴산 ↗

흑석교

문광면 흑석리 산12-6

굴바위농원 ↗

굴바위농원 ↗

흑석삼거리

덕평리 →

덕평삼거리

운교

달천

※ 새뱅이골과 탑바위 모두
붕어와 쏘가리가 잘 낚이는 포인트

굴바위농원
(043-832-6745)에서
보트 타고 진입 가능

새뱅이골

탑바위

1.5~2m

49

속리산국립공원

N

괴산 대곡지 (풍림지)

씨 알 ★★★
마릿수 ★★★
수 질 ★★★★★
경 관 ★★★★
주 차 ★★★★★

N

우측 골은 낚시자리가 협소하나
좌측 골은 수심이 완만하고
갈대, 말풀, 버드나무가 잘 형성되어
포인트가 많다

P

봄 포인트
1m   버드나무
1.5m
말풀   진입불가

배수기 포인트
2~3m

갈수선

※ 4월 초부터 5월 초까지 피크 시즌이며
오름수위 때 마릿수 호황을 보이기도 한다.

※ 새우엔 피라미가 자주 덤벼들고
참붕어에는 입질 뜸하지만
간혹 대형 붕어가 낚인다.

얼음낚시
빙어 포인트

진입불가
사유지

갈수선   배수기 포인트

마름

P

배수기와 오름수위에서
종종 월척급이 마릿수
조황 보일 때 있다.

Profile

여름밤이면 무수히 많은 반딧
불을 볼 수 있는 산속의 청정 계
곡지다. 작은 소류지 제방을 증
축해 수면을 넓혔는데 소류지
때부터 있던 떡붕어의 양이 상
당하다. 떡붕어는 7치부터 월척
까지 낚인다. 토종붕어 씨알도
배스 유입 후 7~9치로 굵어졌
으며 월척도 종종 낚인다. 수심
이 깊지만 말풀이 많은 것이 특
징이다.

행정명칭▶ 대곡지
지역별칭▶ 풍림지
주소▶ 괴산군 불정면 앵천리
면적▶ 1만8천평
준공연도▶ 1999년
인터넷지도 검색명▶ 괴산 대곡지
내비게이션 주소▶
불정면 앵천리 산70-15(제방)

세원연수원 기숙사

불정면 앵천리 산70-15

어종과 미끼

주어종▶붕어
외래어종▶배스
토착어종▶
떡붕어, 동자개, 가물치, 메기, 피라미
잘 듣는 미끼▶떡밥, 옥수수
채집 가능한 생미끼▶없음

불정면소재지

괴산 달천(괴강)

씨 알 ★★★★
마릿수 ★★★★
수 질 ★★★★★
경 관 ★★★★★
주 차 ★★★★

달천 상류 전체도

N

Profile

매력 넘치는 강낚시 1번지인 달천(괴강)은 속리산에서 내려온 물줄기가 괴산호를 거쳐 남한강으로 유입되는 기나긴 강줄기이다. 해마다 큰비가 내리면 남한강에서 많은 물고기가 소상하여 늦가을까지 머물며 호황을 구가한다. 수심이 얕고 물이 맑아 여름 피서낚시터로도 좋고 가족단위로도 많이 찾고 있다. 연안을 따라 마름과 뗏장수초, 갈대와 버드나무가 잘 형성되어 있으며 아무리 가물어도 상류 괴산댐에서 수시로 발전방류를 하여 물이 줄지 않는 특징을 보인다.

하문리
중부내륙고속도로
조곡리
508
괴산IC
⑥목도교 주변
하문리
목도리
이담리
구월리
지장리
이담지
세평리
오창리
백양리
감물면
사창리
능촌리
⑤자연애 캠핑장 앞
감물면소재지
신기리
감물면사무소
④충민사 앞
오성리
광전리
괴산읍
매전리
제월리
매전지
⑲
●괴산군청
대덕리
③이탄교 상류
검승리
동부리
②괴강교 아래
두천리
갈읍리
34
사평리
송동리
칠성면
도정리
①괴산댐 밑 합수머리
율원지
율지리
외사리
율원리
괴산댐

행정명칭 ▶ 달천
지역별칭 ▶ 괴강
인터넷지도 검색명 ▶ 달천
내비게이션 주소 ▶ 괴산군 칠성면 율원리 995

♠ 괴산댐 바로 밑에 있는 포인트들의 경우 댐 발전을 하게 되면 위험에 처할 수 있다. 방류를 하기 전에 관리소에서 방류 사실을 방송으로 알려주지만 출조 전에 미리 댐방류 시간을 알고 가는 게 좋다. 괴산댐관리소 배전반 043-832-7712

어종과 미끼

주어종 ▶ 붕어, 떡붕어
외래어종 ▶ 배스, 블루길
토착어종 ▶ 잉어, 메기, 뱀장어, 가물치, 동자개, 강준치, 꼬리, 송어, 쏘가리, 꺽지 등
잘 듣는 미끼 ▶ 지렁이, 떡밥, 글루텐, 새우, 깐새우
채집 가능한 생미끼 ▶ 새우(일부)

달천 하류 전체도

N

↑ 충주댐

오석리

남한강

루암리

중부내륙고속도로

유송리

우륵대교

탄금대교

충주시청

창동리

완오리

82

충주IC

⑧요도천 최하류

검단리

충주역

45

만정리

달천역

대소원면

충주종합
운동장

525

● 미끼는 글루텐떡밥, 곡물떡밥, 옥수수
를 사용한다. 특히 떡밥은 딱딱하게 반
죽하고 콩알보다 조금 크게 다는 게 유
리하다.

● 물흐름이 있으므로 봉돌을 조금 무겁게
찌맞춤을 하는 것이 좋다.

38

두정리

향산리

탄용리

세성리

매현리

문주리

⑦수주팔봉 주변

문강리

토계리

창산리

①괴산댐 밑 합수머리

괴산호에서 방류하는 물과 쌍천이 만나는 곳으로 괴산댐 밑 합수머리로 불린다.

● 큰 보가 있고, 곳곳에 웅덩이가 형성되어 있다. 큰물이 진 뒤 물이 빠지면 웅덩이에 들어온 붕어들이 갇히게 되는데, 수위가 안정된 후 찾으면 마릿수 손맛을 볼 수 있는 곳이다.

※ 미끼는 낮에는 글루텐떡밥이 좋고, 밤에는 옥수수와 민물새우, 글루텐떡밥 등 다양하게 쓰인다.
※ 괴산댐에서 발전용 방류를 할 경우에 이 포인트는 직접적으로 영향을 받기 때문에 늘 댐 방류에 귀를 기울여야 한다.

수심 1.5~2m

괴산읍, 괴산IC

P

송동리

수심 1.5m

비포장도로(배수기 때만 자동차 진입 가능)

갓길주차

다리

괴산군 칠성면 두천리 산 17~39

SK주유소

두천리

식당(괴산 올갱이해장국)

칠성건강원

괴산댐(약 3km)

달 천

수심 2m

칠성보

두천보

수심 1.5~2m

갓길주차 가능

마을공동창고

칠성지

괴산군 칠성면 율원리 995

쌍 천

율원리

34

괴산한우타운

칠성교차로

칠성면소재지

②괴강교 아래 물흐름이 다소 세기 때문에 봉돌을 무겁게 사용하고, 야간에는 초릿대 끝보기낚시가 유리하다.

N

괴산읍 ↑

팔도강산 민물매운탕

괴산군 칠성면 송동리 산58

괴강교

물 흐름이 있어 흐르는 방향으로 대편성을 해야 함, 짧은 찌 유리.(찌 제거한 끝보기낚시도 효과적)

P (4~6대)

수심 1.5~1.7m

수심 1.5~3m

연안은 돌무더기로 형성

괴강교

수심 1~2m

수심 1~2m

배 선착장

(4대) P

괴강삼거리

음성 ↑

괴강올갱이식당

향토식당

만남의광장 휴게소

느티울식당

화암서원

34

괴산IC ↘

검승리

↓ 칠성면 소재지

③이탄교 상류

괴강 포인트 중 조황이 가장 좋은 곳으로 진입이 편하고 캠핑낚시가 가능한 곳이다.

● 괴산댐의 방류 영향을 받는 곳으로 방류 후 물 흐름이 멈추고 수위가 올라가는 시기에 입질이 많다.
● 본격 시즌은 5~10월로 장마가 지나고 한 달 정도 조황이 가장 좋은 편이다.

Z→

↑괴산읍

이탄유원지
제월대(고산9경)

제월리

연안 따라 부들,
갈대, 뗏장 분포

부들

수심 2m

도보진입

마름

수심 1~2m

(7대)P

갓길주차 가능

P(4대)

부들

※붕어를 비롯한 다양한 강고기가 낚인다.
※지렁이와 글루텐 미끼가 잘 든다.
※10여 명이 동시에 낚시 가능하다.

괴산군 괴산읍 검승리 145-3

이탄교

연안에 뗏장수초

수심 1~2m

(주)셀렉타

강변캠핑장민박

←괴산읍, 연풍IC

(19)

S-oil 주유소

(3대)P 석춘기은

검승리

감물면소재지, 괴산IC→

④충민사 앞 괴강 상류에서 제일 잘 알려진 곳이다. 조황이 꾸준하고 주차 시설이 잘 갖춰져 낚시회 점출 장소로 인기가 높은 곳이다.

♠ 충민사는 임진왜란 때 진주성 전투에서 순절한 충무공 김시민 장군 과 그의 숙부 문숙공 김제갑의 영정과 위패를 모신 사당이다.

♠ 취묵당은 김시민의 손자인 시인 백곡 김득신이 세운 정자다.

● 다리를 기준으로 양쪽 연안 모두 낚시가 가능하여 앉을 자리가 많다.

취묵당

보트낚시

보트낚시

※ 수심이 비교적 깊다.
※ 5~10월 사이가 붕어낚시 시즌이다.
※ 어분과 보리계열 떡밥과 지렁이를 함께 단 짝밥 채비가 잘 듣는다.

보트낚시

창내리

수심 1~2m

갓길주차 가능

괴산군 감물면 오성리 631-2

떳장

도보로 진입

공터(주차 10대) P

마름

충민사

괴산읍

수심 1~1.5m

괴산군 감물면 오성리 569-2

갈대

수심 1.5~2m

(20대) P

관리사무소

충무교

수심 1~2m

다리 위로 차량 진 입 금지(손수레에 낚시짐을 싣고 이동 하는 게 편리)

수심 1.5~2m

갈대밭

⑲

마름

버드나무

보트낚시

감물면소재지, 괴산IC

오성리

⑤ **자연애캠핑장 앞** 경치가 좋고, 주차공간이 많으며 포인트 진입도 편리해 가족단위 주말낚시터로 좋다.

● 안민천과 달천이 합류하는 곳에 있어 큰물이 지면 대형 쏘가리도 만날 수 있으며 돌붕어가 많은 게 특징이다.

N

여울지대

물 흐름이 있음

수심 1~1.5m

(4대) P

괴산읍

마름

오창리

P (4대)

수심 1~1.5m

솔밭광광농원
펜션 캠핑장

연안 따라 뗏장수초 분포

괴산군 괴산읍 능촌리 6-1

마름

능촌리

마름

자연애캠핑장

줄풀이 듬성듬성 분포

수심 1~1.5m

주차 가능(10대) P

※ 수몰버드나무와 뗏장수초가 잘 형성되어 있으며 봄부터 늦가을까지 꾸준한 조황이 이어진다.
※ 효과적인 미끼는 옥수수와 민물새우, 글루텐이다.
※ 물 흐름이 있어 채비를 다소 무겁게 사용하는 게 좋다.

⑥목도교 주변

앵천리보가 있는 음성천이 달천에 합류하는 곳에 위치해 있어 붕어 자원이 많은 곳이다.

● 목도교를 중심으로 상류와 하류에 포인트가 산재해 있다.

N

P (3대)

P

수심 1.2~1.5m

버드나무

P (3대)

음성, 앵천리

(4-5대) P

목도초교

비포장도로

수심 4~5m.
연안 따라 뗏장 분포

괴산군 불정면 이담리 1180-32

목도시장

목도리

※ 장마 후 여름-가을시즌에 호황
※ 붕어 외에도 강에서 서식하는 다양한 어종들이 함께 낚인다.
※ 이곳에서는 글루텐떡밥이 잘 들으며 특히 새우에 대물 붕어들이 잘 낚이는 특징이 있다.

이천슈퍼

수심 1.2~1.5m

목도고등학교

P (4대)

불정면주민센터

목도영양탕

감물면소재지, 괴산IC

괴산군 불정면 목도리 312-4

불정119지역대

이담리

불정사거리

수심 1.5m

목도교

목산공방

유명식당

주차 후 바로
앞에서 낚시 가능

수심 1~2m

목도민물고기집(식당)

안악관광농원

목도강변유원지

목도강변매운탕

수심 1~1.5m

⑦수주팔봉 주변

경치가 좋고 붕어 외에 온갖 강고기가 잘 잡혀 피서낚시터로 좋다.

♠ 충주시 살미면 향산리 달천변에 있는 수주팔봉은 서쪽 이류면 문주리 팔봉 마을에서 달천 건너 동쪽의 산을 바라볼 때, 강물 위에 여덟 개의 봉우리가 떠오른 것 같다 하여 붙여진 이름이다.

● 수십 년 전 기존의 물길을 막아 농경지를 만들고자 인위적으로 암벽을 절단 하여 형성된 팔봉폭포가 있다. 전 구역이 상수원 보호구역으로 지정되어 팔 봉교 하류 1km 구간에서만 낚시를 허용하고 있다. 피서철에는 마을 주민들 이 청소비 명목으로 5000원의 입장료를 받고 있다.

N

충주시 살미면 토계리 산5-1

구름다리

수심 1~1.2m

주차 후 바로 앞에서 낚시 가능

수주팔봉야영지

충주시내

팔봉글램핑

여울지대

문주리

팔봉서원지

팔봉콩밭식당

팔봉사거리

팔봉교

팔봉휴게소

괴산IC

※ 수심은 1~2m 내외로 얕은 편이다.
※ 유원지 하류에 물흐름이 없는 곳 중 말풀 이 많은 곳이 붕어 포인트다.

수심 1~1.5m

충주시 살미면 토계리 278-3

마름

토계리

비포장도로

수심 1~1.5m

P (6대)

음성시내

⑧요도천 최하류

봄 시즌인 4~5월에 호황. 곳곳에 산재한 버드
나무와 수초 주변에 포인트를 잡는 게 좋다.

N

● 여름·가을에도 붕어가 낚이지만 달천의 붕어들이 산란을 하기 위해
떼를 이뤄 요도천으로 오르는 길목에 위치해 있어서 봄에 최고의 호
황을 보인다.

※ 4면이 도로로 연결되어 있어 오가는 자동차가 많다. 자동차 소음이
제일 적은 새벽시간이 피크 시간이다.

※ 옥수수, 새우, 청지렁이 미끼를 사용하면 대형 붕어를 만날 수 있다.

송어양식장 단지

충주시 용두동 461-64

용머리수로

용두교차로

수몰 버드나무

(3대) P

펌프장

수심 1~1.2m

(5대) P

수심 1~1.2m

수심 1~2m

P (10대)

갓길주차

P (4대)

용두1교

P (6대)

충주시 중앙탑면 창동리 79-6

수심 1~1.5m

연안 따라 뗏장수초 분포

19

금가면소재지

충주IC

충주시 용두동 96-2

수심 1~1.5m

요도천

검단리

하검단교

검단삼거리

괴산 만년지 (추산지)

씨 알 ★★★
마릿수 ★★★
수 질 ★★★★
경 관 ★★★★
주 차 ★★★★

Profile

7~9치 토종붕어 마릿수 재미에 간혹 4짜급 바닥붕어까지 올라오는 유료낚시터다. 추산지의 4짜 붕어는 방류한 붕어와 달리 모양이 아주 좋다. 충북지역의 타 저수지보다 봄철 시즌 개막이 빠른 곳으로 초봄인 3월에 마름과 말풀, 삭은 여뀌가 있는 상류에서 붕어가 집중적으로 낚인다. 1만원의 입어료를 받고 있다.

↑ 대소원면소재지

초봄에 마릿수 붕어와 월척이 낚이는 1급 포인트. 텐트 공간도 넉넉하다.

80cm

수몰 육초대

N

마름

마름

1.2m

도로변 주차

※ 피라미 성화가 있다
※ 밤낚시 위주. 봄에도 밤에 붕어가 낚인다
※ 자생 새우 쓰면 붕어 씨알 굵게 낚인다
※ 봄에 동자개가 많이 낚이는 것도 특징

↑ 계곡지로는 드물게 2월 말 해빙기부터 붕어가 낚이기 시작하여 4월 말 배수 전까지 조황이 꾸준하며 여름철 오름수위와 단풍이 지기 시작하는 9월부터 10월까지도 붕어가 잘 낚인다.

1.5m

갈수위 포인트

갈수위 포인트

불정면 추산리 9-1

관리실

어종과 미끼

주어종 ▶ 붕어
외래어종 ▶ 없음
토착어종 ▶ 동자개, 잉어, 메기, 가물치
잘 듣는 미끼 ▶ 떡밥, 지렁이, 옥수수, 새우, 참붕어
채집 가능한 생미끼 ▶ 새우

행정명칭 ▶ 만년지
지역별칭 ▶ 추산지, 추산낚시터
주소 ▶ 괴산군 불정면 추산리
면적 ▶ 3만6천평
준공연도 ▶ 1958년
인터넷지도 검색명 ▶ 괴산 만년지
내비게이션 주소 ▶ 불정면 추산리 9-1(관리실)
관리실 전화 ▶ 043-833-7866

↙ 추산리 마을

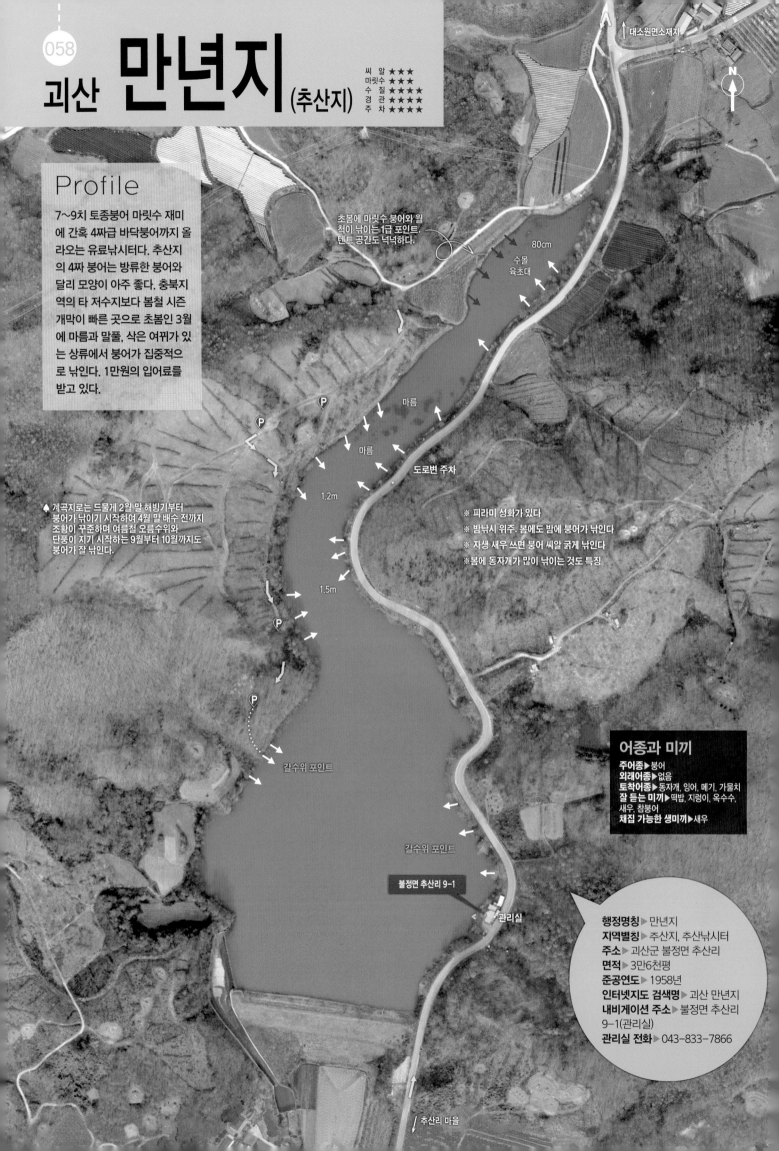

괴산 소암지

씨 알 ★★★
마릿수 ★★
수 질 ★★★
경 관 ★★★★
주 차 ★★★★★

↑ 소수면소재지

무넘기

2.2~4m

배수기 포인트

※ 4~5월이 피크 시즌, 오름수위와
가을에도 낚시가 된다
※ 피라미 등 잡고기 성화 있으며
월척 노리려면 참붕어와 새우 사용

소수면 소암리 423-1

1.8~3m

갈수 포인트
(잉어 잘 낚임)

P

1.5m

갈수 포인트
1.5m

도로변 주차

갈수 포인트

P

갓낚시 포인트

차량 두 대가 오갈 수 있는
넓은 비포장도로.
텐트를 설치할 정도로
공간이 넉넉해서
캠핑낚시 장소로 추천

P

봇 포인트
1~1.3m

P

4.5칸대 위치에
턱이 있고 그곳을 넘겨
채비를 안착시켜야 한다.

떼장

축사

Profile

4만평에 가까운 전형적인 계곡지로 외래어종이 없는 토종붕어터. 유료낚시터로 운영되다가 무료터로 개방됐다. 떡밥낚시를 하면 7~8치 붕어가 잘 낚이고 간혹 월척이 올라온다. 대형 붕어 자원은 없으나 수려한 경관 속에서 밤낚시를 즐길 수 있어 즐겨 찾는 단골 낚시인들이 많다. 상류에 축사가 있어 수질이 떨어진다는 게 흠이다.

어종과 미끼

주어종▶붕어
외래어종▶없음
토착어종▶잉어
동자개, 누치, 떡붕어, 희나리
잘 듣는 미끼▶지렁이
채집 가능한 샘미끼▶
참붕어, 새우(소량)

행정명칭▶소암지
지역별칭▶없음
주소▶괴산군 소수면 소암리
면적▶3만8천평
준공연도▶1997년
인터넷지도 검색명▶괴산 소암지
내비게이션 주소▶
소수면 소암리 423-1

괴산 소매리지

씨 알 ★★★
마릿수 ★★★
수 질 ★★★
경 관 ★★★
주 차 ★★★★

사리면 소매리 648-1

갈대 70cm 1~2m

버드나무

1~2m

진입불가

갈대 80cm

마름
봄철 특급 포인트
마름

사리면 소매리 541-1

1.5m

갈수선

섬

물 안에 큰 버드나무가
자라고 있어서
아침 저녁으로 이색적인
풍경을 연출한다.

3m

※ 3월 말부터는 블루길이 떡밥에도 달려들어 미끼를
　점검하며 낚시해야 한다.

※ 4월 말부터 마름이 적당히 올라온다.

※ 좌측 골보다 우측 골이 더 나은 편. 마름수초가
　형성되어 있고 수심도 1.5m 전후로 약간 더 깊어 마릿수가 많다.

갈수위·가을 포인트
말풀

가을 마릿수 포인트
0.8~1m

Profile

괴산군에선 사각지대에 있는
다크호스 대물터로서 수심이
깊은 평지형 저수지다. 충북 지
역의 붕어 시즌이 시작되기도
전인 3월에 피크 시즌을 맞는
곳이다. 3월에 지렁이로 낚시를
하면 마릿수는 적지만 월척부
터 4짜 붕어까지 낚인다. 4월로
접어들면 블루길 성화 탓에 낚
시하기가 어렵고 붕어 씨알도
5~7치로 잘아진다. 피크 시즌
인 3월의 입질시간대는 새벽부
터 아침이다.

송광교회

어종과 미끼

주어종▶붕어
외래어종▶블루길
토착어종▶잉어, 가물치, 동자개
잘 듣는 미끼▶떡밥, 옥수수
채집 가능한 생미끼▶없음

행정명칭▶소매리지
지역별칭▶백마지
주소▶괴산군 사리면 소매리
면적▶6만평
준공연도▶1964년
인터넷지도 검색명▶괴산 소매저수지
내비게이션 주소▶
사리면 소매리 541-1

백마교

← 원남면소재지

도안면소재지·증평 ↗

사리면소재지 →

괴산 소수지

씨 알 ★★★
마릿수 ★★★
수 질 ★★★★
경 관 ★★
주 차 ★★★

Profile

배스가 유입된 대물붕어터로서 5~6월 갈수위에 피크 시즌을 맞는다. 붕어의 평균 씨알은 8치~월척으로 굵지만 마릿수는 적은 편이다. 새우는 채집되나 미끼로 쓸 양은 못되므로 미리 준비해가야 한다. 봄 만수위에는 앉을 자리가 적고 조황도 떨어진다. 5월 중순부터 6월 중순까지 중하류 연안에 앉을 자리가 드러나면서 조황도 살아난다.

소수면소재지

도로변 주차

릴 포인트

배수기 포인트

갈수위 특급 포인트

깊은 수심보다는 1m 전후의 얕은 수심을 중심으로 대편성

1.3~3m

※ 수심이 깊은 계곡형 저수지로 수초는 상류에 마름 약간
※ 2013년 제방 증축공사를 한 뒤 평균 수심이 더 깊어졌다
※ 붕어는 최대 48cm까지 낚였다

갈수위 포인트

소수면 길선리 467-1

얼음낚시 명포인트

1.5~3m

마름

갈수선

원남면소재지

3칸 전후의 짧은 대에 입질. 여기부터 상류 쪽 연안은 새물 찬스 때 지렁이에 마릿수 입질

봄·배수기 포인트

신설도로

2m 전후

2m 전후

어종과 미끼

주어종 ▶ 붕어
외래어종 ▶ 배스
토착어종 ▶ 잉어, 가물치, 동자개
잘 듣는 미끼 ▶ 떡밥, 옥수수, 새우
채집 가능한 생미끼 ▶ 소량의 새우

행정명칭 ▶ 소수지
지역별칭 ▶ 길선지
주소 ▶ 괴산군 소수면 길선리
면적 ▶ 6만5천평
준공연도 ▶ 1982년
인터넷지도 검색명 ▶ 괴산 소수지
내비게이션 주소 ▶ 소수면 길선리 467-1

괴산 신항지

씨 알 ★
마릿수 ★★★★
수 질 ★★★★
경 관 ★★★
주 차 ★★★★

Profile

4~6치 붕어가 마릿수로 잘 낚여 초보자나 가족과 함께 찾기에 좋은 곳이다. 유료낚시터로 운영되다가 무료터로 바뀐 곳이며 떡밥을 비롯한 모든 미끼가 잘 먹힌다. 토종붕어는 월척이 드물지만 떡붕어는 월척급이 종종 낚인다. 갈수위 때 제방이 떡붕어 포인트로 유명하다. 3월 말부터 4월 말까지 토종붕어가 잘 낚이고 갈수위엔 떡붕어가 잘 낚인다.

불정면소재지

떡붕어
전층 포인트

무넘기

도로변 주차

갈수위인 5·6월에 참붕어 쓰면 굵은 토종붕어가 낚인다.

구 관리실

갈수위 포인트

P

※ 마릿수 좋아 낚시회 점출, 가족캠핑낚시터로 알맞다
※ 괴산읍내가 가까워 부식 조달 손쉽다
※ 새우보다 참붕어에 굵은 씨알 낚인다

P

말풀

마을 앞 도로변은 쓰레기 문제로 주민과 마찰 잦은 곳. 철수 시 쓰레기 수거

1.5m

P

뗏장

괴산읍 신항리 380-1

말풀

버드나무군락

2m

봄 포인트

뗏장수초

뗏상

소수면소재지

행정명칭 ▶ 신항지
지역별칭 ▶ 없음
주소 ▶ 괴산군 괴산읍 신항리
면적 ▶ 6만6천평
준공연도 ▶ 1985년
인터넷지도 검색명 ▶ 괴산 신항지
내비게이션 주소 ▶
괴산읍 신항리 380-1

어종과 미끼

주어종 ▶ 붕어
외래어종 ▶ 없음
토착어종 ▶ 잉어, 떡붕어, 동자개, 가물치
잘 듣는 미끼 ▶ 떡밥, 지렁이, 옥수수, 참붕어, 새우
채집 가능한 생미끼 ▶ 새우, 참붕어

괴산 앵천리보 (음성천)

씨 알 ★★★★
마릿수 ★★★★
수 질 ★★★
경 관 ★★★★
주 차 ★★★

Profile

충북 내륙을 흐르는 음성천은 음성 시내를 지나 괴산군 불정 면에서 달천에 합류하는 하천이 다. 음성천에는 총 8개의 보가 설치되어 있는데 그중 붕어낚시 가 잘되는 보들은 대부분 하류 권인 불정면의 추산리, 앵천리, 막의리에 흩어져 있다. 옛날 이 곳으로 출조하는 낚시회 버스들 이 앵천리에서 하차했기 때문에 낚시인들은 통상 '앵천리보'라 부르고 있다.

♠ 음성천은 2010년도에 석축공사와 제방공사를 하면서 많은 변화가 있었고 민물고기들의 서식지가 많이 파괴되었다. 그로 인해 낚시인 들의 발길이 줄었지만 공사가 마무리된 2013-2014년 이후 수초들 이 다시 자라고 놀라운 자연의 회복력을 보여주며 예전의 붕어낚시 터로 다시 돌아왔다.

어종과 미끼

주어종▶ 붕어
외래어종▶ 배스
토착어종▶ 잉어, 가물치, 뱀장어, 동자개, 메기 등
잘 듣는 미끼▶ 지렁이, 떡밥, 글루텐, 옥수수
채집 가능한 생미끼▶ 없음

행정명칭▶ 음성천
지역별칭▶ 앵천리보
인터넷지도 검색명▶ 음성천
내비게이션 주소▶ 괴산군 불정면 탑촌리 673-1 외

❶ 사그네보
❷ 막의실보

막의교

앵천리
주산리
탑촌리
요골지
창산리
목도리
목도고등학교
불정보건소
불정면소재지
목도초등학교
달 천
음 성 천

음성 ↗

음성천의 보 낚시터

추산리보(괴산군 불정면 추산리 690-82)
탑촌리보(괴산군 불정면 추산리 690-11)
신창보(괴산군 불정면 앵천리 727-43)
사그네보(괴산군 불정면 탑촌리 673-1)
막의실보(괴산군 불정면 목도리 791-2)

*최상류 추산리보부터 최하류 막의실보까지 많 은 보낚시터들이 있는데, 제일 하류에 있는 사그 네보와 막의실보의 조황이 가장 좋다.

① 사그네보 막의실보 위쪽에 있는 보로 막의실보와 함께 앵천리보를 대표하는 붕어 포인트다.

※ 연안을 따라 줄풀과 마름이 잘 발달해 있다.
※ 막의보실보다는 인기가 떨어지지만 봄부터 가을까지 꾸준한
   조황이 이어져 낚시인들의 발길이 끊이지 않는 곳이다.

음성

신창경로당

앵천교회

신창마을

수풀이 우거져 연안
접근이 어려운 구간

줄풀

줄풀
수심 1~1.5m

연안을 따라 군데군데 줄풀과
마름이 잘 분포.

수심이 얕아 장대 위주로 편성
해야 입질을 받을 수 있다

수심 90cm~1m

P (3대)

수심도 깊은 편이며 줄풀이 잘
형성되어 있다. 여름에는 전역에
마름

줄풀군락
수심 1m

불정면소재지

조황이 좋고 접근하기 편하며 뒤쪽에 공터도
있어 비어 있는 날이 없다. 수심이 깊어 낮에
도 조황을 기대할 수 있는 곳이다.

P 공터(주차 5대)

괴산군 불정면 탑촌리 719-1

수심 1~1.5m

수문 고장으로 가을
배수를 하지 않는다.

막의마을

연안 따라 갈대가 군락을
이뤄 갈대 제거하고 길을
만들어야 진입 가능.

마름

막의새마을회관

갓길주차 가능
(도로가에 바짝
붙여야 다른 차량
의 통행에 지장을
주지 않는다.)

수심 80cm~1.2m

마름

수심 1.2~2m

갓길주차 가능

3.2대 수심 2m, 4.0대 수심
1.5m로 근거리 수심이 더 깊은
특징이 있다.

사그네보

막의실보

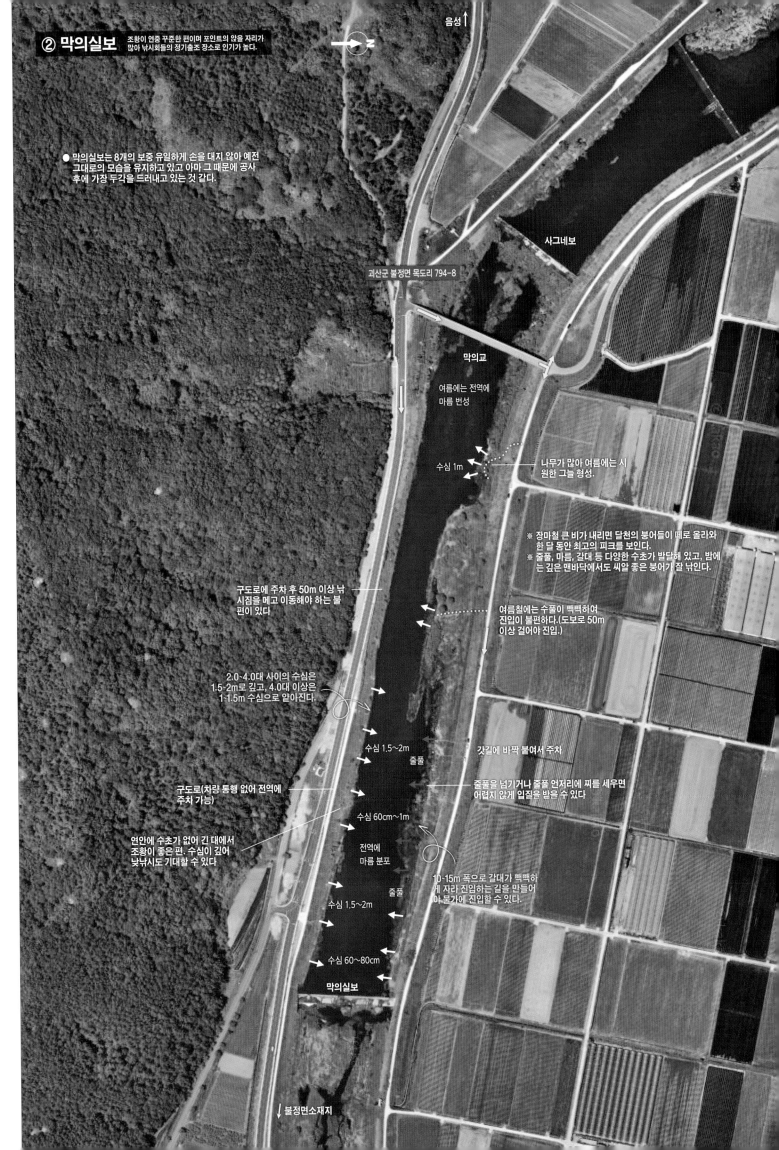

② 막의실보   조황이 연중 꾸준한 편이며 포인트의 앉을 자리가 많아 낚시회들의 정기출조 장소로 인기가 높다.

● 막의실보는 8개의 보중 유일하게 손을 대지 않아 예전 그대로의 모습을 유지하고 있고 아마 그 때문에 공사 후에 가장 두각을 드러내고 있는 것 같다.

음성 ↑

N

사그네보

괴산군 불정면 목도리 794-8

막의교

여름에는 전역에 마름 번성

수심 1m

나무가 많아 여름에는 시원한 그늘 형성.

※ 장마철 큰 비가 내리면 달천의 붕어들이 떼로 올라와 한 달 동안 최고의 피크를 보인다.
※ 줄풀, 마름, 갈대 등 다양한 수초가 발달해 있고, 밤에는 깊은 맨바닥에서도 씨알 좋은 붕어가 잘 낚인다.

구도로에 주차 후 50m 이상 낚시짐을 메고 이동해야 하는 불편이 있다

여름철에는 수풀이 빽빽하여 진입이 불편하다.(도보로 50m 이상 걸어야 진입.)

2.0~4.0대 사이의 수심은 1.5~2m로 깊고, 4.0대 이상은 1-1.5m 수심으로 얕아진다.

수심 1.5~2m

줄풀

갓길에 바짝 붙여서 주차

줄풀을 넘기거나 줄풀 언저리에 찌를 세우면 어렵지 않게 입질을 받을 수 있다

구도로(차량 통행 없어 전역에 주차 가능)

수심 60cm~1m

전역에 마름 분포

연안에 수초가 없어 긴 대에서 조황이 좋은 편. 수심이 깊어 낮낚시도 기대할 수 있다

10-15m 폭으로 갈대가 빽빽하게 자라 진입하는 길을 만들어야 물가에 진입할 수 있다.

수심 1.5~2m

줄풀

수심 60~80cm

막의실보

↓ 불정면소재지

괴산 이곡지 (포동지)

씨 알 ★★★★
마릿수 ★★★
수 질 ★★★★
경 관 ★★★★
주 차 ★★★

Profile

외래종 없는 청정수역에서 월척을 노릴 수 있는 곳이다. 상류엔 계곡수가 흘러들고 있어 피서터로도 적합하다. 4천평 규모의 소류지인 포동지를 2003년에 증축해서 현재의 저수지를 만들었는데 담수 첫해에 9치를 비롯해 마릿수 붕어가 낚여 큰 화제가 됐다. 제방을 높이면서 상류에 있던 민가와 버드나무가 수몰되어 포인트를 형성하고 있다.

※ 3월부터 붕어가 낚이기 시작해 늦가을까지 시즌이 이어진다.

※ 낮에는 짝밥을 사용하고 밤엔 새우낚시를 한다.

※ 떡밥이나 옥내림낚시로 밤낚시를 하면 마릿수 입질.

1.5m

연안 떳장

도로변 주차

만수위선

배수기 포인트

봄 포인트

버드나무

1.5m

새물 유입구

P

배수기 포인트

2~3m

수몰 버드나무와 수몰 집터자리에 포인트가 형성되는데 밑걸림이 심한 편

주차 공간이 넓어 단체출조할 때 본부석 자리로 활용하면 좋다.

사리면 이곡리 768-4

여름 포인트

무넘기

← 괴산

어종과 미끼

주어종▶ 붕어
외래어종▶ 없음
토착어종▶ 잉어, 메기, 동자개, 피라미, 빙어
잘 듣는 미끼▶ 떡밥, 지렁이, 새우
채집 가능한 생미끼▶ 새우(소랑), 참붕어

행정명칭▶ 이곡지
지역별칭▶ 포동지
주소▶ 괴산군 사리면 이곡리
면적▶ 2만9천평
준공연도▶ 2003년
인터넷지도 검색명▶ 괴산 이곡지
내비게이션 주소▶ 사리면 이곡리 768-4

괴산 이담지

씨   알 ★★
마릿수 ★★★★
수   질 ★★
경   관 ★★★
주   차 ★★★

Profile

수심이 완만한 준계곡형지다. 월척은 드물고 5~7치가 주로 낚이는데 마릿수가 풍부하다. 상류에 축사가 있어 수질이 좋지 않았는데 2000년대 초에 축사정화시설을 만들고 나서 많이 개선되었다. 얼음 낚시에서 마릿수 붕어가 낚이는 곳으로도 유명하다. 잉어가 많아서 잉어 릴낚시인들도 많이 찾는다.

감물면 구월리 435

새물 유입구

사유지 낚시 물가

낚시쓰레기 문제로 마찰 잦은 곳

1.5m 내외

백양교

1.5m

감물면소재지

※ 상류는 준설을 해서 밑걸림 없이 깨끗하다.

※ 산란 찬스는 4월 한 달. 이때는 지렁이만 사용해도 잦은 입질 받을 수 있다.

※ 밤낚시에 입질이 잘 들어오며 새벽에 낚이는 붕어 씨알이 굵다.

무넘기

2.5m 내외

버드나무

2.5~3m   1.5~2m

취수관

급경사 낚시 불가

525

어종과 미끼

주어종▶ 붕어
외래어종▶ 없음
토착어종▶ 잉어, 가물치 메기, 살치, 피라미, 동자개
잘 듣는 미끼▶ 떡밥, 지렁이
채집 가능한 생미끼▶ 새우

행정명칭▶ 이담지
지역별칭▶ 목도지
주소▶ 괴산군 감물면 이담리
면적▶ 5만3천평
준공연도▶ 1931년
인터넷지도 검색명▶ 괴산 이담지
내비게이션 주소▶ 감물면 구월리 435

불정면소재지

괴산 칠성지 (율원지)

씨 알 ★★★★
마릿수 ★★★
수 질 ★★★
경 관 ★★★★
주 차 ★★★

Profile

2015년 3월부터 5월까지 수백 마리의 4짜 붕어가 쏟아져 이목을 집중시킨 곳. 원래 바닥 새우와 참붕어로 6~9치 붕어를 낚던 곳이었고 유료터로 운영된 후엔 6~7치 붕어가 주로 낚이는 떡밥낚시터였는데 2010년경 배스 유입 이후 대물터로 바뀌었다. 얼음낚시터로도 유명. 1만5천원의 입어료를 받고 있다.

● 2015년의 4짜 사태: 3월 중순부터 4월 20일까지는 수몰나무 군락에서만 대물붕어들이 낚였고 4월 말엔 중상류 전역에서 고기가 낚였으며 5월 초 배수가 시작되면서 호황은 끝났다.

3~4m
갈수위 포인트

2m

칠성면소재지

무넘기

2m

칠성면 율원리 242-2
관리실

새물 유입구 P

수몰 버드나무

1~1.5m

※ 딸기글루텐이 특히 효과가 좋다. 배스 성화가 없다면 지렁이에 더 빠른 입질 받는다.
※입질시간대는 해거름-11시, 아침 5-7시, 오후 1-3시
※장마철 오름수위에도 호황을 보이는데 포인트는 역시 상류다.

여름 포인트

1.5m

2.5m

낚시금지

● 섬

새물 유입구

P

칠성면소재지

어종과 미끼
주어종 ▶ 붕어
외래어종 ▶ 배스
토착어종 ▶ 가물치, 메기, 동자개, 잉어
잘 듣는 미끼 ▶ 글루텐, 지렁이, 옥수수
채집 가능한 생미끼 ▶ 새우, 참붕어

행정명칭 ▶ 칠성지
지역별칭 ▶ 율원지, 항골지, 율원낚시터
주소 ▶ 괴산군 칠성면 율원리
면적 ▶ 4만평
준공연도 ▶ 1962년
인터넷지도 검색명 ▶ 괴산 율원저수지
내비게이션 주소 ▶ 칠성면 율원리 242-2(관리실)
관리실 전화 ▶ 043-832-8864

보은 둔덕지

씨 알 ★★★★
마릿수 ★★
수 질 ★★
경 관 ★★
주 차 ★★★

보은군청
보은읍 지산리 222

공장

1.5m

갈대, 부들, 뗏장수초 밀생

뗏장

P

1.5~2m

봄·가을포인트

수문

마름

※ 마름이 삭은 봄과 가을·겨울이 붕어 시즌

※ 삭은 수초가 바닥에 쌓여
미끼가 묻히기 쉬우므로 바닥에 살짝 닿는 옥내림채비가 유리

※ 얼음낚시 첫탕에 월척이 잘 낚인다.
그때는 서쪽 공장 앞의 뗏장수초 주변과 말풀밭이 명당

마름

마름

초겨울엔
햇볕이 잘 드는
북쪽 제방에서
입질이 많이
들어온다.

1.5~2m

1.5~2m

공장

공장

1.5~2m

1.5~2m

1.5~2m

P

무넘기

봄에 4짜 붕어가
잘 낚여 가장 인기 있는 자리

P

보은IC

보은TG

Profile

수초가 발달한 삼면 제방
의 소류지. 청원·상주간고
속도로 보은톨게이트 진출
로 옆에 있어 너무 눈에 잘
뜨인다는 이유로 주목을
받지 못하다가 2012년 겨
울 얼음낚시에 38, 40,
42cm 붕어가 낚이면서 알
려지게 됐다. 평균씨알은
23~25cm이며 12월 말까
지 물낚시가 이뤄진다. 상
류와 하류의 구분이 힘들
정도로 수심이 완만하다.

어종과 미끼
주어종 ▶ 붕어
외래어종 ▶ 없음
토착어종 ▶ 잉어, 동자개, 가물치, 메기
잘 듣는 미끼 ▶ 지렁이, 옥수수, 떡밥
채집 가능한 생미끼 ▶ 새우

행정명칭 ▶ 둔덕지
지역별칭 ▶ 동문지, 지산지
주소 ▶ 보은군 삼승면 둔덕리
면적 ▶ 8천평
준공연도 ▶ 1945년
인터넷지도 검색명 ▶ 보은 둔덕지
내비게이션 주소 ▶ 보은읍 지산리
222(서쪽 진입로의 공장)

보은 보청지 (동정지)

씨 알 ★★★★
마릿수 ★★
수 질 ★★★★
경 관 ★★★★
주 차 ★★

↑ 회인면소재지

↑ 회인IC

대성식당

동정1교

보청지 최고의 포인트지만
쓰레기 문제로 마을주민들이
출입을 막기도 함.

한국비림박물관

Profile

5짜 붕어가 낚이는 대물터다.
봄이면 수몰 버드나무 군락에
서 마릿수 월척이 낚이던 곳
이었지만 2006년~2007년
중류에 당진영덕간고속도로
가 건설되면서 버드나무가 대
부분 사라지고 제방 증축공사
로 수면적이 넓어지면서 상류
동정1교 주변에 남아 있는 버
드나무 포인트에서만 붕어가
낚이고 있다. 일단 낚이면 4
짜라 할 정도로 씨알이 굵다.

※ 포인트는 동정1교 수몰나무 군락으로
한정되어 있다고 할 정도로 협소하다.

※ 시즌은 동정1교까지 물이 차있는 3월 하순부터
5월 말의 두 달, 그리고 여름 오름수위(물이 차오를 때는
잘 낚이지 않고 수위가 일정할 때 낚인다),
9월 말부터 11월 초까지다.

버드나무

동정교

장어 포인트

배수기 포인트

3.5m

당진-영덕간 고속도로

25

원래 수몰나무 군락에서 월척과 4짜 붕어가
잘 낚였던 곳인데 지금은 버드나무가
모두 사라졌으나 갈수위에 간혹
4짜 붕어 배출. 지렁이 미끼 효과적.

2~3m
갈수위 포인트

2~3.5m
갈수위 포인트

장어 포인트

보청교

릴 포인트

취수탑

어종과 미끼

주어종▶ 붕어
외래어종▶ 배스
토착어종▶ 잉어, 동자개, 메기, 장어
잘 듣는 미끼▶
옥수수, 떡밥, 지렁이, 새우, 참붕어
채집 가능한 생미끼▶ 새우

제방(차량 통행 가능)

행정명칭▶ 보청지
지역별칭▶ 동정지
주소▶ 보은군 수한면 병원리
면적▶ 9만9천평
준공연도▶ 1981년
인터넷지도 검색명▶ 보청저수지
내비게이션 주소▶ 수한면 동정리
20-1(한국비림박물관)

↙ 보은IC

보은군청 ↘

대성식당

↑ 회인IC

회인IC ↗

보청지 상류 동정지의 노른자위터. 동정교 교각 밑으로
7자리밖에 나오지 않아 자리다툼 치열

당진-영덕간 고속도로

동정1교

※ 봄 산란기와 늦가을에 4짜와 5짜가 낚이고
  오름수위 뒤 늦여름엔 35cm 전후 씨알이 낚인다.

※ 글루텐, 옥수수를 기본으로 하되
  생미끼를 꼭 챙겨가도록 한다.
  2014년 10월 26일 밤 교각 밑에서
  50.2cm 붕어가 낚였는데 사용한 미끼는
  다른 곳에서 채집해온 참붕어였다.

동정교

수몰 육초

2~3m

1~1.5m

한국비림박물관

P P

교각을 중심으로 한
네 자리가 최고의 포인트.
다리에 가려져 있지만
다리 아래에 두 개의
낚시자리가 나온다.

P 수한면 동정리 20-1

☞ 한국비림박물관은
  우리나라 각지의 비문 탑본,
  고대 금석문, 서예작품 등을
  전시해놓은 박물관이다.

차단막

P

200~300m
도보로 진입

25

장어 포인트

보은 ↘

수몰 버드나무

→ N

↓ 보은IC

보은 쌍암지

씨 알 ★★★★
마릿수 ★★
수 질 ★★★★
경 관 ★★★★★
주 차 ★★★

N

무넘기

청주·회인IC

갈수 포인트

장어 포인트

쌍암공원

장어 포인트

▶ 봄보다 여름 갈수기와 장마철에 좋은 조황
▶ 갈수기 때 상류 섬 주위가 최고의 포인트
▶ 배스 성화 있어도 새우나 지렁이 쓰는 게 효과적

오름수위 명당.
섬을 마주보고 있는
홈통 진 연안으로서
버드나무 군락이
잘 형성되어 있다.
오름수위에 4짜 붕어가
낚인다.

2m

버드나무섬

갈수 포인트

571

P

1.5m

정자가 있어
쉴 수 있는
캠핑낚시 구간

정자

회인면 쌍암리 118-1

내북면소재지

Profile

보은에서 경관이 가장 아름다운 저수지다. 물이 차서 4월 중순 이후 붕어낚시가 시작된다. 만수위엔 너무 깊어서 낚시하기 힘들고 갈수위에서 장마철을 맞아 오름수위가 진행될 때 4짜 붕어가 잘 낚이고 간혹 5짜 붕어도 낚인다. 붕어 형태는 아주 잘 생겼다. 잉어 자원이 풍부하고 장어가 종종 낚여 도로변 중하류에선 릴낚시가 성행한다.

어종과 미끼

주어종 ▶ 붕어
외래어종 ▶ 배스
토착어종
잉어, 떡붕어, 뱀장어, 동자개, 메기
잘 듣는 미끼
지렁이, 새우, 떡밥, 옥수수
채집 가능한 생미끼 ▶ 없음

행정명칭 ▶ 쌍암지
지역별칭 ▶ 없음
주소 ▶ 보은군 회인면 쌍암리
면적 ▶ 3만3천평
준공연도 ▶ 1980년
인터넷지도 검색명 ▶ 보은 쌍암지
내비게이션 주소 ▶ 회인면 쌍암리 118-1(도로변 중류 정자)

보은 백록지

씨 알 ★★★
마릿수 ★★★
수 질 ★★★★
경 관 ★★★★
주 차 ★★★

↖ 마로면소재지

마로면 변둔리 158-2

무넘기

얼음낚시
포인트
4~5m

4~5m

※ 4월 말~5월 초가 월척시즌.
월척 씨알은 30cm대 초반이 대부분이다.
8-9월엔 떡밥 밤낚시에 5-7치 붕어가
마릿수로 낚인다.

Profile

청주와 상주 낚시인들이 자주 찾는 떡밥 마릿수터. 청주와 보은의 중간에 위치해있다. 떡밥만으로 잦은 찌올림을 즐길 수 있다. 붕어는 5치부터 월척까지 다양한 씨알이 올라오고 잉어도 잘 낚인다. 평균 수심은 2m 전후로 깊은 편이다. 속리산 자락의 수려한 경관 덕에 여름 피서터로도 인기가 높다. 얼음낚시에서 특히 월척이 잘 낚인다.

버드나무가 수몰되어 있는
산란 포인트. 300m가량 걷는
불편이 따르지만 낚이는
씨알은 가장 굵다.

갈수위 포인트

갈수위 포인트

봄 포인트

버드나무 군락

2~3m

이곳은 길이 좁아서
주차 불가

화장실

버드나무 군락

도로변 주차

떳장수초

1~2m

어종과 미끼

주어종 ▶ 붕어
외래어종 ▶ 없음
토착어종 ▶
잉어, 떡붕어, 메기, 가물치, 동자개
잘 드는 미끼 ▶ 떡밥, 글루텐, 지렁이
체집 가능한 생미끼 ▶
참붕어와 소량의 새우

8-9월 떡밥 밤낚시 포인트.
글루텐보다는 신장떡밥과
콩가루를 섞은 곡물떡밥이
잘 듣는 편

한중교

행정명칭 ▶ 백록지
지역별칭 ▶ 한중지
주소 ▶ 보은군 마로면 변둔리
면적 ▶ 4만9천평
준공연도 ▶ 1981년
인터넷지도 검색명 ▶ 백록저수지
내비게이션 주소 ▶
마로면 변둔리 158-2

영동 초강

씨 알 ★★★
마릿수 ★★★★
수 질 ★★★★★
경 관 ★★★★★
주 차 ★★★

Profile

초강(草江)은 경북 상주에서 발원하여 충북 영동군 황간면과 용산면을 거쳐 금강으로 흘러드는 강으로 해마다 장마철이면 금강의 붕어들이 소상해 늦가을까지 강붕어 신천지로 변하는데, 특히 황금체색의 붕어가 낚시인들의 마음을 설레게 만든다. 황간에서 용산에 이르는 구간에서는 심하게 곡류하는데 한반도 지형을 빼닮아 아름다움의 극치를 이룬다. 이곳에는 여러 개의 보가 있지만 우천리보와 용암리보가 대표적인 보낚시터이며 중간 중간에 있는 깊은 소에서도 씨알 좋은 강붕어들이 낚인다.

❶우천리보

경부고속도로

우천리

황간휴게소

회포리

영동용산
농공단지

❷산저리권

산저리

심원리

영동IC

용산면소재지

용산리

상용리

신향리

행정명칭 ▶ 초강천
지역별칭 ▶ 초강
인터넷지도 검색명 ▶ 초강천
내비게이션 주소 ▶ 영동군
황간면 용암리 산9-1 외

용 산 면

율리

박달산

천작리

어종과 미끼

주어종 ▶ 붕어
외래어종 ▶ 없음
토착어종 ▶ 잉어, 메기, 가물치, 동자개, 쏘가리, 꺽지 등
잘 듣는 미끼 ▶ 지렁이, 떡밥, 글루텐
채집 가능한 생미끼 ▶ 없음

부등리

❸한석리권

오탄리

한석리

시금리

금강

① 우천리보 초강을 대표하는 보낚시터로 보의 규모
가 제일 커 붕어 자원이 풍부하다.

🔺우천리보 좌측 중상류 모래턱이 있는 두 곳(수심이
  2~3m로 깊다)은 10월 한 달 동안 낮 낚시와 밤낚시에 마릿
  수 조황을 기대할 수 있다. 앝은 곳에 머물던 붕어들이 이
  곳으로 모여들기 때문이다.

월류봉

모래턱 수심 2~3m

비포장도로

P (2대)

수심 1~1.5m

영동군 황간면 용암리 산9-1

수심 1.5~1.8m

수심 1~1.5m

● 4월 말부터 10월 말까지 시즌이 길고, 그중에 산란철
  이 최고 피크다.
● 4월 중순부터 5월 말 사이에 마릿수와 함께 씨알도
  제일 굵게 낚이는 게 특징이다.

큰나무

직벽

수심 1.5~2m

● 연안 양쪽으로 줄풀이 잘 형성되어 짧은
  대부터 긴 대까지 두루 사용할 수 있다.

모래턱 수심 2~3m 큰나무

줄풀 사이사이에 찌를 세
워야 입질을 받을 수 있다

줄풀

용암리

수심 0.8~1m

수심 1m

영동군 황간면 우천리 158-2

추풍령사슴관광농원

줄풀

보

영동I.C

영동I.C

② 산저리권 4월부터 10월 말까지 붕어 시즌이 이어지며 산란기 때 제일 좋은 조과를 선보인다.

● 연안 따라 말풀이 잘 자라 있어 말풀
   사이를 노리는 낚시를 해야 한다.

꿈에그린펜션

산저교

비포장도로

영동군 영동읍 심원리 554-1

Ⓟ

수심 1.5~2m

용연사

산저리 마을회관

산저리

영동군 용산면 산저리 350

산회교

수심 1~1.2m

※ 일부 포인트에서는 물 흐름이 있어 비교적 무거운 채비
   로 공략해야 한다.
※ 찌올림이 슬로우 모션으로 끝까지 올리는 게 특징인데,
   급하게 채면 헛챔질할 확률이 높아 찌올림을 실컷 만끽
   한 뒤에 채야 한다.
※ 지렁이 미끼보다 떡밥낚시가 효과적이다.

영동I.C

③ 한석리권 보낚시가 아닌 수심 깊은 소에서 돌바닥을 노려야 하는 낚시터로 황금색 붕어가 낚인다.

S

※ 밑걸림이 심한 곳은 외바늘에 지렁이 미끼, 밑걸림이 적은 곳은 두바늘에 지렁이+글루텐 짝밥낚시가 유리하다.

※ 여름 장마철 이후 가을 사이에 꾸준한 조황을 보인다.

길이 없음

더 이상 못감

바위지대

1.5~2m

오름수위에 종종 굵은 붕어가 떼로 낚인다.

갓길주차 가능

여름철 오름수위에 종종 폭발적인 조황을 보인다.

1~1.5m

동화마을펜션

한석리

1~1.2m

버드나무

영동군 황간면 우천리 158-2

영동군 용산면 한석리 561-1

그린투게더하우스

영동 I.C

옥천 장연지

씨 알 ★★★★★
마릿수 ★
수 질 ★★★★
경 관 ★★★★
주 차 ★★

Profile

5짜 붕어가 서식하는 초대물
터. 산중 계곡을 막아 골이 깊
은 계곡지다. 저수지 완공 직
후엔 5~8치 붕어의 폭발적
인 마릿수 입질이 매력인 낚
시터였으나 2000년대 중반
에 배스가 유입된 후 붕어가
급격히 줄고 낚이면 4짜인 대
물터로 바뀌었다. 주 포인트
인 상류 도로 건너편은 주민
이 5천~1만원의 청소비를
요구할 때가 간혹 있다.

1.2~1.5m

1.5m

다리
무너짐

청성면 장연리 125

1.5m

갈수선

비포장길

어종과 미끼

주어종▶붕어
외래어종▶배스
토착어종▶잉어, 동자개, 가물치
잘 듣는 미끼▶글루텐떡밥, 지렁이, 옥수수
채집 가능한 생미끼▶없음

보트 띄우는 곳

갈수위 때 물속에 잠겨있던
고사목이 드러나면서 포인트 형성.
육로 진입은 사실상 어렵고
보트를 타고 진입.

행정명칭▶ 장연지
지역별칭▶ 없음
주소▶ 옥천군 청성면 장연리
면적▶ 5만7천평
준공연도▶ 1998년
인터넷지도 검색명▶ 옥천 장연제
내비게이션 주소▶
청성면 장연리 125

※ 대물붕어 출현 시기는
만수위를 이루는 4월 중순에서
말까지이며 갈수위인 6월,
오름수위인 7월 초에도 낚인다.

무넘기

청성면
소재지

장연지 상류 장연지의 실질적 낚시구간

N

● 수위에 상관없이 수몰나무 주변이
포인트다. 도로 건너편 중하류는
다리가 무너져서 차량이 진입하지 못한다.

개인 사유지여서
주인의 허락을
받아야 함

위로 전선이
지나가므로
투척할 때 주의!

80cm

수몰 버드나무

1.4m

1.8m

1.7m

갈수위 포인트

버드나무 군락

무너진 다리
차량 못 지나감

급경사

무너진 다리에서
200m가량 도보 진입

1.6m

※ 미끼는 글루텐을 가장 많이
사용하며 입질 시간대는 새벽부터
오전까지. 가끔 오후 4-5시경에도
입질이 들어온다.

음성 맹동지

씨 알 ★★★
마릿수 ★★★★
수 질 ★★★★
경 관 ★★★★
주 차 ★★★★

음성·맹동 산업단지

→ 맹동면사무소 1.5km

Profile

'음성의 소양호'라고 불리는 31만평의 대형 낚시터다. 유료낚시터로 바뀐 뒤 수상좌대가 들어서고 떡붕어 자원이 대거 늘어났다. 토종붕어와 떡붕어의 비율은 4:6으로 떡붕어 개체수가 더 많다. 상류와 하류로 나눠 관리하고 관리실도 각각 따로 있으며 골자리마다 번호가 붙어 있다. 연안 입어료는 1만5천원.

① 상류 관리실

※ 4월에 최상류와 각 골 상류에서 떡붕어가 먼저 호황을 보이고 뒤이어 토종붕어가 붙는다. 물이 빠지는 5·6월엔 가파르던 연안이 수면 밖으로 드러나면서 다시 떡붕어가 잘 낚인다. 그리고 장마철 오름수위에 피크호황을 선보인다.

※ 미끼용으로 글루텐을 달고 집어용으로는 곡물떡밥 또는 감자 계열 떡밥을 단다. 4월 산란기에는 지렁이와 글루텐을 함께 달아 쓴다.

함박산

턱골

비포장 도로 차량 진입

정자골

② 큰섬

큰섬앞골 2~2.5m

진서방골

뽕나무골

미루나무골

작은섬

밤골

2.5~3m

살태골

도선

어종과 미끼

주어종 ▶ 떡붕어, 붕어
외래어종 ▶ 없음
토착어종 ▶ 가물치, 쏘가리, 꺽지, 동자개
잘 듣는 미끼 ▶ 떡밥, 지렁이
채집 가능한 생미끼 ▶ 새우

③

비포장도로가 정비되면서 도선으로 진입해야 했던 가두리골, 살태골, 밤골, 진서방골 모두 차로 갈 수 있는 육로 포인트가 됐다.

2번 긴골

2~2.5m

가두리골

도선

← 금왕

515

1번 긴골

제방

배터

하류 관리실
맹동면 통동리 176-3

← 진천

통동리

행정명칭 ▶ 맹동지
지역별칭 ▶ 통동지
주소 ▶ 음성군 맹동면 통동리
면적 ▶ 31만5천평
준공연도 ▶ 1983년
인터넷지도 검색명 ▶ 맹동저수지
내비게이션 주소 ▶ 통동리 176-3 (하류 관리실)
관리실 ▶ 하류 043-877-8008, 상류 043-877-1898

○ 상류 관리실 포인트
● 하류 관리실 포인트

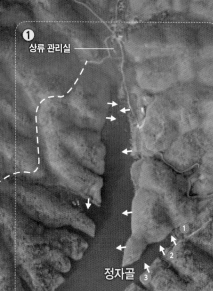

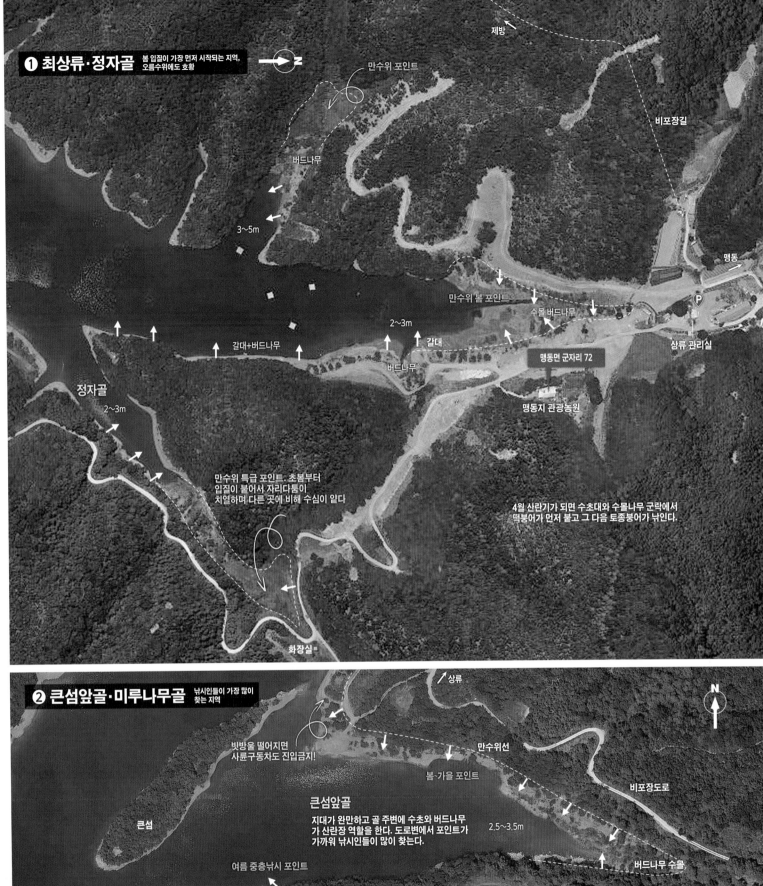

❶ 최상류·정자골 봄 입질이 가장 먼저 시작되는 지역, 오름수위에도 호황

제방

만수위 포인트

버드나무

비포장길

3~5m

맹동

만수위 봄 포인트

수몰 버드나무

P

상류 관리실

2~3m

갈대+버드나무

버드나무

갈대

맹동면 군자리 72

정자골

2~3m

맹동지 관광농원

만수위 특급 포인트. 초봄부터
입질이 붙어서 자리다툼이
치열하며 다른 곳에 비해 수심이 얕다

4월 산란기가 되면 수초대와 수몰나무 군락에서
떡붕어가 먼저 붙고 그 다음 토종붕어가 낚인다.

화장실

❷ 큰섬앞골·미루나무골 낚시인들이 가장 많이 찾는 지역

상류

N

빗방울 떨어지면
사륜구동차도 진입금지!

만수위선

봄·가을 포인트

비포장도로

큰섬

큰섬앞골

지대가 완만하고 골 주변에 수초와 버드나무
가 산란장 역할을 한다. 도로변에서 포인트가
가까워 낚시인들이 많이 찾는다.

2.5~3.5m

버드나무 수몰

여름 중층낚시 포인트

미루나무골

연안 버드나무가 잠기는 봄 산란기와
여름 오름수위에 호황을 보인다.

봄·가을 포인트

오름수위 포인트

작은섬

여름 중층낚시 포인트

2.5~3m

제방

❸ 긴골·가두리골 맹동지에서 가장 늦게까지 낚시가 이뤄지는 곳이다. 겨울에도 떡밥 밤낚시가 된다.

Z →

3~4m

1번 긴골은 골이 깊고 여름철 떡붕어낚시가 잘되는 곳이다 4~5월 새우미끼에 굵은 떡붕어가 낚인다.

여름 포인트

3~4m

※ 1번 긴골은 2~4m로 다양한 수심을 보이며 2번 긴골은 수심이 조금 더 얕다.

1번 긴골

2번 긴골

3~5m

봄·가을 포인트

3~5m

비포장도로

← 밤골 일대 도선

봄 포인트

3~4m

하류 관리실

선착장

맹동면 통동리 176-3

도선

가두리 양식장

댐 분위기를 느끼게 해주는 곳으로 수심이 깊고 수초는 적다. 갈수위 때 앉을 자리가 많이 드러나며 오름수위에도 붕어가 잘 낚인다.

여름 전층 포인트

가두리골

봄·가을 포인트

취수탑

P

3~4m

음성 금정지 (관성지)

씨 알 ★★★★
마릿수 ★★
수 질 ★★
경 관 ★★
주 차 ★★★★

금왕읍 ↑

● 3월 중순부터 초여름 오름수위까지 곳곳에서 붕어가 낚인다.
만수위에선 상류, 갈수위엔 하류가 포인트다.

● 초봄에는 지렁이를 많이 쓰고 여름과 가을엔 옥수수나 글루텐이
잘 듣는다. 입질시간대는 저녁과 아침이다.

짚레식장

바위얼굴 조각공원

버드나무

1.5m 갈수 포인트
(만수위 시 진입불가)

말풀

2~4m

4.5칸 이상의 긴 대
에서 4짜 종종 출현

갈대

가을 포인트

1.5m

1.2~2m

말풀

1.5~3m

가을 포인트

※ 붕어 체고가 높고 모양이 좋다

※ 6월부터는 개구리밥이 수면에 많이 퍼져
낚시에 불편 초래

마름 군락

봄 포인트
(긴 대가 유리)

새물 유입구

봄 오름수위 포인트

1.3m

새물 유입구

1~2m

말풀

부들·말풀

금정지에서 4짜가
가장 많이 배출되는 자리

생극면 관성리 319

Profile

평지형에 가까운 준계곡형 저수지다. 2008년과 2009년 봄에 4짜가 마릿수로 낚여 유명해진 곳이다. 포인트 진입이 쉽고 전역에 말풀과 마름수초가 잘 형성되어 있어 찾는 이들이 많다. 터가 세기는 하지만 배스 유입 대물터치고는 마릿수도 괜찮아 단체 출조지로도 인기가 높다. 지렁이낚시를 해도 어려움이 없을 정도로 배스 성화가 적은 편이다.

행정명칭 ▶ 금정지
지역별칭 ▶ 관성지
주소 ▶ 음성군 생극면 관성리
면적 ▶ 4만4천평
준공연도 ▶ 1945년
인터넷지도 검색명 ▶ 음성 금정지
내비게이션 주소 ▶
생극면 관성리 319

일죽

어종과 미끼

주어종 ▶ 붕어
외래어종 ▶ 배스
토착어종 ▶ 잉어, 가물치, 메기
잘 듣는 미끼 ▶ 떡밥, 지렁이, 옥수수
채집 가능한 생미끼 ▶ 없음

음성 사정지 (무극지)

씨 알 ★★★
마릿수 ★★★
수 질 ★★★★
경 관 ★★
주 차 ★★★★

Profile

큰 씨알은 기대하기 어렵고 6~9치 붕어로 마릿수를 기대할 만한 곳이다. 유료낚시터로 운영되다 개방된 곳이어서 낚시터 운영 당시 방류됐던 붕어가 상당량 남아 있다. 30cm 중반의 월척은 종종 낚이지만 4짜는 드물다. 연안낚시 여건이 좋아 단체 출조지로 인기가 높으며 겨울엔 붕어, 빙어 얼음낚시터로 사랑받는다.

▶ 만수를 이루는 4월 한 달 조황이 가장 좋다
▶ 갈수위엔 부진하며 오름수위에 반짝 호황
▶ 떡붕어가 잘 낚여 중층낚시를 많이 한다
▶ 떡밥을 많이 쓰지만 참붕어(채집 안됨)를 쓰면 씨알이 굵게 낚인다

금왕

4~5m에 얼음낚시에 붕어 씨알 좋은 곳

샘골가든

오리배 선착장

빙어 얼음낚시

도로변 주차

갈수 포인트

갈수 포인트

도로변 주차

평택 제천간 고속도로 음성IC

만수선

봄·오름수위 포인트

버드나무 1m

사정교

1m

버드나무

한국농어촌공사 음성지사

음성읍 사정리 1135

버드나무 밀집지대. 1m 수심을 찾아 채비를 안착시켜야 한다. 2m 수심에선 입질 뜸함

음성

어종과 미끼

주어종 ▶ 붕어
외래어종 ▶ 배스, 블루길
토착어종 ▶ 떡붕어, 메기, 동자개
잘 듣는 미끼 ▶ 글루텐떡밥, 새우, 참붕어
채집 가능한 생미끼 ▶ 없음

행정명칭 ▶ 사정지
지역별칭 ▶ 무극지
주소 ▶ 음성군 음성읍 사정리
면적 ▶ 13만5천평
준공연도 ▶ 1982년
인터넷지도 검색명 ▶ 음성 사정지
내비게이션 주소 ▶ 음성읍 사정리 1135

음성 용산지

씨 알 ★★★★★
마릿수 ★
수 질 ★★★★★
경 관 ★★★★
주 차 ★★★

Profile

가섭산 중턱에 자리 잡아 음성군에서 가장 고지대에 위치한 계곡형지로서 90년대 말에 일찍 배스가 유입되었다. 음성의 배스 유입터 중에서도 터가 세기로 유명한 저수지로서 붕어는 일단 낚이면 40cm 중반급이다. 용산지의 붕어는 씨알이 크고 체고가 우람해서 '음성 최고의 붕어'로 소문 나있다.

↑ 서충주 IC

만수가 되면 낚시 가능한 자리

P

새물 유입구

1.2~1.6m

버드나무 군락

봄 포인트
80cm~1.5m

1m

● 대물꾼이 아니면 버티기 어려울 정도로 입질 보기 어려운 저수지다. 연중 물이 맑지만 그래도 붕어가 낚이니까 물색에 신경 쓰지 말고 낚시할 것. 4월 말부터 입질이 시작되며 초여름 오름수위 상황에서 잘 낚인다.

새물 유입구

4칸대 이상 긴 대 활용

3칸대 이하의 짧은 대에서 입질 확률 높음

P

마름

오름수위 포인트

음성읍 용산리 730-4

※ 주종이 42~46cm
※ 간혹 8-9치 붕어도 낚인다
※ 비 오기 전날 조황 좋은 특징

1.5m 전후

갈수위 포인트

말풀

오리배 선착장

어종과 미끼

주어종▶ 붕어
외래어종▶ 배스
토착어종▶ 잉어, 동자개, 메기
잘 듣는 미끼▶ 떡밥, 옥수수
채집 가능한 생미끼▶ 없음

말풀

봄 포인트

1.5~2m

봉학골 가든

행정명칭▶ 용산지
지역별칭▶ 용산리지
주소▶ 음성군 음성읍 용산리
면적▶ 2만8천평
준공연도▶ 1973년
인터넷지도 검색명▶ 음성 용산지
내비게이션 주소▶ 음성읍 용산리 730-4

↑ 음성

음성군청 ↓

음성 원남지

씨 알 ★★★★
마릿수 ★★
수 질 ★★★★
경 관 ★★★★
주 차 ★★★★

음성군

원남면

초평면

하늘궁펜션

Profile

충북에서 셋째로 큰 저수지이자
충북 지역을 대표하는 대물붕어
낚시터다. 1990년대 중반부터
4짜 붕어가 속출하였고 90년대
말 배스가 유입된 이후 마릿수
가 극히 적은 대물터가 되었다.
봄과 오름수위가 호황 시즌으로
이때 4짜 중후반급 붕어가 낚인
다. 최상류에 보를 막아 수변공
원(원남테마공원)을 만들었는데
캠핑낚시터로도 인기가 높다.

갈수위산

원남지가든
(구 물언덕가)

남촌교

진천군

도하 포인트

별장

제방

구 관사자리

도하 포인트

초평면소재지

직벽

갈수선

안벼루재

취수탑

바깥벼루재

민가

증평

원남면소재지

캠핑장

윗보

연못

조촌교

아랫보

할매바위

참고을가든

보트 포인트

섬

원남면 조촌리 375-1

밤나무 포인트

원남지의 낚시 특징

● 봄에는 지렁이가 가장 좋다. 배스와 블루길이
서식하고 있지만 봄에는 잘 덤비지 않는다.

● 상류에서 3월 중순부터 붕어가 낚이기 시작해
4월 7-8일경 피크를 맞는다.
4월 15일경 배수가 시작되어도 큰 씨알이
계속 낚이며 물이 빠져도 50-60cm의
얕은 수심에서 입질 빈도가 높다.

● 여름엔 글루텐이나 옥수수가 잘 듣는다.
글루텐과 옥수수에도 블루길이 달려들기 때문에
블루길 성화가 덜한 밤낚시 위주로 한다.

어종과 미끼

주어종▶ 붕어
외래어종▶ 배스, 블루길
토착어종▶ 잉어, 메기, 동자개, 장어
잘 듣는 미끼▶ 떡밥, 지렁이, 옥수수, 새우
채집 가능한 생미끼▶ 없음

행정명칭▶ 원남지
지역별칭▶ 없음
주소▶ 음성군 원남면 조촌리
면적▶ 34만3천평
준공연도▶ 1988년
인터넷지도 검색명▶ 음성 원남지
내비게이션 주소▶
원남면 조촌리 375-1

음 성 군

송 정 리

↓ 도안

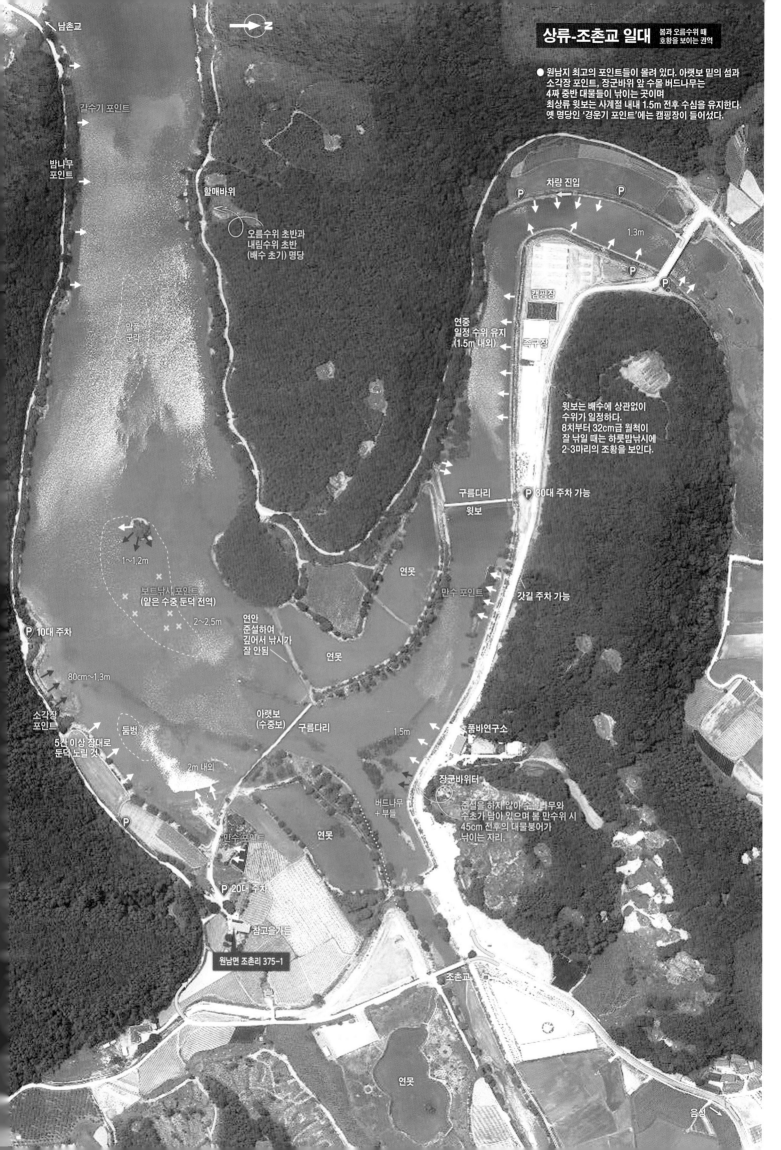

● 원남지 최고의 포인트들이 몰려 있다. 아랫보 밑의 섬과 소각장 포인트, 장군바위 앞 수몰 버드나무는 4짜 중반 대물들이 낚이는 곳이며 최상류 윗보는 사계절 내내 1.5m 전후 수심을 유지한다. 옛 명당인 '경운기 포인트'에는 캠핑장이 들어섰다.

남촌교

갈수기 포인트

밤나무 포인트

할매바위

오름수위 초반과 내림수위 초반 (배수 초기) 명당

말풀 군락

차량 진입

1.3m

캠핑장

연중 일정 수위 유지 (1.5m 내외)

족구장

윗보는 배수에 상관없이 수위가 일정하다. 8치부터 32cm급 월척이 잘 낚일 때는 하룻밤낚시에 2~3마리의 조황을 보인다.

1~1.2m

보트낚시포인트 (얕은 수중 둔덕 전역)

2~2.5m

연안 준설하여 깊어서 낚시가 잘 안됨

연못

구름다리

윗보

P 30대 주차 가능

만수 포인트

갓길 주차 가능

연못

P 10대 주차

80cm~1.3m

소각장 포인트

5칸 이상 장대로 둔덕 노릴 것

둠벙

2m 내외

아랫보 (수중보)

구름다리

연못

1.5m

품바연구소

장군바위터

준설을 하지 않아 수몰나무와 수초가 남아 있으며 봄 만수위 시 45cm 전후의 대물붕어가 낚이는 자리.

버드나무 + 부들

P 20대 주차

만수포인트

연못

참고을가든

원남면 조촌리 375-1

조촌교

연못

음성

중류-남촌교 일대 갈수기에 빛을 발하는 지역

● 물이 많이 빠져야 호황을 보이는 지역이지만
수위 변동에 따라 만수위, 배수기, 오름수위에 앉을만한
포인트도 곳곳에 있다.

N

배수기 때 만수위에서
50cm 정도 물이 빠지면
(해마다 다르지만 대략
4월 20일경의 수위)
4짜 붕어가 낚임.

원남캠핑장 →

하늘궁펜션

P

1.2m

큰골

상류 →

1.5m

조촌교

수몰 집터자리

80cm~1.5m

버드나무
군락

P

갈수기 포인트

원남지가든(구 물언덕가든)

원남면 조촌리 1234

갈수선

P

도로변 주차

갈수기 포인트
2m 전후

남촌교

집터자리

수몰 버드나무가 몰려 있어
보기에는 괜찮아 보이지만
조황은 B급

P

버드나무 군락

P

고사목

도보 진입
가능하나 힘듦

1~2m
완만한 경사

별장

들쑥날쑥한 지형의
계단식 논바닥.
1-1.5m 수심을 찾을 것

안벼루재 ↓

하류-안벼루재·바깥벼루재
봄철 만수위 포인트.
4월 5일부터 4월 15일이 피크타임.

● 수몰 버드나무 군락이 주 포인트. 안벼루재에 앉을 자리가 많아 낚시인이 몰린다.
상류보다는 조황의 폭발력이 떨어지며 5월을 넘어서면 블루길 성화가 워낙 심해
낚시가 거의 불가능하다.

진천 →

제방

직벽(낚시 불가)

무넘기

발밑은 2m 정도로 깊고
4.4~4.8칸대 거리에 수심이
1m 정도로 얕아지면서
버드나무가 자라있는
공간을 노린다

Z

바깥벼루재

산책로

수몰
버드나무

말풀

P

차량 진입 불가

P

수몰 집터

취수탑

계단식
논자리

갈수기 포인트

도하 포인트
(육로 진입 불가)

직벽(진입 불가)

갈수선

구 관사자리

수몰
버드나무

도하 포인트
(육로 진입 불가)

민가

P

도하 포인트
(육로 진입 불가)

뗏장
1.7~1.8m

P

안벼루재

갈수선

P

증평

증평 진입 코스

버드나무 군락

P

최고의 명당. 5자리가
나오는데 시즌이 되면
괴산 낚시인들이
바통터치를 하는 일이 많다.
돌바닥이어서 받침틀 필요

※ 벼루재로 가려면
원남지 남촌교에서 진입하는 코스와
증평에서 진입하는 코스 두 개가 있다.
두 코스 모두 꼬불꼬불한 산길을 타야 하는
험로이며 소요시간도 20분으로 비슷하다.

증평군 도안면 연촌리 115-2

남촌교

남촌교 진입 코스

음성 육령지 (금석지)

씨 알 ★★★★
마릿수 ★★★
수 질 ★★★★
경 관 ★★★★
주 차 ★★★

Profile

백야지, 사정지와 더불어 '음성 삼형제 저수지'로 불리는 곳. 1985년에 60cm 붕어가 낚여 화제가 된 곳으로 지금도 4짜 붕어가 자주 낚이고 있다. 유료 낚시터로 운영되고 있으며 골짜기마다 수상좌대가 설치되어 있다. 붕어 외에 향어, 쏘가리, 메기 등이 낚이고 전층낚시에 대형 잉어와 4짜 떡붕어도 낚인다. 연안 입어료는 1만5천원

● 최상류와 하류에 있는 3개의 골짜기를 중심으로 연안낚시가 이뤄진다.
● 4월 산란기와 여름 오름수위 찬스에 대물붕어가 낚인다.
● 평소엔 지렁이보다 떡밥에 붕어가 잘 낚이지만 오름수위 때는 지렁이가 특효.

서충주IC·충주 →

갈수위에는 낚시불가

버드나무군락

1m 전후

봄 포인트

85년 9월 9일 밤 12시 충주의 김종대씨가 60cm 붕어를 낚은 자리

1m

수몰나무

P

82

금왕읍 육령리 산 12-3

배터

P

관리실

P

▶ 최상류 : 봄에 버드나무 사이 노려 월척을 마릿수로 낚는 명당
▶ 1번골 : 갈수기에 좋다
▶ 2번골 : 오름수위 4짜 명당, 갈수기에도 좋다
▶ 3번골 : 수심이 가장 깊은 여름 갈수기 포인트

↑ 생극

무주교차로

P

↓ 금왕읍

취수탑

취수탑 주변은 낚시금지구역

2~3m

여름 포인트 2~3m

육령교

계단식 논바닥 1.5m

1번 골

P

갈수기 포인트

37번 국도

계단식 논바닥 2m

2번 골

P

갈수기 오름수위 포인트

↓ 금왕

제방

3번 골

연안에 수몰나무 여름 포인트 3m

P

음성 ↓

어종과 미끼

주어종 ▶ 붕어, 떡붕어
외래어종 ▶ 배스
토착어종 ▶ 가물치, 동자개, 메기, 장어, 쏘가리
잘 듣는 미끼 ▶ 떡밥, 지렁이
채집 가능한 생미끼 ▶ 새우

행정명칭 ▶ 육령지
지역별칭 ▶ 금석지
주소 ▶ 음성군 금왕읍 금석리
면적 ▶ 12만3천평
준공연도 ▶ 1981년
인터넷지도 검색명 ▶ 금석저수지
내비게이션 주소 : 금왕읍 육령리 산 12~3(관리실)
관리실 전화 ▶ 043-877-9966

음성 충도지 (소이지)

씨 알 ★★★★★
마릿수 ★★
수 질 ★★★★
경 관 ★★★★
주 차 ★★★

N

2015.5.30 보트낚시에
50.2cm 낚인 곳.
오전 11시20분 옥수수 미끼

가을 포인트

장어 잘
낚이는자리

49

※ 5월 초 배수 시작될 때 여뀌 사이에서 4짜 붕어
※ 도로에 통행량 적어 도로변 주차 용이
※ 2000년에 제방 증축하여 수면적이 2배 이상 커졌다.

계단식
밭 지형
1m

수몰된 과수원 자리
갈수위 포인트

토사 유입으로
예전보다는 못하나
오름수위에는 기대

봄, 오름수위 포인트

봄 포인트

버드나무

Profile

2015년 5월 10일부터 23일까지 갈수상태에서 51.5, 50.2, 49.5, 49cm가 잇달아 낚이면서 충북지역 최고의 대물터로 떠오른 곳이다. 음성에서 가장 늦은, 4월 말에 봄시즌이 개막하며 배수가 시작되는 5월 초부터 말까지 피크 시즌을 이룬다. 봄에는 물색이 맑아도 호황을 보이며 배수가 진행되는 중에도 대물급이 잘 낚인다.

어종과 미끼

주어종▶ 붕어
외래어종▶ 배스
토착어종▶ 잉어, 동자개, 메기, 장어
잘 듣는 미끼▶ 옥수수, 떡밥, 지렁이
채집 가능한 생미끼▶ 없음

1.8m

2015.5.25 보트낚시에
51.5cm 붕어 낚인 곳.
아침 6시 옥수수 미끼

섬

도로변
주차 가능

2015.5.10 49cm
붕어가 낚인 곳

1.5m

행정명칭▶ 충도지
지역별칭▶ 소이지
주소▶ 음성군 소이면 충도리
면적▶ 5만3천평
준공연도▶ 1944년
인터넷지도 검색명▶ 충도저수지
내비게이션 주소▶
소이면 충도리 802

삭은 여뀌

봄, 만수위 포인트

버드나무 군락

P

곳곳에 삭은 여뀌가있어 배수가 시작되면 드러나기 시작하는데 이 여뀌 육초대에서 대물이 낚인다.

수변공원

P

P

다리

소이면 충도리 802

소수면소재지

음성↑

음성 하당지

씨 알 ★★★
마릿수 ★★★★
수 질 ★★★★
경 관 ★★★★
주 차 ★★★

Profile

음성 지역 저수지 중 마릿수 조황이 가장 뛰어난 곳이다. 4~5치가 붕어 평균씨알이었으나 배스가 유입된 후 7~8치로 굵어져 마릿수, 씨알 모두 만족스런 알짜터로 변모했다. 간혹 35cm급 월척이 낚이긴 하나 4짜급은 기대하기 어렵다. 수질이 깨끗하고 경관이 수려해서 이곳만 찾는 마니아들이 많다.

무넘기

원남면 하당리 산54-3

잉어 릴낚시 포인트

음성 ↑↑

※ 4월 초부터 5월 초까지 상류에서 뛰어난 조황, 갈수기엔 부진
※ 미끼는 옥수수가 최고
※ 초저녁보다 밤 10시 이후 입질 잦고 아침엔 10시까지 지속적으로 낚임
※ 70~80cm급 잉어가 잘 낚여 잉어낚시인들도 즐겨 찾고 있다

7m 내외

갈수위 포인트
1~2m

잉어 포인트

갈수기에 진입

2m 내외

어종과 미끼

주어종▶ 붕어
외래어종▶ 배스
토착어종▶ 잉어, 동자개, 피라미
잘 듣는 미끼▶ 옥수수, 떡밥
채집 가능한 생미끼▶ 없음

마릿수는 적지만 씨알이 굵게 낚이는 곳

1.5m 내외

1m 내외

뗏장

뗏장

뗏장

버드나무 군락
80cm

도로변 주차

만수선

음성

주 포인트인 상류는
수심이 1m 전후로 얕아서
목줄이 긴 옥내림채비는 불리.
바닥채비를 쓰되 약간 예민하게
찌맞춤하면 시원하게 찌를 올려줌

행정명칭▶ 하당지
지역별칭▶ 없음
주소▶ 음성군 원남면 하당리
면적▶ 2만1천평
준공연도▶ 1978년
인터넷지도 검색명▶ 음성 하당지
내비게이션 주소▶
원남면 하당리 산54-3(제방)

제천 백운지 (백마지)

씨 알 ★★
마릿수 ★★★
수 질 ★★★★
경 관 ★★★★
주 차 ★★★

N

Profile

대물의 손맛보다는 아름다운 풍경 속에서 힐링하기 위해 찾아볼만한 낚시터다. 가을 단풍이 질 때 특히 경관이 아름답기로 유명하며 겨울엔 얼음빙어터로 사랑받는다. 10km 거리에 덕동계곡이 있어 가족낚시인들도 많이 찾는다. 배스가 유입되어 있지는 않으나 터가 센 편이다. 낚이는 붕어 씨알은 6~8치가 주종이며 간혹 월척이 올라온다.

무넘기

얼음 빙어
포인트

백운면소재지

2~4m

※ 4~5월과 9~10월이 피크시즌

갈수위 포인트

얼음 빙어
포인트

갈수위에 새우로
갓낚시 잘된다. 초저녁에 입질 활발.
새우는 채집되나 양이 적으므로
미리 준비해야 함.

도로변 주차

1.5~2m

얼음 빙어
포인트

오름수위
포인트

P

1~3m

1.2m

잉어 대낚시 포인트.
5칸대 이상의 긴 대 필요.

P

최고의 포인트.
밤낚시에 6~8치 붕어가
잘 낚인다.
미끼는 곡물떡밥

P

백운면 방학리 47-78

어종과 미끼

주어종▶ 붕어
외래어종▶ 없음
토착어종▶ 잉어, 빙어
잘 듣는 미끼▶ 떡밥, 지렁이, 새우
채집 가능한 생미끼▶ 소량의 새우

행정명칭▶ 백운지
지역별칭▶ 백마지
주소▶ 제천시 백운면 방학리
면적▶ 5만1천평
준공연도▶ 1959년
인터넷지도 검색명▶ 제천 백마지
내비게이션 주소▶
백운면 방학리 47-78

제천 유암지 (장치미못)

씨 알 ★★★★
마릿수 ★★
수 질 ★★★
경 관 ★★★
주 차 ★★

제천 →

Profile

배스가 유입된 대물터로 릴낚시에 5짜 붕어가 낚인 바 있다. 2011년 제방 확장공사로 인해 수심이 더 깊어져서 상류도 2m 수심을 이룬다. 4월 말부터 5월 말까지 피크시즌이며 만수위보다 1m 정도 수위가 빠지는 80% 정도의 저수율에서 대물붕어가 낚인다. 배수 중에도 입질이 오는 게 특징. 미끼는 글루텐. 물색이 흐릴 때는 지렁이도 쓴다.

● 상류에 채석장이 있어서 수질 문제가 자주 대두되어 지역 낚시인들은 회피하는 저수지였으나 외지 낚시인들이 종종 4짜 붕어를 낚으면서 찾는 발길이 늘었다.

무넘기

릴낚시

※ 오전 7시부터 10시 사이에 입질 잦다.
※ 잉어 릴낚시인들 많고 보트낚시도 잘된다.

2012년 5월 릴낚시에 51.5cm 낚인 곳

갈수기에 진입 가능

최고의 포인트. 정면으로 마름군락이 형성되어 있다. 들판이 평평해 땅이 말랐을 때는 물가까지도 차량 진입 가능

1.3m

P

2015년 5월 48cm 붕어 낚인 곳

마름 군락

P

522

1.5m

릴낚시

P

만수에서 1m 정도 수위가 빠지면 마름 군락에 4·5칸대로 댈수 있다. 마름에 채비를 붙일 수 있는 자리를 찾아야 하며 수중좌대가 있으면 편리.

제천시 두학동 87-9

P

어종과 미끼

주어종▶붕어
외래어종▶배스
토착어종▶잉어, 동자개
잘 듣는 미끼▶
글루텐, 지렁이, 옥수수
채집 가능한 생미끼▶없음

행정명칭▶유암지
지역별칭▶장치미못
주소▶제천시 두학동
면적▶3만3천평
준공연도▶1959년
인터넷지도 검색명▶장치미못
내비게이션 주소▶
제천시 두학동 87-9

진천 구암지

씨 알 ★★★★☆
마릿수 ★★
수 질 ★★★
경 관 ★★★★
주 차 ★★★★★

Profile

음성, 광혜원 지역에서 5짜 붕어가 제일 많이 나왔던 저수지지만 2010년경부터 4짜 붕어는 계속 나오는데 5짜급은 보이지 않고 있다. 배스 개체수가 줄면서 준척급 붕어도 낚이고 있다. 그러나 시기만 맞으면 아직도 4짜 중반급은 어렵잖게 만날 수 있는 곳이다. 타 저수지보다 약간 늦은 4월 말부터 개막하여 여름철 오름수위에 최고 호황을 보인다.

진천선수촌

구암교

P

봄 오름수위
포인트
1.2m
수몰육초대

● 제방 우측 도로변 연안의 버드나무 수몰지역이 모두 대물 포인트. 하류 장어집 앞부터 상류 기도원 입구까지 오름수위만 되면 전역에서 4짜 붕어를 기대할 수 있다.

1.8~2.5m

배수기 포인트

마름

마름

릴낚시

버드나무

마름

릴낚시

광혜원면 회죽리 483-3

기도원

※ 미끼는 글루텐이나 옥수수
※ 비 온 뒤엔 지렁이가 효과적
※ 밤보다 아침에 입질 집중
※ 6월 갈수기에 마름과 말풀 주위에서 좋은 조황

P 5대 주차

1m

봄, 오름수위 포인트

마름

무넘기

어종과 미끼

주어종 ▶ 붕어
외래어종 ▶ 배스
토착어종 ▶ 잉어, 동자개, 메기
잘 듣는 미끼 ▶ 글루텐, 지렁이, 옥수수, 새우
채집 가능한 생미끼 ▶ 없음

수몰 버드나무 군락

도로변 주차

행정명칭 ▶ 구암지
지역별칭 ▶ 댓골지, 무수지, 만승지
주소 ▶ 진천군 광혜원면 구암리
면적 ▶ 6만9천평
준공연도 ▶ 1959년
인터넷지도 검색명 ▶ 진천 구암지
내비게이션 주소 ▶ 광혜원면 회죽리 483-3

갈수 포인트

말풀

버드나무

봄 포인트

1.5m

떼장

6월 갈수기에
4짜 중후반
붕어 가끔 배출

장어마을

죽산면소재지

공단4거

광혜원면사무소

북진천 IC

광혜원
산업단지

진천 미리실지

씨 알 ★★★
마릿수 ★★★
수 질 ★★★
경 관 ★★
주 차 ★★

중부고속도로

진천IC →

대소IC

Profile

갈 곳 마땅치 않은 해빙기에 준월척이 잘 낚이는 연밭낚시터다. 수온이 올라가면 5~7치 붕어가 많이 입질하고 대물붕어는 기대하기 어렵다. 중부고속도로 바로 밑에 있으며 평택제천고속도로 북진천IC에서 3분 거리라 찾아가기도 쉽다. 여름에는 수초로 덮여 낚시가 어렵고 2월 하순부터 4월 말까지가 주 시즌이다. 갈수기엔 낚시하기 어렵다.

수심 얕아서 낚시 불가능

부들밭
30cm

※ 제방권이 주요 포인트로 7자리가 나온다.
※ 동네에서 연근 채취를 위해 2-3년에 한 번씩 물을 뺀다.

1.3m 전후

가을 포인트

이월면 미잠리 20

1.2m 전후

연

부들과 연이 어우러져 있는 최고의 포인트

북진천 IC

1~1.5m

어종과 미끼

주어종▶ 붕어, 떡붕어
외래어종▶ 없음
토착어종▶ 동자개, 메기, 가물치
잘 듣는 미끼▶ 지렁이, 떡밥, 새우, 옥수수
채집 가능한 생미끼▶ 없음

행정명칭▶ 미리실지
지역별칭▶ 없음
주소▶ 진천군 이월면 미잠리
면적▶ 1만2천평
준공연도▶ 1995년
인터넷지도 검색명▶ 미리실제
내비게이션 주소▶
이월면 미잠리 20

북진천 IC(평택 제천간 고속도로)

진천 미호천

씨 알 ★★★★
마릿수 ★★★
수 질 ★★★★
경 관 ★★★★
주 차 ★★★

→ Z

♠ 미호천은 충북 음성군 음성읍 감우리 보현산 북쪽 계곡에서 발원해 진천군과 청주시, 그리고 충남 연기군을 거쳐 금강으로 흘러드는 긴 강이다.

● 사철 붕어가 낚이지만 큰물이 지고 난 뒤 흙탕물이 맑아질 무렵 출조하면 최고의 호황을 맛볼 수 있다.

● 대표적인 미끼는 글루텐이며 지렁이와 옥수수도 많이 사용되고 있다.

Profile

미호천은 89km 길이의 긴 강으로 많은 지류를 가지고 있다. 낚시터로 잘 알려진 백곡천, 진천천, 병천천, 무심천 등이 모두 미호천으로 흘러드는 지류들이다. 미호천 본류와 가지수로에도 많은 강고기와 큰 붕어들이 서식하고 있다. 강 본류에는 수몰 버드나무가 포인트를 형성하고 있고 홍수 때 범람하는 강변 웅덩이들도 붕어낚시 포인트를 형성하고 있다.

행정명칭 ▶ 미호천
지역별칭 ▶ 없음
인터넷지도 검색명 ▶ 미호천
내비게이션 주소 ▶ 진천군 초평면 연담리 272-3 외

어종과 미끼

주어종 ▶ 붕어, 떡붕어
외래어종 ▶ 배스, 블루길
토착어종 ▶ 잉어, 가물치, 메기, 뱀장어, 눈불개, 쏘가리, 강준치, 끄리, 누치
잘 듣는 미끼 ▶ 지렁이, 떡밥, 글루텐, 옥수수
채집 가능한 생미끼 ▶ 없음

❷ 미호대교 밑 예양보

❶ 진천 소두머니 & 여천교 밑

목천IC
성남면
전동면
천안휴게소 부산방면
수신면
조치원읍
오송읍
강내면
옥산면
옥산JC
옥산하이패스JC
경부고속도로
청주IC
남이JC
서오창JC
오창읍
서청주IC
중앙고속도로
청주JC
오창IC
오창JC
오창휴게소 하남방면
청주시
청주국제공항
청원구
충청북도청
증평IC
남일면
내수읍
북이면
가덕면
상당구
낭성면
증

①진천 소두머니 & 여천교 밑

봄부터 가을까지 굵은 붕어들이 잘 낚이며 3월 중순부터 12월 초까지 시즌이 매우 긴 편이다.

→N

문백면소재지 →

은탄리

▲ 충북 진천군 초평면 연담리 마을 앞에 있는 강을 예부터 소두머니(牛潭)라 불러왔다. 오래전부터 풍경이 아름다운 강낚시터로 잘 알려진 곳이다. 수심이 깊어 가뭄에도 수량이 풍부하고, 아래쪽에 여천보가 있어 늘 일정 수심을 유지한다.

일렬로 주차

은탄교

비포장도로

진천군 초평면 연담리 272-3

갓길주차 가능

연담리

※ 물 흐름이 있기 때문에 무거운 봉돌들 써야 한다.
※ 글루텐이 주 미끼다. 특히 딸기글루텐이 잘 듣는 것으로 알려져 있다. 물색이 흐리면 떡밥+지렁이 짝밥채비가 효과적이다.

갓길주차

수심 1~1.5m

소두머니

여천리

오창JC

● 피크 시즌은 7·8월. 해마다 장마철에 큰비가 오면 하류에서 소상한 붕어들이 운집하여 붕어 소굴로 변한다.
● 은탄교 아래 서쪽 연안은 100-300m 걸어 들어가야 하는 불편이 있지만 1.5-2m로 깊은 수심에 수몰나무가 잘 형성되어 손맛 볼 확률이 높다.

증평IC

여천리

보트낚시 포인트

증평톨게이트

폐차장

여천보

S-OIL 주유소

여천교

오토캠핑장(한국관광농원)

중부고속도로

진천IC

여암교

공터 P

수심 1.3m

한우물중공업

갓길주차(3~4대)

진암사거리

연안에 돌무더기

진암리

진천군 초평면 은암리 산64

증평시내

사곡제

②미호대교 밑 예양보 미호천 하류에 위치해 있으며 특히 여름 밤낚시에 좋은 조황을 보인다.

조치원읍

조 천

N

미 호 천

● 강변 마을에서 가을에는 코스모스, 봄에는 유채꽃 단지
를 조성하여 관광객들도 많이 찾는다.

※ 미끼는 글루텐을 제일 많이 사용하지만 상황에 따라 지
렁이도 잘 먹히니 준비해가면 좋다.

예양보

서평리

수몰버드나무

세종시

예양리

수심 1~1.2m

청주시 오송읍 서평리 589-2

작은 바위

갓길주차

세종시 연동면 예양리 438-2

P

오송자동차극장

오송읍

미호교

수심 1.5m

SK주유소

한국농어촌공사
세종지소

버드나무

동평리

미호대교

미꾸지삼거리

버드나무

수심 1.2m

SK주유소

남도식당(돌솥밥)

(3대) P

청주IC

노송천

강내면소재지

사곡리

진천 사양지

씨 알 ★★★★
마릿수 ★
수 질 ★★★★
경 관 ★★★★★
주 차 ★★★★★

문백면 사양리 566

버드나무
1.5m
봄 포인트

● 전체적으로 수심이 깊어서
얕은 둔덕이나 수중턱을 노리는
갓낚시가 잘 먹힌다.
계곡지지만 물수세미 등 말풀이 있고
갈수기엔 상류에서 알이 굵은
재첩도 주울 수 있다.

Profile

산 중턱에 있는 수려한 계곡지
다. 상류에 민가가 한 채 있지만
통행량이 적고 인적이 드물다.
배스가 유입되어 붕어는 입질을
받기 어려우나 일단 낚으면
37~47cm 붕어가 나오며 힘도
장사. 2014년에 5짜 붕어를
배출했다. 봄시즌이 조금 늦어
4월 말~5월 중순에 피크를 맞
으며 5월 중순 이후 배수 중에
도 입질을 받을 수 있다.

외관상 좋아 보이지만
수심이 깊고 조황이 좋지 않다

※ 초저녁과 아침에 입질 활발
※ 때로는 8·9치 붕어가 여러 마리 낚일 때도 있다
※ 최상류에선 25대 이하 짧은 대가 유력

봄 포인트
마름
1.5m

새물 유입구

일명 '놋깡자리'.
왼쪽으로는 긴 대(40대 이상),
오른쪽으로 짧은 대(29대 이하)가
적합하다.

도로변 주차

갈수기 포인트
2~4m

진천군청

행정명칭 ▶ 사양지
지역별칭 ▶ 사미지
주소 ▶ 진천군 문백면 사양리
면적 ▶ 1만5천평
준공연도 ▶ 1975년
인터넷지도 검색명 ▶ 진천 사양지
내비게이션 주소 ▶ 문백면 사양리
566(최상류)

어종과 미끼

주어종 ▶ 붕어
외래어종 ▶ 배스, 향어
토착어종 ▶ 잉어, 동자개, 메기
잘 듣는 미끼 ▶ 글루텐, 지렁이, 새우, 옥수수
채집 가능한 생미끼 ▶ 새우

진천 신척지 (덕산지)

씨 알 ★★★★
마릿수 ★★
수 질 ★★
경 관 ★★
주 차 ★★★

Profile

진천군에서 가장 유명한 대물 낚시터다. 배스 유입 후 2000년대 중반부터 매년 4짜 붕어를 꾸준히 배출해내고 있다. 대형 잉어와 가물치가 많아 잉어, 가물치낚시인도 많이 찾는다. 저수지 주변에 산업단지와 아파트가 들어서고 산책로가 조성되면서 연안의 수초가 많이 사라졌다. 미끼는 글루텐을 주로 쓰나 배스나 블루길 성화가 없다면 지렁이가 좋다.

대소 IC

최고의 4짜 포인트.
부들 새순 올라오는 4월 말에
대물확률이 높다.
수중좌대 있으면 유리

부들
연

70~80cm 1m

봄 포인트

덕산면 신척리 304-1

대소 IC

산책로

부들+연

도로변 주차

장마철
오름수위
포인트

아파트 단지 공사 중

1.3m

60cm 새물 유입구

1~2m

사계절 수위 상관없이
낚시 가능한 구간

부들+연

※ 입질시간대는 밤보다 아침
※ 4-5월에는 명포인트마다 자리다툼 치열

● 4월 말부터 보름 동안이 산란기 피크 시즌.
연중 낚이는 4짜 붕어 중 60%가 이 시기에 낚인다.
그 뒤로는 장마철 오름수위와 9월 중순부터
10월까지 4짜 붕어가 낱마리로 낚인다.

2~3m

덕산면 신척리 230-1

갈수
포인트

최고의 명당 중
하나였으나
연이 많이 사라져
예전만 못함

연

봄 포인트 1m
부들+
말풀

1.2m

P

봄 만수위 4짜 포인트.
세 자리밖에 나오지 않아
자리다툼 심함

덕산면소재지

어종과 미끼

주어종▶ 붕어
외래어종▶ 배스
토착어종▶ 잉어, 가물치, 동자개
잘 듣는 미끼▶ 떡밥, 지렁이
채집 가능한 생미끼▶ 없음

행정명칭▶ 신척지
지역별칭▶ 덕산지
주소▶ 진천군 덕산면 신척리
면적▶ 5만7천평
준공연도▶ 1960년
인터넷지도 검색명▶ 진천 신척지
내비게이션 주소▶ 덕산면 신척리
304-1, 덕산면 신척리 230-1

덕산농공단지

진천 옥성지

씨 알 ★★★
마릿수 ★★★
수 질 ★★★★
경 관 ★★★★
주 차 ★★★★

→ 진천군청

N

Profile

2012년부터 붕어 씨 알이 부쩍 굵어진 곳으로 예전에는 월척 이하의 붕어가 주로 낚였으나 지금은 35cm부터 4짜 중반 급까지 출현하고 있다. 4월 말부터 시즌이 시작되며 5월 이후 배수가 시작되면 앉을 자리가 많이 드러나고 조황도 살아난다. 블루길의 성화가 심해 옥수수에도 달려들 정도이며 큰 비 후 탁수가 져서 블루길이 잠잠할 때가 찬스다.

떳장
1.5m
2m
오름수위 포인트

떳장수초가 형성되어 있는 옥성지 최고의 포인트. 수심이 급격히 깊어지므로 1-1.5m의 얕은 수심을 찾아서 공략. 물이 빠지면 건너편에서 46-47cm 붕어 간간이 배출.

갈수선

▶ 세 골 중 조황은 가운데 골이 가장 낮고 그 다음으로 왼쪽 골, 오른쪽 골 순이다.
▶ 초저녁과 아침에 입질이 잦다.

문백면 옥성리 221

1.5m
수중턱
갈수기 포인트
계단식 논자리
갈수선

봄 포인트
1~2m

갈수선

무넘기

어종과 미끼

주어종▶붕어
외래어종▶배스, 블루길
토착어종▶잉어, 동자개, 메기
잘 듣는 미끼▶옥수수, 글루텐
채집 가능한 생미끼▶없음

행정명칭▶옥성지
지역별칭▶옥산지
주소▶진천군 문백면 옥성리
면적▶2만4천평
준공연도▶1973년
인터넷지도 검색명▶진천 옥성지
내비게이션 주소▶문백면 옥성리 221(왼쪽 골)

↑ 오창읍소재지

089

진천 초평지

씨 알 ★★★★
마릿수 ★★★
수 질 ★★★★
경 관 ★★★★
주 차 ★★★★★

N↑

Profile

충북을 대표하는 대형 저수지다. 계곡형이지만 수초와 버드나무가 우거진 상류에서 봄 시즌이 빨리 전개되어 3월 초부터 5월 초까지 호황을 이룬다. 토종붕어보다 떡붕어의 개체수가 더 많은 편이며 떡붕어는 월척급이 흔하게 낚인다. 수상좌대가 많고 연안 입어료는 1만원을 받고 있다.

진천IC↑

미호천

석탄리

구름다리
(구수문)

돌레길

카누 경기장

청소년
수련원

사륜차만
진입 가능

중부고속도로

농다리

쥐꼬리명당

쥐꼬리가든
(043-532-6647)

쥐꼬리가든에서 운행
하는 보트로 진입 P

※ 봄에는 지렁이 미끼가 잘
듣고, 수온이 오르면 블루길과
배스, 동자개가 성화를 부리므로
글루텐이나 곡물떡밥을 사용한다.

비포장길

여름 포인트

2~3m

보트이용

제방

여름 포인트
1.5~2.5m

초평
밤나무
캠핑장

수문관리소
(010-7490-4123)

P

P

P

초평집 좌대

사또 좌

사슴집
매운탕

사슴존

영희

인슈

행정명칭▶ 초평지
지역별칭▶ 미호지, 초평호
주소▶ 진천군 초평면 화산리
면적▶ 77만4천평
준공연도▶ 1988년
다음지도 검색명▶ 초평저수지
내비게이션 입력 주소▶ 초평면
화산리 24-1(초평장모텔)

어종과 미끼
주어종▶ 떡붕어, 붕어
외래어종▶ 블루길, 배스, 향어
토착어종▶ 잉어, 동자개, 동사리,
메기, 가물치
잘 듣는 미끼▶ 지렁이, 글루텐, 곡물떡밥

증평IC↓

초평농공단지
둠벙
P
둠벙
초평면소재지(약 500m)
선착장
둠벙
지전교
P
화신주유소
갓길 주차가능
초봄특급 포인트 줄풀, 갈대, 마름 분포
용정리
농공단지 앞
P
둠벙
수몰버드나무
양쪽 연안 따라 수몰나무 형성
정씨네
1.2~1.5m
P
80cm~1.2m
수몰
버드나무 군락
봄 포인트
지전리권
P
1~1.5m
P
머그네미
시멘트길
정씨네 좌대
34
1.2~1.5m
비포장길
봄 포인트
단골집 좌대
둑
붕어섬
사유지
사산교차로
민지집 좌대
1.5~2m
봄 포인트
목장터
1.5~2m
탑곡리
초평면 화산리 24-1
초평장 모텔
현이네 좌대
사륜차 진입 가능
빗길미
진골
좌대
황금 좌대
배터
봄 포인트
윤씨네 좌대
한반도 지형
갈수선
상류 배터
서낭골
삼거리집 좌대
화산리
이씨 좌대
여름·가을 포인트
광섭이네 좌대
황토가든
여름·가을 포인트
방원가든
중류 배터
논섬
한국SGI 연수원
월척 좌대
우주시민 천문대
보현사
큰섬(꽃섬) 포도밭집 좌대
여름·가을포인트
네 좌대
식당촌(붕어찜 전문)
88 좌대
무넘기
산 좌대
숲속가든
좌대
화산삼거리
증평 시내(약 8km)

초평지 수상좌대 연락처(043)

●상류

단골집좌대	010-9668-2788
목장터좌대	010-5486-6584
민지네좌대	010-9486-9889
정씨네좌대	532-6565
현지네좌대	010-7626-1331
황금좌대	010-3914-1900

●중류

88집좌대	010-5483-6483
광섭이네좌대	010-2273-6248
물건너 이씨네좌대	010-2419-5571
미련집좌대	010-4901-1008
봉길네좌대	010-2355-4718
사슴집좌대	010-9408-3512
삼거리집좌대	010-5491-9257
삼삼좌대	011-467-6522
영희네좌대	010-8813-6321
월척좌대	010-7112-5999
윤씨네좌대	010-5464-6469
인수집좌대	010-4646-7847
초평지좌대	011-9842-6650
초평집좌대	010-5441-6416
태공좌대	010-2201-8278
포도밭집좌대	010-5359-6456

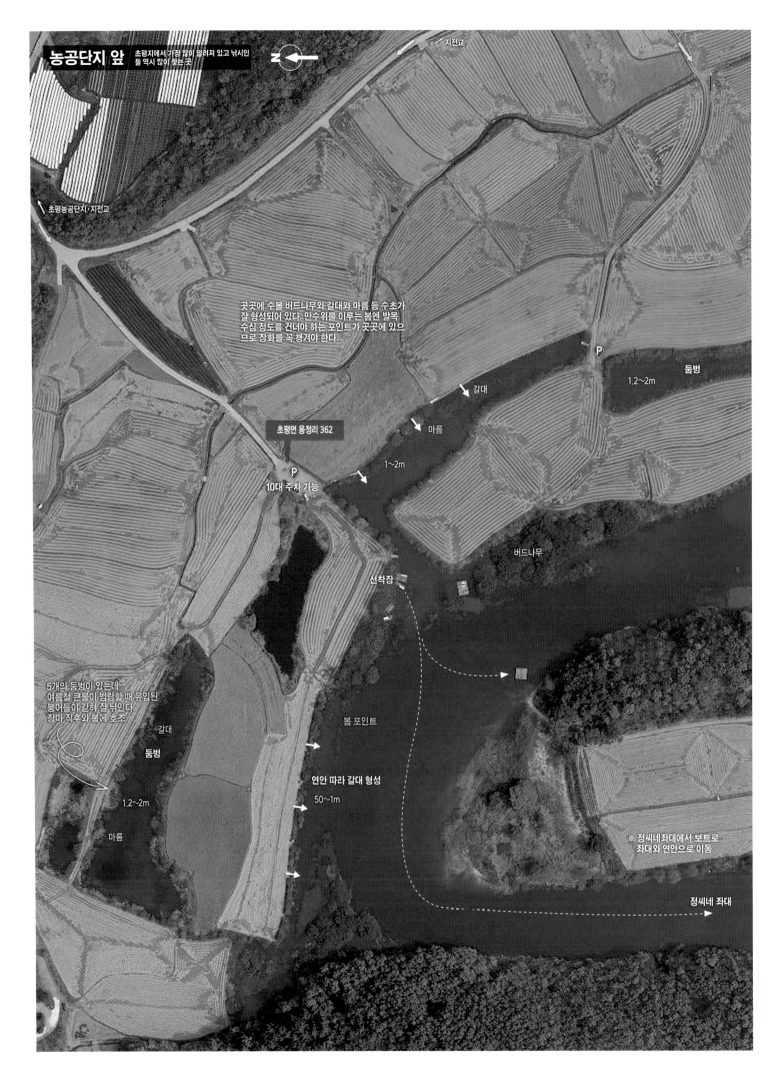

농공단지 앞 | 초평지에서 가장 많이 알려져 있고 낚시인들 역시 많이 찾는 곳

← 지전교

Z ←

← 초평농공단지·지전교

곳곳에 수몰 버드나무와 갈대와 마름 등 수초가
잘 형성되어 있다. 만수위를 이루는 봄엔 발목
수심 정도를 건너야 하는 포인트가 곳곳에 있으
므로 장화를 꼭 챙겨야 한다.

갈대

P
둠벙
1.2~2m

마름

초평면 용정리 362

P
10대 주차 가능

1~2m

버드나무

선착장

5개의 둠벙이 있는데
여름철 큰물이 범람할 때 유입된
붕어들이 갇혀 잘 낚인다.
장마 직후와 봄에 호조

봄 포인트

갈대

둠벙

연안 따라 갈대 형성

50~1m

1.2~2m

마름

※ 정씨네좌대에서 보트로
좌대와 연안으로 이동

정씨네 좌대 →

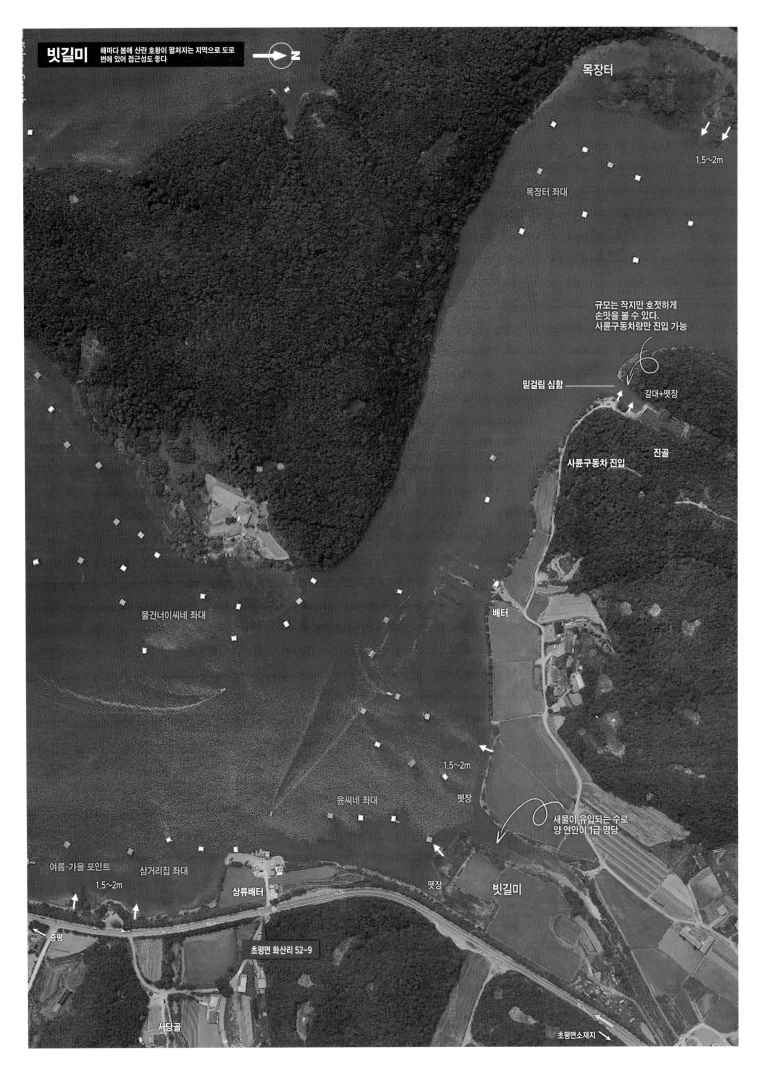

빗길미 해마다 봄에 산란 호황이 펼쳐지는 지역으로 도로변에 있어 접근성도 좋다

목장터

1.5~2m

목장터 좌대

규모는 작지만 호젓하게
손맛을 볼 수 있다.
사륜구동차량만 진입 가능

밑걸림 심함

갈대+뗏장

진골

사륜구동차 진입

물건너이씨네 좌대

배터

1.5~2m

윤씨네 좌대

뗏장

새물이 유입되는 수로
양 연안이 1급 명당

여름-가을 포인트

삼거리집 좌대

뗏장

빗길미

1.5~2m

상류배터

증평

초평면 화산리 52-9

서당골

초평면소재지

청주 대청호

씨　알 ★★★
마릿수 ★★★
수　질 ★★★★
경　관 ★★★★★
주　차 ★★★

Profile

우리나라에서 충주호, 소양호 다음으로 큰 댐이다. 충주호, 소양호보다 수위 변동 폭이 적어서 오름수위 폭발력은 약하지만 포인트 변화가 심하지 않고 연중 꾸준하게 붕어가 낚이는 것이 장점이다. 토종붕어와 떡붕어의 비율은 5:5로서 4월 산란철엔 토종붕어가 낚이는 비율이 높다. 오름수위에는 35cm에서 4짜급 떡붕어도 종종 출현한다.

※ 대청호는 전체적으로 지렁이와 글루텐떡밥 짝밥이 효과적이며 낮에는 글루텐, 밤에는 지렁이가 잘 먹힌다.

☞ 대전시와 청주시 관할 수면은 보호수면으로 지정되어 낚시가 금지되어 있다.

수리티터널
차정리
노성리
보은군
회인IC
당진-영덕 고속도로
신태리
금곡리
판장리
비포장도로
회인면 사무소
용곡교
①
조곡리
③
분저리
거교리
거신교
용곡리
회남면 사무소
용호리
남대문교
②
피반령터널
가덕면소재지
마구리
회남대교
사탄리
마동리
사음리
법수리
묘암리
청주시
문덕리
산덕리
후곡리
가호리
문의IC
청주
청주JC
상장리
청남대
문의대교
덕유리
댐
금강
신탄진동
은
④

안내면사무소
현리
인포리
안남면사무소
지수리
연주리
금강

⑤
대청비치랜드
(장계국민관광지)
장계대교
신 장계대교
(건설중)
장계리

용촌리
답양리

⑥
오대리

막지리
⑦
소정리
석호리
⑧
국원리

용호리
⑩
이평리
추소리
⑪
방아실
대정리
항곡리

서탄리
포리

석탄리
금강IC

⑨
남곡리
수북리

교동리

옥천군

지오리

옥천군청

옥천IC

환평리

경부고속도로

군북면
사무소

비룡JC

대전IC

대전광역시

대덕구

어종과 미끼
주어종 ▶ 붕어, 떡붕어
외래어종 ▶ 배스, 블루길, 향어, 초어, 백연어
토착어종 ▶ 쏘가리, 잉어, 동자개, 메기, 가물치
잘 듣는 미끼 ▶ 글루텐, 곡물떡밥, 지렁이, 새우
채집 가능한 생미끼 ▶ 새우

행정명칭 ▶ 대청호
지역별칭 ▶ 대청댐
주소 ▶ 대전시 동구 대덕구, 청주시 상당구 문의면, 충북 보은군 회인면 회남면, 옥천군 옥천읍 군북면 안남면
면적 ▶ 2230만평
준공연도 ▶ 1981년
인터넷지도 검색명 ▶ 대청호
내비게이션 주소 ▶ 세밀도 참고

❶ 용곡교·거신교 대청호 최고의 명당으로
손꼽히는 구간

N

회인면소재지

신대리

용곡교

회인면 용곡리 136-4

회룡가든
043-543-3416

붕어 치어
양식장

신추리 →

신도로

1.5~2.5m

P

시멘트포장길

수몰나무 군락

오름수위 특급 포인트. 회룡가든 앞을
시작으로 연안 따라 500m 구간에
버드나무와 갈대, 육초대가 형성되어
봄 만수위와 오름수위에 마릿수 조황

용곡리

정자

P

버드나무

1~1.5m

회남면 거교리 127-1

거교리 경로당

만수위 포인트

갈수시
차량이동 가능

거교리 배터 상류와 배터 안쪽 홈통도 좋
은 포인트. 만수위와 오름수위 때 버드나
무와 육초대가 잠겨 1급 포인트 형성

만수위
포인트

갈수위 포인트

1~1.5m

금곡리

P

승곡교

주차장

1.5~2m

P

갈수위
밤낚시
가능

화장실

거신교

회남면소재지

대청호의 4짜 포인트. 진입하기 쉽고 조황도
좋아 낚시인들이 가장 많이 찾는 지역이다.

조곡리마을

조곡리노인회관

만수선

수몰
버드나무

매년 월척붕어가 많이 낚여
낚시인들이 몰리는 지역.

← 회인면소재지

분저리 ↘

Ⓟ 도로변 주차

1~1.5m

1.5~2m

회남면 거교리 241-5
대청슈퍼낚시

회남면소재지

농협

거신교

회남초교

선착장

회남면사무소

Ⓟ 화장실

Ⓟ

만수위 포인트

수몰 버드나무

갈수선

1.5~2m

2m

인공붕어산란장

남대문교

갈수위 포인트

정문공원

만수위엔 버드나무가 잠긴 상류 쪽을
공략하고 갈수위에는 깊은 수심을 노린다.
미끼는 글루텐이 잘 먹히며 큰물 진 뒤에는
지렁이에 4짜 붕어가 낚인다.

선곡리
마을회관

회남대교 ↘

❸ 용호리(송씨배터~판장리) 많은 인원이 낚시할 수 없는 게 흠이지만 조용히 낚시하면 잦은 입질을 받을 수 있다.

길 끊김

판장리

만수위 포인트

판장대교

직벽

2~4m

▶판장리 : 나무와 수초가 잠겨 있는 봄에 조황이 좋다.
▶송씨배터 앞 : 만수위 갈수위 모두 마릿수 조황을 보이는 포인트

대나무밭

수몰버드나무

갈수선

회남면소재지

용호리

2~3m

송씨배터 골짜기는 골 안쪽으로 바람이 부는 날 조황이 좋은 특징이 있다.

회남면 용호리 157-3

과수원

갈수선

송씨배터

분저리

농장

1.5~2m

수몰버드나무

④ 분저리골 진입하기 힘들지만 호젓하게 낚시할 수 있다.

답양리

분저리 ↗

장어 포인트

분저리에서 보트로 이동

갈수위 포인트

만수기 되면 진입할 수 없다. 특히 오름수위에선 진입금지. 불어나는 수위에 진입로가 모두 잠기게 된다.

분저리 ↗

갈수 때 이동 가능

만수 포인트

시멘트포장길

회남면 은운리 210-1

느티나무

← 답양리

⑤ 현리 큰 씨알은 드물지만 마릿수 조황이 뛰어나다.
오름수위에 특히 돋보이는 곳.

N

안내면소재지

월외천

공원

안내천

신촌교

현리삼거리

만수선

수몰버드나무

오름수위 포인트

만수위 포인트

보트 띄우는 곳

취수탑

1.5~2m

37

진입은 힘들지만
조황은 확실히 보장 받는 곳.
건너편 철탑 밑에서
보트를 타고 도하.

1.5~2m

안내면 인포리 289

인포리

안내중학교

인포교

안남면소재지

장계대교

❻ 장계리 연중 조황 기복이 적은 포인트. 주변에 식당이 많고 여름 밤낚시터로 많이 찾는다.

N

장계국민관광단지

장계리

안내면소재지

37

장계교

옥천읍

신장계교
공사중

여름 포인트

2.5~4m

도로변 주차

2~2.5m

P

안내면 장계리 293-3

수몰나무

뿌리깊은나무

수몰나무

마름

P

만수위선

2m

시멘트 포장길

주막마을

1.5~2m

P

1.5~2m

수몰나무
오름수위 포인트

❼ 막지리 대청호에서 외진 곳에 있어 찾는 이들이 많지 않은 곳. 봄과 가을 만수위에 호황을 보인다.

↗ 답양리

N

급경사

군북면 막지리 229-1

P

만수위 포인트

갈수위에는 수심이 얕아 낚시가 어렵고 오름수위에 호황을 보인다.

오름수위 포인트

둠벙

큰 붕어는 없지만 잔챙이 마릿수 조황

만수선

만수위 포인트 1.5~2m

이수길 선장 010-8845-0101

버드나무

선착장

1~2m

1~2m

1인 왕복 뱃삯은 1만원선

도선

↙ 소정리 선착장

---

❽ 소정리 배수기에도 조황 기복 없이 입질이 꾸준하게 들어오는 곳.

N

↗ 막지리 선착장

선착장

만수선

군북면 소정리 111-12

P

※ 초봄 낮낚시와 가을 밤낚시에 조황이 가장 좋다. 바람이 많이 부는 날 입질이 잦은 게 특징.

1.5~2m

봄·가을 포인트

1.5~2m

2~3m

P

벌장

장계대교

P

37

↙ 옥천읍

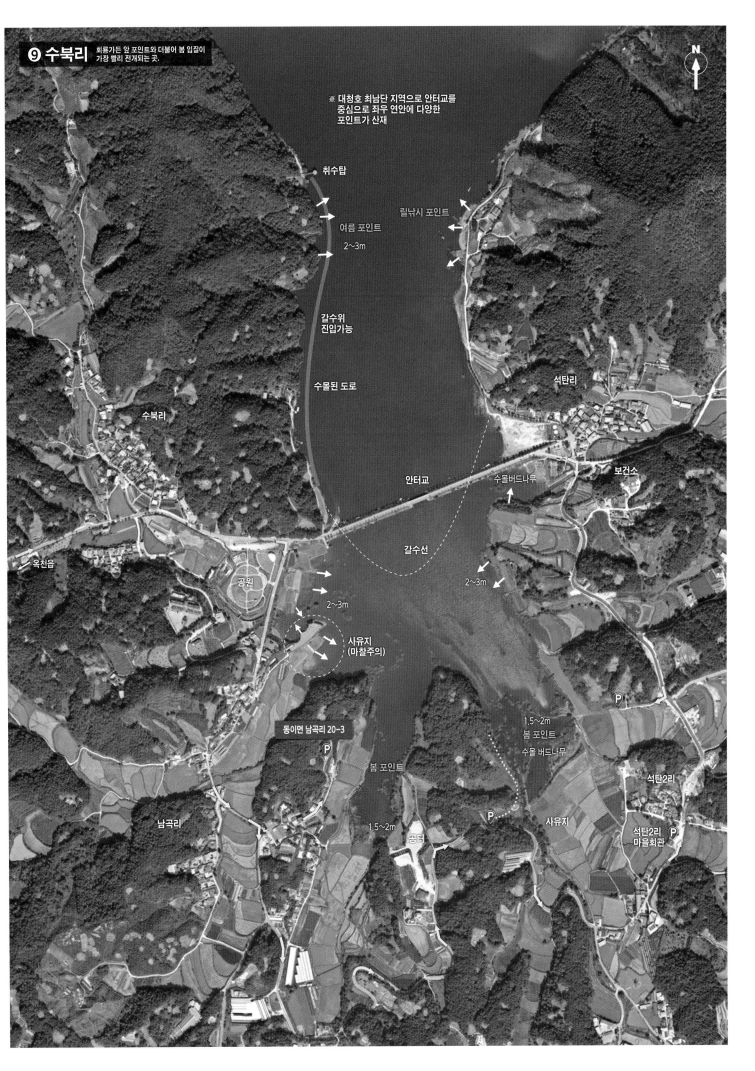

❾ 수북리

회룡가든 앞 포인트와 더불어 봄 입질이
가장 빨리 전개되는 곳.

※ 대청호 최남단 지역으로 안터교를
중심으로 좌우 연안에 다양한
포인트가 산재

N

취수탑

릴낚시 포인트

여름 포인트

2~3m

갈수위
진입가능

수몰된 도로

석탄리

수북리

보건소

안터교

수몰버드나무

갈수선

옥천읍

공원

2~3m

2~3m

사유지
(마찰주의)

동이면 남곡리 20-3

1.5~2m
봄 포인트

수몰 버드나무

봄 포인트

석탄2리

남곡리

1.5~2m

공터

사유지

석탄2리
마을회관

⑩ 추소리 옥천에서 가장 낚시인이 많이 몰리는 포인트. 골이 길어 앉을 자리가 많으며
포인트 조황 차도 적은 편. 봄보다 초여름과 가을에 많이 찾는다

석호리

승선 시간 예약
선착장 유이현 선장
010-5498-5195

선착장

직벽

선장이 자리를 비우는
일이 종종 있으므로
하루 이틀 전 통화

봄 오름수위 포인트
1.5~2.5m

이평리

P

수정가든
043-732-0232

3~4m

통나무집

군북면 추소리 453

군북면소재지

⓫ 방아실(대정리) 다양한 포인트가 매력인 곳. 계단식 논밭이 수몰되어 만수위, 갈수위에 모두 낚시 포인트가 형성된다.

이평리 →

갈수선

시멘트 포장길

2m

선착장

만수위 포인트

1~2m

2m

2m

2m

2m

2~3m

선착장

만수위 포인트

수몰 버드나무

만수위선

만수위 포인트

수몰나무

2~2.5m

항곡리 마을 앞 삼거리에서 진입

1m

오름수위 포인트

대정 보건진료소
군북면 대정리 643-4

증악초교
대정분교

방아실낚시터

회남대교 →

청주 무심천

씨 알 ★★★
마릿수 ★★★★
수 질 ★★★
경 관 ★★★
주 차 ★★★★

Profile

무심천은 청주 시내에서 지척에 있고 마릿수 조과가 좋아 청주 낚시인들의 안방터로 인기가 높다. 수질도 양호하다. 충북 청원군 낭성면 추정리에서 발원하여 미호천에 합류하는 무심천 중상류에는 10여개의 보가 있는데 그중 상대보와 가덕보 일원이 최고의 포인트로 손꼽힌다.

행정명칭 ▶ 무심천
지역별칭 ▶ 없음
인터넷지도 검색명 ▶ 무심천
내비게이션 주소 ▶ 청주시 상당구 가덕면 국정리 28 외

어종과 미끼

주어종 ▶ 붕어, 떡붕어
외래어종 ▶ 배스, 블루길
토착어종 ▶ 잉어, 동자개, 가물치, 메기, 강준치, 끄리, 뱀장어
잘 듣는 미끼 ▶ 지렁이, 떡밥, 글루텐, 옥수수
채집 가능한 생미끼 ▶ 없음

● 상대보(1.2.3보)와 가덕보까지 낚시 구간이 4km에 이를 만큼 길다.

국동리, 현암리, 청주시청, 서원구청, 충청북도청, 청주시, 가마리, 송암리, 황청리, 양촌리, 상당구청, 남일면사무소, 문주리, 신송리, 쌍수리, 남일면, 은행리, 가좌리, 가중리, 가산리, 고은리, 두산리, 화당리, 상대보·가덕보, 인차리, 가덕면사무소, 당진영덕고속도로, 상대리, 노동리, 등동리, 문동리, 문의휴게소 청원방면, 남계리, 행정리, 청용리, 도원리, 국전리, 삼항리

상대보·가덕보

무심천 최고의 포인트. 붕어 자원이 풍부하고 초봄부터 초겨울까지 낚시 시즌도 길다.

⟶ N

● 보 양쪽으로 앉을 자리가 많기 때문에 마음에 드는 수초 군락을 골라 자리를 잡으면 된다. 연안을 따라 갈대가 있고, 안쪽에는 부들과 마름, 개구리밥이 자란다.

상대1보

연안 따라 부들이 잘 발달해 있다.

수심 1~1.2m

P 갓길에 공터(3-4)

청주시 상당구 가덕면 상대리 82

청주시내 ↗

공터주차(10여대) P ⟶ 상대2보

청주시 상당구 가덕면 국정리 28

⟶ 수심 0.8~1m

갈대

동명자연학습원

연안 따라 뗏장수초, 전 수면에 마름 분포

수심 4~5m.

수심 4~5m.

공터주차(3-4대) P

상대교

P 공터 주차(5-7대)

※ 오후보다 오전 조황이 좋은 편이며 밤낚시는 잘 되지 않는다.
※ 붕어의 씨알은 7-9치가 주종을 이루며 간혹 월척이 선보인다.
※ 장마철 직후부터 추수가 끝나는 10월 말까지 피크 시즌이다.

상대3보

수심 1m 내외

상대리

갈대

둑길에 주차 가능

상대 실내체육관

수몰나무

갈대

P (3대)

상대2리 경로당

창내리

삼항리

마름

바지장화 착용하고 진입해야 한다.

노동리

갓길주차 가능(3대) P

수심 0.5~1m

갈대

청주시 상당구 가덕면 상대리 75

행정리

함박교

노동리

가덕보

(2대) P 수심 1.5m ↘ 가덕면소재지

청주 병천천

씨 알 ★★★★
마릿수 ★★★
수 질 ★★★★
경 관 ★★★★
주 차 ★★★

⬆ 병천천의 대표적 포인트는 청주시 흥덕구 옥산면 환희리에 있는 두 개의 보낚시터인데, 상류에 있는 보(환희교)를 환희리 윗보, 하류에 있는 보를 환희리 아랫보라고 부르고 있다. 예전엔 환희 윗보가 우세했지만 2015년 이후에는 환희 아랫보의 조황이 앞서고 있다.

➜ z

상정리

❶ 환희리 아랫보

쌍청리

호계리

❷ 환희리 윗보

환희리

신촌리

미호천

덕촌리

홍덕구

옥산휴게소
부산방면

오산리

507

옥산하이패스IC

경부고속도로

옥산면사무소

1

국사

가락리

Profile

미호천의 지류 중 하나인 병천천은 천안 부소산 자락에서 발원하여 청주시 강내면 석화리에서 미호천에 합류하는 47km 길이의 하천이다. 병천천 붕어낚시는 6월 중순 이후에 시작되고, 여름철에 큰 비가 내리면서 호황을 보이기 시작한다. 7~8월 두 달 동안 좋은 조황을 보이며 추석 이후 10월 말까지 꾸준한 조황이 이어진다.

행정명칭 ▶ 병천천
지역별칭 ▶ 없음
인터넷지도 검색명 ▶ 병천천
내비게이션 주소 ▶ 청주시
옥산면 환희리 76-9 외

어종과 미끼

주어종 ▶ 붕어, 떡붕어
외래어종 ▶ 배스
토착어종 ▶ 잉어, 메기, 동자개, 가물치, 꺽지, 끄리 등
잘 듣는 미끼 ▶ 지렁이, 떡밥, 글루텐, 옥수수, 깐새우
채집 가능한 생미끼 ▶ 없음

①환희리 윗보(환희1보)

오래전부터 병천천의 최고 포인트로 군림. 앉을 자리가 많고 주차여건이 좋아 낚시회 정출장소로도 인기가 높다.

→ N

← 오송읍

● 2015년 이후에는 아랫보에 밀려 찾는 낚시인이 줄고 있지만 여름·가을에는 여전히 씨알 좋은 붕어를 배출해내고 있다.

Ⓟ 차량 일렬로 주차(4-5대)

보

수심 1.5m

청주시 옥산면 환희리 311-1

뗏장
보트낚시

수몰 버드나무

Ⓟ (3-4대)

Ⓟ 일렬로 주차

수심 1~1.2m

마름군락

갓길주차 가능

직벽(발판좌대 있어야 낚시 가능)

비 오는 날 차가 진창에 빠질 수 있으니 조심

환희2리 경로당

환희리

수심 1~1.2m

동진목재

공터

Ⓟ (5-6대)

청주시 옥산면 환희리 76-9

수심 1.2m

수몰버드나무

보트낚시

수심 1.5m

뗏장분포

부들, 갈대 군락

수심 1.2~1.5m

환희교

수몰 버드나무

(2-3대) Ⓟ

↙ 옥산I.C

②환희리 아랫보(환희2보)
2015년 이후 여름철마다 대물 붕어를 마릿수로 배출
해내면서 많은 낚시인들이 찾고 있는 신흥 명당이다.

● 매년 한두 마리의 5짜 붕어를 배출한다는 소문이 무성하다.
25·35cm가 주종이며 비 온 뒤에 찾으면 종종 4짜 붕어도 출현
한다.

호계리

보

보트낚시
수심 1.2~1.5m

수심 0.7~1m

나무그늘이 많아 여
름에 시원하게 낚시
를 즐길 수 있다.

수심 1.2~1.7m

갓길 주차(트럭 오면 비켜주어야 함)

수심 1.2~2m

일렬로 주차

제지공장
(나투라페이퍼)

일렬로 주차

환희1교

다리에 갓길 주차 가능

(2대) P

농장

수심 2~3m

수심이 제일 깊은 곳. 배
수기에 빛을 발한다.

환희리

환희1리 마을회관

청주시 옥산면 환희리 446

수심 1.2~1.5m

주차 후 바로
앞에서 낚시 가능

수심 1~1.5m

마름 군락

수심 1~1.5m

주차 후 밑으로
내려가야 함

듬성듬성 마름 분포

갈대

수몰 버드나무

청주시 옥산면 환희리 256-3

오송읍·청주IC

비포장도로
(전 연안 갓길 주차 가능)

※ 환희1교를 중심으로 상류와 하류 전역에서 고른 조황을 보인다.
※ 지렁이, 떡밥, 옥수수 등 다양한 미끼가 듣는다. 배스가 서식하지
만 비 온 뒤에는 지렁이가 효과적이다.

←옥산I.C 옥산면소재지

청주 공북지

씨 알 ★★★
마릿수 ★★★
수 질 ★★★
경 관 ★★★★
주 차 ★★★★

Profile

청주 근교에서 가장 많은 낚시인이 찾는 유료낚시터다. 토종붕어, 떡붕어, 잉어, 향어 등의 자원이 풍부해 원하는 스타일대로 낚시를 즐길 수 있다. 중상류에선 붕어, 떡붕어낚시를 많이 하고 하류 쪽에선 잉어, 향어낚시를 많이 한다. 피크시즌은 3월 말부터 4월 중순까지다. 1만5천원의 연안 입어료를 받고 있다.

● 중국붕어 대신 토종붕어를 방류하고 있다. 지렁이는 블루길 성화 때문에 사용하기 어렵고 떡밥을 주로 쓴다. 떡붕어낚시를 할 때는 글루텐떡밥을 사용하고 어분떡밥을 쓰면 잉어, 향어가 잘 낚인다.

P

2~3m
갈수기 떡붕어 포인트

무넘기

오송읍 공북리 산 58

2~3m

잉어, 향어 포인트
2~3m

관리실

P
향어 포인트
2~2.5m

1.5~2m

2~3m
여름 떡붕어 포인트

걸어서 건너는 다리

2~3m

2~3m

P

2~3m

P

2~3m

1.2m

수몰 버드나무 군락

붕어와 떡붕어 산란장. 2.5-3칸 거리의 버드나무 사이를 공략

구 양식장

개수대

어종과 미끼

주어종 ▶ 붕어, 떡붕어
외래어종 ▶ 블루길, 향어
토착어종 ▶ 잉어, 빙어, 동자개
잘 듣는 미끼 ▶ 떡밥, 지렁이
채집 가능한 생미끼 ▶ 소량의 새우

행정명칭 ▶ 공북지
지역별칭 ▶ 사암지
주소 ▶ 청주시 흥덕구 오송읍 공북리
면적 ▶ 1만8천평
준공연도 ▶ 1957년
인터넷지도 검색명 ▶ 청원 공북지
내비게이션 주소 ▶
오송읍 공북리 산 58(관리실)
관리실 전화 ▶ 043-234-9690

청주 용곡지

씨 알 ★★
마릿수 ★★★★
수 질 ★★★★
경 관 ★★★★
주 차 ★★★

Profile

꾸준한 마릿수 조과를 토해내는 용곡지는 상류 연안 웅덩이에서 토종붕어를 직접 키워 방류하는 것으로 유명한 유료 낚시터다. 2012~13년 제방 증축공사 후 수면적은 6만3천평에서 10만평으로 늘어났고 2014년 1~2월 얼음낚시에 붕어가 쏟아지면서 수백 명의 낚시인이 몰리기도 했다. 평균씨알은 5~8치로 월척은 귀한 편. 1만5천원의 입어료를 받고 있다.

▶ 글루텐이 잘 먹히며 피라미 성화가 심할 때는 옥수수도 좋다.
▶ 배스 유입 후 새우 미끼 효과는 떨어졌다.
▶ 봄에는 상류의 갈대, 뗏장수초대를 지렁이로 노리거나 수초 주변을 짝밥으로 노리면 잦은 입질.
▶ 입질은 밤보다 아침부터 오전 10시까지 집중, 오후 2-3시에도 붕어가 낚인다.

미원면소재지 ↗

무넘기

보트로 건너가는 포인트

1~1.5m

갈수 포인트

1.5~2m

보트로 건너가는 포인트

※ 산란장 역할을 했던 상류의 버드나무 군락은 제방증축공사로 사라졌고 그 자리에 수상좌대가 들어섰다.

2m

여름 포인트

도로변 주차

어종과 미끼

주어종 ▶ 붕어
외래어종 ▶ 배스
토착어종 ▶
잉어, 메기, 가물치, 빙어
잘 듣는 미끼 ▶ 지렁이, 떡밥, 옥수수
채집 가능한 생미끼 ▶ 새우

봄철 만수위엔 늪지가 잠기면서 포인트가 된다.

2m

마름

1m

늪지

1~2m

새물 유입구

수중둔덕

초봄 포인트
1~2m

도로변 주차

미원면 종암리 386-1

행정명칭 ▶ 용곡지
지역별칭 ▶ 없음
주소 ▶ 청주시 상당구 미원면 용곡리
면적 ▶ 10만평
준공연도 ▶ 1984년
인터넷지도 검색명 ▶ 청주 용곡지
내비게이션 주소 ▶
미원면 종암리 386-1
관리실 전화 ▶ 043-297-1828

↓ 청주

청주 장동지

씨 알 ★★★
마릿수 ★★★
수 질 ★★★★
경 관 ★★★★
주 차 ★★★

옥산면 장동리 148-1

산란기 포인트.
수심이 얕아
3.5칸 이상
긴 대를 쓴다.

갈대

1~1.5m

배수기 명당

2~3m

오솔길
따라
도보 진입
(10분 소요)

고사목

여름 떡밥낚시
포인트

※ 피크시즌은 산란기인
4월 말부터 5월 중순까지.

※ 미끼는 글루텐을 쓰고
새벽에 지렁이나 새우를 미끼로 쓰면
월척 붕어가 낚인다.

당골식당

무넘기

옥산면소재지

Profile

청주 근교의 월척터. 청주 낚
시동호회 대회장소로도 애용
되고 있다. 바닥새우에 마릿수
붕어가 낚이던 곳이었으나 배
스 유입 후 붕어, 새우 모두 개
체수가 줄었다. 저수지에서
10분 거리에 있는 청주 강서
낚시회 회원들이 다른 저수지
에서 낚아 방류한 월척 붕어들
도 많다. 수질이 깨끗하고 찌
올림이 시원해서 떡밥낚시터
로도 사랑받는다.

어종과 미끼

주어종▶붕어
외래어종▶배스
토착어종▶
잉어, 떡붕어, 가물치, 메기, 빙어
잘 듣는 미끼▶떡밥, 새우
채집 가능한 생미끼▶
소량의 새우

행정명칭▶장동지
지역별칭▶없음
주소▶청주시 흥덕구 옥산면 장동리
면적▶1만9천평
준공연도▶2000년
인터넷지도 검색명▶장동못
내비게이션 주소▶
옥산면 장동리 148-1

청주 한계지

씨 알 ★★★★
마릿수 ★★
수 질 ★★★★
경 관 ★★★★
주 차 ★★★★

● 바닥낚시에서도 월척 떡붕어가 올라오곤 한다.
● 지렁이를 쓰면 메기나 동자개가 낚인다.
● 토종붕어를 노린다면 곡물떡밥에 감자 계열 글루텐떡밥을 조금 섞어 반죽한다.
● 잉어나 향어를 노린다면 어분에 곡물떡밥을 30~40% 섞어 엄지손톱만 하게 단다.

P

1~1.5m

봄 포인트
공터

1m 내외

1.5m
봄(오름수위)
포인트

취수탑

※ 배수가 마무리되는 5월 말부터 늦가을까지 호황

※ 여름철 떡붕어 조황은 강수에 좌우. 2·3일 맑은 날만 이어지면 오전에 바닥층에서 굵은 떡붕어가 낚인다.

1.5~2m

수몰나무

무넘기

낚시 금지 구간

갈수기 포인트
4m

여름 포인트

1.5~2m

체육공원 관리실

1.5~2m
봄 포인트
2m

주차장

가덕면소재지

주차장

버드나무 군락

공터

주차장

가덕면 한계리 293-4

Profile

선두산 중턱에 앉아 있는 계곡지로 경관이 수려한 유료낚시터다. 떡붕어 자원이 풍부하고 겨울엔 빙어낚시터로 운영된다. 제방 왼쪽 하류를 제외한 전 연안에 차가 진입하고 주차 공간도 넓어 직장 및 친목단체 출조지로 인기 있다. 중상류에선 바닥낚시를 주로 하고 도로변 중하류에선 전층낚시를 많이 한다. 연안 입어료는 1만5천원.

어종과 미끼

주어종▶붕어, 떡붕어
외래어종▶향어
토착어종▶ 가물치, 잉어, 메기, 동자개, 빙어
잘 듣는 미끼▶ 떡밥, 지렁이
채집 가능한 생미끼▶새우

행정명칭▶ 한계지
지역별칭▶ 한계리낚시터
주소▶ 청주시 상당구 가덕면 한계리
면적▶ 4만8천평
준공연도▶ 1978년
인터넷지도 검색명▶ 청주 한계지
내비게이션 주소▶ 가덕면 한계리 293-4
관리실 전화▶ 043-294-6240

충주 노은지

씨 알 ★★★
마릿수 ★★★★★
수 질 ★★★★
경 관 ★★★
주 차 ★★★★★

Profile

붕어 자원이 풍부하여 계곡지 이지만 전혀 터가 세지 않은 유료낚시터다. 월척붕어 자원도 많아 씨알과 마릿수를 겸할 수 있다. 낮과 밤을 가리지 않고 입질을 받을 수 있어 초보낚시인과 단체 출조지로도 인기가 높다. 매년 3월 초에 물낚시터를 개장하며 4월 초부터 중순까지 피크시즌이다. 1만5천원의 연안 입어료를 받고 있다.

4월 초에 월척 출현 잦은 곳

차량 진입 가능

1~2m

1~1.5m

버드나무 군락

노은면 대덕리 111-4
관리실

● 새물이 유입되는 개울 바닥이 모래와 자갈로 이뤄져 있어 웬만한 폭우에도 흙탕물이 일지 않는다. 잦은 폭우로 갈 곳이 마땅치 않을 때 노은지를 찾는 낚시인들이 많다.

2~3m

어종과 미끼

주어종▶붕어
외래어종▶없음
토착어종▶잉어, 떡붕어, 가물치, 메기, 동자개, 빙어
잘 듣는 미끼▶옥수수, 떡밥, 지렁이, 새우
채집 가능한 생미끼▶참붕어, 새우

※ 미끼는 떡밥과 지렁이의 짝밥과 옥수수가 잘 먹힌다.
※ 여름엔 바닥새우에 입질이 활발하다.

행정명칭▶ 노은지
지역별칭▶ 대덕지, 노은낚시터
주소▶ 충주시 노은면 대덕리
면적▶ 4만8천평
준공연도▶ 1959년
인터넷지도 검색명▶ 충주 노은지
내비게이션 주소▶ 노은면 대덕리 111-4(관리실)
관리실 전화▶ 043-853-9332

무넘기

노은면소재지·충주

충주 모점지 (앙암지)

씨 알 ★★★★
마릿수 ★★★
수 질 ★★★
경 관 ★★★★
주 차 ★★★★★

사기점마을

Profile

오갑산의 맑은 물이 흘러드는 아름다운 계곡지다. 유료터로 운영되어 진입로가 잘 정비되어 있고 주차 공간도 넓다. 초보 낚시인들이 와도 손맛 보는 데 어려움이 없을 정도로 자원 관리가 잘 되어 있다. 곳곳엔 나무 그늘이 있어 캠핑낚시를 즐기기에도 좋다. 연안 입어료는 1만5천원 이다.

새물 유입구

사점교

70cm~2m

마름

수몰 버드나무

좌대

마름 군락

P

☞ 여름에 피라미, 모래무지만 낚으러 오는 낚시인도 있다. 관리실 앞 야산은 그늘이 많은 캠핑낚시터다. 멀지 않은 곳에 능암탄산온천이 있어 온천욕을 즐기며 피로를 풀 수도 있다.

갈수 포인트

공터

갈수 포인트

2~4m

새물 유입구

P

1.5~2m

캠핑낚시터

※ 상류에 버드나무 군락과 마름 혼재

※ 4월 산란기에 최고 호황, 장마 오름수위에 한 차례 호황

※ 미끼는 봄가을엔 옥수수, 여름에는 떡밥과 지렁이의 짝밥

어종과 미끼

주어종▶ 붕어
외래어종▶ 없음
토착어종▶ 잉어, 향어, 메기, 뱀장어, 모래무지, 빙어
잘 듣는 미끼▶ 지렁이, 떡밥, 옥수수
채집 가능한 생미끼▶ 새우(소량), 참붕어

앙성면 모점리 231-1

2m

관리실

손맛터

2~4m

갈수 포인트

P

행정명칭▶ 모점지
지역별칭▶ 앙암지, 모점낚시터, 대물낚시터
주소▶ 충주시 앙성면 모점리
면적▶ 7만2천평
준공연도▶ 1996년
인터넷지도 검색명▶ 앙암저수지
내비게이션 주소▶ 앙성면 모점리 231-1(관리실)
관리실 전화▶ 043-854-4164

무넘기

N

앙성면소재지

충주 송강지

씨 알 ★★★★
마릿수 ★★
수 질 ★★★
경 관 ★★★
주 차 ★★★★

Profile

2005년에 만들어진 신생지다. 풍광이 뛰어난 아담한 계곡지로서 충주에선 추평지와 함께 대물붕어를 만날 수 있는 무료터로 잘 알려져 있다. 배스가 서식하고 있지만 개체수는 적다. 7~9치 붕어가 주로 낚이다가 허리급 월척과 4짜급 대물붕어가 올라오는 곳이다. 담수 시 방류한 향어와 송어는 자취를 감추었다.

송강펜션

산척면 송강리 780

2~3m

밀걸림 심함

봄·오름수위 명당

2~3m

급경사

밀걸림 많음

버드나무·고사목

1.5~3m 갈수기 포인트

3월 중순~4월 중순이 주 시즌이며 갈수기 후 6-7월 새물찬스에 4짜 붕어가 낚인다.

● 터가 세서 밤새 입질 한 번 못보고 철수하는 일도 많다.

● 겨울에는 빙어낚시 성행

● 여름엔 상류에서 찬 계곡수가 흘러들므로 더위를 식힐 피서낚시터로도 적합

● 글루텐과 어분을 섞은 떡밥과 지렁이를 함께 단 짝밥에 씨알이 굵다.

행정명칭 ▶ 송강지
지역별칭 ▶ 상산지
주소 ▶ 충주시 산척면 송강리
면적 ▶ 3만1천평
준공년도 ▶ 2005년
인터넷지도 검색명 ▶ 송강저수지
내비게이션주소 ▶
산척면 송강리 780(송강펜션)

어종과 미끼

주어종 ▶ 붕어
외래어종 ▶ 배스
토착어종 ▶ 잉어, 메기, 장어, 빙어
잘 듣는 미끼 ▶ 떡밥(글루텐), 지렁이, 옥수수
채집 가능한 생미끼 ▶ 없음

산척면소재지

충주 신덕지 (용원지)

씨 알 ★★★★
마릿수 ★★★
수 질 ★★★
경 관 ★★★
주 차 ★★★★

Profile

충주를 대표하는 저수지로서 이 지역에서 가장 오래되고 규모도 가장 크다. 붕어, 뱀장어, 잉어 자원이 풍부했던 이곳은 90년대 중반에 배스가 유입되고 토종 물고기 자원이 많이 줄었는데 붕어는 마릿수는 적지만 씨알은 35~40cm에 이른다. 유료낚시터로서 1만5천원의 입어료를 받고 있다.

☞ 1949년 완공된 이듬해 6.25전쟁이 터졌고 저수지 상류의 동락마을에서 벌어진 전투로 저수지 물이 피로 붉게 물들었다고 한다. 상류에 동락전투 승리 기념비가 세워져 있다.

신니면소재지↑

제방

손맛터를 운영하던 곳. 봄 조황 뛰어나 시조회 장소로 많이 이용

관리실
신니면 송암리 3-1

1~1.5m

보기는 좋은데 앉을 자리가 없어 낚시하기 힘들어

신니교

평택·제천간 고속도로

※ 3월 초에 개장해 5월 초 배수 전까지 봄낚시가 이뤄지며 장마기 새물찬스에 마릿수 조황을 보이기도 한다.

※ 글루텐이 주 미끼로 쓰이지만 봄과 가을에는 새우를 써서 입질을 받을 수 있다.

문숭리
P

갈수선

특급 포인트

80cm~2m

새물 유입

배수기를 제외하고는 봄부터 가을까지 꾸준한 조황

용원휴게소

P

갈수선

갈수위 포인트

갈수위 포인트

P

1~2m

산란기 특급 포인트

만수위 시 수심 너무 깊음

음성·서충주IC 800m 전방에 동락전투 전승비

행정명칭 ▶ 신덕지
지역별칭 ▶ 용원지, 용원낚시터
주소 ▶ 충주시 신니면 용원리
면적 ▶ 24만6천평
준공연도 ▶ 1949년
인터넷지도 검색명 ▶ 충주 신덕지
내비게이션 주소 ▶ 신니면 송암리 3-1
관리실 전화 ▶ 043-851-1720

어종과 미끼

주어종 ▶ 붕어
외래어종 ▶ 배스
토착어종 ▶ 잉어, 가물치, 메기, 동자개, 빙어
잘 듣는 미끼 ▶ 떡밥(글루텐) 지렁이, 새우
채집 가능한 생미끼 ▶ 새우(소량)

동락리↓

충주 중산지

씨 알 ★★★
마릿수 ★★★
수 질 ★★★★
경 관 ★★★★
주 차 ★★★★★

수안보면 중산리 112-1

관리소

손맛터

다리

새물 유입구

떡붕어 낚시용
잔교 좌대

도로변 주차

N

2~3m

2~4m

도선 포인트

3~4m

3~4m

※ 떡붕어낚시가 많이 이뤄졌기 때문에
떡밥이 잘 먹힌다. 글루텐을 기본으로 하되
어분류는 빼고 감자 떡밥을 활용해야
피라미 성화를 이겨낼 수 있다.

Profile

유료낚시터로 운영되고 있는 첩
첩산중의 1급수 계곡지다. 낚시
터 관리인이 오토캠핑을 적극적
으로 권장하고 있어 가족캠핑낚
시터로 좋다. 입어료 1만5천원.
떡붕어는 30~40cm급이 종종
관고기로 낚이고 토종붕어는
7~9치가 주종이며 새우나 참붕
어를 쓰면 씨알이 더 굵다. 주변
에 수안보온천과 문강온천, 월악
산국립공원이 있다.

P

3~4m

행정명칭▶ 중산지
지역별칭▶ 중산낚시터
주소▶ 충주시 수안보면 중산리
면적▶ 6만평
준공연도▶ 1982년
인터넷지도 검색명▶ 중산저수지
내비게이션 주소▶
수안보면 중산리 112-1(관리소)
관리실 전화▶ 043-847-4427

취수탑

무넘기

떡붕어 포인트

제방은
여름에 떡붕어가
폭발적 조황 보이는 곳

수안보면소재지

도선 포인트

2~5m

어종과 미끼

주어종▶ 붕어, 떡붕어
외래어종▶ 없음
토착어종▶ 잉어, 메기, 동자개, 피라미, 빙어
잘 듣는 미끼▶ 떡밥, 지렁이
채집 가능한 생미끼▶ 새우, 참붕어

제방 진입 800m 전
상촌3교를 건너지 말고
좌측 산길을 따라 진입한다.

상촌3교 800m

충주 추평지

씨 알 ★★★★★
마릿수 ★★
수 질 ★★★
경 관 ★★★★
주 차 ★★★★

▶ 곡물떡밥과 어분으로 집어하고 입질용으로는 글루텐을 사용한다.
▶ 장마 때 새물이 대량 유입될 때에는 지렁이 미끼도 효과.
▶ 입질시간대는 자정 전후와 새벽. 오전에도 간혹 대물붕어가 낚인다.

Profile

4짜 중후반, 5짜 붕어까지 낚이는 초대물터다. 원래는 연안의 버드나무 군락에서 중치급 붕어가 마릿수로 낚이던 곳이었으나 배스가 유입된 후 35cm 이상의 월척붕어만 낚이고 있다. 좌안 하류의 가춘교 앞 골과 최상류의 수몰나무 군락이 주 포인트인데 수면적에 비해 포인트가 적어서 호황기엔 자리 다툼이 심하다.

가얌교
느티나무가든
도로와 나란히 산책로가 조성되어 물가로 진입하기 불편해졌다. 갈수위에 물속에 잠겨 있던 수몰나무들이 드러나면서 포인트를 형성한다.

1~2m
1.5~3m
길이 좁아 1-2대 주차

4짜 붕어가 자주 출몰할 때는 장박낚시인이 많이 앉을 자리를 찾기 어려운데, 개인용 수중좌대를 준비하면 포인트 잡는 데 도움이 될 것이다.

47cm 붕어 낚인 곳

1~2m 바닥 깨끗

※ 2014년에 제방을 증축하여 수위가 더 올랐고 밑걸림이 많아졌다.
※ 포인트가 대부분 수물 버드나무 사이에 형성

가춘교
1.5~3m

4짜 출몰 잦아서 가장 많은 낚시인이 몰린다. 제방 증축 후 수위가 오르면서 앉을 자리가 줄어들었다.

매점
엄정면 가춘리 732

무넘기

어종과 미끼
주어종 ▶ 붕어
외래어종 ▶ 배스
토착어종 ▶ 잉어, 메기, 동자개
잘 듣는 미끼 ▶ 지렁이, 옥수수, 떡밥
채집 가능한 생미끼 ▶ 없음

행정명칭 ▶ 추평지
지역별칭 ▶ 없음
주소 ▶ 충주시 엄정면 추평리
면적 ▶ 12만3천평
준공연도 ▶ 1981년
인터넷지도 검색명 ▶ 충주 추평지
내비게이션 주소 ▶ 엄정면 가춘리 732 또는 가춘교

엄정면소재지

음성 원남지 – 사철 낚시인의 발길이 끊이지 않는 '캠핑장 포인트'.

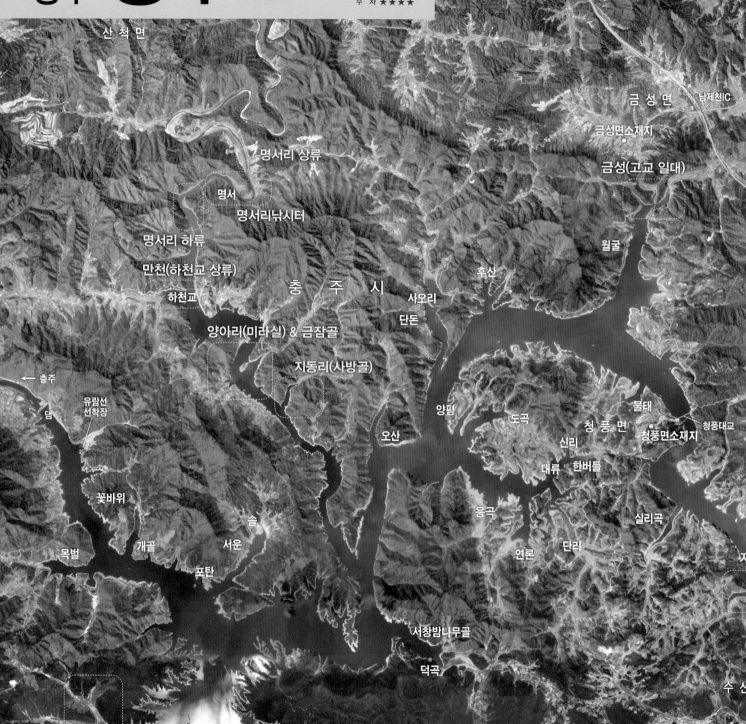

충주호

제천시

Profile

한국 최대 수면적을 자랑하는 댐. 1985년부터 92년까지 마릿수 호황을 보이며 우리나라 댐 붕어낚시의 전성기를 이끌었고, 현재는 4짜급 월척 위주의 대물낚시터로 바뀌었다. 골마다 들어선 수상좌대를 중심으로 낚시가 이뤄지며 6~7월 오름수위에는 연안낚시까지 호황을 보인다. 여름엔 장어낚시도 잘된다.

제 천 시
매 포 읍
매포읍사무소
북단양IC
적 성 면
단 양 군
중앙고속도로
고수대교
단양군청
단양역
시루섬

행정명칭 ▶ 충주호
지역별칭 ▶ 청풍호(제천시 지역만)
주소 ▶ 충주시, 제천시, 단양군
면적 ▶ 2930만평
준공연도 ▶ 1986년
인터넷지도 검색명 ▶ 충주호
내비게이션 주소 ▶ 세밀도 참고

어종과 미끼

주어종 ▶ 붕어, 장어, 쏘가리
외래어종 ▶ 배스, 블루길
토착어종 ▶ 잉어, 메기, 동자개, 끄리, 강준치 등
잘 듣는 미끼 ▶ 떡밥, 지렁이, 새우

옥순대교
옥순봉
적성대교 단양대교
단성면소재지
구단양
우화교
장화리
유람선 선착장
이란리·원대리
수중보
단성면
대강면소재지
단양IC
영주

충주호 좌대 연락처

충주 지역

낚시터	이름	전화번호
꽃바위낚시터	김 영 래	043-842-0097
늘푸른낚시터	심 은 주	043-852-4585
명서낚시터	김 석 연	043-852-9520
목벌낚시터	정 영 덕	043-847-9504
문골낚시터	김 상 용	043-852-1902
솔 낚시터	유 영 용	011-276-9777
신매낚시터	한 승 민	043-851-7987
윤 낚시터	권 정 명	043-851-6200
제일낚시터	이 경 배	043-851-0052
하천낚시터	이 천 재	043-851-0025

제천 지역

낚시터	이름	전화번호
단돈리낚시터	김 상 구	043-653-0877
대류한버들낚시터	이 동 원	043-644-9028
덕곡리낚시터	조 상 배	043-647-2701
사오단돈낚시터	최 종 래	043-653-0033
사오리낚시터	이 제 선	043-644-9027
서창리낚시터	진 종 선	043-653-3914
신리낚시터	심 강 섭	010-3488-7818
실리곡낚시터	배 운 진	043-647-1789
양평리낚시터	이 태 도	043-647-9764
연론리2낚시터	강 순 이	043-647-2365
연론리낚시터	장 임 식	043-648-5337
오산리낚시터	박 현 복	043-851-2082
용곡리2낚시터	김 낙 연	043-647-2907
용곡리낚시터	김 기 호	043-647-2365
후산낚시터	김 대 성	043-653-1377

N

재오개 드라마세트장 설치로
수상좌대 철수하면서 연중 연안낚시 가능

N

사계절 포인트
116-140m 수위 포인트

1~3m

봄 포인트
116-130m 수위
2~3m

갈수선

1~2m

120-140m 수위 포인트

P
진입로 통제

신매리

오름수위 포인트

**특급 포인트로
116m 최저수위부터
130m 수위까지
낚시 가능**

P
진입로 통제

1~2m

130-140m 수위

130-140m 수위 포인트

오름수위 명당!
140m 안팎의
만수위에는
앉을 자리 적음

살미면 재오개리 147

↓ 충주

월악 주차 여건 좋고 붕어와 장어가
함께 낚이는 곳

↑ 살미면소재지·충주

1~2m

보트·오름수위 포인트
(130-140m 수위 포인트)

보트 이동

봄 포인트
(117-130m 수위 포인트)

P
공이교
공이삼거리

36

장어 포인트

수몰 논밭자리

장어 포인트

살미면 신당리 128

월악나루터

수위가 123m 이하일 때
차량 진입 가능

갈수위 시
차량 진입

봄·가을 포인트
124-140m 수위 포인트
1~3m

장어 포인트

월악교

장어 포인트

P
탄지삼거리

P
송계1교

장어 포인트

진입로 통제

P

N

↙ 수안보

덕산면소재지

월악휴게소

수산면
소재지

한수면 탄지리 237-10

1~2m

오름수위
포인트

130~140m 수위에
마릿수, 씨알 모두
좋은 특급 포인트

1~2m

오름수위 포인트
130~140m 수위 포인트

P

※ 낚이는 씨알 굵으나
터가 셈

1~3m

댐 수위 120m부터 낚시 시작,
140m까지 포인트 형성

충주·
공이교

P

충주호월악산
유스호스텔

1~3m

장어 포인트

120~140m 수위 포인트

탄지리 만수위에 빛을 발하는 곳으로
오름수위 때는 보트낚시도 호황

↑충주·공이교

장어 포인트

P

송계리 갈수위에 붕어낚시 잘 되고
보트 타고 건너가면 낚시자리 즐비

1~2m

수몰 학교터

갈수위 포인트

N

장어 포인트

보트 진입 포인트

송계1교

120~125m 수위 시
드러나는 연안

만수위 시 장어 포인트

P

장어 포인트

597

125m 이상 수위 포인트

1~2m

진입로 통제

P

도보로 갈 수 있으나
매우 힘들기 때문에
목벌리에서 개인보트로
도강 추천

붕어낚시와
장어낚시
모두 잘됨

1~2m

1~2m

오름수위 특급 포인트
132~140m 수위 포인트

송계2교

P

흐르는강물처럼모텔

한수면 북평리 111-5

↙한수면소재지

충주·동량면소재지 ↑

N

133·140m 수위 시
3-4자리 나옴

P

1~2m

동량면 지동리 125

오름수위 특급 포인트

2~3m   봄·가을 포인트
120-130m 수위 포인트

댐 수위 133m 이하일 때는
육로 진입 힘들기 때문에
미라실에서 개인보트 도강 추천

120m 수위부터
130m 수위까지
포인트 형성.
보트 도강 포인트

115m 수위

장어 포인트

지동리(사방골) 수상좌대가 없어 아늑한 분위기에서
연안낚시를 할 수 있는 곳

남제천IC·금성면소재지

오산리·하천리 ↑

532

금잠골 120m 수위부터 130m 수위까지
호황을 보이는 명당

봄·가을 포인트
127-138m 수위 포인트

2~3m

120~130m 수위

특급 포인트

수몰 논자리

※ 120-130m 수위 시
연안 보트낚시 포인트 형성

보트 진입

붕어·장어 포인트

동량면소재지

P

장어 포인트
115m 이상 수위에서 낚시 가능

P

양아리(미라실) 충주호에서 연안낚시가 가장 많이 이뤄지는 곳.
미라실낚시펜션에서 숙박 가능

충주호미라실
테마펜션

동량면 지동리 807-1

N

만천(하천교 상류)

충주지역에서 가장 큰 다리인 하천교 상류에 있어
찾아가기 쉬운 오름수위 포인트

※ 만천마을이 수몰된 곳이라서 '만천'이라 부른다

동량면소재지

댐 수위 123~140m에
포인트 형성

P

1~2m
오름수위 포인트

2~3m

120m 수위
1~2m

118m 수위

충주시 동량면 손동리(음양지)에 있는
충주호관광농원(충주시 동량면 호반로
393) 옆 비포장도를 이용해 고갯길을
넘어 진입할 수 있으나 사륜구동차량이
아니면 운행 힘듦.

2~3m

봄·가을 포인트

댐 수위 122m부터
140m까지 낚시 가능.
오름수위에 호황

하천교나 인근
충주호 리조트 주변에
주차하고 도보로 진입

충주스카이
레이크빌가족호텔

하천교

명서리 하류

갈수위에는 낚시를 못하고 만수위에 낚시 가능하며
오름수위에 최고 호황을 보이는 곳

※ 명서리 배터에서 보트로만 진입할 수 있으며
완경사지대에선 붕어가 잘 낚이고 자갈이나 바위지대에선 장어가 잘 올라옴

오름수위 특급 포인트
1~2m

2~3m

오름수위 포인트

126m 수위부터 140m
수위까지 낚시 가능

1~3m

1~2m

오름수위 포인트
126m 수위부터 낚시 가능

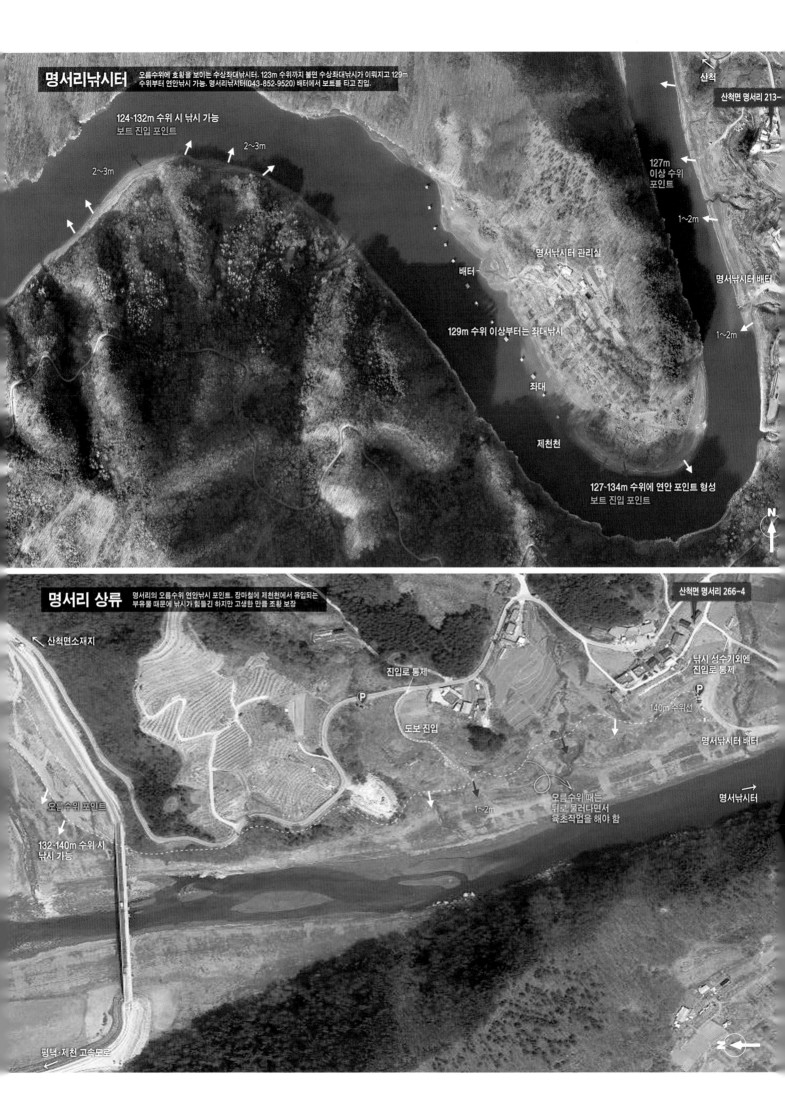

명서리낚시터
오름수위에 호황을 보이는 수상좌대낚시터. 123m 수위까지 불면 수상좌대낚시가 이뤄지고 129m
수위부터 연안낚시 가능. 명서리낚시터(043-852-9520) 배터에서 보트를 타고 진입.

산척

산척면 명서리 213-

124-132m 수위 시 낚시 가능
보트 진입 포인트

2~3m

2~3m

127m
이상 수위
포인트

1~2m

명서낚시터 배터

1~2m

배터

명서낚시터 관리실

129m 수위 이상부터는 좌대낚시

좌대

제천천

127-134m 수위에 연안 포인트 형성
보트 진입 포인트

N

명서리 상류
명서리의 오름수위 연안낚시 포인트. 장마철에 제천천에서 유입되는
부유물 때문에 낚시가 힘들긴 하지만 고생한 만큼 조황 보장

산척면 명서리 266-4

산척면소재지

진입로 통제

P

낚시 성수기외엔
진입로 통제

P

140m 수위선

도보 진입

명서낚시터 배터

오름수위 때는
뒤로 물러나면서
육초작업을 해야 함

명서낚시터

1~2m

오름수위 포인트

132-140m 수위 시
낚시 가능

평택·제천 고속도로

N

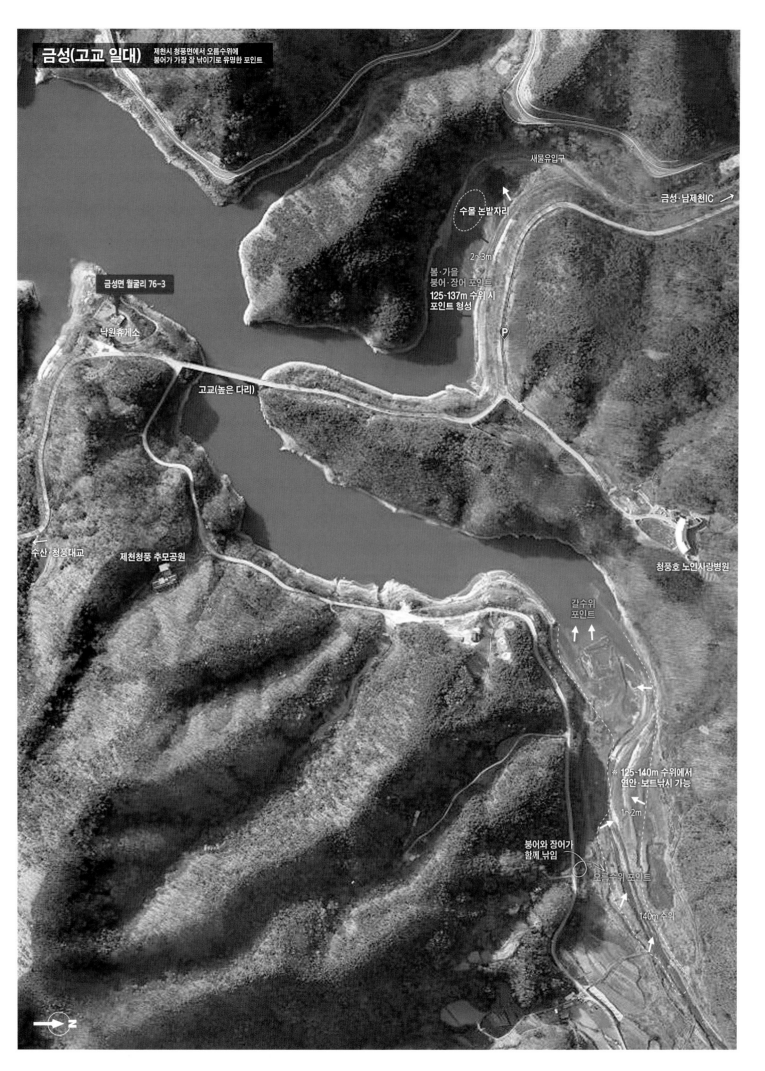

금성(고교 일대)
제천시 청풍면에서 오름수위에
붕어가 가장 잘 낚이기로 유명한 포인트

새물유입구

금성·남제천IC →

수몰 논밭자리

2~3m

봄·가을
붕어·장어 포인트
125-137m 수위 시
포인트 형성

P

금성면 월굴리 76-3

낙원휴게소

고교(높은 다리)

수산·청풍대교

제천청풍 추모공원

청풍호 노인사랑병원

갈수위
포인트

※ 125-140m 수위에서
연안·보트낚시 가능

1~2m

붕어와 장어가
함께 낚임

오름수위 포인트

140m 수위

N

지곡리 충주호에서 붕어낚시가 일찍 시작되는 곳. 4월 초부터 연안낚시가 이뤄진다
주차 여건과 도로 사정이 좋아 낚시하기도 편함

수산면 지곡리 233-2

110m 수위선

보트 진입
포인트
※ 연안·보트낚시 가능

2~3m

120~129m 수위선

P

1~2m
오름수위 포인트
P

※ 130~140m 수위 시
연안·보트낚시 모두 가능

만수선

지곡천

수산면소재지

도전리

↑ 단성면소재지

계란리(수산) & 원대리   충주호 최고의 오름수위 연안낚시 포인트.
저수위에도 낚시할 포인트가 있음

수산면 계란리 18-13

ⓟ

오름수위 포인트

계 란 리

버드나무 수몰될 때
(통상 127m 이상 수위)
최고 호황

ⓟ

2m 내외

※ 120~135m 수위까지
연안·보트낚시 가능

옥순대교

115m 수위선

36

2~3m

ⓟ

※ 120~140m
수위 시
낚시 가능

ⓟ

4짜 후반의
태물붕어 출현
포인트

원 대 리

1~2m

ⓟ

오름수위 포인트

ⓟ

만수선

원대교

↓ 수산면소재지

N →

구단양(운동장 밑)

단성면소재지 수몰지역으로 '운동장 밑'이라 부르는 이곳은 단양
보 설치 후 130m 이상의 상시수위를 유지한 호수로 탈바꿈했다.

수산면소재지

수중섬

※ 충주호 최상류 구단양 지역은 과거 최고의
오름수위 명포인트였으나 단양보 설치 후
늘 물이 차 있는 호수가 되면서 오름수위
호황은 만나기 힘들어졌다.

※ 그 대신 봄부터 가을까지 언제 가도 낚시가
가능한 전천후 낚시터가 되었다. 빠르면 3
월 중순부터 시즌이 시작되어 11월까지 이
어지며, 4월 산란기와 7-8월 장마철에 피
크조황을 보인다.

36

선암계곡

삼거리식당

우화교

우화교 상류 쪽 연안 갈대수
초대는 오름수위 명당이다.

적성대교

북단양IC

단양대교

보트
띄우는 곳

P
10대 주차

P   20대 주차

단성면 하방리 172

운동장

단양농협

단양생활
체육공원

낚시점·수퍼

수몰이주 기념관

단양대물낚시(010-4285-8527)

단성면사무소

단성삼거리

단양IC

단양IC

중앙고속도로

4km 상류에
시루섬

구단양보다 상류에 있는 시루섬과 그
맞은편 도로 밑 연안도 낚시가 잘 되는
곳이다. 시루섬은 보트낚시, 도로 밑에
선 연안낚시를 한다.

단양휴게소

충주 화곡지

씨 알 ★★★★
마릿수 ★★★
수 질 ★★★
경 관 ★★★
주 차 ★★★

Profile

깨끗하고 풍광 좋은 준계곡지로 호젓하게 하룻밤을 새고 오기 좋은 곳이다. 연안 버드나무 군락이 봄이면 운치를 더해준다. 2000년대 초반까지 붕어낚시와 함께 잉어, 향어낚시가 성행했지만 배스가 유입된 현재는 향어는 보기 힘들어졌고 35cm 전후 월척 붕어와 허벅지만 한 잉어가 주로 낚이고 있다. 연안 입어료는 1만5천원.

충주지식기업도시
예정지구

버드나무+
마름

1.3~1.5m

예전 연못자리

마름

갈수위에
드러나는 연못 둑

주덕읍

킹스데일GC

1.5m 전후
수몰 논자리

잉어 포인트

잉어 포인트

무넘기

※ 3월 하순부터 4월 초에 산란 찬스

※ 고성방가 시 강퇴조치하고 수상좌대는 저녁 6시 이후엔
태워주지 않는 등 엄격하고 정숙하게 낚시터 운영

수몰 버드나무 군락

1~2m

외바늘에 글루텐을 크게 달아 기다리는 낚시를 한다.
잉어를 낚으려면 어분을 섞은 곡물 떡밥을
크게 뭉쳐 사용한다. 입질시간대는 자정과 새벽·아침

새물 유입구

수몰 버드나무 군락

1~2m

마름

주덕읍 화곡리 133-1
관리실

갈수위에
시원한 그늘에서
낚시할 수 있다.

어종과 미끼

주어종 ▶ 붕어
외래어종 ▶ 배스
토착어종 ▶ 잉어, 가물치, 메기, 동자개, 빙어
잘 듣는 미끼 ▶ 떡밥, 지렁이
채집 가능한 생미끼 ▶ 없음

행정명칭 ▶ 화곡지
지역별칭 ▶ 없음
주소 ▶ 충주시 주덕읍 화곡리
면적 ▶ 5만1천평
준공연도 ▶ 1982년
인터넷지도 검색명 ▶ 충주 화곡지
내비게이션 주소 ▶
주덕읍 화곡리 133-1
관리실 전화 ▶ 043-845-6971

주덕읍

충주 탄금호 (조정지댐)

씨 알 ★★★★
마릿수 ★★★
수 질 ★★★★
경 관 ★★★★
주 차 ★★★★

Profile

탄금호는 충주호 조정지댐의 새 이름이다. 1985년에 충주댐과 함께 건설된 보조댐으로서 충주댐의 홍수조절을 도와주고 발전도 한다. 충주호와 달리 늘 일정 수량을 유지하며 2월 말부터 4월까지 초봄에 호황을 보인다. 충북지역에서 겨울에도 4짜 붕어를 만날 수 있는 거의 유일한 물낚시터다.

원주

목계리

목계대교

남한강교

장천리

두무소

충주IC

봉황리

장자늪(매립)

동충주IC

제천

음성제천간 고속도로

매하리

조정지댐

금가면소재지

노은JC

월상늪·월상수로

제천

북충주 IC

월상리

● 탄금호에서 낚시가 어려워진 지역

음성

중부내륙 고속도로

입석낚시터

원포리

월상늪, 월상수로 : 연안에 둘레길이 생겨 낚시하기 어렵다.
장자늪 : 4대강공사 때 매립되었다.
능바위늪 : 한국수자원공사에서 낚시를 금지시켰다.

탄평리

목행대교

충주호

종포수로

목행역

▲ 충주댐 발전방류 시간에 따라 하루 2~3번 약 1m의 수위변동이 있다. 수위가 올라올 때보다 내려갈 때 입질이 잦은 특징이 있으며 새벽~아침의 입질 빈도가 높다.

남한강

▲ 탄금호는 미끼의 90%가 글루텐떡밥이며 봄철 산란 직전이나 늦가을에는 지렁이도 함께 사용한다.

충주첨단산업단지

능바위늪

충주시청

중부내륙고속도로

탄금교

검단리

충주 탄금대

갈마늪

충주IC

달천

충주역

한국교통대학 충주캠퍼스

용머리수로

대소원면소재지

3번국도

충주시

호암지

행정명칭 ▶ 탄금호
지역별칭 ▶ 조정지댐
주소 ▶
충주시 금가면, 중앙탑면, 엄정면
면적 ▶ 71만평
준공연도 ▶ 1985년
인터넷지도 검색명 ▶ 탄금호
내비게이션 주소 ▶ 세밀도 참고

어종과 미끼

주어종 ▶ 붕어
외래어종 ▶ 배스, 블루길
토착어종 ▶ 잉어, 메기, 장어, 쏘가리
잘 듣는 미끼 ▶ 떡밥(글루텐), 지렁이
채집 가능한 생미끼 ▶ 소량의 새우

괴산

문경

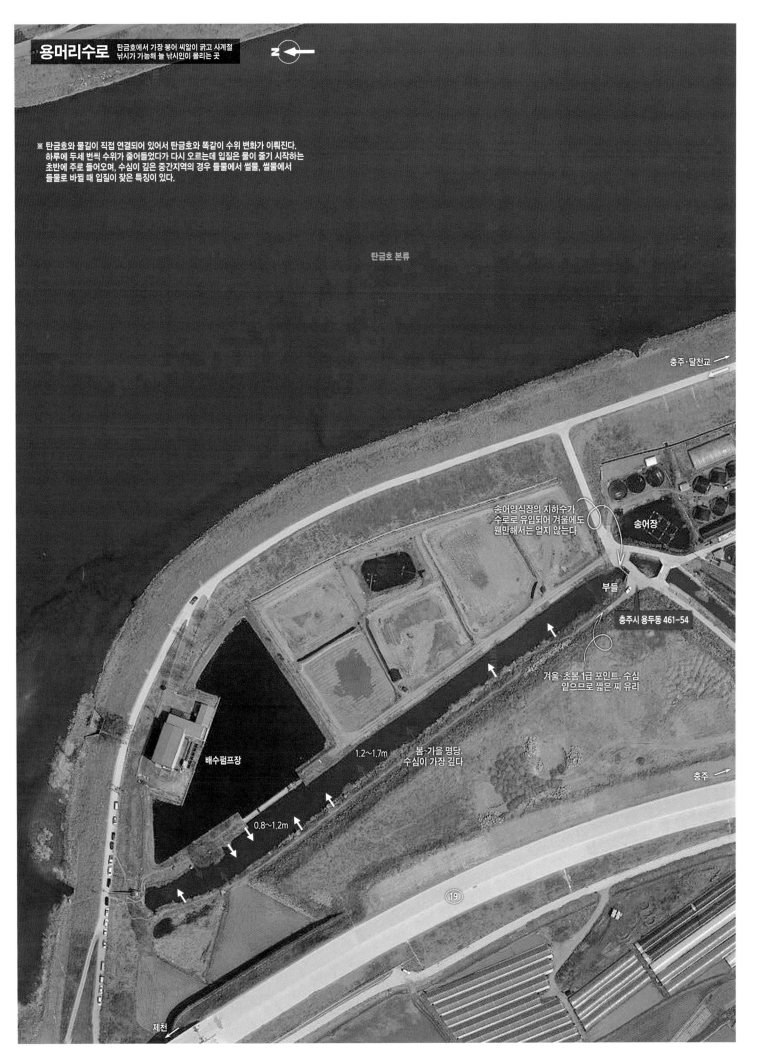

용머리수로

탄금호에서 가장 붕어 씨알이 굵고 사계절
낚시가 가능해 늘 낚시인이 몰리는 곳

※ 탄금호와 물길이 직접 연결되어 있어서 탄금호와 똑같이 수위 변화가 이뤄진다.
하루에 두세 번씩 수위가 줄어들었다가 다시 오르는데 입질은 물이 줄기 시작하는
초반에 주로 들어오며, 수심이 깊은 중간지역의 경우 들물에서 썰물, 썰물에서
들물로 바뀔 때 입질이 잦은 특징이 있다.

탄금호 본류

충주·달천교

송어양식장의 지하수가
수로로 유입되어 겨울에도
웬만해서는 얼지 않는다

송어장

부들

충주시 용두동 461-54

겨울·초봄 1급 포인트. 수심
얕으므로 짧은 찌 유리

배수펌프장

1.2~1.7m

봄·가을 명당.
수심이 가장 깊다

충주

0.8~1.2m

⑲

제천

갈마늪 용머리수로와 함께 4짜 대물이 자주 출현하는 곳

충주 IC

탄금대교

탄금대교

4칸 이상 긴 대로 건너편 뗏장수초 공략

뗏장

부들

1~1.2m

80cm~1.2m

50cm~1m

수초직공 포인트

진입 어려움

부들밭

창동감리교회

특급 포인트는 아니지만 호젓하게 낚시할 수 있으며 그늘이 있어 여름에 좋다

중앙탑면 창동리 158

종포수로 진입이 수월하고 앉을 자리가 많다. 단체출조지로 추천

털보낚시터

탄금교

금가면 원포리 585

1m 내외

월상리

50cm~1.2m

50cm~1.2m

말풀이 곳곳에 분포

80cm~1.5m

탄금호 본류

두무소
붕어 대낚시와 장어 릴낚시가 다 잘 되는 곳

↑N

● 두무소는 조정지댐의 하류에 있어서
  탄금호 안에 있는 낚시터는 아니지만
  탄금호 출조권역에 함께 포함한다

장호원 ↑

목계대교

남 한 강

남한강교
(완공)

※ 여름철 충주댐에서 많은 양의 방류가 이뤄지거나 큰비가
  오고 나면 두무소에 물이 유입되며 이때 조황이 좋다.

펑택·제천간
고속도로(완공)

장어, 메기, 자라 등 남한강에 서식하는 강고기들을
두루 낚을 수 있는 곳이다. 경치가 좋고 숲 그늘이 있어
캠핑낚시나 장박낚시 하기에 좋다.

38

장어 포인트   장어 포인트   10m   1.5~2.5m

                            용바위

물길 끊겨 있으나
장마 때 연결   1.5~3m

말풀+마름   P
0.5~1m

P

금가면 하담리 85-1

↙ 금가면소재지

↓ 산척면소재지

충청남도

공주시 **계룡지(갑사지), 우목지, 유구천, 유계지,**
　　　중흥지, 한천지
금산군 **숭암지, 지동지(못골지), 화림지**
논산시 **논산지(탑정지), 논산천, 병사리지(가곡지)**
당진시 **보덕포수로, 삽교호**
보령시 **구수지, 성연지, 수지지(연지지), 신촌지,**
　　　영보지, 옥계지, 용제지, 죽림지, 진죽지,
　　　하만1지(사각지), 청라지
부여군 **가신지, 덕용지(가화지), 복금지(충화지),**
　　　반산지, 옥산지
서산시 **고남지(성연지), 간월호, 고풍지, 대산지, 대호,**
　　　마룡지, 명지지, 모월지(양대리지), 부남호,
　　　봉락지, 성암지, 산수지, 중왕리수로, 잠홍지,
　　　팔봉수로, 풍전지
서천군 **길산천, 문산지, 종천지, 부사호, 축동지, 흥림지**
세종시 **고복지**
아산시 **도고지, 봉재지, 송악지, 아산호(평택호)**
예산군 **예당지**
천안시 **마정지, 천흥지, 풍년지(시장지)**
청양군 **지천**
태안군 **도내리수로, 만리지, 미포지, 반계1호지(닷개지),**
　　　반계2호지(섭벌지), 법산지, 사창지, 송현지,
　　　수룡지, 정죽지(비석거리지),
　　　승언2호지(안면2호지), 이원호, 인평지,
　　　죽림지, 지포지, 창기지, 창촌지(관리지)
홍성군 **공리지, 대사지, 벽정지, 월암지(봉서지),**
　　　죽전지(광천지), 홍성 천태지(행정지),
　　　홍동지(장곡지)

태안 안면도 승언2호지

공주 계룡지 (갑사지)

씨 알 ★★★★
마릿수 ★★★
수 질 ★★★★
경 관 ★★★★
주 차 ★★★★

← 논산천안간고속도로 탄천IC

Profile

공주에서 가장 큰 저수지인데 유료터로 운영되고 있다. 2013년 제방 증축공사로 수면적이 지금의 20만평으로 넓어졌다. 월척 명당으로 정평이 나 있으나 2010년부터 불어난 외래어종 탓에 낚시객의 발길이 많이 줄었다. 붕어와 떡붕어 개체수가 준 대신 낚이면 40cm 이상이라 할 정도로 씨알이 굵어졌다. 연안 입어료 1만원.

☞ 계룡산국립공원 내 유명 사찰인 갑사(甲寺) 진입로에 위치해있어 예전부터 갑사지라고 불렸다. 경관이 수려하고 갑사 계곡의 물이 유입되어 수질이 깨끗하다.

제방은 전역이 배스낚시 포인트

취수탑·배수장

계룡면 중장리 산 34-1
중장가든

관리실
배터

배수장 포인트

2m(3칸 기준)

산란철 최고의 명당. 4월 중순부터 배수가 시작되는 5월 초까지 대물붕어 출현

수몰나무
1~1.5m

1~1.5m

새물 유입구

※ 4월 초에서 5월 초가 대물 찬스. 단단하게 갠 글루텐을 외바늘에 달아서 수몰나무 앞에 떨어지도록 캐스팅한다.

좌대

여름 포인트

2m(3칸 기준)

솔밭 포인트

캠핑 공간

60% 정도의 갈수위에 캠핑낚시를 하기 좋다. 블루길 동자개 메기가 잘 낚임. 받침틀 필수

1.5~2m

수몰나무

새물 유입구

산란기 포인트

여름 포인트

수몰나무

중장교

찜질방

어종과 미끼

주어종 ▶ 붕어, 떡붕어
외래어종 ▶ 배스, 블루길, 향어
토착어종 ▶ 잉어, 가물치
잘 낚이는 미끼 ▶ 떡밥, 지렁이
채집 가능한 생미끼 ▶ 없음

무당골

행정명칭 ▶ 계룡지
지역별칭 ▶ 갑사지
주소 ▶ 공주시 계룡면 하대리
면적 ▶ 20만3천평
준공연도 ▶ 1964년
인터넷지도 검색명 ▶ 계룡저수지
내비게이션 주소 ▶ 계룡면 중장리 산 34-1
관리실 전화 ▶ 041-857-8104

공주 우목지

씨 알 ★★★
마릿수 ★★★★
수 질 ★★★
경 관 ★★★
주 차 ★★

조선 후기의 선비 최익현 선생의 업적을
기리는 사당인 모덕사(慕德祠)가 상류에
있어 모덕사지라고도 불린다.

Profile

떡붕어와 토종붕어가 7:3 비율
로 섞여 낚이는 유료낚시터다.
떡붕어는 월척급이 많아 전층
낚시인이나 계곡지 낚시를 좋
아하는 떡밥낚시 마니아들이
주로 찾는다. 3월 말에서 4월
초에 4짜급 떡붕어가 낚이는데
그 시기가 매우 짧다. 캐치앤릴
리즈 조건으로 1만5천원의 입
어료를 받고 있다.

※ 밤 9시경부터 새벽 2시 사이에 굵은 씨알
의 붕어가 낚임.

※ 만수위보다는 5~6월 갈수위에 앉을 만한
포인트들이 많이 드러나면서 조황도 살아
난다. 입질수심은 3~4m로 깊은 편. 얕은
곳에선 씨알이 잘고 입질도 드물다.

안양교

산란기 포인트
붕어·떡붕어

모덕사

갈대
모덕교

낚시
불가

전층낚시
포인트
3m

어종과 미끼

주어종 ▶ 떡붕어, 붕어
외래어종 ▶ 블루길, 향어
토착어종 ▶ 잉어, 메기, 동자개
잘 낚이는 미끼 ▶ 지렁이, 떡밥
채집 가능한 생미끼 ▶ 참붕어

6~8m

수몰나무
2m

인삼밭

송암리

바닥·전층 포인트
2~3m
수몰나무

용봉리

행정명칭 ▶ 우목지
지역별칭 ▶ 모덕사지, 용봉지
주소 ▶ 공주시 우성면 우목리
면적 ▶ 7만7천평
준공연도 ▶ 1988년
인터넷지도 검색명 ▶ 우목저수지
네비게이션 주소 ▶ 우성면 용봉리
701-4
관리실 전화 ▶ 041-855-4818

섬

떡붕어 씨알이 가장 굵게
낚이는 1급 포인트

화장실 수심깊음

직벽

관리소
우성면 용봉리 701-4

공수원
사거리

일정 수위가 되면 자동적으로 물을 방류
하는 자동수위조절장치. 비가 많이 올 때
는 갑자기 배수가 이뤄져 물흐름 발생

낚시불가

제방
차량 진입 가능

연안잔교. 6월부터
10월까지 9~10척 대
활용한 제등
낚시가 효과적

공주 유구천

씨 알 ★★★★
마릿수 ★★★★
수 질 ★★★★
경 관 ★★★★
주 차 ★★★

Profile

공주를 대표하는 강낚시터로 유
구읍 탑곡리·덕곡리·추계리
경계지점에서 시작하여 공주시
우성면 평목리에서 금강으로
합류하는 25km의 하천이다. 물
이 맑고 수량이 풍부하다. 꽃보,
동원보, 통천보, 사곡보, 해월보,
밤섬보, 화쟁이보, 석성보 등 20
여 곳의 보에서 붕어, 쏘가리,
잉어 등 다양한 물고기가 낚여
사철 낚시인들이 찾고 있다.

지도 표기 지명

예산·유구읍
신풍면사무소
백룡리
❶화쟁이보
❷석상보
봉현리
선학리
❸영정보
영점리
신풍
상
신풍휴게소
청원방면
해월교
해월리
당진영덕고속도로
해월터널
호계터널
신영리
고당
사곡면사무소
629
마곡사TG
❹꽃보
30
신풍터널
새들교
32
❺동천보
화월리
동천교
우성면사무소
동대리
↓서공주JC
계실리
계실저수지

어종과 미끼

주어종 ▶ 붕어, 떡붕어
외래어종 ▶ 배스, 블루길
토착어종 ▶ 잉어, 메기, 가물치, 동자개, 쏘가리,
강준치, 끄리 등 강계 어종
잘 듣는 미끼 ▶ 지렁이, 떡밥, 글루텐, 옥수수
채집 가능한 생미끼 ▶ 없음

행정명칭 ▶ 유구천
지역별칭 ▶ 없음
인터넷지도 검색명 ▶ 유구천
내비게이션 주소 ▶ 공주시
신풍면 동원리 223-1 외

①화쟁이보

잔챙이부터 4짜 붕어까지 고루 낚이며 봄과 늦가을에 대물 붕어가 잘 낚인다.

● 신풍면소재지 바로 앞에 위치해 있다.
● 도로변(신풍면 쪽)은 2015년까지 대물 붕어가 잘 낚였으나 연안 공사 후 조황이 떨어졌다. 공사를 하지 않은 도로 건너편은 수초가 그대로 자라 있고 조황도 좋다

N

동원리

도로변 주차(제방 아래로 내려가는 길이 가파르니 내려갈 때 주의할 것.)

공주시 신풍면 동원리 223-1

동막교

화쟁이보

도로변보다 맞은편에 수초가 잘 자라 있고 조황도 좋은 편이다.

수심 1~2m

갓길주차 후 도보로 진입

마름

샛수로(샛수로가 새로 생겨 수위에 따라 장화를 신고 건너가야 함.)

마름

수심 1~2m

수련이나 마름 수초 군락이 포인트를 형성하므로 수초를 넘겨 공략해야 한다.

도로변 주차 가능

연안 석축 공사로 발판 좌대 필수 지참

사곡면소재지

신풍교차로

유구읍

신풍면소재지

②석성보

수초는 없지만 수중 바위들이 포인트를 형성하고 있어
바위 주변을 공략하면 월척급 붕어를 낚을 수 있다.

※ 맞은편 도로에 있는 주유소에서 나오는
밝은 불빛이 밤에 찌를 볼 때 거슬리지만
자정이면 꺼진다.

마곡사IC

석성보

32번 국도

막다른길

수중바위

도보로 이동

수심 2~3m

주차공간(5대) P

큰나무

수심 2~3m

백룡리

막다른길
(일렬 주차가능)

토사가 쌓여 만들어
진 곶부리

동원리

공주시 신풍면 동원리 129   공주시 신풍면 백룡리 914-11

오일뱅크 주유소

섬

포장도로

평소에는 낚시가 가능하지만
보에서 배수 시 낚시 불가

비포장도로

신풍장례식장

↙ 신풍면소재지·유구읍

③영정보 | 봄 시즌에 호황을 보이며 월척급이 잘 낚이고 4짜 붕어가 낚이기도 한다.

※산 밑 포인트는 수심이 깊은 급경사라서 다소 위험하지만 시원한 찌올림의 붕어 입질을 볼 수 있다.
※비 온 후에는 유속이 있어 낚시가 어렵다.

보를 건너 도보로 진입 가능
(낚시짐 최소화할 것)

영정보

영정교

바위 직벽

비포장도로

수심 1m

연안 따라 도보 진입

산길 따라 진입, 안전사고에 조심할 것

공터 주차(7대)

수심 4~5m

수심 2m

공주시 신풍면 영정리 300-1

(2대, 우천시에는 주차를 피할 것)

수심 1m

갈대밭

비포장농로길
(협소하니 진출입 시 양보가 필요하다)

공주시 신풍면 평소리 259

수심 얕아
낚시 불가능

북캠프 공주지점

마곡사IC

영정리

평화교

32번 국도

● 영정교에서 진입하면 주차여건이 좋지만 평화교에서 진입하면 진입로도 좁고 주차공간도 협소하다.

도로변 주차
(협소)

수심 2m

(3대) P

평소리

신풍면소재지, 유구읍

④꽃보 간혹 새우 미끼에 4짜급 붕어가 올라와
         기대감을 갖게 하는 곳이다.

→ Z

● 수로 폭이 넓고 일부 연안으로 부들과 마름
   수초가 포인트를 형성하고 있다.

※ 도로변에 주차해야 하는 불편이 아쉽다.

유구읍, 신풍면소재지 ↗

갓길주차

버드나무   수심 1m   해월교 ↓

수심 1m

하천둔치

봄철 포인트

봄에 수련 주변을
공략하면 큰 씨알의
붕어를 낚을 수 있다.

수심 1m

넓은 공터(단체 주차 및 야영 가능)

호계리

사곡교차로

공주시 사곡면 호계리 584-6

수련군락

도로변 주차

갈대를 헤치고 들어가면 수련
군락이 나온다(당일 수위에 따
라 낚시여부가 결정됨)

도로변 주차 후 계단
을 이용해 내려감   ● 정자

직벽 포인트
(수심 3~4m)

공주시 사곡면 호계리 산 38-1

꽃보

호계초교

← 마곡사IC(900m)

호계리

태화교

사곡가축인공수정소

기도원

사곡면사무소

사곡할인마트

사 곡 면

하나로마트

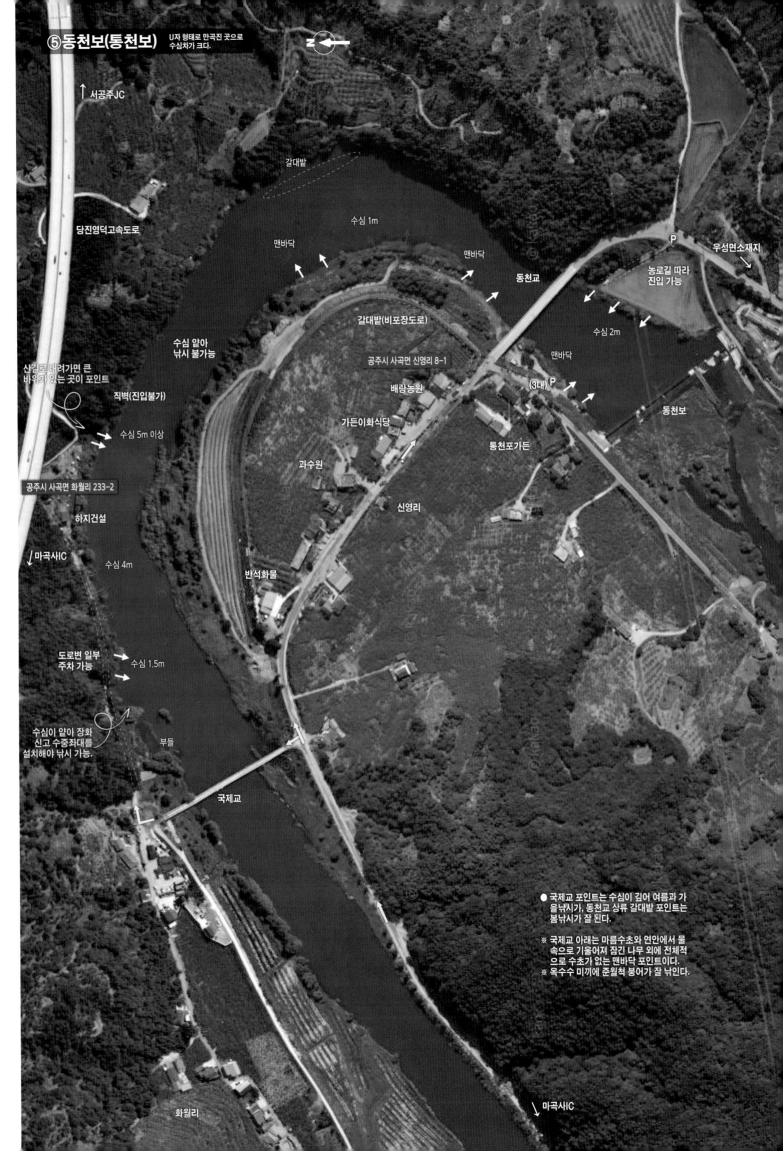

⑤ 동천보(통천보) — U자 형태로 만곡진 곳으로 수심차가 크다.

서공주JC

당진영덕고속도로

갈대밭

수심 1m

맨바닥

맨바닥

동천교

P

우성면소재지

농로길 따라 진입 가능

갈대밭(비포장도로)

공주시 사곡면 신영리 8-1

수심 2m

맨바닥

수심 얕아 낚시 불가능

배랑농원

산길로 내려가면 큰 바위가 있는 곳이 포인트

직벽(진입불가)

가든이화식당

(3대) P

동천보

수심 5m 이상

과수원

통천포가든

공주시 사곡면 화월리 233-2

신영리

하지건설

마곡사IC

수심 4m

반석화물

도로변 일부 주차 가능

수심 1.5m

수심이 얕아 장화 신고 수중좌대를 설치해야 낚시 가능.

부들

국제교

● 국제교 포인트는 수심이 깊어 여름과 가을낚시가, 동천교 상류 갈대밭 포인트는 봄낚시가 잘 된다.

※ 국제교 아래는 마름수초와 연안에서 물 속으로 기울어져 잠긴 나무 외에 전체적으로 수초가 없는 맨바닥 포인트이다.
※ 옥수수 미끼에 준월척 붕어가 잘 낚인다.

화월리

마곡사IC

공주 유계지

씨 알 ★★★★
마릿수 ★★
수 질 ★★★
경 관 ★★★
주 차 ★★

Profile

배스가 유입된 2010년 이후 해마다 봄에 4짜 붕어가 낚이기 시작하면서 주목받고 있는 곳이다. 대물이 낚이는 시기는 초봄과 초여름 오름수위인데 이 시기를 맞추지 못하면 물황을 겪기 쉽다. 미끼는 글루텐, 옥수수가 잘 먹히며 산란기에는 지렁이를 사용하기도 한다. 입질 시간은 새벽 5시부터 오전 11시까지.

※ 최고의 찬스는 4월 초에서 중순까지 보름 동안. 배수가 시작되면 연안의 1차 턱이 드러나는 수위에서 두 번째 턱자리를 노릴 수 있는데 이때 또 한 번의 대물 찬스.

도로 건너편 상류는 주민들이 낚시인 출입금지

저수지 주변엔 식당이나 슈퍼 등이 없으므로 5분 거리의 의당면소재지에 들러서 미리 장을 봐야 한다.

1~2m 수몰나무
산란기 포인트
3~4m

2014년 4월 10일 서울 대림낚시회 회원 7명이 이곳에서 2박3일 동안 전원 4짜 붕어를 낚았고 가장 큰 씨알이 47cm였음. 글루텐으로 아침에 대부분 입질 받음.

5~6m

5~6m

진입 불

P   P

의당면 유계리 129-1

수몰나무
3~4m(3칸대 기준)

P

수몰나무

무넘기   P

하류의 두 홈통은 갈수위 포인트. 3.5칸 이상 긴 대가 유리하다. 오름수위에도 낚시 잘되는 곳.

당진영덕간고속도로 공주IC

행정명칭▶ 유계지
지역별칭▶ 의당지
주소▶ 공주시 의당면 유계리
면적▶ 2만4천평
준공연도▶ 1988년
인터넷지도 검색명▶ 유계저수지
내비게이션 주소▶ 의당면 유계리 129-1

어종과 미끼

주어종▶ 붕어, 잉어
외래어종▶ 배스, 블루길
토착어종▶ 메기, 가물치
잘 낚이는 미끼▶ 떡밥, 지렁이, 옥수수
채집 가능한 미끼▶ 없음

공주 중흥지

씨　알 ★★★
마릿수 ★★★
수　질 ★★★★
경　관 ★★★★
주　차 ★★★★

N

Profile

낚시금지구역으로 묶여 있다가
2001년에 풀린 유료낚시터다.
떡붕어낚시터로 유명했으나
2010년 이후 붕어 방류량을 늘
려 현재는 토종붕어 낚시터로
변모했다. 주 씨알은 6~8치이
며 35cm급 월척이 종종 올라
온다. 배스낚시는 허용하지 않
으며 1만5천원의 연안 입어료
를 받고 있다.

서세종 IC

여름 시즌
관리소 위치

취수탑
배수기 포인트
2.5~3m

P

하우스낚시터

차량 진입 가능하나
진입로를 막아놓았다.

새물유입구

하류 지역은
여름 외 낚시 불가

항어·잉어 포인트

무넘기

새물찬스 포인트
1m

갈수선

만수위 시 잠김
1~1.5m

정안면소재지

의당면 도산리 513-2
관리소
1m

오름수위 포인트
1~2m　좌대

P

유입구

봄 산란 특급 포인트
1m

1.5-2칸대 거리

수몰나무 밀집한 수로 형태

버드나무 수몰된
만수위 명당, 갈수
기엔 안으로 들어
가서 본류 물골을
바로 노린다.

어종과 미끼

주어종▶붕어, 떡붕어
외래어종▶배스, 항어
토착어종▶잉어
잘 듣는 미끼▶떡밥
채집 가능한 생미끼▶없음

행정명칭▶중흥지
지역별칭▶중흥낚시터
주소▶공주시 의당면 중흥리
면적▶6만9천평
준공연도▶1999년
인터넷지도 검색명▶중흥저수지
내비게이션 주소▶의당면 도산리
513-2
관리실 전화▶041-854-8848

공주 한천지

씨 알 ★★★★
마릿수 ★★★
수 질 ★★★
경 관 ★★★
주 차 ★★★

한천리 경로당

P

상류의 한천교 밑으로
시원한 계곡물이
흘러내려오고
더 올라가면 샤워를
할 만한 계곡도 있어
여름 피서터로 좋다.

한천교

산란기 포인트

1.2~1.5m

산란기 포인트

※ 밤에는 옥수수, 낮에는 지렁이 미끼가 잘 듣는다.

※ 산란철이나 오름수위에는 지렁이에 대물붕어가 잘 낚인다.

※ 떡밥에 어분을 섞어 쓰면 잉어와 향어가 달려든다.

※ 떡밥에 이상하게 자라도 잘 낚인다.

초저녁 낚시가 잘되고 밤 12시부터 입질이
뜸하다가 동틀 무렵부터 입질이 살아난다.

Profile

2011년까지 유료낚
시터로 운영되다가
무료터로 바뀐 계곡
지다. 2009년경 배스
유입. 2014년 10월
오름수위에 47cm 붕
어가 낚인 바 있고 현
지민의 릴낚시에
51cm 붕어가 낚였다
고도 한다. 유료터로
운영될 당시 방류했
던 향어와 잉어가 함
께 낚이고 있다. 4월
중순부터 시즌이 시
작되며 봄에는 1m권,
여름에는 2.5~3m 수
심에서 입질이 잦다.

우성면 한천리 79-7

P
호수의정원 펜션

70cm~1.2m
오름수위 포인트

산란철보다 오름수위에 대물 출현
빈도 높다. 1.5m 수심의 여뀌 군락지를
찾아 대 편성. 오름수위 때는
오전보다 오후에 입질 잦은 특징.

P

어종과 미끼

주어종 ▶ 붕어
외래어종 ▶ 배스, 향어
토착어종 ▶ 가물치, 강준치, 자라
잘 듣는 미끼
지렁이, 옥수수 떡밥
채집 가능한 생미끼 ▶ 없음

2~2.5m
여름 포인트

절벽
지형

행정명칭 ▶ 한천지
지역별칭 ▶ 영천지
주소 ▶ 공주시 우성면 한천리
면적 ▶ 4만6천평
준공연도 ▶ 1961년
인터넷지도 검색명 ▶ 공주 한천지
내비게이션 주소 ▶
우성면 한천리 79-7

당진 영덕간 고속도로 공주IC

금산 숭암지

씨 알 ★★★★
마릿수 ★★
수 질 ★★★★
경 관 ★★★
주 차 ★★★★

도로변 상류는
새물찬스 때
4짜 붕어가 낚인다.
짧은 대보다
4-5칸 긴 대에서
입질 빈도가 높다.

새물찬스·
봄 포인트

봄·여름 포인트

말풀 군락

숭암갤러리를 중심으로
상류 쪽 수몰나무 지대와
하류 쪽 야산 밑까지의
200m 구간이 주 포인트다.

보트낚시
포인트

얼음낚시
명포인트

1~2m

수몰나무

숭암갤러리

추부면 장대리 353

봄 포인트

뗏장

별장

1.5~2m

보트낚시는
갑자기 깊어지는
수중능선을 기준으로
얕은 연안 쪽을 노려야 한다.

릴낚시 포인트

※ 옥수수가 가장 잘 먹히며
옥내림채비를 많이 쓴다.

갈수기 포인트
4짜 대물 자주 출현

4~5m

원래 상류에 있던 수초대들이
준설공사가 이뤄지면서
대부분 사라지고 우안 상류의
숭암갤러리 앞에 일부 수초대가
남아 있다. 수초가 사라지면서
산란 시즌도 늦어져 4월 중순이 되어야
붕어가 낚이기 시작한다.

5월 이후엔 말풀이 무성해지면서
연안낚시가 어려워지는데
이때 보트낚시는 활기를 띤다.

Profile

금산군을 대표하는
대물터다. 참붕어와
새우를 사용해 월척
을 낚던 곳인데
2010년 이후 배스가
급격히 늘어나면서
생미끼 대신 옥수수
와 떡밥이 먹히는 대
물터로 바뀌었다. 4
월 한 달, 6~7월의
새물찬스에 4짜 중후
반대 대물이 낚인다.
하수시설이 정비되
면서 한때 문제가 됐
던 수질도 많이 개선
됐다.

어종과 미끼

주어종▶붕어
외래어종▶배스
토착어종▶잉어, 가물치, 동자개
잘 듣는 미끼▶옥수수, 떡밥
채집 가능한 생미끼▶없음

행정명칭▶숭암지
지역별칭▶없음
주소▶금산군 추부면 장대리
면적▶3만평
준공연도▶1958년
인터넷지도 검색명▶숭암저수지
내비게이션 주소▶
추부면 장대리 353

금산 지동지 (못골지)

씨 알 ★★★★
마릿수 ★★
수 질 ★★★
경 관 ★★
주 차 ★★★

N

Profile

화림지, 숭암지와 더불어 금산 대물터 삼총사로 꼽힌다. 세 곳 중 못골지의 봄시즌 개막이 가장 빠르다. 4월 중순에 지동지의 호황 소식이 들린 후 숭암지, 화림지 순으로 전개된다. 지동지는 두 곳과 비교해 씨알이 다양하고 마릿수가 많다. 턱걸이 월척부터 4짜까지 고르게 낚이며 간혹 대형 떡붕어가 올라온다.

봄철 명당은 세 곳으로 나뉜다. 좌안 상류의 도로 밑과 상류 중앙의 수올나무 포인트, 그리고 상류 도로 건너편인데 그중 상류 도로 건너편 부들 앞이 최고 명당이다.

※ 상류에 갈대, 부들, 버드나무 군락이 붕어의 산란장을 형성하고 있다.

오름수위엔 한낮에도 대물붕어가 올라오는데 오후 3-4시부터 입질이 들어오기 시작해 밤까지 이어진다.

산란가 브금 포인트

오름수위 포인트

부들

말풀 지대

수몰 버드나무

1~2m

부들

갈대

부들

추부면 용지리 109-4

새물 유입구

P

새물찬스에 4짜 출현 빈번

마사토 바닥

갈수위 수심 1m

새물찬스 포인트

늦가을·배수기 포인트

릴낚시 포인트

옥내림 잘 되는 곳

추부면소재지(1km)

정출 때 본부석

물이 빠지면 마사토 바닥을 이루고 있는 중류 연안에서 옥내림낚시나 떡밥낚시에 월척 붕어가 올라온다.

배수기에 상류에서 물이 빠지면 그때부터는 깨끗한 바닥을 찾아 옥내림낚시를 많이 한다. 지동지는 배수기에도 종종 월척과 4짜 붕어가 낚인다.

어종과 미끼

주어종 ▶ 붕어
외래어종 ▶ 배스
토착어종 ▶ 떡붕어, 잉어, 메기
잘 듣는 미끼 ▶ 글루텐, 옥수수
채집 가능한 생미끼 ▶ 없음

행정명칭 ▶ 지동지
지역별칭 ▶ 못골지
주소 ▶ 금산군 추부면 마전리
면적 ▶ 2만2천평
준공연도 ▶ 1958년
인터넷지도 검색명 ▶ 지동저수지
내비게이션 주소 ▶ 추부면 용지리 109-4

금산 화림지

씨 알 ★★★★★
마릿수 ★
수 질 ★★★★
경 관 ★★★
주 차 ★★★★

Profile

금산에서 가장 큰 붕어가 서식하고 있는 대물터다. 2012년 8월 금산 대어낚시 이복근 회원이 53cm 붕어를 낚았고 그 뒤로도 40cm 중후반 붕어를 비롯해 4짜 붕어가 다수 낚였다. 그러나 터가 세서 대물이 출현하는 시기에 맞춰 낚시하지 않으면 몰황을 겪기 일쑤. 상류에만 뗏장과 마름이 약간 있는 계곡지다.

금성면소재지

잉어 릴낚시 포인트

상류에서만 낚시가 이뤄지고 하류는 수심이 너무 깊어 낚시가 안 된다. 다만 갈수위 때는 하류에서 보트낚시나 릴낚시가 많이 이뤄진다.

마름 군락

보트낚시 포인트

뗏장

여름 포인트
2~3m

※ 만수보다 갈수위의 조황이 좋다.
비가 내려 물이 탁해졌을 때 대물 출현이 잦다.

※ 배스 증가세가 주춤해지고 최근엔 떡밥에 6-7치 붕어가 곧잘 낚여 현지 낚시인들조차 놀라고 있다.

3m

잉어 릴낚시 포인트

2~3m

오름수위 특급 포인트

갈수기 포인트

2012년 8월 옥수수내림낚시로 53cm 붕어 낚인 곳

금성면 화림리 332

오름수위 포인트

펌프장

도로변 상류는 수심이 얇고 포인트로 그럴 듯해 보이지만 의외로 낚시가 안 되고 오름수위 때나 기대해볼 만한 자리다.

상류 펌프장 주변은 화림지 최고의 대물 포인트. 간이화장실 앞부터 하류 쪽 200m 구간은 준설을 해서 수심이 깊으므로 정면으로 2칸대 전후의 짧은 대를 던지고 긴 대는 양 옆으로 돌려 갓낚시를 해야 한다. 1.5-2m 수심에 있는 수중턱에 찌를 세워야 하는데 이러한 이유 때문에 보트낚시보다 연안낚시의 조황이 더 좋다.

간이화장실

양지리

행정명칭 ▶ 화림지
지역별칭 ▶ 없음
주소 ▶ 금산군 금성면 화림리
면적 ▶ 3만2천평
준공연도 ▶ 1958년
인터넷지도 검색명 ▶ 화림저수지
내비게이션 주소 ▶ 금성면 화림리 332(펌프장)

어종과 미끼

주어종 ▶ 붕어
외래어종 ▶ 배스, 백연어
토착어종 ▶ 잉어, 가물치, 메기
잘 듣는 미끼 ▶ 옥수수, 떡밥
채집 가능한 생미끼 ▶ 없음

논산 논산지 (탑정지)

씨 알 ★★★
마릿수 ★★
수 질 ★★★
경 관 ★★★
주 차 ★★★

Profile

우리나라에서 예당지에 이어
둘째로 큰 저수지다. 다양한 씨
알의 붕어가 낚이던 이곳은
2000년대 초반 배스가 유입된
후 터 세고 조황 기복 심한 대물
터로 바뀌었다. 병암리, 산노리,
동상골, 종연리 등의 포인트들
마다 붕어가 잘 낚이는 시기가
뚜렷이 나뉘는 게 특징이다. 종
연리에 있던 좌대집들은 모두
철수한 상태다.

◆논산지의 계절별 유망 포인트
3~4월 : 산노리권 버드나무 지역이 으뜸
4~5월 : 종연리가 두각을 드러낸다
6월 배수기 : 병암리권이 핫 포인트
7월 장마철 : 오름수위엔 병암리, 동상골이 호황

어종과 미끼

주어종▶붕어
외래어종▶배스, 블루길
토착어종▶잉어, 동자개, 메기, 쏘가리, 끄리
잘 듣는 미끼▶떡밥, 지렁이
채집 가능한 생미끼▶없음

행정명칭▶논산지
지역별칭▶탑정지, 탑정호
주소▶논산시 부적면 탑정리
면적▶191만평
준공연도▶1944년
인터넷지도 검색명▶탑정저수지
내비게이션 주소▶세밀도 참조

명암리
계룡사
반곡리
697
반석초교
거사리
신흥리
운주계
계룡
신흥교
동상골
병암리
논산천
호남고속도로
68
가야곡면
사무소
고정리
백제군사박물관
벼락바위
신풍리
골재채석장
산노리
습지
논산
탑정호생태공원
조정리
충곡리
종연리
안골
수문
신교리
논산
탑정리
제방

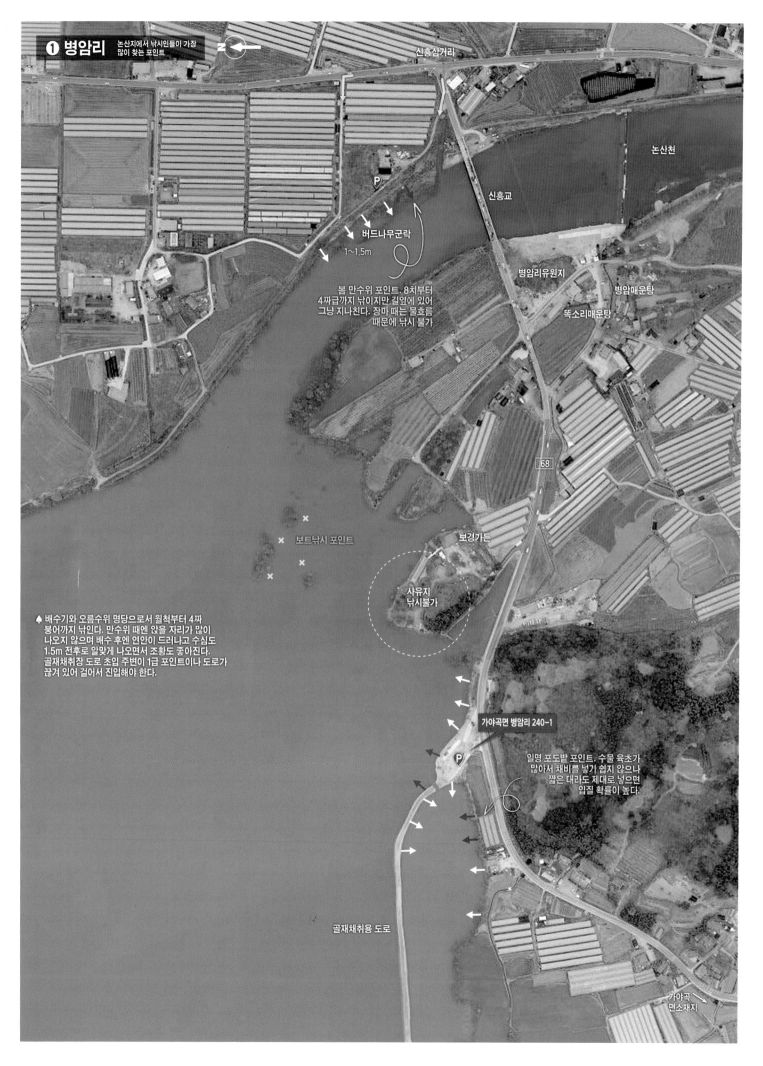

❶ 병암리 논산지에서 낚시인들이 가장 많이 찾는 포인트

신흥삼거리

논산천

신흥교

병암리유원지

병암매운탕

뚝소리매운탕

버드나무군락

1~1.5m

봄 만수위 포인트. 8치부터 4짜급까지 낚이지만 길옆에 있어 그냥 지나친다. 장마 때는 물흐름 때문에 낚시 불가

68

보경가든

보트낚시 포인트

사유지 낚시불가

♠ 배수기와 오름수위 명당으로서 월척부터 4짜 붕어까지 낚인다. 만수위 때에는 앉을 자리가 많이 나오지 않으며 배수 후엔 연안이 드러나고 수심도 1.5m 전후로 알맞게 나오면서 조황도 좋아진다. 골재채취장 도로 초입 주변이 1급 포인트이나 도로가 끊겨 있어 걸어서 진입해야 한다.

가야곡면 병암리 240-1

일명 포도밭 포인트. 수몰 육초가 많아서 채비를 넣기 쉽지 않으나 짧은 대라도 제대로 넣으면 입질 확률이 높다.

골재채취용 도로

가야곡 면소재지

❷ 동상골 봄, 가을 포인트로 만수위를 이룰 때 조황이 좋다.

♠ 4짜급의 대물은 드물고 30~35cm급 월척이 낚인다. 포인트가 많지 않은 게 흠

사유지 (낚시금지)

마을에서 차량진입 통제

양촌면 반곡리 542-7

2~2.5m

사유지 (낚시금지)

만수위에서 2~2.5m 수심이 나온다. 건탄을 써서 기다리는 낚시가 좋다

봄 만수위 포인트

※ 논산지의 대표 미끼는 글루텐 또는 곡물떡밥이다. 신장떡밥과 콩가루를 7:3으로 섞어 단단하게 반죽한 건탄을 30분에 한 번꼴로 갈아준다. 지렁이는 장마철 오름수위에 사용한다.

물 빠지면 바닥 드러난다

연산읍

명암천

연산읍

원디교

반곡초교

❸ 산노리 봄 입질이 가장 빨리 시작되는 곳으로서 2월 말부터 붕어가 낚이기 시작한다.

▲ 본류에 있던 붕어들이 습지의 물길을 따라 곳곳의 버드나무 속으로 산란하러 들어온다. 발목 수심의 진입로가 많으므로 장화는 필수

수몰 버드나무 옆에 붙여서 공략. 밤낚시가 잘되며 저녁과 아침에 입질

병암리 →

1~1.5m

조정서원

종연리·제방 ←

만수위일 때는 차량 진입이 어렵고 80% 수위를 보이면 습지 안쪽까지 차를 타고 갈 수 있다.

가야곡면 산노리 437-6

호남고속도로

P

❹ 종연리 일명 별장가든 포인트. 체고가 높은 혹부리붕어 자주 출현

제방 ↑

▲ 조황 기복이 덜해 봄부터 여름까지 낚시가 꾸준하게 잘 된다.

엘제이하우스

잔챙이라도 꼭 낚이는 명포인트. 만수위와 갈수위 때는 낚시자리가 나오지 않으며 수몰 육초대 수심이 1.5m 정도 나오는 4·5월에 호황

산노리 →

이쪽 연안은 낚시 자리 안 나옴

수몰육초

별장가든

1.5~2m

P

P

가야곡면 종연리 126-4

논산 논산천

씨 알 ★★★★
마릿수 ★★★
수 질 ★★★★★
경 관 ★★★★
주 차 ★★★★

Profile

논산천은 금강의 제1지류로 길이가 58km 정도 된다. 금산군 남이면 건천리에서 발원하여 논산시 양촌면에서 탑정지로 합류된다. 논산천에는 많은 보가 있지만 탑정지와 제일 가까운 최하류 모촌리와 신흥리의 보가 노른자위다. 낚시인들은 양촌면에 있어 통칭 '양촌보'라고 부르는데, 위쪽에 있는 모촌리 앞 보를 양촌 윗보, 아래쪽에 있는 신흥리 앞 보를 양촌 아랫보라고 부른다.

논산천
중연리
등리
조정리
탑정저수지
신풍리
호남고속도로지선
휴정서원
백제박물
목곡리
산노리
김장생선생 묘소일원
함적리
병암리
❶ 양촌 윗보
❷ 양촌 아랫보
논산천교
병암리유원지
석서리
신흥리
697 68
거사리
모촌리
양촌하이패스IC

♠ 탑정지(논산지)로 유입되는 논산천에는 탑정지에서 소상한 물고기들이 풍부하다.

도평리
251

행정명칭 ▶ 논산천
지역별칭 ▶ 없음
인터넷지도 검색명 ▶ 논산천
내비게이션 주소 ▶ 논산시 양촌면 모촌리 310-16 외

어종과 미끼

주어종 ▶ 붕어
외래어종 ▶ 배스, 블루길
토착어종 ▶ 잉어, 쏘가리, 동자개, 메기, 가물치 등 강계어종
잘 듣는 미끼 ▶ 지렁이, 떡밥, 글루텐, 옥수수, 납자루
채집 가능한 생미끼 ▶ 납자루

① 양촌 윗보 봄부터 가을까지 낚시가 잘 되고 앉을 자리
도 많아 청출장소로 인기가 높은 곳이다.

※물가 옆 도로변 주차가 가능하다.
※물이 맑아 낮낚시는 안되며 밤낚시에 씨알 굵은 붕어가 잘 낚인다.
※외래어종인 배스가 서식하여 미끼는 옥수수가 제일 효과적이다.

논산시 양촌면 신흥리 349-1

도로 끝나는 곳

수심 2m

갓길 주차가능

수심 1~1.5m

장성천

어린정식당

신흥리,양촌하이패스IC

논산시 양촌면 모촌리 310-16

수심 1.5~1.8m

갓길 주차

수심 0.7~1m

비포장도로

모촌리

모촌리

떳장수초

SK주유소

수심 얕아
낚시 불가능

비료가게

양촌면소재지

② 양촌 아랫보   양촌 윗보에 비해 조황이 떨어지는 편이지만 비 온
뒤 물 흐름이 사라지면 좋은 조황이 전개된다.

→ N

※ 여름이면 전 수면에 마름이 자란다.
※ 평소에는 물 흐름이 거의 없지만 비 온 뒤에는 물 흐름이 심
  해 낚시가 불가능하다.
※ 마끼는 글루텐과 옥수수가 효과적이다.

병암리

똑소리매운탕

갓길주차

병암매운탕

논산시 가야곡면 병암리 1-5

병암유원지

갓길주차

공원 조성 중

도로변 주차 후 30~50m
도보로 진입해야 함

갓길주차

신흥교

수심 1m

마름(여름)

수심 60~70cm

양촌 2보

부들.떼장

수심 1~1.5m

논 산 천

낚시 못함

(3-4대)

P ● 팔각정

강변식당

거사보건진료소

신흥삼거리 →

신흥리

→ 양촌하이패스IC

논산 병사리지 (가곡지)

씨 알 ★★
마릿수 ★★★★
수 질 ★★★
경 관 ★★★
주 차 ★★★★

Profile

논산 지역에서 마릿수가 가장 뛰어난 곳이어서 논산, 대전 낚시인들의 신병훈련소로 통한다. 논산지가 배스 유입 후 터가 센 낚시터로 변하면서 마릿수 손맛을 원하는 낚시인들이 병사리지로 몰리고 있다. 떡붕어 자원도 제법 있어 전층낚시나 내림낚시인도 즐겨 찾는다. 물낚시엔 월척을 보기 어렵고 얼음낚시에는 턱걸이 월척이 종종 낚인다.

노성면 가곡리 376-1

1.5m

봄 만수위 포인트

1~1.8m

3-4칸대를 활용해 육초대 빈 구멍을 노린다.

버드나무

2m 전후

버드나무 군락

1.5m

봄에 바닥낚시와 내림낚시 할 것 없이 4-6치 붕어가 마릿수로 낚인다.

버드나무 군락

1.5m

※ 토종붕어와 떡붕어의 비율은 7:3
※ 토종붕어 씨알은 4-7치. 떡붕어 씨알은 더 굵으며 제방에서 4짜급이 낚이기도
※ 호황 시즌은 3월 중순-4월 초와 초여름 오름수위

도보로 5분 소요

갈수기 포인트

솔밭

떡붕어 포인트

어종과 미끼

주어종 ▶ 붕어
외래어종 ▶ 없음
토착어종 ▶ 떡붕어, 잉어, 동자개
잘 듣는 미끼 ▶ 떡밥, 지렁이
채집 가능한 생미끼 ▶ 참붕어

무넘기

주 미끼는 글루텐떡밥이지만 곡물떡밥(신장떡밥과 콩가루를 8:2 비율로 섞는다)도 잘 먹힌다. 봄에는 지렁이를 함께 써야 하며 밤낚시에 참붕어를 미끼로 쓰면 붕어 씨알이 굵게 낚인다.

행정명칭 ▶ 병사리지
지역별칭 ▶ 가곡지
주소 ▶ 논산시 노성면 병사리
면적 ▶ 7만9천평
준공연도 ▶ 1955년
인터넷지도 검색명 ▶ 논산 병사지
내비게이션 주소 ▶
노성면 가곡리 376-1

노성면소재지

당진 보덕포수로

씨 알 ★★★
마릿수 ★★★
수 질 ★★★★
경 관 ★★★
주 차 ★★★

④백석 쪽수로

파인스톤CC

송산면

삼월리

송석리

석문호

③삼화교-백석교

석문대교

당산리

● 보덕포수로의 낚시시즌은 겨울·봄이다. 수온이 올라가면 붕어낚시는 잘 안 된다. 겨울에도 얼지만 않으면 마릿수 조과가 가능하며 초봄 물낚시도 빨리 시작된다.

38

②대한전선 뒤편

삼화교

대한전선

삼화리

보덕포교

①오도교-대광스틸

슬항리

Profile

보덕포수로는 충남 서산시 운산면 고풍리에서 발원해 당진 시내 외곽을 돌아 석문방조제로 유입되는 용장천 맨 하류에 위치해 있다. 과거에는 수질이 좋지 못해 당진 지역 낚시인들의 손맛터 정도로만 인식되다가 최근 수질이 좋아지면서 수도권 낚시인들의 발길도 찾아지고 있다. 보덕포수로 하류는 석문호여서 이곳에서 올라붙는 붕어 덕분에 어자원도 풍부하다.

석문면

615

석문국가산업단지주거지구

장항리

고대면

어종과 미끼

주어종▶붕어
외래어종▶배스, 블루길
토착어종▶잉어, 가물치, 뱀장어, 메기, 동자개 등
잘 듣는 미끼▶떡밥, 지렁이
채집 가능한 생미끼▶없음

행정명칭▶용장천
지역별칭▶보덕포수로
인터넷지도 검색명▶보덕포수로
내비게이션 주소▶충남 당진시 송산면 동지터로 5 외

①오도교~대광스틸 당진 시내에서 가장 가까운 포인트. 월척은 드물지만 여름·가을 사이에 마릿수 재미가 좋은 구간이다.

샘마을삼거리 ↗

고대면 금암로 375

대광스틸

P
P
P

※주차 후 걸어서 연안으로 진입

1~1.5m

차량 운행 잦고 주차공간 없어 주차 불편

1~1.5m

북쪽 연안은 진입이 어렵다. 진입해도 수심이 얕아 낚시 불가능.

여름·가을 포인트. 씨알보다는 마릿수 재미

P

오도교

1.5~2m

송산면 동지터로 5

오도삼거리

← 당진시내

당산리 ↘

②대한전선 뒤편 겨울에 가장 인기가 높은 구간이다. 겨울에 짧은 대에 마릿수 호황을 보인다.

↑ 삼화교

● 대한전선 뒤쪽을 흐르는 본류의 서쪽 연안이다. 대한전선 지나 140m 지점의 보덕포교 건너기 전에 우회전해 진입

↑ 보덕포교, 대한전선

Ⓟ 둑방길에 주차

※ 긴 수중섬 안통은 물 흐름이 약해 낚시 여건이 뛰어나다.

※ 동쪽 연안은 겨울 북서풍을 맞받아 낚시 불편. 여름 조황이 앞서는 구간이다.

1~1.2m

Ⓟ 둑방길에 주차

1.8~3m

멀리보다 앞쪽이 더 깊어 겨울에는 2칸 이하 낚싯대가 유리하다

← 보덕포교, 우리타바코 공장

둑방길에 주차 Ⓟ

수심 얕은 구간

당진시 고대면 슬항리 11-76

대광스틸 →

우리토바코 공장

대광스틸 ↘

③삼화교~백석교 봄·늦가을에 호황을 보이는 구간.
거울 조황은 다소 떨어진다.

↑ 송악IC

※ 백석2교 바로 위쪽만 낚시 여건
좋다. 더 상류 쪽은 수심 얕음.

백석2교

↑ 석문호 본류

조황 가장 뛰어난 구간

석문대교

※ 서쪽 길은 1차로여서 주차 여건
불편. 갓길에 바짝 붙여야 한다.
건너편은 주차 여건 양호.

수심 1~1.2m

떳장수초 밀생

백석1교

※ 삼화교에서 하류 쪽으로
많이 내려가면 수심이
얇고 수초도 적어 조황
이 떨어진다.

↙ 석문면소재지

길이 좁아 갓길 주차 여건 떨어짐

1.5~2m

※ 주차 여건이 좋아 하절기에 가장
많은 낚시인이 찾는다.

※ 대체로 삼화교 인근 연안은 넓고
편해 캠핑낚시 여건도 뛰어나다.

배스 포인트

삼화교

양수장

석문면 삼화리 1430

삼화3리

보덕사

④백석 쪽수로 백석교 하류에 있는 좁은 수로다. 낚시인들에게 덜 알려져 있어 한가한 포인트다.

● 늦봄·가을 사이에 낚시가 잘 된다.
● 수위 내려가면 조황 크게 떨어진다.

송악IC

양안에 갈대 밀생

무수교차로, 석문대교

양안에 갈대 밀생

양안에 주차가능

수심 전역 1.2~1.5m

2019년 현재 물류창고 공사 중

수로 폭 6~7m로 좁다. 3.2칸 대를 펴면 건너편에 닿는 구간이 많다.

석문호 수문

백석교

석문호 본류

119

당진 **삽교호**

씨 알 ★★★
마릿수 ★★★
수 질 ★★
경 관 ★★
주 차 ★★★

● 삽교호 시즌별 포인트.
봄에는 수초대가 형성되어 있는 당암리수로,
여름과 가을엔 선장수로가 1급 포인트로 꼽힌다.
겨울엔 수심이 깊은 해암리수로, 선장수로가
주 포인트다.

Profile

중부지역 최대 규모의 떡붕
어낚시터다. 토종붕어도 낚
이긴 하나 2:8 정도로 비율
이 작다. 예당지를 비롯해
예산, 아산 지역의 20여 개
저수지와 곡교천, 무한천,
남원천 등의 하천이 흘러들
어 풍부한 수량을 자랑한다.
다만 수질이 나쁜 게 흠. 떡
붕어낚시 마니아들은 겨울
과 봄엔 삽교호에 출조하고
여름부터 가을까지는 예당
지, 송악지 등으로 다닌다.

어종과 미끼
주어종▶떡붕어, 붕어
외래어종▶배스, 블루길
토착어종▶잉어, 살치, 가물치, 메기, 장어
잘 듣는 미끼▶떡밥, 지렁이
채집 가능한 생미끼▶없음

● 통상 3월 하순부터
4월 초순 사이에 호황이 터진다.
봄에는 상류, 겨울엔 중류권이 좋다

행정명칭▶ 삽교호
지역별칭▶ 없음
주소▶ 당진군 신평면 운정리
면적▶ 611만평
준공연도▶ 1979년
인터넷지도 검색명▶ 삽교호
내비게이션 주소▶ 세밀도 참조

❶ 선장수로 삽교호에서 떡붕어 씨알이 가장 굵은 곳

● 수초가 없어 봄에는 별 재미가 없고
장마가 지나간 뒤 늦여름부터 초거울까지 주 시즌이다.
떡붕어는 35cm 이상이 자주 낚이고 4짜도 올라온다.

살치 극복책
살치 떼를 분리시키고 떡붕어가 있는 바닥층까지
글루텐떡밥을 가라앉히려면 어분을 섞은 무거운 비중의
집어제를 함께 사용한다. 집어 성분이 강한 어분이 풀리면서
표층과 중층으로 살치를 불러 모으게 된다.
초반엔 잡어 성화 때문에 찌가 가만히 있지 못하지만
어느 순간 안정을 되찾고 본입질이 들어오게 된다.

삽교천

도고천

피크 시즌인 가을엔 떡붕어들이
연안 가까이 붙으므로
10~15척의 짧은 낚싯대에
입질이 잦으며 날이 추워지면
조금 더 긴 낚싯대를 편다.

3~6m

선우대교

석축

갓길 주차 가능

선장면사무소

선장면 군덕리 470-5

합덕읍 →

인주면
소재지 →

선장교차로

도고면소재지

❷ 대음리수로 수초대가 잘 형성된
삽교호 최고의 봄 산란 포인트

● 일명 금성수로 하류로 불리는 구간.
3월 초부터 4월 초까지 피크. 월척 떡붕어가 마릿수로 낚인다.

외통채비의 활용

봄에 강풍으로 낚시가 어려울땐 외통채비를 쓰는데
파도가 심할 때에는 찌톱 3~5눈금을 내놓고 낚시한다.
찌톱의 변화가 있으면 무조건 챔질하는데
두 번 중 한 번은 입질인 경우가 많다.

갈대·버드나무

보트낚시
포인트

50cm~1m

1~2m

갈대

석축

바닥이 깨끗해서 밑걸림 없다.
18-21척의 긴 대에서 입질 잦다.
밤낚시도 잘 되는 편인데
초저녁과 새벽에 입질 활발

3~4m

선장면소재지

623

선장면 신문리 2-39

인주면 대음리 666

배터

인주면소재지

수몰 논자리

1~1.5m

선인대교

수몰 논자리

선인교삼거리

곡교천

624

갓길 주차 가능

해암리 ↓

N

← 선인대교

↑ 금성초교

갓길 주차

5~7m
겨울·밤낚시
떡붕어 포인트

19척 기준 5m에 이를 정도로
깊다. 밤낚시가 잘되고
저녁과 새벽에 입질.
밑걸림 심하므로 여벌 채비 준비

선인대교

미진무지개아파트

624

인주면 해암리 205-1

염치읍 →

토종·떡붕어 포인트

곡교천

토종붕어
산란기
포인트

갓길 주차

해암리수로 늦봄과 겨울 포인트로서
마릿수가 뛰어난 곳

겸 금성수로 상류로 불리는 구간.
교호의 다른 포인트에 비해 수심이 깊다.
시가 이뤄지는 연안 대부분이
축 지형을 이루고 있어 밑걸림이 잦다.

염치읍 →

신창 ↓

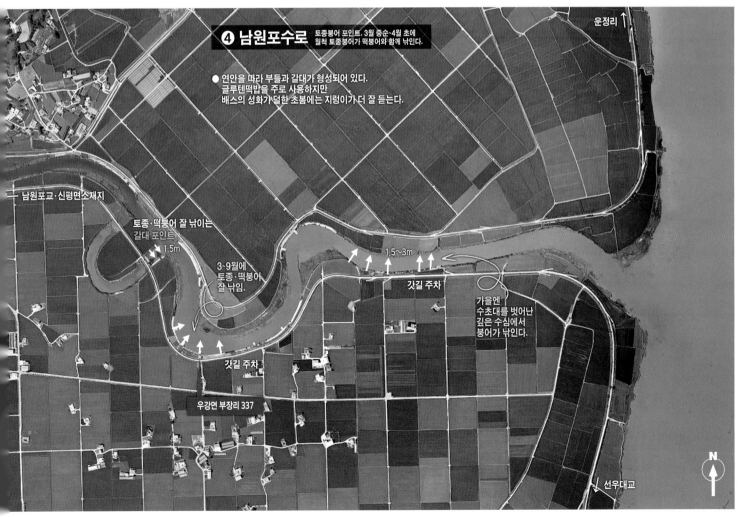

운정리 ↑

❹ 남원포수로 토종붕어 포인트. 3월 중순~4월 초에
월척 토종붕어가 떡붕어와 함께 낚인다.

● 연안을 따라 부들과 갈대가 형성되어 있다.
글루텐떡밥을 주로 사용하지만
배스의 성화가 덜한 초봄에는 지렁이가 더 잘 든다.

── 남원포교·신평면소재지

토종·떡붕어 잘 낚이는
갈대 포인트
1.5m

3-9월에
토종·떡붕어
잘 낚임.

1.5~3m

갓길 주차

가을엔
수초대를 벗어난
깊은 수심에서
붕어가 낚인다.

갓길 주차

우강면 부장리 337

선우대교 ↓

보령 구수지

씨 알 ★★★
마릿수 ★★★★
수 질 ★★★
경 관 ★★
주 차 ★★

Profile

보령 최고의 연밭 대물터. 배스가 유입되지 않아 생미끼를 활용한 대물낚시를 구사할 수 있다. 하류를 제외하고는 전 연안이 포인트라 할 수 있다. 여름엔 연과 마름이 수면을 다 덮어서 낚시하기 힘들다. 붕어는 6~9치가 주종이며 월척은 30cm 중반급이 자주 출현하나 4짜는 귀한 편. 근래 떡붕어 자원이 늘어 내림낚시를 하는 낚시인도 많다.

교성리

후진 주차

새물 유입구
다리

1~1.3m

도로변 주차

보령방조제

뗏장수초

비 온 직후에 좋은 조황을 보이는 곳.
매년 4짜가 한두 마리씩 낚이며
봄과 가을에 30cm 중반 씨알은
꾸준하게 배출

1~1.3m
뗏장수초

1~1.3m
약간의 부들

주포면 마강리 470-3

50m가량 걸어서 진입해야 하지만
호젓하게 밤을 새울 수 있는 곳.

연

구수지 최고의 포인트
연이 삭은 초봄과 늦가을에
조황이 좋다.
연밭이지만 바닥이 깨끗한 편이며
메주콩에도 입질을 받을 수 있다.

※ 3월 말-4월 초, 10월 말-11월 초에
조황이 좋고 낚이는 씨알도 굵다.

※ 참붕어와 새우 모두 채집되는데
참붕어가 더 잘 먹힌다.

※ 옥수수나 떡밥을 쓰면 6-7치 붕어가
잦은 입질을 해준다.

뗏장수초
1~1.5m

40

부들
1~2m

어종과 미끼

주어종 ▶ 붕어
외래어종 ▶ 없음
토착어종 ▶ 떡붕어, 잉어, 가물치, 동자개
잘 듣는 미끼 ▶ 참붕어, 지렁이, 떡밥, 새우
채집 가능한 생미끼 ▶ 새우, 참붕어

행정명칭 ▶ 구수지
지역별칭 ▶ 없음
주소 ▶ 보령시 주포면 마강리
면적 ▶ 3만평
준공연도 ▶ 1941년
인터넷지도 검색명 ▶ 보령 구수지
내비게이션 주소 ▶
주포면 마강리 470-3

주포면소재지

보령 성연지

씨 알 ★★★
마릿수 ★★★
수 질 ★★★★
경 관 ★★★
주 차 ★★

● 토종붕어는 3월 말부터
4월 중순까지 상류에서 잘 낚이며
떡붕어 전층낚시는 배수가 시작되는
5월에 도로변 하류 연안을 중심으로
활기를 띤다.

Profile

씨알 굵은 떡붕어를 낚을
수 있는 전층낚시터. 2010
년 이후 떡붕어 자원이 갑
자기 늘어나면서 떡붕어와
토종붕어의 비율이 8:2에
이를 정도가 됐다. 토종붕
어의 평균 씨알은 7~8치
로 배스 유입 후 30cm 중
반부터 4짜까지도 종종 낚
인다. 떡붕어는 7치부터
월척급까지 다양하게 낚이
며 폭발적인 마릿수 조황
이 매력이다.

청라지

P

단적교

수몰나무

1~1.5m

토종붕어
산란기 포인트.
배스 덤벼둔
지렁이 쓸 것
글루텐과 지렁이를
함께 쓰는 짝밥이
효과적.

P

버드나무

2m 전후

P

1~1.5m

1~1.5m

떳장+말풀

P

2~3m

갈수기에
도보 진입

갈수기 포인트
2~3m

※ 잉어와 향어도 종종 낚여 릴낚시인도 많이 다녀간다.

※ 글루텐이 가장 많이 쓰인다.

※ 토종붕어는 입질이 시원하여 찌올림이 선명하고 중후하다.

갈수위 떡붕어 특급 포인트.
오후가 되면 그늘이 지기 때문에
시원하게 낚시할 수 있다.
12척의 짧은 대에서 마릿수 폭발

급경사 지대

청소면 성연리 576

갈수기 포인트

2~3m

2~3m

P

P

P

행정명칭 ▶ 성연지
지역별칭 ▶ 없음
주소 ▶ 보령시 청소면 성연리
면적 ▶ 7만6천평
준공연도 ▶ 1977년
인터넷지도 검색명 ▶ 보령 성연지
내비게이션 주소 ▶
청소면 성연리 576

어종과 미끼

주어종 ▶ 떡붕어, 붕어
외래어종 ▶ 배스, 향어
토착어종 ▶
메기, 가물치, 동자개, 잉어
잘 듣는 미끼 ▶ 떡밥
채집 가능한 생미끼 ▶ 없음

청소·보령

보령 수지지 (연지지)

씨 알 ★★
마릿수 ★★★★
수 질 ★★★
경 관 ★★★
주 차 ★★★★

주포면 연지리 644

산란기와 오름수위 때 1급 포인트.
부들과 뗏장수초 경계지점을
참붕어나 새우 미끼로 노린다.

갈대
1.5m

부들+뗏장
1m

갈대
2m 전후

뗏장

뗏장

뗏장

2m 전후

뗏장

2m 전후

갈대

동호회
행사 장소로
적합

구수지

뗏장수초

뗏장수초

2~3m

2m 전후
갈수기 명당

2.5m

뗏장
2m

수몰나무+뗏장
배수·갈수기 포인트

배수기와 갈수기에 입질 잦은 곳.
경사가 완만하여 3.5칸대 이상의
긴 대 필요.

※ 3월 초부터 4월 초까지 한 달 가까이 마릿수 조황과 함께
월척이 자주 낚인다. 오름수위 때도 마릿수 호황.
10월부터 첫 서리가 내리는 11월 초까지는
마릿수는 줄어도 씨알이 굵다.

※ 생미끼 대물낚시가 잘되는데 특히 참붕어가 잘 먹힌다.
옥수수나 떡밥을 쓰면 잔챙이가 많이 달려든다.

Profile

보령 최고의 마릿수터로 빈작이 없는 곳이어서 단체 출조지로 인기가 높다. 전 수면에 마름이 분포해 있으며 연안엔 갈대와 뗏장수초가 잘 형성되어 있는 준계곡지다. 2000년대 초에 제방 증축공사를 해서 평균 수심이 2m 전후로 깊다. 붕어 주종은 5~7치. 월척은 31~33cm급이 많이 출현한다. 떡붕어 자원도 늘어나고 있는데 준척급 씨알이 많다.

어종과 미끼

주어종 ▶ 붕어
외래어종 ▶ 없음
토착어종 ▶ 떡붕어, 잉어, 가물치, 동자개
잘 듣는 미끼 ▶ 참붕어, 새우, 옥수수
채집 가능한 생미끼 ▶ 납자루, 새우, 참붕어

행정명칭 ▶ 수지지
지역별칭 ▶ 연지지, 연정동제
주소 ▶ 보령시 주포면 연지리
면적 ▶ 1만9천평
준공연도 ▶ 1945년
인터넷지도 검색명 ▶ 연정동제
내비게이션 주소 ▶
주포면 연지리 644

청소면·광천IC

123

보령 신촌지

씨 알 ★★★★
마릿수 ★★★
수 질 ★★★
경 관 ★★★
주 차 ★★★

갯벌

오천항·보령방조제

☞ 신촌지에서 2km만 더 가면
주꾸미 배낚시터로 유명한
오천항이 있다.

마름
자갈바닥
1.5m
1~2m
4륜구동 차량
진입 가능

봄 시즌과 오름수위에
마릿수가 돋보이는 곳.
경사가 가파르므로
진입 시 주의

모래톱

1~2m

신촌삼거리

엔씨 오일
홍보주유소

오천면 소성리 17-13

보트 띄우는 곳

40

보트낚시 포인트

610

▶ 신촌지 붕어는 먹성이 좋아
옥수수, 메주콩, 참붕어, 새우 등
가리지 않는 게 특징이나 생미끼엔
동자개 성화가 심해
메주콩과 옥수수로 정착이 돼가고 있다.
옥수수내림낚시도 잘 되는 편이다.

▶ 4월 중순경과 10월에 붕어 씨알이 굵고
마릿수도 좋다. 장마철 오름수위엔
마릿수 호황. 여름엔 수면 가득 마름이
들어차 낚시가 어렵다.

주포면소재지

1~2m
마름
풋말
뗏장수초

대물 확률이
가장 높은 곳.
마름과 뗏장수초
경계 지점에
찌를 세운다.

1.5~2m
부들

Profile

오천항 초입의 보령방조제 옆 바닷가에 있는 신촌지는 수로처럼 길쭉한 저수지 양쪽 끝에 각각 제방이 있어 상류와 하류가 따로 없는 게 특징이다. 봄과 늦가을에 대물붕어가 낚이나 조황 기복이 심한 터가 센 낚시터로 통하고 있다. 붕어 씨알은 7~9치로 굵은 편이며 봄에 마릿수가 좋고 가을엔 씨알이 우세하다. 메주콩 미끼에 4짜 붕어를 만날 수 있다.

행정명칭 ▶ 신촌지
지역별칭 ▶ 없음
주소 ▶ 보령군 오천면 소성리
면적 ▶ 2만 2천평
준공연도 ▶ 1945년
인터넷지도 검색명 ▶ 보령 신촌지
내비게이션 주소 ▶
오천면 소성리 17-13

어종과 미끼
주어종 ▶ 붕어
외래어종 ▶ 없음
토착어종 ▶ 잉어, 동자개
잘 듣는 미끼 ▶ 옥수수, 메주콩
채집 가능한 생미끼 ▶
소량의 참붕어와 새우

청소면소재지

보령 영보지

씨 알 ★★★★
마릿수 ★★★
수 질 ★★★
경 관 ★★★
주 차 ★★★

Profile

보령 지역에서 연중 가장 많은 4짜 붕어가 배출되는 곳 중 하나다. 2000년대 말에 낚시쓰레기 문제로 마을 주민이 낚시를 막았다가 5천원의 청소비를 받는 조건으로 낚시가 허용됐다. 연안 따라 뗏장수초, 부들, 줄풀이 분포하며 어자원이 많고 마릿수도 양호하다. 낚이는 붕어 씨알은 7치부터 40cm 초반까지 다양하다.

월척 출현 잦은 곳. 바닥이 평평해서 낚시하기 편하다.

● 해빙과 동시에 2월 말에 월척과 4짜 붕어가 낚이기도 하지만 통상 3월 하순부터 배수가 시작되는 4월 중순까지 호황을 맞는다. 여름엔 오름수위 때 월척이 잘 낚이나 4짜는 드문 편. 가을에도 낚시가 되지만 봄보다는 못하다.

1~2m 줄풀+뗏장

새물유입구

1m

오천면 영보리 215-1

봄·새물찬스 포인트
1~2m

연안 바로 앞에 물골이 형성되어 있는데 긴 대로 물골 너머의 갈대와 부들에 채비를 붙여서 공략

차량 진입 방지 바리케이드

1~2m 바닥 깨끗 여름 포인트

1~2m 오름수위 포인트

토사가 밀려와 쌓여 완경사를 이루고 있다. 새물찬스 때 호황

1~2m 수초 다양

여름·가을 포인트

1.5~2.5m 뗏장+줄풀

교회

※ 자생 새우가 최고의 미끼이며 옥수수도 잘 먹힌다.
참붕어는 동자개나 가물치가 달려들지만 가을엔 간혹 참붕어에 대물이 낚인다.

행정명칭 ▶ 영보지
지역별칭 ▶ 영보리지
주소 ▶ 보령시 오천면 영보리
면적 ▶ 4만2천평
준공연도 ▶ 1945년
인터넷지도 검색명 ▶ 보령 영보지
내비게이션 주소 ▶
오천면 영보리 215-1

어종과 미끼

주어종 ▶ 붕어
외래어종 ▶ 없음
토착어종 ▶ 동자개, 가물치
잘 듣는 미끼 ▶ 새우, 옥수수, 참붕어, 지렁이
채집 가능한 생미끼 ▶ 참붕어, 새우

↑ 오천항 광천IC

보령 옥계지

씨 알 ★★★
마릿수 ★★
수 질 ★★★★
경 관 ★★★★
주 차 ★★★

→ N

Profile

산란기보다 6월 중순~7월 초 오름수위 때 호황을 보이는 곳이다. 봄에는 열 번 중 일곱 번은 빈손으로 돌아올 정도로 봄낚시가 잘 안되는 게 특징이다. 갈수 후 큰비를 만나 중상류 연안의 육초대가 잠길 때 수몰 육초대를 공략하면 많게는 5~10마리, 적게는 3~4마리의 준척과 월척이 낚이는데 월척은 30cm 중반급이 많다.

배수기에 낚시자리 나옴 →

수몰나무+뗏장

여름 포인트. 장마 후 물이 찬 뒤 초반에 잘 낚임.

P

수몰나무+줄풀

P

갈수위선

※ 만수위 때는 낚시 자리가 많지 않다. 산란기는 3월 말부터 4월 초로서 상류 일부 수몰나무 군락에서만 낚시가 이뤄지나 배수가 진행되는 5월까지 조황은 부진한 편.

※ 옥수수가 가장 잘 먹힌다. 밑걸림 없으면 옥내림이 효과적.

직벽 낚시불가

P

오름수위 특급 포인트. 연안 육초대에 물이 차오를 때가 출조 시기. 육초 제거 작업 필요

1.5~3m
갈수기 포인트

P

P

청라면 옥계리 108

어종과 미끼
주어종 ▶ 붕어
외래어종 ▶ 배스
토착어종 ▶ 가물치, 동자개, 잉어
잘 듣는 미끼 ▶ 떡밥, 옥수수, 새우
채집 가능한 생미끼 ▶ 없음

행정명칭 ▶ 옥계지
지역별칭 ▶ 없음
주소 ▶ 보령시 청라면 옥계리
면적 ▶ 3만평
준공연도 ▶ 1997년
인터넷지도 검색명 ▶ 보령 옥계지
내비게이션 주소 ▶ 청라면 옥계리 108(제방)

≈ 청라면소재지

보령 용제지

씨 알 ★★★
마릿수 ★★★
수 질 ★★★
경 관 ★★★★
주 차 ★★★

주산면 야룡리 641

낚시인들이 붐비는 곳이지만
손을 많이 타 때문인지 수초 형성에
비해 조황은 떨어지는 구간

봉덕

뗏장수초와 부들 경계 지점에
서 입질이 들어온다. 바닥은
깨끗한 편

수초 제거하고 낚시하면
옥수수에 월척 잘 낚임

1m 전후
부들+뗏장

1~1.5m

1~1.5m
부들+뗏장

연

연

연

부들
1m

연

Profile

보령 지역을 대표하는 연밭 월척터다. 수면의 절반을 연과 마름이 덮고 있다. 2000년대 중반까지 해마다 4짜가 10마리 이상씩 낚여서 대물터로 명성이 자자했으나 그 뒤 잦은 제방 개보수 공사로 물을 빼서 낚시가 어려웠고 현재는 예전만큼 4짜 붕어는 낚이지 않지만 7~9치가 잘 낚이고 30cm 중반급 월척도 자주 올라온다.

서해안고속도로
춘장대 IC

장항선 철도

※ 여름엔 연과 마름이 수면을 덮어서 낚시하기 어렵다.
※ 3월 말~4월 초에 산란 특수. 10월 말~11월 초에도 월척 자주 출현.
※ 새우가 최고의 미끼. 옥수수에도 입질이 잦지만 씨알이 잘다. 참붕어는 동자개 성화가 심해 사용하기 어렵다.

어종과 미끼

주어종 ▶ 붕어
외래어종 ▶ 없음
토착어종 ▶ 메기, 동자개, 피라미
잘 듣는 미끼 ▶ 옥수수, 새우
채집 가능한 생미끼 ▶ 새우, 참붕어

21번 국도

행정명칭 ▶ 용제지
지역별칭 ▶ 없음
주소 ▶ 보령시 주산면 야룡리
면적 ▶ 2만7천평
준공연도 ▶ 1945년
인터넷지도 검색명 ▶ 보령 용제지
내비게이션 주소 ▶ 주산면 야룡리 641

주산면소재지

보령 죽림지

씨 알 ★★
마릿수 ★★★★
수 질 ★★★
경 관 ★★
주 차 ★★

Profile

떡붕어 전층낚시터. 열 마리 중 여덟 마리가 떡붕어일 정도로 떡붕어 개체수가 많다. 토종붕어는 4~6치가 많고 떡붕어는 조금 더 굵은 편이다. 토종붕어 낚시인들은 전층낚시인들이 붐비는 봄보다 갈수위와 가을에 많이 찾는 편인데, 가을 새우 미끼 밤낚시에 30cm 초반대 토종붕어가 종종 낚인다. 연안엔 뗏장수초, 안쪽엔 마름이 분포해있다.

새물 유입구

토종붕어와 떡붕어가 함께 낚이는 1급 포인트. 봄에는 전층낚시인들이 몰리며 가을에 새우낚시를 한다면 3.2간대로 뗏장수초경계면에 찌를 세운다.

부들

약간의 부들+줄풀

뗏장
1~1.5m

1~2m

1.5m 전후

1~1.8m

1.5m 전후

부들+뗏장수초
1~2m

1~1.8m

제방권은 모두
갈수위 떡붕어 포인트

청소면 죽림리 367-6

말풀

1~2m

광천읍

떡붕어 최고 포인트.
씨알 마릿수 모두 뛰어나다.

청소면소재지

행정명칭 ▶ 죽림지
지역별칭 ▶ 의식지, 별천지
주소 ▶ 보령시 청소면 죽림리
면적 ▶ 1만2천평
준공연도 ▶ 1945년
인터넷지도 검색명 ▶ 의식저수지
내비게이션 주소 ▶ 청소면 죽림리 367-6

어종과 미끼

주어종 ▶ 떡붕어, 붕어
외래어종 ▶ 없음
토착어종 ▶ 잉어, 가물치, 동자개, 장어
잘 듣는 미끼 ▶ 떡밥, 옥수수, 새우
채집 가능한 생미끼 ▶ 참붕어, 새우

보령 진죽지

씨 알 ★★★
마릿수 ★★★
수 질 ★★★
경 관 ★★★
주 차 ★★

Profile

보령 지역에서 물낚시가 가장 빨리 시작되는 곳. 80년대 중반에 향어가두리를 운영하면서 낚시인의 출입을 막기도 했다. 붕어 외에 잉어 자원이 풍부하고 수면이 넓어 대낚시, 릴낚시, 보트낚시가 두루 성행한다. 아직 배스가 유입되지 않아 풍부한 어자원을 그대로 간직하고 있으며 붕어의 평균 씨알이 8치 전후로 굵고 30cm 후반대 월척이 자주 낚인다.

후진 주차 P

0.5~1m

갈대
0.5~0.7m

갈대 지역
수심 얕아 낚시 불가

부들 지역

갈대 지역
50cm 이하로
수심 얕아 낚시 못함

줄풀
1m

가을포인트
(배수기에도 좋다)

말풀 지역
보트낚시 포인트

※ 2월 말부터 붕어가 낚이기 시작하여 3월 중순~4월 초 마릿수 호황
※ 자생 새우를 채집해 미끼로 사용하면 초봄에도 밤낚시가 잘 된다.

청소면 진죽리 817-6

P

줄풀
0.7~1m

연밭

수심이 깊다가 얕아지는 턱이 있다.
얕은 턱을 노려야 입질이 들어온다.

청소면
소재지

줄풀
1m 내외

짧은 대로 갈대와 줄풀의 경계 지점에 찌를 세운다. 봄에는 현지 낚시인들이 바통터치를 해서 자리 잡기가 쉽지 않다.

어종과 미끼

주어종 ▶ 붕어
외래어종 ▶ 없음
토착어종 ▶ 잉어, 동자개
잘 듣는 미끼 ▶ 새우, 지렁이
채집 가능한 생미끼 ▶ 새우, 참붕어

행정명칭 ▶ 진죽지
지역별칭 ▶ 없음
주소 ▶ 보령시 청소면 진죽리
면적 ▶ 13만6천평
준공연도 ▶ 1945년
인터넷지도 검색명 ▶ 보령 진죽지
내비게이션 주소 ▶ 청소면 진죽리 817-6

송덕마을회관

보령 하만1지 (사각지)

씨　알 ★★★★
마릿수 ★★★
수　질 ★★★
경　관 ★★★
주　차 ★★

Profile

보령방조제 북쪽 들판 한가운데 있는 저수지로서 3면 각지형이며 따로 물을 퍼 올리는 양수시설이 없어 빗물만 갖고 담수하는 천수지(天水池)다. 생긴모양대로 사각지란 이름으로 많이 불리는데 잔챙이는 없고 낚이면 준척, 월척 이상이라 할 정도로 씨알이 굵은 대물터다. 터가 세지만 해마다 4짜 붕어가 배출되고 있다.

천북

천북면 하만리 949-5

봄, 가을에 4짜가 꼭 배출되는 특급 포인트. 간혹 동네 낚시인이 나무좌대를 설치해서 앉을 자리가 나오지 않는 경우도 생긴다.

씨알과 마릿수를 겸비한 포인트. 부들과 뗏장수초 경계 지점을 노린다.

0.8~1.5m
부들+뗏장수초

0.8~1.5m
갈수위 포인트

1~2m
부들+뗏장수초

0.6~2m
부들

1~2m
부들

부들 1~2m

부들
0.8~2m

줄풀

1~2m

부들

후진 주차

천북면
소재지

새우와 옥수수가 잘 들으며 참붕어는 가물치 성화가 심하다. 새우 씨알이 잘기 때문에 미리 준비하는 게 좋다.

행정명칭 ▶ 하만1지
지역별칭 ▶ 사각지
주소 ▶ 보령시 천북면 하만리
면적 ▶ 3천평
준공연도 ▶ 1952년
인터넷지도 검색명 ▶ 하만저수지
내비게이션 주소 ▶ 천북면
하만리 949-5

어종과 미끼

주어종 ▶ 붕어
외래어종 ▶ 없음
토착어종 ▶ 가물치, 동자개, 피라미
잘 듣는 미끼 ▶ 새우, 옥수수, 참붕어
채집 가능한 생미끼 ▶ 새우, 참붕어

보령 청라지

씨 알 ★★★★
마릿수 ★★★
수 질 ★★★★
경 관 ★★★★
주 차 ★★★

Profile

보령 최대의 저수지다. 80년대를 풍미한 명낚시터로서 90년대 말부터 떡붕어낚시터로 탈바꿈했고 2000년대 중반에 배스가 유입된 후 떡붕어 개체수가 줄고 토종붕어와 떡붕어 모두 월척급으로 낚이는 대물터가 되었다. 여름과 가을에는 큰 조황이 없으나 봄에는 토종붕어와 떡붕어로 큰 손맛을 볼 수 있다.

청라면 의평리 576

의평리

버들골

세곡교

2m 1~1.5m

봄 포인트

1~1.2m

※ 1960년 준공 당시 수면적은 65만평이었고 1985년 제방 증축 이후 84만평으로 넓어졌다.

잔교설치

가느실

항천리

시루

장골

장골은 만수위와 갈수위를 가리지 않는 청라지 최고의 토종붕어 명당이다.

1~1.2m

항천교 일대는 의평리보다 7~15일 늦게 산란기 붕어 입질이 붙는다. 600m 길이의 긴 연안에 수십 명이 동시에 낚시할 수 있다.

정동교

1~1.5m

불무골

항천교

청라면 옥계리 602

2~2.5m

갈수기 포인트
1~1.5m

옥계리

보

버드나무를 중심으로 2~2.5m 수심 노리면 35~40cm 떡붕어가 낚인다.

화암서원

2~2.5m

장산교

장산리

보령
아산병원

당산

행정명칭 ▶ 청라지
지역별칭 ▶ 청천지, 청천호
주소 ▶ 보령시 청라면 항천리, 의평리, 장산리, 옥계리
면적 ▶ 84만평
준공연도 ▶ 1960년, 1985년 증축
인터넷지도 검색명 ▶ 청라저수지
내비게이션 주소 ▶ 청라면 의평리 576(세곡교 일대), 청라면 옥계리 602(정동교 일대)

복병이

어종과 미끼

주어종 ▶ 붕어, 떡붕어
외래어종 ▶ 배스
토착어종 ▶ 잉어, 가물치
잘 낚이는 미끼 ▶ 떡밥, 지렁이
채집 가능한 생미끼 ▶ 없음

3월 하순부터 5월 초순 사이의 산란기엔 토종붕어들이 상류 수초대로 몰리면서 마릿수 호황을 보인다. 이때 9치~월척이 마릿수로 낚이고 간간이 4짜도 낚인다. 4월 하순부터는 떡붕어 활성도 높아지면서 배수가 시작되는 5월 중순까지 1kg급의 대형 떡붕어가 잘 낚인다. 배수가 시작되면 붕어낚시는 일단락되고 배스낚시가 활황을 보인다. 이후 여름~가을에 반짝 오름수위 호황이 있다.

의평리권 청라지 제일의 산란기 명포인트

N

1.5~2m

세곡교

2~3m
전층낚시 포인트

청천호수공원

옥계리

봄 포인트(자리 다툼)

1.5m
갈대와
버드나무
혼재

물골

잔교식
산책로

갈대
1m

80cm

호수공원 앞 4·5자리는 수초작업이 잘된 명당이지만 장박 낚시인들이 진을 치고 있어 비집고 들어가기 어렵다. 그러나 무릎장화를 신고 물에 잠긴 논두렁을 걸어 들어가서 생자리를 개척하면 낚시할 곳도 많고 쉽게 월척을 만날 수 있다. 80cm~1.2m 수심에서 입질 활발

P
100여 대 주차

편의점 겸 낚시점

청라면
소재지

긴 장화 신어야
진입 가능

※ 3·4월이면 세곡교 밑 호수공원 일대의 갈대밭이 모두 붕어의 산란장이자 포인트로 변한다.

※ 오후 4·9시, 오전 5·8시에 입질이 집중되고 밤낚시는 잘 안 된다.

갈대와
버드나무 혼재

1~1.5m
생자리 유망 포인트

도로변 주차

보령시내

부여 가신지

씨   알 ★★★
마릿수 ★★★
수   질 ★★★★
경   관 ★★★★
주   차 ★★★★

Profile

부여의 대표적인 월척 산지. 벙어리장갑 모양으로 생긴 평지지다. 갈대와 뗏장수초가 잘 자라 보트낚시, 수초치기, 스윙낚시 포인트가 고루 있다. 수초가 삭는 봄과 늦가을에 낚시를 많이 하며 붕어는 6~9치가 주를 이룬다. 수질이 좋고 도로변 곳곳에 주차공간도 넓어 정출 장소로 인기가 높다.

충화면소재지↑

임천면 옥곡리 36-2

뗏장수초
1.5~2m

뗏장수초
1.5~2m

봄·가을 포인트

양화면소재지

1~2m

산 밑의 뗏장수초와 부들 지역은 봄이면 월척이 다수 출현하는 1급 포인트

겨울 포인트

뗏장수초·마름
1.5~2m

2~3m

1.5~2m

캠핑낚시 포인트

뗏장수초·부들

수몰나무 군락

뗏장수초

※ 수심이 깊긴 하나 야영 공간이 있어 캠핑낚시 추천

※ 거머리가 많으므로 주의

어종과 미끼

주어종▶붕어
외래어종▶없음
토착어종▶잉어, 메기, 가물치, 동자개
잘 듣는 미끼▶새우, 지렁이, 떡밥
채집 가능한 생미끼▶새우

행정명칭▶가신지
지역별칭▶없음
주소▶부여군 임천면 가신리
면적▶3만9천평
준공연도▶1941년
인터넷지도 검색명▶가신저수지
내비게이션 주소▶임천면 옥곡리 36-2

부여 **덕용지** (가화지)

씨 알 ★★★★
마릿수 ★★★
수 질 ★★★★
경 관 ★★★
주 차 ★★★★

→ N

☞ 가화지는 상류에 들어선
서동요 드라마 세트장(서동요테마파크) 덕분에
관광객들도 많이 찾는다. 서동요세트장 주차장이
넓고 주변에 식당이 많아
100명 이상의 단체출조지로 적합하다.

Profile

부여에서 붕어 씨알이 가장
굵은 곳으로 4짜 중반까지
올라온다. 배스가 일찍 유입
됐으나 15~20cm 붕어도
적잖게 낚인다. 준계곡지로
서 상류에 수몰버드나무가
넓게 분포해있고 갈대, 뗏장
수초가 형성되어 있어 붕어
가 산란하고 서식하기에 알
맞다. 떡붕어 자원도 많은 편
인데 토종붕어와 떡붕어 비
율은 대략 6:4 정도 된다.

↑ 서부여IC

뗏장·버드나무 군락
1m
수심 얕음

포인트는 그럴 듯해 보이지만
조황은 별 볼일 없는 곳
P

1m

오름수위 포인트.
바닥이 지저분하므로
깨끗한 바닥을
찾아야 함

1~2m
뗏장·마름
P

● 가화지는 수초 밀생도가 높아
수초작업이 필수. 수몰 버드나무의 경우
물속에도 잔가지가 뻗어 있으므로
너무 가까이 붙이지 말고
1m 정도 거리를 유지하는 게 좋다.
미끼는 글루텐과 지렁이가 많이 쓰인다.

1m
뗏장·갈대
P

서동요
테마파크

충화면 가화리 316

부여군
청소년
수련관

1~1.2m

※ 얼음이 풀리고 2월 중순부터
붕어가 낚이기 시작해
3월 초에 산란 특수를 맞는다.
7월 초 오름수위에도
좋은 조황을 보인다.

행정명칭 ▶ 덕용지
지역별칭 ▶ 가화지, 송정지
주소 ▶ 부여군 충화면 가화리
면적 ▶ 26만6천평
준공연도 ▶ 1930년
인터넷지도 검색명 ▶
부여 덕용지 또는 송정지
내비게이션 주소 ▶
충화면 가화리 316

어종과 미끼

주어종 ▶ 붕어
외래어종 ▶ 배스
토착어종 ▶ 잉어, 동자개, 가물치
잘 듣는 미끼 ▶ 글루텐떡밥, 지렁이
채집 가능한 생미끼 ▶
소량의 참붕어와 새우

1m 내외

가화지 최고의 포인트.
지렁이를 외바늘에
4-5마리 꿰어 공략

버드나무 군락

P

충화면소재지

723

부여 복금지(충화지)

씨　알 ★★★
마릿수 ★★★★
수　질 ★★★
경　관 ★★★
주　차 ★★★

↑ 임천면
소재지

P

갈수위 시
도보 진입

갈수기
떡붕어 포인트

충화면 복금리 57-6

1~2m

※ 2월 말부터 3월 초까지 토종붕어 호황
※ 갈수위엔 떡붕어가 중하류에서 마릿수 입질
※ 토종붕어는 짝밥(글루텐+지렁이),
　떡붕어는 양콩알낚시(글루텐+감자 계열 떡밥)

P

P

1m 내외

여름·갈수기 포인트

2~3m

내림낚시 잘 됨

P

Profile

부여에서 반산지 다음으로
큰 저수지로 이 지역에서
마릿수가 가장 뛰어난 곳이
다. '충화지에 앉으면 꽝은
없다'고 할 정도로 입질이
잦다. 붕어 평균 씨알은 7
치 정도로서 월척은 30cm
초반급이 많으며 4짜는 드
물다. 토종붕어와 떡붕어가
6:4 비율로 낚인다. 수초가
있어도 밑걸림은 없는 편이
다. 대형 잉어가 잘 낚여 릴
낚시인도 많이 찾는다.

70cm~1m

수몰나무 군락

뗏장+마름

1m 내외

봄에 월척이
자주 출현하며
마릿수 조황도
뛰어난 곳

충화지에서
가장 먼저 입질이
시작되는 곳
2월 말부터 마릿수
입질이 붙는다.

충화면 복금리 450

P

물이 별로 없어
건너 뛸 수 있다

어종과 미끼

주어종 ▶ 붕어, 떡붕어
외래어종 ▶ 없음
토착어종 ▶ 잉어, 가물치, 메기, 동자개
잘 듣는 미끼 ▶ 떡밥, 지렁이
채집 가능한 생미끼 ▶
참붕어, 소량의 새우

행정명칭 ▶ 복금지
지역별칭 ▶ 충화지, 복심지
주소 ▶ 부여군 충화면 복금리
면적 ▶ 26만3천평
준공연도 ▶ 1945년
인터넷지도 검색명 ▶ 부여 복금지
내비게이션 주소 ▶
충화면 복금리 57-6

↓ 충화면소재지·서부여IC

부여 반산지

씨 알 ★★★★
마릿수 ★★★★
수 질 ★★★
경 관 ★★★
주 차 ★★★

부여IC
규암면 소재지
반산교차로

2월 초부터 중순 사이에 본격 봄시즌에 돌입하여 3월 중순까지 절정을 구가한다. 상류 수목리와 최상류 수목교 일대, 하류 석우리 연안의 상구네 포인트, 광천네 포인트 등에서 낚시가 이뤄진다. 봄비가 내린 후 입질이 거세지는 특징이 있다.

여름 포인트
1~1.5m
상구네 포인트

광천네 포인트
수목리에 못지않은 조황을 보여준다
초봉펜션

80cm~2m
1m 내외

부여곤충박물관

※ 겨울에도 물낚시 가능
※ 잔 씨알이 없어 떡밥낚시로도 월척을 만날 수 있다
※ 4짜는 드물게 41~43cm급이 낚인다
※ 미끼는 글루텐떡밥, 신장떡밥과 같은 곡물떡밥, 지렁이 세 가지를 준비

여름 포인트
1.5~2m

1~1.2m

관리실
규암면 수목리 174-7

관리실 앞이어서 낚시인들이 많이 들락거리지만 의외로 씨알 마릿수 모두 괜찮은 자리

1m

수목지

연

급경사 지대

2.5m

준설을 해서 수심 깊어짐

뗏장
70cm~1.5m

민물천지식당

구 관리실

둠벙

반산지 최고의 포인트. 말풀 사이 빈 구멍에 정확히 채비를 집어넣는 테크닉이 중요

수목교

구룡면소재지

수목교 상류는 비닐하우스 농사를 짓고 있는 주민들이 쓰레기를 문제 삼아 진입을 막고 있다.

Profile

부여를 대표하는 명낚시터로서 봄이면 수도권 낚시인도 많이 찾는다. 2월부터 봄낚시가 시작되는데 이때 밤낚시에도 붕어가 올라오기 시작한다. 외래어종이 없는데도 잔챙이가 없다는 게 큰 매력으로서 낚이는 붕어 씨알은 7~8치가 많으며 월척도 자주 올라온다. 입어료 5천원을 받는 유료낚시터이며 수상좌대도 있다.

어종과 미끼

주어종▶ 붕어
외래어종▶ 없음
토착어종▶ 떡붕어
동자개, 메기, 가물치
잘 듣는 미끼▶ 글루텐, 지렁이
채집 가능한 생미끼▶
소량의 새우

행정명칭▶ 반산지
지역별칭▶ 구룡지
주소▶ 부여군 규암면 석우리
면적▶ 37만8천평
준공연도▶ 1956년
인터넷지도 검색명▶ 부여 반산지
내비게이션 주소▶
규암면 수목리 174-7(관리실)
관리실 전화▶ 041-835-1997

부여 옥산지

씨 알 ★★★
마릿수 ★★★
수 질 ★★★
경 관 ★★★
주 차 ★★★★

Profile

부여 지역에서 여름 조황이 가장 뛰어난 곳. 현지에선 '여름엔 옥산지'란 말이 있을 정도다. 인근의 반산지, 충화지, 가화지와 비슷한 여건을 갖고 있고 시즌도 비슷하지만 여름철 오름수위에 가장 돋보이는 조황을 보인다. 붕어 씨알은 6~9치가 많고 봄 산란기엔 4짜 붕어도 낚인다. 바닥이 깨끗해 여름과 가을에 떡밥낚시도 잘 된다.

↑ 판교

봄에 월척 출현이 가장 많은 곳 4짜도 올라온다.

P

오름수위 때 7·8치 붕어를 비롯해 월척까지 마릿수로 낚인다.

P

···산길

산토

갈수선

1~1.5m   1m 내외

오름수위 명당

1m 내외

1~2m
봄철 명당

P

5~6대 주차

캠핑장

P

1~2m
오름수위·여름 포인트

P

1~2m
내림낚시 포인트

※ 봄 시즌은 3월 초부터 4월 초에 이르는 한 달 정도다. 그리고 7월 초 오름수위에 마릿수 호황을 보이는데 이때는 비 오는 중에도 출조해 붕어를 낚는다.

※ 미끼는 글루텐과 지렁이 짝밥을 가장 많이 쓴다. 참붕어를 미끼로 쓰면 가물치가 달려드는 일이 많다. 초저녁과 동틀 무렵에 입질이 활발하다.

1~2m

P

옥산면 안서리 366-50

옥산초교

옥대교

옥산교차로

수양교

옥산면소재지

← 서부여IC

행정명칭 ▶ 옥산지
지역별칭 ▶ 없음
주소 ▶ 부여군 옥산면 봉산리
면적 ▶ 21만9천평
준공연도 ▶ 1930년
인터넷지도 검색명 ▶ 부여 옥산지
내비게이션 주소 ▶
옥산면 안서리 366-50

어종과 미끼

주어종 ▶ 붕어
외래어종 ▶ 없음
토착어종 ▶ 잉어, 메기, 동자개, 가물치
잘 듣는 미끼 ▶ 글루텐, 지렁이
채집 가능한 생미끼 ▶ 참붕어

서산 고남지 (성연지)

씨 알 ★★★★★
마릿수 ★
수 질 ★★★★
경 관 ★★★★
주 차 ★★★★

Profile

4짜 중후반대의 초대형 붕어를 노리는 대물터다. 4월 중순의 산란기에 4짜를 토해내고 이후 5월부터 10월까지는 큰비 후 오름수위만 전개되면 계절에 관계없이 4짜를 배출한다. 그 외의 시기엔 입질 한 번 받기 힘들 정도로 터가 세고 수면적에 비해 연안낚시 포인트가 적어서 자리다툼이 심한 것이 흠이다.

※ 봄철 산란기엔 물이 아주 맑아도 밤보다 낮에 대물붕어가 낚인다.

※ 탁수가 유입되는 새물찬스에 최고의 호황을 보인다.

↑ 일람사거리

2~4m

여름 갈수기 포인트

634

어종과 미끼

주어종 ▶ 붕어
외래어종 ▶ 배스
토착어종 ▶ 가물치
잘 낚이는 미끼 ▶ 옥수수, 지렁이, 떡밥
채집 가능한 생미끼 ▶ 없음

행정명칭 ▶ 고남지
지역별칭 ▶ 성연지, 일람지
주소 ▶ 서산시 성연면 고남리
면적 ▶ 6만6천평
준공연도 ▶ 1968년
인터넷지도 검색명 ▶ 서산 고남지
내비게이션 주소 ▶ 성연면 고남리 323-9(작은 골), 성연면 고남리 422-2(큰 골)

큰 골 상류는 뗏장수초로 뒤덮여 연안낚시보다 보트낚시 여건이 좋다

마을길엔 주차 금지

성연면 고남리 422-2

길가에 5대 주차 가능 P

뗏장

1.5~2m

부들

1.2~1.7m

말풀

초봄 보트 포인트

만수 포인트

뗏장군락

수중둔덕

2m

도로변 주차

P

가을·초겨울 보트 포인트

3~5m

갈수 포인트

2~3m

말풀

봄, 오름수위 포인트

1~1.5m

P

P

성연면 고남리 323-9

호반의 쉼터

P

팔봉면소재지 →

서산 간월호

씨 알 ★★★★
마릿수 ★★★
수 질 ★★
경 관 ★★
주 차 ★★★★★

N

Profile

부남호(천수만B지구)와 함께 1995년 완공됐다. 낚시터로 개방된 시기는 2001년이며 2000년대 후반부터 주목받기 시작했다. 부남호보다 연안 수심이 얕고 붕어 조황이 뒤지기 때문에 출조 낚시인이 적지만 붕어 산란기인 3~4월과 가을에는 마릿수 월척과 4짜 붕어가 낚인다. 지산수로, 사기리수로 등 가지수로의 조황이 돋보인다.

행정명칭 ▶ 간월호
지역별칭 ▶ 천수만A지구
주소 ▶ 서산시 인지면 간월도리
면적 ▶ 733만평
준공연도 ▶ 1995년
인터넷지도 검색명 ▶ 간월호
내비게이션 주소 ▶ 세밀도 참조

어종과 미끼

주어종 ▶ 붕어
외래어종 ▶ 배스
토착어종 ▶ 떡붕어, 잉어, 가물치, 장어, 메기
잘 듣는 미끼 ▶ 떡밥, 지렁이, 새우, 옥수수
채집 가능한 생미끼 ▶ 소량의 새우

서 산 시

서 산 시

산란기 포인트

70cm~1m

떡붕어 포인트

40~60cm

석포리수로

50~70cm

1~1.5m

둠벙

지산수로

남정수로

장어 포인트

중간 제방

2.5m

장어 포인트

사기리수로

간월3번수로

1.5m

간월2번수로

40~70cm

기산수로

간월1번수로

1.2~1.5m

잉어 포인트

← 안면도·부남호

40~60cm

와룡천

→ 홍성IC

간월도

50~60cm

홍 성 군

간월암

서산A지구방조제

40~70cm

수문

홍성조류탐사과학관

※ 봄에는 낮낚시, 가을에는 밤낚시가 이뤄진다.
가을 밤낚시의 경우 저녁 7시부터 새벽 1시 사이에 입질 빈도가 높다.
미끼는 산란기엔 지렁이, 여름엔 떡밥, 가을엔 새우가 잘 듣는다.

※ 본류의 수심이 얕아 갈수기엔 낚시하기 어려운 곳이 많은데
이때는 수심이 깊은 중간 제방 주변과 수문이 있어
일정 수위를 유지하는 수로를 찾아야 한다.

간월호 하류

간월호 붕어 포인트 밀집지역. 본류낚시가 잘되는 구간이다.

부남호·안면도

간월암

간월영농교차로

간월도

부석면 창리 546

갈대·줄풀

간월1번수로
가장 먼저 물낚시 시작

간월2번수로

간월3번수로
길이 좁아져서 차량통행 불편

50~80cm
간월호 최고의 포인트
4짜도 다수 배출

1~1.5m
산란기 후 포인트

1.2~1.5m
산란기 후 밤낚시 잘 됨.
장어도 낚임.

산란기 밤낚시에
4짜급 출현

갈대
40~80cm
산란기 특급 포인트

장어 포인트

※ 산란기 포인트는 모두 수심이 얕아서
갈수기엔 낚시가 불가능하다

서부면 궁리 1019-4

우회전 후
굴다리 밑으로 빠져 진입

산란기 포인트

갈대·부들

50~80cm

갈대·부들
산란기 포인트

하류에 수문이 있어
연중 일정수위 유지.
얼음 얼기 전 초겨울 조황이
뛰어나다. 미끼는
글루텐과 지렁이

산란기 포인트

배수기 포인트
2~3m

갈대·부들

봄가을 포인트. 산란기에
마릿수 붕어가 낚인다.
미끼는 떡밥,
지렁이, 옥수수

사기리수로

고복면 사기리 756

산란기 포인트

양수장

해미면소재지

기산수로

1.5~2m

와룡천

96

홍성IC

N

간월호 중류 가을 포인트가 많은 지역. 연안 수심이 1.5m 전후로 간월호에서 가장 깊다.

N

부석면소재지

부석면 지산리 1684

지산수로

2m

낚시인이 가장 많이 찾는 수로. 간월호 가지수로 중에서 붕어 씨알 가장 굵다. 떡밥, 지렁이, 새우 모두 잘 듣는다.

1.5m

50~70cm

50~70cm

굵은 붕어 잘낚이는 둠벙

40~70cm

50~80cm

1.5~3m
밤낚시 포인트

1.2~1.5m
밤낚시 포인트

중간제방

잉어 포인트

밤낚시 포인트

1.5~3m

장어 포인트

석포리수로

남정수로

사기리수로 하류

고북면 사기리 1109

40cm~1.5m

양수장

사기리수로 상류

간월호 상류 봄 산란기 포인트. 배수가 시작되면 수심 얕아져 낚시 어렵다.

부석면 지산리 1473

양대리지

산란기에 붕어 잘 낚이는 둠벙

인지면 산동리 863

양대리지

1~1.5m

40~60cm

50cm 내외

산란기 포인트

산란기 포인트

산란기 포인트

도당천

50~70cm

수초대에서 채비가 벗어나면 입질 확률 떨어진다

석포리수로

떡붕어 많은 곳. 수심은 1.5-2m로 깊다. 중류보다 최상류 양수장 주변과 최하류에 포인트가 형성되어 있으며 얼음낚시도 잘 된다.

50cm~1.5m

양수장

신정리

서산 고풍지

씨 알 ★★★
마릿수 ★
수 질 ★★★
경 관 ★★★★
주 차 ★★★★

N

Profile

상수원보호구역으로 묶여 있다가 2006년에 풀렸다. 오래 전 배스가 들어간 탓에 붕어 마릿수가 적고 터가 세다. 1년 중 붕어를 낚을 수 있는 시기는 4월 한 달의 산란철과 장마철 오름수위 두 번뿐이다. 다만 물이 많이 빠지면 물색이 탁해지면서 상류의 용현계곡 앞, 영락원 주변, 중류의 수몰나무 지역에서 입질이 붙는다.

서산 IC
서산 IC
무넘기
고풍터널
영락원
수심 완만
오름수위 대물 포인트
갈대
잉어 릴낚시

장마가 지난 뒤엔 무넘기 밑 '목간통'에서도 의외의 밤낚시 호황

※ 만수위에선 상류에서만 낚시할 수 있다. 상류를 제외하고는 급경사
※ 잉어 자원이 대단히 풍부하다.

석축
대물 포인트
수몰나무 군락
도담별 펜션
운산면 고풍리 589-71
용현교
수몰나무군락
만수위 포인트
갓낚시 포인트
수몰나무 군락
봄 오름수위 명당
만수위 때 생기는 포인트
덕산면소재지
만수위 최고의 포인트. 4월 말에 산란 찬스를 맞는다.
용현계곡

어종과 미끼

주어종 ▶ 붕어, 잉어
외래어종 ▶ 배스
토착어종 ▶ 가물치, 동자개, 쏘가리
잘 듣는 미끼 ▶ 곡물떡밥, 글루텐떡밥
채집 가능한 생미끼 ▶ 참붕어(소량)

행정명칭 ▶ 고풍지
지역별칭 ▶ 없음
주소 ▶ 서산시 운산면 고풍리
면적 ▶ 18만9천평
준공연도 ▶ 1974년
인터넷지도 검색명 ▶ 서산 고풍지
내비게이션 주소 ▶ 운산면 고풍리 589-7(도담별 펜션)

서산 대산지 (운산지)

139

씨 알 ★★★★
마릿수 ★★
수 질 ★★★
경 관 ★★★
주 차 ★★

Profile

2015년에 유료낚시터에서 무료터로 바뀐 곳이다. 유료터 운영 당시 좌대낚시만 허용하고 연안낚시는 허용하지 않아서 연안의 어자원이 잘 보존되어 있다. 평지지로서 연과 마름이 전 수면에 퍼져 있고 연안에는 부들, 갈대가 포인트를 형성하고 있다. 떡붕어 자원도 풍부한데 토종붕어와 떡붕어의 비율은 5:5. 토종붕어는 35cm부터 4짜 초반대가 주로 낚인다.

↑대호

Ⓟ 5-6대 주차

무넘기
보트 띄우는 곳

마름 1.5m

부들과 연

마름

※ 여름엔 전 수면이 연과 마름으로 뒤덮임
※ 수초가 삭는 10-11월과 3~4월 호황
※ 배수 직전인 4월 말~5월 초에 보트낚시에 4짜 속출
※ 배스가 있어도 새우가 가장 잘 먹힌다. 낮에도 새우에 4짜 붕어 입질

🔺 도로변 연안(제방에서 상류를 볼 때 오른쪽)은 상류부터 하류까지 전역이 포인트인 반면 건너편 산자락 연안은 진입 불가능한 생자리라서 손 타지 않은 대물붕어가 많을 것 같은데도 보트로 건너가서 공략해보면 도로변보다 조황이 못하다.

연과 마름

어종과 미끼
주어종▶붕어, 떡붕어
외래어종▶배스
토착어종▶잉어, 가물치, 동자개
잘 듣는 미끼▶새우, 지렁이, 떡밥, 참붕어
채집 가능한 생미끼▶없음

부들

Ⓟ

→ 50cm
1m

부들 군락

행정명칭▶대산지
지역별칭▶운산지, 간월지
주소▶서산시 대산읍 운산리
면적▶4만5천평
준공연도▶1945년
인터넷지도 검색명▶운산1지
내비게이션 주소▶대산읍 운산리 19-1(상류)

대산읍 운산리 19-1

↓대산읍

Ⓟ

장기전을 펼치면 월척이 보장되는 구간. 글루텐을 사용하면 대물 떡붕어와 토종붕어가 함께 낚인다. 배스 성화가 생각보다 심하지 않으므로 지렁이, 새우, 참붕어를 적극 활용한다.

서산 대호

씨 알 ★★★
마릿수 ★★★
수 질 ★★★
경 관 ★★★
주 차 ★★★★

서산
→

가로림만

덕적지(환성2지)

대산읍

대산중학교

지곡지(대요낚시터)

화천1리 마을회관

서산일반산업단지

서 산 시

● 두 줄기의 본류와 10여 개의 지류
(가지수로)로 형성되어 있다.

만수위에는 지류에서 호황을 보이고 갈수위에는
본류로 포인트가 옮겨진다. 본류와 샛수로 모두
수초가 군락을 이뤄 멋진 풍경을 연출하고,
수초 포인트가 산재해 있다.
또한 당진포리와 출포리 등 본류권 상류지역은
사철 보트낚시인들로 붐빈다.

명천리

무장리

영탑리

대요리

운산리

청운초교

③

무장리수로

대요수로

②

해성리수로

영탑수로

출포리

대산지

대산양수장

서산제2산업단지
(공사중)

해성리

조금수로

④

사성1번수로

아잘리아
그린캠핑장

신원웨트
당진공장

사성2번수로

송전리

조금리

⑤

Profile

중부지역 최대 간척호수로서
수도권에서 불과 1시간 거리에
위치해 있다. 서산시와 당진군
에 걸쳐 Y 형태로 갈라져 있는
본류에 가지수로가 거미줄처럼
연결되어 있다. 본류보다는 주
로 가지수로에서 낚시가 이뤄
지며 만수위에 호황을 보인다.
본류와 샛수로 모두 수초에 의
지하여 스윙낚시와 직공낚시를
구사한다.

대호지면사무소

사성리

도성초교

장정리

647

도이리

당 진 시

두산리

신동지(도이지)

행정명칭 ▶ 대호
지역별칭 ▶ 대호만
주소 ▶ 당진 대호지면·정미면·고대면·
석문면, 서산 대산읍·지곡면·성연면
면적 ▶ 870만평
준공연도 ▶ 1982년
인터넷지도 검색명 ▶ 대호방조제
내비게이션 주소 ▶ 세밀도 참고

647

땅끝농원

옥현리

어종과 미끼

주어종 ▶ 붕어
외래어종 ▶ 배스, 블루길
토착어종 ▶ 잉어, 떡붕어, 동자개,
가물치, 빙어, 메기, 쏘가리, 숭어, 망둥어
잘 듣는 미끼 ▶ 지렁이, 떡밥
채집 가능한 생미끼 ▶ 새우, 참붕어

↙ 당진

기은리 명지
대죽리 대산산업단지
대로리 대산항
화곡지 비경도
대산산업단지 난지도
화곡리 소난지도
원체스트 CC 서산 오일뱅크 소조도
미담한정식 대조도
① 대산1번수로 삼길포항
대산2번수로
대산0번수로
현대양수장
대산2.5번수로 도비도항 ⑧
대산4번수로 대호방조제 전망대 휴게소
대산3번수로 캠핑장
대산5번수로 양식장
교로리수로
대 호 유엔수로
해창수로
적서리수로 갓길 주차 가능
초락도리
⑥ 초락초교 석문·가곡간 국도
SK주유소 황토찜질방 3-4월 붕어 산란기가 피크시즌이며 여름에는 부진하고
9월 초부터 조황이 호전되어 11월 말까지 가을낚시가 잘된다.
방구바위 2010년 이후 당진시가 외래어종 퇴치사업을 벌인 결과
적서리 배스와 블루길의 양이 줄고 7-9치 붕어들이 다시 낚이는 등
양수장 토착생태계를 찾아가는 모습을 보이고 있다.
대호대교 정자 ⑦
해창터널 배스아지트 ㉘
초락교
파레골지
해창지
삼봉수로
농공단지 삼봉리
당진포리 699
삼봉지
온동지
장고항
석문국가산업단지(조성중) ㉘
석문면사무소
고대면소재지 석문방조제

❶ 대산수로권 대호에서 봄낚시가 빨리 시작되는 쪽수로 집결지

※ 서산시 대산면 화곡리와 운산리에 있는 7개의 수로를 대산수로라고 부른다.
2월 하순이면 벌써 낚시인들이 찾기 시작한다.

● 0번, 2번, 2.5번 수로가 핵심 구간
● 1번, 3번, 4번, 5번수로는 수심이 얕아 만수위 때 일부 구간에서만 낚시할 수 있다.

산란 전후 포인트
60~80cm

갈대(연안)

마름

갈대
군락

비포장도로

갈대(연안)

수로 좌우측으로 차량 진입 가능하지만
주차하기에는 좁다. 최하류까지 이동해야
차량 회전이 가능

80cm~1m

초봄 포인트

정자

수초직공낚시 유리

갈대군락(수로의 80%)

대산2.5번수로 대산수로 중 가장 조황이
뛰어난 노른자위 포인트

대산수로 중 길이는 제일 짧지만 조황은 가장 좋은 곳이며
특히 하류 쪽은 밤낚시가 유망한 수로다. 봄부터 겨울까지 꾸준한 편

초봄 포인트

갈대

현대양수장

80cm~1m

초봄+겨울 낚시터

갈대

주차공간 협소

사계절 포인트

전지역 스윙낚시 가능

갈대 군락

대산0번수로(양수장수로) 사계절 수위가 유지되어
언제든지 낚시를 즐길 수 있다

초봄에는 양수장 앞쪽에서, 늦봄에는 다리 부근에서
굵은 붕어가 잘 낚인다. 가을 밤낚시에도 좋은 조황 기대

대호에서 바람의 영향을 제일 적게 받는 곳으로
2월 하순이면 붕어가 낚이기 시작

다리

대산·대호방조제

40~80cm

수초직공낚시

수로 폭
90~100m

갈대

갈대 군락

보트낚시 포인트

갈대(중앙)

대산2번수로 대산수로 중
가장 폭이 넓고 긴 수로

3월 초까지는 중하류와 본류권에서 먼저 조황이 나타나고,
3월 중순 이후면 상류에서도 붕어가 낚이기 시작한다.

늘 수위가 안정되어 있어
연중 낚시 가능.
대물 확률은 낮고 떡밥에
다양한 씨알이 낚인다.

다리

갈대 군락

초봄, 여름 포인트

대산읍 화곡리 51-9

미담식당

화곡양수장

갈대 밀집
60cm~1m

대산1번수로

보트낚시
포인트

삼길포항 대산 방면
300m 전방 삼거리에서 좌회전해 진입

아스팔트
포장도로

수심이 얕아
만수위 때만 낚시 가능.
수위가 부는 장마기에
깜짝 호황

원체스트CC

❷ 영탑수로 & 조금수로 수초직공낚시와 스윙낚시를 다채롭게 구사할 수 있는 포인트 많아

대호지면소재지
대호지면에서 진입   다리

조금수로
다른 수로에 비해 도로가 넓지만
주차공간은 협소한 편

낚시 불가
(수심 얕음)   대호지면 조금리 462-11

비포장도로

독립가옥

주택 옆에 주차 가능하며
그 앞으로 갈대가
잘 형성되어 있어
스윙낚시를 할 수 있다.

산란기 포인트

수초직공낚시 유리

갈대섬

봄 가을
포인트

60~80cm

※ 포인트로 표시한 전 연안에 갈대 분포

영탑수로
하류 유입로 폭이 좁아서 한 번 붕어가 들어오면
오랫동안 머물 수 있는 환경을 갖추고 있다.

50~80cm

수초 밀생지역에선 직공낚시 유리

주차공간 협소하여
주차 후 도보로 이동.

80cm~1m

갓길 주차

비포장길(갓길 주차)

40~80cm

← 대산수로

대산읍 영탑리 3-19

낚시 불가(수심 얕음)   29번 국도변 예수 재림교회 앞
삼거리에서 진입

N

❸ 출포리권   대호에서 가장 광활한 수초대가 형성된 산란기낚시의 메카

지곡

70번 지방도 성연교차로에서 진입

성연면소재지

갈대 밀집

봄에 물이 차오르면 상류로 계속 포인트가 확산

해성리수로 진입로는 서산제2산업단지 공사로 인해 변동 가능성이 크다.

양쪽 연안에서 모두 입질

해성리수로   보트가 접근하지 못하는 최상류 포인트로 봄에 월척 확률 높다

최상류임에도 1m 이상 깊은 수심. 갈대가 밀집되어 봄 포인트로 최적.

비포장길 (차량 진입 조심)

부들 + 갈대

비포장길 (갓길 주차)

5·6대 주차 P 보트 띄우는 곳

컨테이너 박스

부들 + 갈대

29번 국도변 화천1 (지곡면 화천리 79) 수로길 따라 진입

1~1.5m

이쪽 연안은 갈대가 우거져 낚시하기 힘듦

1~1.2m

사계절 포인트

60cm~1m

무장리수로   연안낚시도 잘되나 보트낚시에 더 좋은 조황

수위의 변화에 상관없이 낚시가 가능한 것이 무장수로의 장점. 늦가을 수초가 삭고 난 뒤에 종종 폭발적 조황. 겨울 얼음낚시도 호조

부들 군락 산재

보트낚시 포인트

60cm~1m

부들 + 갈대

80cm~1.2m 스윙낚시

출포리 마을회관 100m 지나 '날개'이정표 따라 우회전해 언덕길 넘어서 진입

출포리 본류   연안낚시는 잘 안되고 보트낚시가 주로 이루어진다

초봄에는 양수장 앞쪽에서, 늦봄에는 다리 부근에서 굵은 붕어가 잘 낚인다. 가을 밤낚시에도 좋은 조황 기대

대호지면 출포리 380-4

식당 P 보트 띄우는 곳

N

영탑수로

❹ 사성1번수로 사성수로 중에서 4짜 확률이 제일 높은 곳

50~70cm

가을 포인트

N

초봄에 좋은 조황 기대
수로 폭이 좁기 때문에
붕어들이 소음에 민감하다.

50cm~1m

갈대 밀집지역

갈대 군락

봄 포인트

대호지면 방면에서
진입

70~80cm

논

다리

낚시 불가
(수심 얕음)

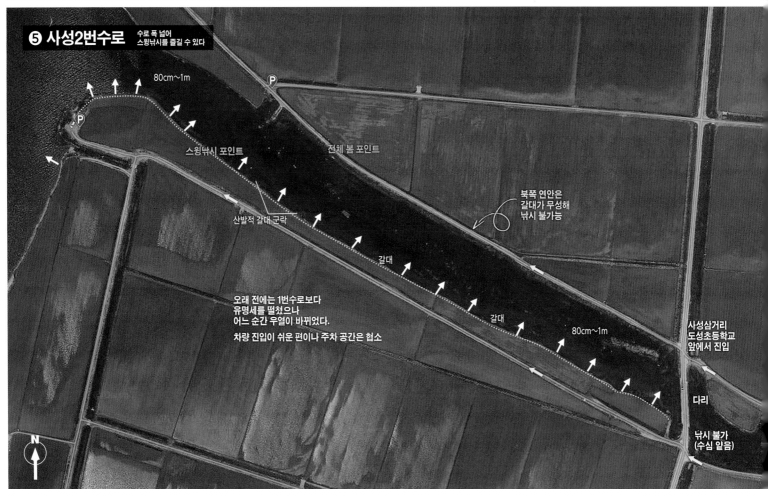

❺ 사성2번수로 수로 폭 넓어 스윙낚시를 즐길 수 있다

80cm~1m

스윙낚시 포인트

전체 봄 포인트

북쪽 연안은
갈대가 무성해
낚시 불가능

산발적 갈대 군락

갈대

오래 전에는 1번수로보다
유명세를 떨쳤으나
어느 순간 우열이 바뀌었다.
차량 진입이 쉬운 편이나 주차 공간은 협소

갈대

80cm~1m

사성삼거리
도성초등학교
앞에서 진입

다리

낚시 불가
(수심 얕음)

N

❻ 대호대교 밑 본류 포인트 중
낚시인들이 가장 많이 찾는 곳

부들 군락

보트낚시 포인트

방구바위 일대

밀생한 부들 군락 사이의
좁은 공간을 노려 붕어를
낚는다. 수심은 70cm~1m.

보트낚시 포인트

부들밭

방구바위

어선 계류장

보트낚시 포인트

마름

갈대

캠핑장(주차)

대호대교

마름

갈대 띠

갈대 띠 안쪽 수로를
노린다. 수심은 1~1.3m

당마루
오토캠핑장

캠핑장 앞

봄낚시도 잘 되지만 물이 약간 빠진
여름·가을에 빛을 발하는 곳
캠핑장 사용료는 3만원.

캠핑장(주차)

고대면 당진포리 1891

배스아지트
041-352-2665

석문면 초락도리 68-11

대호만식당

초락교

해창터널

당진포리

해창지

N

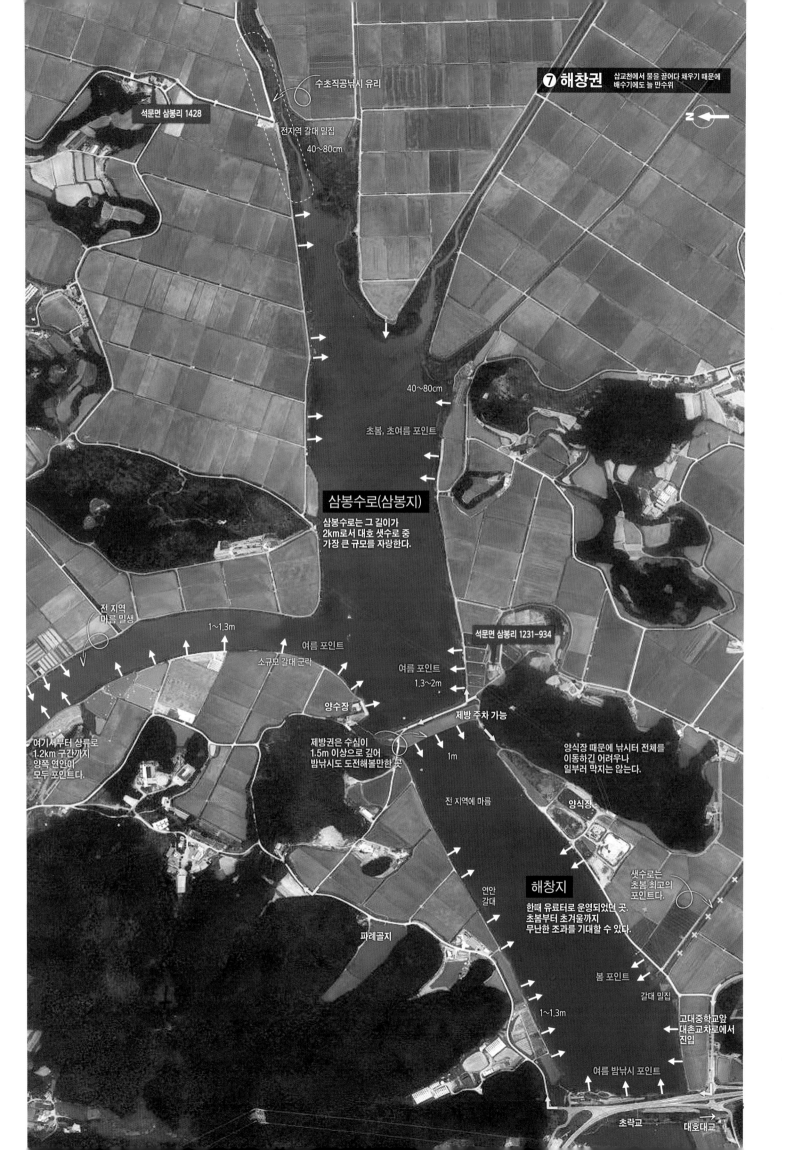

석문면 삼봉리 1428

수초직공낚시 유리

전지역 갈대 밀집

40~80cm

N

40~80cm

초봄, 초여름 포인트

삼봉수로(삼봉지)

삼봉수로는 그 길이가
2km로서 대호 샛수로 중
가장 큰 규모를 자랑한다.

전 지역
마름 밀생

1~1.3m

여름 포인트

소규모 갈대 군락

양수장

석문면 삼봉리 1231-934

여름 포인트

1.3~2m

제방 주차 가능

여기서부터 상류로
1.2km 구간까지
양쪽 연안이
모두 포인트다.

제방권은 수심이
1.5m 이상으로 깊어
밤낚시도 도전해볼만한 곳

1m

양식장 때문에 낚시터 전체를
이동하긴 어려우나
일부러 막지는 않는다.

진 지역에 마름

양식장

샛수로는
초봄 최고의
포인트다.

해창지

한때 유료터로 운영되었던 곳.
초봄부터 초겨울까지
무난한 조과를 기대할 수 있다.

연안
갈대

봄 포인트

갈대 밀집

파레골지

1~1.3m

고대중학교앞
대촌교차로에서
진입

여름 밤낚시 포인트

초락교

대호대교

❽ 교로리수로 & 유엔수로 마릿수 조과가 뛰어나 단체출조지로 인기

※ 유엔수로와 교로리수로는 대호에 속하지는 않지만 붙어 있어서 같은 권역의 낚시터로 취급된다.

유엔수로

갈대 사이 노리면 대물붕어들의 출현이 잦다.
수심 80cm면 무난하지만 1m 이상 되는 곳을 찾으면 더 좋은 조황을 올릴 수 있다.

대호방조제 초입 당진전력문화홍보관 앞에서 진입

둠벙에서는 맨바닥 스윙낚시도 잘 된다.

둠벙

봄 여름 밤낚시터

60~90cm

수초직공낚시 유리

둠벙

석문방조제

다리

갈대 밀생

갈대 밀생

진입 어려움

양쪽 연안에서 수초직공낚시

40~80cm

초봄 특급 포인트

80cm~1m

교로리수로

규모가 워낙 커서 보트낚시와 연안낚시가 부딪치는 일이 없다.

차량 진입도 수월하고 앉을 포인트가 많아 단체출조 인기

대호방조제

석문면 난지도리 545

도비도 농어촌 휴양단지리조텔

도비도

도비도항

서산 마룡지

씨 알 ★★★★
마릿수 ★★
수 질 ★★★★
경 관 ★★★★
주 차 ★★★

Profile

서산의 대표적 대물터 중 하나인 마룡지는 외래종이 없는 토종탕인데도 터가 세고 걸면 30cm 중후반 붕어가 낚인다. 마룡지 붕어는 특유의 시커먼 체색을 자랑한다. 저수지 전역이 수초로 덮여 있다고 할 정도여서 수초작업은 필수. 농번기에는 인근 부남호와 간월호의 물을 쓰기 때문에 배수량이 적고 그래서 배수기에 낚시인들이 많이 찾는다.

제방이라 무심코 보기 쉽지만 의외로 월척이 자주 출몰하는 곳

마룡지는 '수초백화점'이라 할 정도로 뗏장, 갈대, 부들, 연, 마름이 고루 분포해있다. 풍경이 아늑하고 나무그늘이 많아 힐링낚시터로도 좋다. 걸보리를 뿌려주고 새우(또는 지렁이와 옥수수)를 미끼로 진득하게 기다리면 초저녁과 동틀 무렵에 입질이 들어온다.

나무 그늘이 있는 휴식 공간

5~6대 주차 P

1~1.5m 갈대·부들 여름 포인트

보트 포인트

부석면 마룡리 329-2

1~1.5m 갈대·연

P

사슴농장

1~2m 연·마름

진입불가

※ 4월 초·중순, 10월·11월 초가 시즌
※ 얼음낚시에서도 월척이 자주 낚인다

1~2m 마름·뗏장

P

부석면 마룡리 356

봄과 가을에 새우낚시가 탁월하게 잘되는 곳. 봄 조황이 더 좋다.

1~2m

부들·갈대 1~2m

P

서산·부석면소재지

행정명칭 ▶ 마룡지
지역별칭 ▶ 없음
주소 ▶ 서산시 부석면 마룡리
면적 ▶ 6만평
준공연도 ▶ 1961년
인터넷지도 검색명 ▶ 서산 마룡지
내비게이션 주소 ▶ 부석면 마룡리 356

어종과 미끼

주어종 ▶ 붕어
외래어종 ▶ 없음
토착어종 ▶ 가물치, 메기
잘 듣는 미끼 ▶ 새우, 지렁이, 옥수수
채집 가능한 생미끼 ▶ 새우, 참붕어

서산 명지지 (대산지)

씨 알 ★★★★
마릿수 ★★
수 질 ★★★
경 관 ★★★
주 차 ★★★

Profile

서산시에서 4짜 붕어 확률이 가장 높은 곳 중 하나다. 특히 봄철 산란기에 보트낚시를 하면 4짜 포함 월척을 마릿수로 낚을 수 있다. 원래 마릿수 조황이 뛰어나 시조회, 납회가 많이 열리던 곳이었는데 배스 유입 후 대물터로 바뀌었다. 배수가 시작되면 조황이 뚝 떨어지는데 보트로 하류권을 노리면 갈수기에도 손맛을 볼 수 있다.

● 말풀과 마름이 전역에 들어차 있어 붕어 서식여건이 좋다.
● 바닥에 수초 퇴적물이 많아 옥수수내림낚시가 잘 먹힌다.
● 새우 미끼로 밤낚시를 하면 굵은 동자개가 많이 낚인다.

서인골프랜드

대산읍

갈수위 보트 포인트

부들

잉어 포인트

마름 1.5~2m

중간수위 보트 포인트

오일뱅크 주유소

도로변 주차

1.5m

대산읍 대로리 산 37

부들

1~1.5m

말풀+마름

만수위 보트 포인트

1.5~2m

50~80cm

배수관

대호방조제

명지사거리

☞ 서산에서 '대산지'라고 하면 명지지(대산읍 대로리)와 운산지(대산읍 운산리)를 둘 다 가리키는데, 그중 운산지를 대산지라고 더 많이 부른다. 혼동 주의!

어종과 미끼
주어종▶붕어
외래어종▶배스
토착어종▶잉어, 가물치, 동자개
잘 낚이는 미끼▶옥수수, 지렁이, 떡밥
채집 가능한 생미끼▶없음

행정명칭▶명지지
지역별칭▶대산지, 물안지
주소▶서산시 대산읍 대로리
면적▶4만4천평
준공연도▶1978년
인터넷지도 검색명▶서산 물안지
내비게이션 주소▶대산읍 대로리 산 37

명지지 상류 봄철 산란기와 여름 새물찬스에 월척사태가 자주 벌어지는 곳

도로변 주차

1.5m 내외

1~1.5m

떡장

말풀 밀생

부들

60~80cm

줄풀

만수위 포인트

줄풀

배수관 주변에서 4짜 중후반대의 대물붕어가 잘 낚인다. 그러나 주차할 곳 없는 대로변이라 짐만 얼른 내려놓고 차를 안전한 곳에 주차한 뒤 걸어서 다시 와야 한다.

봄, 오름수위 특급 포인트

1m

배수관

1.5~2m

곶부리까지 걸어서 진입할 수는 있으나 수풀이 무성해 진입이 쉽지 않다.

식당

명지사거리

서산 모월지 (양대리지)

씨 알 ★★★★
마릿수 ★
수 질 ★★★
경 관 ★★
주 차 ★★★★

펌프시설
(여기서 물을 퍼올림)

가을 포인트

2~2.5m   새물 포인트

Profile

펌프로 수로 물을 퍼 올려 담수하는 양수형 저수지라 연중 일정한 수위가 보장된다. 배스가 유입된 후 토종붕어와 떡붕어 모두 대물급만 낚인다. 구 관리소 연안에는 갈대와 부들이 잘 발달해 있어 포인트 여건이 좋다. 수초를 낀 낚시를 즐긴다면 산란기에 꼭 찾아볼만한 저수지다. 산란철이 지나면 전역에 말풀과 마름이 덮여 낚시하기 어렵다.

겨울에는 제방에서
릴낚시에 굵은붕어가
잘 낚인다.

제방으로
차량 통행 가능

여름 포인트
2m 전후

연안에
뗏장·부들

2m 전후

부들 군락

어종과 미끼

주어종 ▶ 붕어
외래어종 ▶ 배스
토착어종 ▶ 떡붕어, 잉어, 가물치, 참붕어
잘 듣는 미끼 ▶ 떡밥, 새우, 옥수수
채집 가능한 생미끼 ▶ 참붕어

도로변
부들 지대

1.5m 내외
봄 산란
포인트

보트 포인트

간월호

아당천

행정명칭 ▶ 모월지
지역별칭 ▶ 양대리지
주소 ▶ 서산시 인지면 모월리
면적 ▶ 9만3천평
준공연도 ▶ 1983년
인터넷지도 검색명 ▶ 모월지, 양대리지
내비게이션 주소 ▶ 인지면 산동리 731

1m

양수장   구 관리소 자리

지역 낚시인들이 선호하는
자리. 수심은 얕아도
낮낚시 글루텐, 밤낚시 새우에
가끔 대물붕어가 나온다.

인지면 산동리 731

인지면소재지·서산

봄은 붕어낚시의 황금시즌, 축복의 계절이다.

서산 부남호

씨 알 ★★★★
마릿수 ★★★
수 질 ★★
경 관 ★★
주 차 ★★★★

※ 축조 후 6년간 낚시금지구역으로 묶였다가 2001년부터 낚시인들에게 개방
※ 떡붕어도 서식하지만 개체수가 적어 거의 낚이지 않는다

Profile

대호의 절반에 이르는 드넓은 수면과 풍부한 어자원으로 2000년대 후반부터 중부지역 최다 월척 배출지로 군림하고 있다. 연안낚시와 보트낚시 모두 잘되며 봄철과 장마철 오름 수위에 무더기 월척 사례가 찾다. 갈마큰수로, 검은여수로, 달산수로에서 봄낚시가 시작되어 5월을 넘어서면 본류로 시즌이 확대된다.

어종과 미끼

주어종 ▶ 붕어
외래어종 ▶ 배스
토착어종 ▶ 떡붕어, 잉어, 장어, 망둥어
잘 듣는 미끼 ▶ 떡밥, 지렁이, 새우
채집 가능한 생미끼 ▶ 없음

행정명칭 ▶ 부남호
지역별칭 ▶ 천수만B지구
주소 ▶ 서산시 부석면 창리
면적 ▶ 421만8천평
준공연도 ▶ 1995년
인터넷지도 검색명 ▶ 부남호
내비게이션 주소 ▶
남면 당암리 2-13

길 오른쪽에
'갈마리'이정표
보고 진입

서산시나

서 산 시
부 석 면

태안수로
(수심이 얕다)

반곡지

태 안 군

태 안 읍

3번 제방

검은여수로(갈마수로)

갈마큰수로

봉락지

④

①

달산수로

2번 제방

⑤

봉락수로

③

태안 ↑

77

1번 제방

마룡지

태 안 군

남 면

당암리수로
(붕어 씨알 잘다)

창리교차로

서산B지구 방조제

방조제낚시

안면대물낚시

현대낚사

남면 당암리 2-13

당암포구

해상좌대낚시터

홍성

↓ 안면도

부남호의 관문으로 연중 가장 많은
낚시인이 찾는 두 개의 가지수로

부석면소재지

이 구간에만
연안에 갈대가 있다.

갈마수로(검은여수로)

비포장도로 갓길 주차 가능

부석면 갈마리 654-10

모래채취장(공터에 10대 이상 주차) P 펌프장

1~1.2m

정자 검은여 비석

1~1.3m
모래채취장 앞
포인트

검은여수로 전 연안을 따라
뗏장수초가 듬성듬성 자라 있다.

초봄엔 남쪽 연안,
5월 이후엔 북쪽 연안에서
입질 활발

달산수로

수심 얕아
낚시 안됨

갈대가 멀리까지
뻗어 있어 접근이 어렵다.

갓길주차 가능
60~80cm

차량 2대 교차통행 어려워 주차 불가

갈대

갈마큰수로

부들

갈대

갈대 때문에 접근이 어려움.
낚시자리를 다듬어서 들어가야 함

P
P 3대 주차
5대 주차
부들약간 펌프장
80cm~1m

갈대

N

갈대

차량 통행 못하게
수로 하류 진입로 네 곳을
포크레인으로 파놓았음

부들

P

부들

태안 ↑

새물찬스
포인트
80cm~1m

이곳은 갈마수로를 거쳐 들어오기에는
거리가 멀다. 여기에서 1.8km 상류 진입로의
건물 주소인 '부석면 가사리 1405'를
내비게이션에 입력하면 태안읍 쪽에서
최단거리로 들어오는 길을 안내한다.

P　P

장화 신고 진입 가능

바지장화 신고 건너갈 수 있음

1.2~1.5m

※ 수로 중앙이 얕고
가장자리가 깊다

1~1.2m

연안에 갈대가 무성하여
낫으로 쳐내고
진입해야 하는 곳이 많다.

P

※ 본류권 최상류는 봄·오름수위 포인트.
갈수 때는 바닥이 드러남.

3월 중순부터 말 사이에 월척 사태가 벌어지는데
왼쪽 큰 수로 본류보다 오른쪽의 작은 수로에서
먼저 입질이 닿는 경우가 많다.

↓ 3번 제방

↓ 3번 제방

N

봉락수로

갈마큰수로

보트를 타야 건너감
수위 낮을 때는
바지장화 착용하고
건널 수도 있음

동쪽 연안은
서쪽 연안에 비해 수심 얕다

초여름·가을 포인트
2~3m

2번 제방

※ 전 포인트에 도로변 주차 가능

서풍(또는 북서풍)이 강하게 불 때는
2번 제방 서쪽 하류 연안과 달산수로
서쪽 연안이 바람과 파도에 의지되고,
동풍이 강하게 불 때는 동쪽 연안들이
바람과 파도에 의지된다.

초여름·가을 포인트
2~3m

보트를 타야 건너감

달산수로 제방 밑
서쪽 연안은 전역이
오름수위 명당

낮·밤 모두 호황
갈대 군락
1~1.5m

1~1.5m

200m

보트낚시 포인트
1.7~2.5m

1번제방

2.5~3m

80cm~1m

여름·갈수기 포인트

새우 밤낚시
포인트

300m

2~3m

2.5~3m

수심이 깊어서
5월 배수기부터 늦가을까지
꾸준히 월척붕어가 낚인다.
떡밥낚시도 잘되지만 새우를 쓰면
한층 씨알이 굵다.

봄 포인트   갈대
1~1.5m

남면 양잠리 1321

달산수로

갈대

1~1.5m   갈대

봄 포인트
갈대

1~1.5m

❸ 달산수로 제방권 & 2번 제방
부남호의 노른자위 구간으로
수위에 상관없이 호조황을 보인다

↑ 700m 상류 진입로의 건물 주소(태안읍 송암리 1548)를
내비게이션에 입력하면 찾아올 수 있다.

❹ 달산수로 최상류 부남호에서 6-9치 붕어로
마릿수 손맛을 볼 수 있는 유일한 지역

1.5m

1.5m
1m

1.5~2m
오름수위 명당

부남호에서 외진 지역으로 찾는 낚시인이 거의 없다.
깊은 물골 덕분에 본류에서 독립된 수계를 형성한 듯
월척 이상의 대물붕어는 드물고 대신 6·9치 붕어가
마릿수 입질을 보여 봄에는 하루 20여 마리도
어렵잖게 낚을 수 있다.

이 물골은 수심이 대단히 깊어서
만수 때는 3m가 넘고
갈수 때도 2m선을 유지한다.

1m
오름수위 명당

1~1.5cm

N

↓ 달산수로 제방   ↓ 달산수로 제방

❺ 봉락수로 규모는 작지만 산란기 폭발력에서
첫손에 꼽히는 가지수로

N

봉락지 →

4월 중순부터 5월 초까지 피크.
밤 열 시부터 새벽 네 시까지 새우에 입질 활발
폭 30m, 낚시 가능 구간의 길이는 70m에 불과한 소형 수로

봉락수로를 포함, 부남호에선 다양한 미끼 사용이 요구된다.
어떤 날은 떡밥에, 어떤 날은 새우에 입질이 집중되는
경향이 있고, 오름수위나 내림수위 때는
새우와 떡밥엔 입질이 뚝 끊기고 지렁이에만 입질하기도 한다.

2번 제방
(약 200m)

부석면 봉락리 1119

양수장 창고

갓길 주차

더 이상 상류 구간은
얕아서 낚시 불가
(장마로 홍수질 때만
낚시 가능)

갓길 주차

얕아서
낚시 잘 안되는 구간

하류에 자리 없을 때 낚시 구간

칠 전 리

1번 제방
(약 1.6km)

서산 봉락지

씨 알 ★★★
마릿수 ★★★★
수 질 ★★★★
경 관 ★★
주 차 ★★★

Profile

봄 조황보다는 가을 조황이 뛰어난 낚시터로 알려져 있으며 적당한 수면적에 넓은 주차공간도 있어 시조회, 납회 장소로 애용되고 있다. 5~7치 붕어가 주로 낚이며 조황 부침이 적어서 조황이 좋은 날은 1인당 10~20수는 거뜬하다. 2009년 얼음낚시에 월척이 마릿수로 낚인 뒤로는 겨울에도 많은 낚시인들이 찾고 있다.

부석면 봉락리 587

※ 봄 시즌은 4월 초부터 5월 중순까지이며 가을 시즌은 9월 말부터 11월 초까지이다. 10월 말 11월 초에 낚이는 씨알이 가장 굵다.

※ 지렁이, 글루텐, 옥수수를 많이 사용한다. 초저녁과 동틀 무렵 입질 활발

봄·여름 포인트

연

1.8m 내외

얼음낚시 포인트

부들
1~1.5m
봄·가을 포인트

여름 떡밥 포인트

부들
1.2m

1.2~1.5m 갈대

갈대

새물 유입구

늦가을부터 초겨울까지 연줄기 사이에서 붕어가 잘 낚인다.

1~1.5m 연

봄·가을 포인트

겨울 주차공간

부석면 칠전리 33-4

천수만 B지구방조제

부석면소재지·서산

어종과 미끼
주어종 ▶ 붕어
외래어종 ▶ 없음
토착어종 ▶ 떡붕어, 잉어, 동자개
잘 듣는 미끼 ▶ 떡밥, 지렁이, 새우, 옥수수
채집 가능한 생미끼 ▶ 참붕어, 소량의 새우

행정명칭 ▶ 봉락지
지역별칭 ▶ 없음
주소 ▶ 서산시 부석면 봉락리
면적 ▶ 2만평
준공연도 ▶ 미상
인터넷지도 검색명 ▶ 서산 봉락지
내비게이션 주소 ▶ 부석면 칠전리 33-4

서산 성암지

Profile

서산에서 가장 큰 저수지. 배스가 유입된 대물터이지만 7~9치 붕어와 월척이 섞여 낚이고 마릿수도 괜찮은 곳이다. 2006년 상수도보호구역에서 해금됐으며 2010년쯤에 배스가 유입됐다. 연안을 따라 수초와 버드나무가 형성되어 있고 항상 물색이 좋다. 낚시구간은 상류의 도당리, 탑곡리와 하류의 부장리 세 권역으로 나뉜다.

행정명칭 ▶ 성암지
지역별칭 ▶ 음암지
주소 ▶ 서산시 음암면 성암리
면적 ▶ 31만2천평
준공연도 ▶ 1966년
인터넷지도 검색명 ▶ 성암저수지
내비게이션 주소 ▶ 세밀도 참고

어종과 미끼

주어종 ▶ 붕어, 떡붕어
외래어종 ▶ 배스
토착어종 ▶ 가물치, 메기, 잉어, 동자개, 장어, 실치, 버들치
잘 듣는 미끼 ▶ 지렁이, 떡밥, 옥수수, 새우
채집 가능한 생미끼 ▶ 소량의 새우와 참붕어

오일뱅크 우리주유소

음암초교
음암면사무소
삼일가든
도당교

도당리
① 도당리권

1m
초봉 포인트
인공습지
상류 전역 새물찬스 포인트
새물유입
보트 포인트
연안 낚시 힘든 구간
1.5~2m
석축
70cm~1m
말풀군락
갈대
수몰나무
초봉·여름 밤낚시 포인트
1.5~2m
성암대교

4대 주차 P

조정연습장
줄풀 수초 밀생
줄풀
초봉 포인트 (스윙+직공)
1.5~2m

음암교차로
간이화장실
3대 주차 P
갈대

충청종합상사

음암중학교

해태제과

서산시내

부장리
부장3리 마을회관

③ 부장리권
초봄부터 여름까지 호조
진입불가

서산수림 미소가 아파트

당진 ↗

오일뱅크
한양주유소

탑곡교

32

음암면 탑곡리 312

세아평 미술관

탑곡4리 마을회관

탑곡리

고양교

② 탑곡리권

인공습지

줄풀

1~1.5m
초봄 포인트

마름

초봄 포인트

1m

가좌리

부들 발달

마름

석축

비포장도로

마름

부들

80cm

줄풀

마름

수물나무

양수장

수물나무(낚시불가)

소중리

소중보건진료소

● 3월 초부터 산란이 끝나는
4월 말까지 호황을 보인다.
도당리에서 가장 먼저 입질이 시작되어
부장리, 탑곡리 순으로 호황 권역이 넓어진다.
5월 이후부터 11월 말까지는
떡붕어가 섞여 낚인다.

중층·내림낚시 떡붕어 포인트
(제방 전역)

2.5m

무넘기

N

❶ 도당리권 성암지 최고의 포인트 구간

● 저수지 내 세 개의 골 중 가장 길고 수초가 잘 형성되어 있다.
봄 시즌 붕어 입질이 먼저 시작되며 주차 공간이 넓어
시조회 장소로도 적합하다.

N

오전엔 수초대,
오후엔 연안쪽에서 입질 활발
말풀과 부들 혼재

× 1~1.5m   × 70~80cm   ×

보트 포인트   ×

초봄 직공낚시 유망   70~80cm

새물 유입구   P 6대 주차

1.6m
여름 밤낚시터

4대 주차 P   1.5m   갈수선

여름 밤낚시터

1.2m

봄·가을 포인트
스윙낚시 가능
군데군데 뗏장 형성

마름
(여름철)   1.4m   1.4m   1.3m

1.1m

이 경계선을 기준으로
상류는 초봄 포인트,
하류는 4·11월 포인트다.

뗏장

여름밤낚시
포인트

1.1m

인공습지

초봄
포인트

음암면 도당리 946-8

뗏장

1m
마름

초봄에
뗏장 넘겨치는
낚시 유리

새물찬스
포인트

1m   도로 끝에
바짝 주차

뗏장

비포장길

도당교 하류 300m 구간은
초봄에 호황을 보이는 포인트로서
월척이 마릿수로 낚인다.

석축 시작 지점
(전 연안 석축·받침틀 필수)

도당교

❷ 탑곡리권 도로에서 멀리 떨어져 있어 조용하고 한적하게 낚시할 수 있다.

● 3월 말부터 입질이 시작되는 늦봄 포인트.
단 양수장 앞은 3월 초부터 입질이 붙는다.
연안이 석축 지형이어서 받침틀은 필수.

넓은 주차공간-10대 P
고양교

석축(받침틀 필수)
90cm
비포장길 (일렬로 주차 가능)

여름 오름수위 포인트
1m

음암면 탑곡리 295

인공습지
석축

초봄 포인트
새물 유입구

군데군데 말풀 형성
여름 밤낚시 포인트

석축 (받침틀 필수)

80~90cm
마름

부들 군락
스윙+직공낚시

1.7m
1.6m
석축
1.9m
1.8m

탑 곡 리

1.2m

P
마름 듬성듬성

90cm
줄풀

수중보
부들

80~90cm

인공습지
줄풀

1m

70cm
P 일렬 주차

부들

1.2m
수몰나무

더 이상 진입 불가

말풀이 넓게 형성
양수장 앞 포인트
80cm
말풀
마름

갈대와 부들, 줄풀이 잘 형성되어 있는 탑곡리 최고의 포인트

N

수몰나무
6대 주차 P P

음암교차로

음암면 부장리 78

❸ 부장리권 보트낚시, 수초직공낚시 포인트

● 골 안쪽은 수심이 얕고 줄풀이 군락을 이루고 있어 연안낚시 여건이 불편하다.
수중좌대가 있으면 노려볼 만한 곳이다.

여름 밤낚시 (새우미끼)

초봄 특급 포인트
2m

※ 초봄엔 줄풀 외곽 끝을 공략하는 게 좋으며
수온이 좀 더 올라 붕어들이 산란장으로 파고들면
수초직공낚시로 밀집된 줄풀 군락 안쪽을 노린다.

×
1.2m
보트 포인트
×
1.4m

2.5~3m

진입 불가능

40~60cm
줄풀 군락지
(수심 얕아
연안낚시 불가)

×
연안 직공 포인트
1.4m

어부네집

진입 불가능

P

N

서산 산수지

씨 알 ★★★
마릿수 ★
수 질 ★★★★
경 관 ★★★★
주 차 ★★★

Profile

평소 물이 맑은 계곡지인데 배스까지 유입되어 더욱 터가 세진 대물터다. 2012년에 52cm 붕어가 낚인 적 있으나 그 외에는 4짜급도 보기 드문 저수지라서 인기는 많지 않으나 4월 초부터 5월 초까지 산란기와 장마 뒤 오름수위에는 꼭 이곳을 찾는 매니아들이 있다. 10월에도 대물급이 낚이는 경우가 종종 있다.

☞ 해미읍성이 가까이 있고 저수지 상류에 한서대학교와 상가가 있어 편의시설은 좋은 곳이다.

←홍성IC

해미읍성↗

서해안고속도로

해미IC

※폭우 뒤 새물찬스에 골 상류에서 호황
※오전 5시~8시에 입질 잦다
※딸기글루텐과 아쿠아텍을 섞은 떡밥이 유독 잘 든다

무넘기

산수파김치장어

50% 이하 초갈수에 보트로 공략하면 마릿수 월척

갈수위 포인트
3~4m

산수1교

0.8~1.2m

산수교

잉어낚시 포인트

갈수위
포인트

철문

산수가야가든

버드나무
수몰지역

1.5m

2012년에 52cm 붕어 낚인 곳. 3~4명 앉을 수 있는데 장애물 많아 밑걸림 심하다

일명 '개집 포인트'. 문이 달린 울타리가 설치되어 있지만 들어갈 때와 나갈 때 문을 잠가주기만 하면 주인과 마찰을 피할 수 있음

45

오일뱅크 주유소

해미면 대곡리 988-3

덕산면소재지

한서대학교

어종과 미끼
주어종▶붕어
외래어종▶배스
토착어종▶잉어, 가물치
잘 드는 미끼▶떡밥, 옥수수, 지렁이
채집 가능한 생미끼▶없음

행정명칭▶산수지
지역별칭▶없음
주소▶서산시 해미면 산수리
면적▶14만4천평
준공연도▶1962년
인터넷지도 검색명▶서산 산수지
내비게이션 주소▶해미면 대곡리 988-3

서산 중왕리수로

씨 알 ★★★
마릿수 ★★★
수 질 ★★★
경 관 ★★
주 차 ★★★★

● 서산에서는 제일 늦게 배스가 유입된 곳으로 2012년까지
5~7치급이 주종으로 낚이다가 2013년에는 8~9치급이
섞이기 시작하더니 2014년에는 마릿수가 줄고
얼음낚시에서 32~38cm가 낚이는 대물터로 바뀌었다.

지곡면소재지
갈수선
1번 다리
1.2~1.4m
초복·새물찬스
포인트
가을·새물찬스
특급 포인트
1~1.2m
P 일렬 주차
1.4m
1.7m
2번 다리
부들·갈대

※ 1번 다리와 3번 다리 사이의
갈대와 부들 수초대가 붕어 명당.
※ 수초에 맞춰 포인트를 선정하면
큰 무리가 없다.
※ 물낚시에서는 글루텐, 옥수수 순이며
얼음낚시는 글루텐과 지렁이를 함께 쓴다.

1.7~2m

2~2.4m

P

3번 다리
P

얼음낚시
포인트
골자리

얼음낚시 초빙기엔
제일 먼저 결빙이 이루어지는
1번·2번 다리 사이의 부들밭에서
붕어가 낚이고(하류깊은 곳에서도
일부 낚인다) 중반기 이후에는
깊은 하류권이 두각을 보인다.

양수장
지곡면 중왕리 772-3

얼음낚시
포인트

왕산포구
차량 이동 불가
수몰 논자리
2~2.5m

얼음낚시
중반기
포인트
수초

차량 이동 불가

수심 알아
낚시 불가

수심 알아
낚시 불가
1.5~1.7m
수몰
논둑
얼음낚시
첫탕 포인트

얼음낚시
포인트
수초

양식장
어부 작업장
2.2~2.5m
얼음낚시
포인트

철제다리(도보 이동)

제방
2.5~3m

3~3.5m

돌다리
(도보로만 이동 가능)
P

Profile

서해 가로림만으로 흘러드는 긴 수로다. 수면적이 넓고 앉을 자리도 많으며 물낚시는 물론 얼음낚시에도 조황이 좋은 사계절낚시터인데 특히 얼음낚시터로 인기가 높다. 2012년까지 마릿수터였으나 배스 유입 후 대물터로 바뀌었다. 4~5월 산란기와 첫 오름수위에 조황이 제일 좋으며 이때 대물붕어가 곧잘 낚인다.

어종과 미끼

주어종▶ 붕어
외래어종▶ 배스, 블루길
토착어종▶
잉어, 동자개, 가물치, 메기
잘 듣는 미끼▶
글루텐, 옥수수, 지렁이
채집 가능한 생미끼▶ 없음

행정명칭▶ 없음
지역별칭▶ 중왕리수로
주소▶ 서산시 지곡면 중왕리
면적▶ 길이 3km, 폭 500m(최하류)
준공연도▶ 미상
인터넷지도 검색명▶ 중왕리수로
내비게이션 주소▶ 지곡면 산성리 1126(수로 초입)

서산 **잠홍지**

씨 알 ★★★
마릿수 ★★★★
수 질 ★★★
경 관 ★★★
주 차 ★★

← 서산 시내

★ 상류에 서산외곽도로와 수변공원 조성을 위한 정비공사가
진행 중이어서 포인트와 진입로가 많이 바뀌고 있다.

우리낚시
준모텔

← 서산 IC

1차선 시멘트길
차량교행 어려움

성연면
소재지

Profile

서산태안 낚시터 중 봄낚시 월
척 배출이 가장 빨리 시작되는
곳이다. 통상 2월 초순이나 중
순이면 연안낚시나 보트낚시에
서 월척 소식이 들린다. 배스가
유입되긴 했지만 한번 조황이
터질 때는 준척월척급이 마릿
수로 낚일 정도로 폭발력이 크
다. 월척 씨알은 30cm 중반 이
하가 많으며 4짜는 귀하다. 떡
붕어가 있지만 초봄엔 거의 안
나오는 편이다.

좌안 중하류는 주민과
마찰로 진입 어려움

매점 겸한
보트 선착장

대나무숲

음암면 부산리 784-5

최고의 마릿수 포인트

습지 진입로
공사중

부들군락

※ 3월 초~중순이 피크시즌
※ 연안 수심이 완만하여 배수가 이뤄지면 낚시하기 어렵다
※ 봄낚시 최고의 미끼는 지렁이
※ 봄철 입질시간대는 아침과 오후 2-3시

0.7~2m

부들·말풀

무넘기
보트 띄우는 곳

보트 포인트

부들

배수기
포인트

1m 전후
산란기에도 호황

음암면 상홍리 산139-4

초봄 월척터였으나 수변공원 조성을
위한 대대적 정비공사 후 물이 거의
없는 거대습지로 바뀌었다.

1m

듬성한 부들

마름

70~80cm
봄 포인트

음암면 상홍리 353

행정명칭 ▶ 잠홍지
지역별칭 ▶ 없음
주소 ▶ 서산시 잠홍동
면적 ▶ 23만1천평
준공연도 ▶ 1958년
인터넷지도 검색명 ▶ 서산 잠홍지
내비게이션 주소 ▶ 음암면 상홍리
353

어종과 미끼

주어종 ▶ 붕어
외래어종 ▶ 배스
토착어종 ▶ 떡붕어, 잉어, 가물치
잘 듣는 미끼 ▶ 지렁이, 글루텐떡밥
채집 가능한 생미끼 ▶ 없음

서산외곽순환로
공사중

잠흥지 우안 상류
부들 등 수초대가 잘 형성되어 있는 봄 호황 지역

N

보트 포인트

봄 포인트

70~80cm

3월에는 남서풍이 강하게 부는 날 오후에 호황

봄에는 장화 신어야 진입 가능

논둑을 따라 진입해야 되는 경우가 많아 장화를 지참해야 하며 개인좌대가 있으면 편리

배수기 포인트

봄 포인트

부들

보트 띄우는 곳

부들

무넘기

음암면 상흥리 139-4

P

서산 팔봉수로

씨 알 ★★★★
마릿수 ★★★
수 질 ★★★
경 관 ★★★
주 차 ★★★★

N

← 팔봉면소재지

GS칼텍스

↟ 3월 초부터 5월 말까지가 호황기이며 여름에는 고수온으로 조황이
떨어지고 10월부터 얼음이 얼 때까지 2차 호황기에 접어든다.

Profile

서산의 동절기 월척 명소로 유
명하다. 붕어 씨알은 7~9치급
이 주종으로 4짜급까지 낚인다.
2009년부터 3년 동안 대대적
인 준설작업이 이뤄진 다음
2012년 봄에 다시 낚시인들의
품으로 돌아왔는데 배스 때문
인지 그 전보다 훨씬 큰 붕어들
이 낚이기 시작했으며 그해 겨
울 얼음낚시에 월척이 마릿수
로 낚였다.

얼음낚시는 초반기에 중상류 부들밭
에서 먼저 낚이다 중반기 이후에는 제
방권이 좋아진다.

2m 전후

짓다가 만 펜션
(비 피할 수 있음)

보트 A급 포인트

1.7~2m

1.7~2m

P

부들·갈대·마름

2m

1~1.5m

1.7~2m

P

1.5m 전후

보트 포인트

1.5m

P

시멘트 포장길

부들·갈대·마름

보트 포인트

1.5m

P

※ 봄철에는 상류 부들밭이 일급 포인트
※ 특히 수중둔덕 주변은 보트낚시 명당
※ 가을철에는 우안 중하류권 부들밭 유망

봄부터 가을 사이에는 글루텐을 많이
사용하고 얼음낚시는 지렁이가 제일
효과적이다.

2m

양수장

뱀장어 다량 서식. 수심은
50·60cm로 얕지만 릴대로
노리면 초저녁에 확실한 입
질을 받을 수 있다.

1.7m

P

바다

어송교

비포장길

모닝빌펜션

배수갑문

도내나루회식당
태안읍 도내리 306-3

↓ 태안

어은천

부들밭

팔봉면 어송리 1691-4

수초 직공 유리

양수장 P

여름·가을 포인트

0.5~0.8m

차량 진입

새물찬스 포인트

1.7~2m

P

단체출조 본부석 자리

0.5~0.8m

초봄 포인트

1.2m

여름·가을 포인트

2~2.2m

초봄 보트 포인트

2m 전후

2m 전후

노폭 넓은 비포장길이라
도처에 주차 가능

어종과 미끼

주어종▶붕어
외래어종▶배스, 블루길
토착어종▶잉어, 가물치, 메기, 장어
잘 듣는 미끼▶글루텐, 곡물떡밥, 지렁이
채집 가능한 생미끼▶없음

행정명칭▶없음
지역별칭▶팔봉수로, 솔감저수지
주소▶서산시 팔봉면 어송리
면적▶길이 2km, 폭 300m(하류)
준공연도▶미상
인터넷지도 검색명▶솔감저수지
내비게이션 주소▶팔봉면 어송리
1691-4(최상류)

어은천

서산 풍전지

Profile

2000년대 초에 배스가 유입된 후 잔 손맛터에서 대물터로 바뀌었다. 한동안 낚시인들의 발길이 끊겼다가 2012년 봄부터 보트낚시와 연안 밤낚시에서 35~40cm급 붕어들이 마릿수로 나오면서 인기가 살아나고 있다. 3~4월에는 큰 골 최상류에서 아침낚시에 산란기 호황이 펼쳐지고 5~6월 갈수기에는 중류권에서 밤낚시에 대물 붕어가 낚인다.

5~6월 배수기에 밤 9시부터 오전 9시까지 월척급 이상 4짜까지 나온다 긴 대 위주로 편성한다 오후에는 그늘이 져서 시원하다

32번 국도

새물 유입구

직벽

새물찬스 유망터

갈수위 포인트

갈수기 특급 포인트

2m

2~3m

펜션

P

P

1.5~2m

보트 포인트

P

보트 내리는 곳

서산시 갈산동 766

P

※ 3~4월과 9~10월이 피크시즌
※ 여름에는 대개 갈수 상태이고 녹조가 심해 인기가 없다
※ 미끼는 초봄엔 지렁이, 이후로는 글루텐과 옥수수

32번 국도

산란기 특급 포인트

갈수위 대물 포인트

봄 포인트

무넘기

P

떡붕어 특급 포인트

1.2m

P

풍전가든
인지면 풍전리 82-1

장어 어죽 집

새물 유입구

세창리베하우스 아파트

대산면소재지

행정명칭 ▶ 풍전지
지역별칭 ▶ 없음
주소 ▶ 서산시 인지면 풍전리
면적 ▶ 23만4천평
준공연도 ▶ 1945년
인터넷지도 검색명 ▶ 서산 풍전지
내비게이션 주소 ▶ 인지면 풍전리 82-1(상류 풍전가든)

어종과 미끼

주어종 ▶ 붕어
외래어종 ▶ 배스
토착어종 ▶ 떡붕어, 잉어, 가물치, 살치
잘 듣는 미끼 ▶ 글루텐, 옥수수, 지렁이
채집 가능한 생미끼 ▶ 없음

서산 예천 사거리

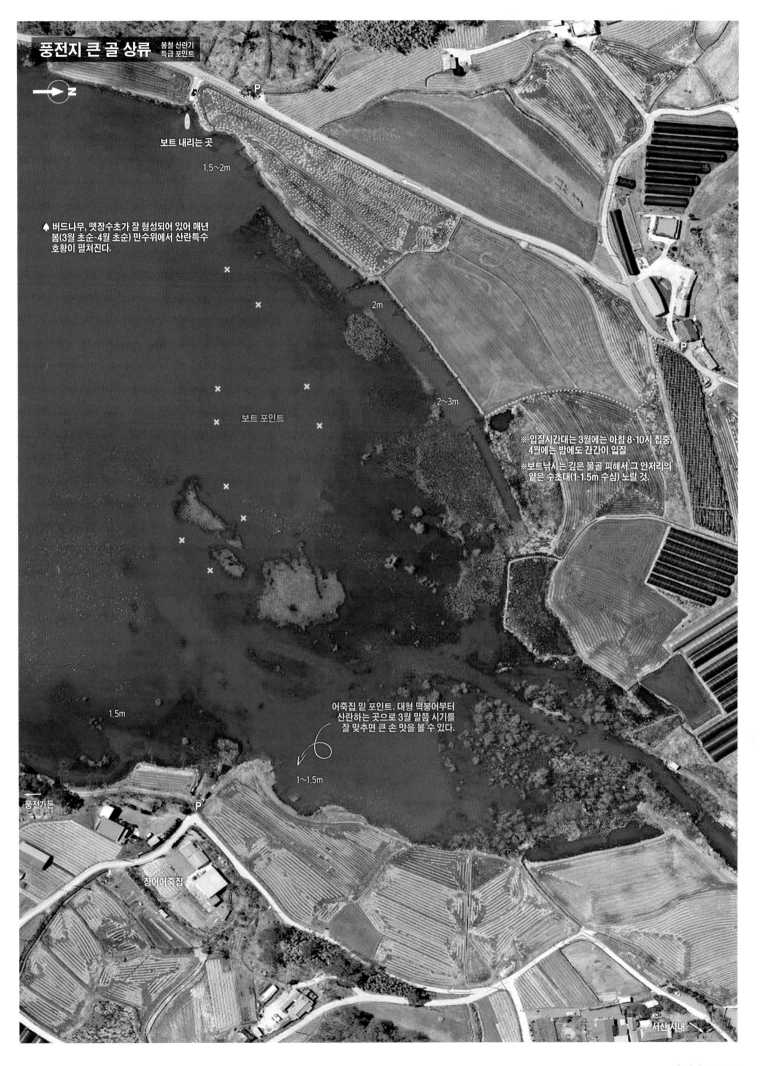

풍전지 큰 골 상류 <small>봄철 산란기 특급 포인트</small>

→ N

보트 내리는 곳

1.5~2m

♠ 버드나무, 뗏장수초가 잘 형성되어 있어 매년 봄(3월 초순~4월 초순) 만수위에서 산란특수 호황이 펼쳐진다.

2m

2~3m

보트 포인트

※입질시간대는 3월에는 아침 8~10시 집중, 4월에는 밤에도 간간이 입질

※보트낚시는 깊은 물골 피해서 그 언저리의 얕은 수초대(1~1.5m 수심) 노릴 것.

1.5m

어죽집 밑 포인트. 대형 떡붕어부터 산란하는 곳으로 3월 말쯤 시기를 잘 맞추면 큰 손 맛을 볼 수 있다.

1~1.5m

풍전가든

장어어죽집

서산시내 ↘

서천 길산천

씨　알 ★★★★★
마릿수 ★★★★
수　질 ★★★
경　관 ★★
주　차 ★★★

Profile

길산천은 금강 하류의 대표적인 붕어낚시 명소다. 특히 봄 산란철이 되면 월척부터 4짜까지 폭발적인 호황을 보인다. 보통 2월 말부터 시즌이 시작돼 짧게는 4월 초, 길게는 5월 초순까지 이어진다. 5월 중순 이후로는 수초가 밀생하여 낚시가 어려워지고 큰 붕어들은 모두 본류로 빠져 떡붕어와 잔챙이 토종붕어만 낚이게 된다. 길산천은 행정구역은 충남 서천군에 속하지만 군산, 전주 등 전북 지역 낚시인들이 더 많이 찾는다.

군산휴게소
군산IC
한산
금강대교
보현리
화양면
동서천IC
화양면소재지
추동리
금강습지생태공원
서천공주간고속도로
동서천분기점
봉명리 ㉙

♠ 서천군 시초면에 있는 봉선지에서 흘러든 물줄기가 여러 하천들과 합류해 길산천을 이룬 후 금강 하류로 흘러든다.

● 금강하구둑에서 갑문을 열어 배수를 하면 적어도 하루 정도는 낚시가 안 되며 상류로 갈수록 배수 영향을 강하게 받는다.

서해안고속도로
고마리
군산
군산금강랜드
금강하구둑
금당리
❶망월리 홈통
망월리
❸장신교 상류
❷장상리 축사 앞
내동리
장상리
두남리
도삼리
신포리
하구둑삼거리
당선리
장항
신내리

어종과 미끼

주어종▶ 붕어, 떡붕어
외래어종▶ 배스, 블루길
토착어종▶ 잉어, 가물치, 강준치, 메기, 동자개, 눈불개 살치 등
잘 듣는 미끼▶ 떡밥, 지렁이
채집 가능한 생미끼▶ 없음

행정명칭▶ 길산천
지역별칭▶ 없음
인터넷지도 검색명▶ 길산천
내비게이션 주소▶ 서천군 화양면 장상리 322-4 외

마서면
장선리
장항역
옥산리
서천군청
④

①망월리 홈통 길산천 최고의 명포인트 구간이다. 시즌 초반에 금강 본류 권의 대물이 산란을 위해 가장 먼저 올라붙는다.

Z →

※ 봄에는 하류권에서 가장 빨리 굵은 씨알이 낚인다.

도삼리

신포리 →

장상리 축사 앞 →

둑방길 주차

2.5~3m

1~1.5m

부들, 갈대 밀생

길산천 최고의 명당. 갈대 가까이 노릴 때는 2칸 대 이하면 충분하다.

2.5~3m

← 금강하구둑

P (4~5대)

P

전 연안 둑방길 주차

P

P

망월리

P

P

2.5~3m

망월1교

P

수문

길산천에 비해 너무 씨알이 잘게 낚여 인기가 떨어진다.

2.5~3m

내비에 '망월1교' 입력

금강생태공원

망월수로 (화산천)

← 화양면 소재지

신아리

②장상리 축사 앞 망월리 홈통보다 한적하다. 수문 인근에 무성하게 자란 갈대 언저리를 노려 대물 붕어를 노리는 포인트.

N

장신교↑

서천군 화양면 장상리 322-4

축사

1~1.5m

P

수문 앞에 갈대 밀생. 짧은 대로 갈대 언저리 노리는 게 유리하다.

P

P

양안 모두 둑방길 주차

P

※ 화살표 표시한 곳 외에도 생자리 만 개척하면 전 연안에서 낚시 가능하다.

P

2~3m

2~3m

펌프장 앞은 발판이 편하고 넓 어 많은 낚시인들이 찾는다.

P

펌프장

P

도삼리

도삼수로

수문↘

망월리 홈통 포인트

③ 장신교 상류 길산천 포인트 중 가장 상류에 있다. 수심이 얕고 수로 폭이 좁아 수위 영향을 강하게 받는다.

● 수심이 얕기 때문에 좌대 등을 사용한 수중전을 펼치면 유리한 자리가 많다.

산내리

※ 더 이상 상류권은 수로 폭이 좁고 수위 변동에 의한 영향을 강하게 받아 조황 불안정

신포리

둑방길 주차

1~1.5m

논둑에서 갈대 넘겨쳐 공략하는 게 요령

낚시자리가 편해 늘 낚시인이 붐빈다.

1~1.5m

둑방길 주차

부들, 갈대 밀생 구간

만수 시 1m 내외

두남리

장상리 축사 앞

주차공간

수심 얕아 수중좌대 필수 적정 인원은 3~4명.

유독 떡붕어 월척이 잘 낚이는 구간

1~1.5m

장신교

장상리마을 회관

장상리

내비에 '장신교' 입력

내동리

서천군 화양면 장상리 232-10

서천 문산지

씨 알 ★★★
마릿수 ★★★
수 질 ★★★
경 관 ★★★
주 차 ★★★

N

Profile

90년 말부터 떡붕어 자원이 늘면서 대형 떡붕어 산지가 되었다. 2월 중순부터 물낚시가 시작돼 얼음 얼기 직전까지 이어진다. 떡붕어는 봄에 평균 25~30cm로 굵게 낚인다. 한때 수상좌대까지 있는 유료낚시터로 관리됐으며 지금은 허가가 취소된 무료터인데 현지 주민이 청소비 명목으로 1만원의 관리비를 받고 있다.

↑ 금복리

↑ 금복리

도마천

문산면 수암리 371-1

0.8~1m

둠벙

1~1.5m

봄 포인트

1.5~2m

유료낚시터를 하려고 만들었으나 허가가 나지 않아 방치된 둠벙. 둠벙 안에도 붕어는 많으나 나무와 철조망을 가라앉혀 낚시 불가능

P

1~1.5m

2~3m
대물 포인트

P

봄철 만수 때 좌안의 붕어 포인트는 대부분 물에 잠긴다. 바지장화가 필수

1~1.5m

P

♠ 문산지 떡붕어는 5·6치부터 월척까지 다양하다. 밤에 낚이는 씨알이 굵다. 피라미가 워낙 많아 봄과 가을에 떡붕어낚시를 많이 하고 피라미 성화가 심한 여름에는 찾는 이가 적다.

문산초등학교

문산면 사무소

1~1.5m

무넘기

문산면 소재지

0.8~1m

어종과 미끼

주어종 ▶ 떡붕어
외래어종 ▶ 없음
토착어종 ▶ 붕어, 잉어, 가물치
잘 듣는 미끼 ▶ 글루텐떡밥
채집 가능한 미끼 ▶ 새우, 참붕어

※포인트는 주로 좌안에 집중

※계곡지인데도 좌안은 수심 차가 크지 않아 하류권도 봄낚시 잘돼

1~1.5m

서천공주 고속도로

1.5~2m 대물 포인트

1~1.5m

P

행정명칭 ▶ 문산지
지역별칭 ▶ 없음
주소 ▶ 서천군 문산면 신농리
면적 ▶ 10만8천평
준공연도 ▶ 1964년
인터넷지도 검색명 ▶ 서천 문산지
내비게이션 주소 ▶ 문산면 수암리
371-1

신농리

P

0.8~1.5m

1~1.5m

P

옛 문산초등학교 자리

서천 종천지

씨 알 ★★★
마릿수 ★★★
수 질 ★★★
경 관 ★★★
주 차 ★★★

Profile

문산지와 달리 떡붕어보다 토종붕어가 주로 낚이는 서천군의 대표적 낚시명소다. 물이 맑고 수심이 깊어 계곡지를 선호하는 낚시인들이 자주 찾는다. 특히 봄에는 평균 씨알이 25cm로 굵게 낚이며 계곡지 붕어답게 힘이 세다. 계곡지지만 2월 말부터 시즌이 시작되며 이듬해 1월까지도 물낚시가 가능하다. 군산, 익산 낚시인들도 즐겨 찾는 곳이다.

판교면소재지 ↑

종천천

판교면 상좌리 461-4
상좌 보건진료소

수몰나무
1~2m   1~2m
오름수위 명당

1~2m
새우 잘 먹힘

옛 관리소
1~2m

1~2m
오름수위 명당

봄·가을 포인트
1~1.5m

▶ 지도에 표시한 곳 외에는 포인트가 많지 않으며 도로가 좁고 주차 공간도 좁아 불편하다. 상류 외에는 수초가 거의 없어 주로 수몰나무 주변을 노리는 게 유리하다.

※2월 말~5월 초순이 피크시즌
※배수 이후 여름 조황은 저조
※토종붕어와 떡붕어 비율은 7대3
※봄에도 지렁이보다 글루텐떡밥에 붕어가 잘 낚인다.

1~1.5m   수몰나무

1~1.5m

617

2~3m

어종과 미끼

주어종 ▶ 붕어
외래어종 ▶ 없음
토착어종 ▶ 떡붕어, 잉어, 가물치, 피라미
잘 듣는 미끼 ▶ 글루텐떡밥, 새우
채집 가능한 미끼 ▶ 새우, 참붕어

2~3.5m
가을 포인트

1~2m

행정명칭 ▶ 종천지
지역별칭 ▶ 개복다리지
주소 ▶ 서천군 종천면 종천리
면적 ▶ 10만8천평
준공연도 ▶ 1963년
인터넷지도 검색명 ▶ 서천 종천지
내비게이션 주소 ▶ 판교면 상좌리 461-4

종천면소재지 ←

서천 부사호

씨 알 ★★★★
마릿수 ★★★
수 질 ★★★
경 관 ★★
주 차 ★★★

Profile

대호, 부남호와 대등한 인기를 누리는 중부지방의 초대형 간척호다. 보령댐이 수원인 웅천천이 흘러들어 대호와 부남호보다 수질이 훨씬 깨끗하며 배스가 유입되어 있긴 하지만 7~8치 붕어도 잘 낚이고 월척도 종종 마릿수로 낚여 지루하지 않다. 특징이라면 가지수로가 거의 없어 본류에서 낚시를 해야 한다는 것이다.

● 부사호는 여름이 되면 배수가 잦고 배수량도 많은 것이 최대 단점이다. 그래서 배수를 거의 하지 않는 10월부터 이듬해 1월까지 낚시인들이 많이 찾는다. 배수가 이뤄질 때엔 소황교 좌우안 등 수심이 깊은 포인트를 찾아야 한다.

● 배스가 유입되어 있긴 하지만 참붕어와 새우에 씨알이 굵게 낚인다. 초봄과 늦가을에 특히 참붕어, 새우 미끼 효과가 좋다.

웅천읍

③

웅천천

겨울·초봄 포인트

잔디포수로

증산리

서해안고속도로

춘장대

웅천교

웅천터널

②

증산수로

1.5~2m

배터

무창포IC

석산

증산교

증산수로 상류는 갈대와 뗏장수초가 발달해 초봄과 늦가을 만수위에 대물붕어 확률이 높은 곳

P

①

소황교

어종과 미끼

주어종 ▶ 붕어
외래어종 ▶ 배스
토착어종 ▶ 잉어, 가물치, 메기, 동자개, 망둥어
잘 듣는 미끼 ▶ 떡밥, 지렁이, 참붕어, 새우
채집 가능한 생미끼 ▶ 없음

봄·가을 포인트

봄·가을 포인트

행정명칭 ▶ 부사호
지역별칭 ▶ 없음
주소 ▶ 서천군 서면 부사리
면적 ▶ 123만평
준공연도 ▶ 1986년
인터넷지도 검색명 ▶ 부사호
내비게이션 주소 ▶ 세밀도 참조

장안해수욕장

릴낚시 포인트

서천·춘장대 IC

서 해

부사 방조제

❶ 부사호 하류 소황교 하류 석축 연안은 갈대, 부들, 뗏장수초 등
수초가 잘 형성되어 봄에 굵은 붕어가 낚인다.

N

겨울 밤낚시 포인트. 참붕어나 새우를 꿰어
4칸 이상의 긴 대를 펴면 초저녁과 새벽에
월척 이상 큰 붕어가 낚인다.

4~5m

소황교

보트 띄우는 곳

P   P

소황교

보트 띄우는 곳

1.5m

P 정자

석축

뗏장·부들
갈대 군락

수초작업이 필요한 자리로서 샘미
끼를 사용하면 월척 붕어가 자주
낚이며. 수초직공낚시도 유리.

1.5~2m

수위 수시 변동

P

P 보트 띄우는 곳

보트낚시 포인트

서면 도둔리 480-122

주변보다 수심 얕은
모래바닥 지역

× ×
×
× ×

연안낚시 포인트

2m

춘장대IC

부사방조제

P 배수갑문

서 해

겨울에 지렁이 쓰면
월척. 다른 계절엔
망둥어 성화 때문에
낚시 어려움.

돌바닥
2m

P 부사호 표석

❷ 부사호 중류
봄·가을 포인트로 낚시대회와 정출행
사가 자주 열리는 지역

N

웅천읍

서해안고속도로

웅천읍 노천리 533-24

P
배터
수문
초봄 포인트
얼음낚시 포인트

해빙 직후부터 떡밥낚시가 잘 되는
곳. 바람을 많이 타는 단점이 있다.

1.5~2m

← 하류
P
봄 포인트
보트 띄우는 곳

보트 A급 포인트
석산

← 소황교

증산교
P

P
증산교

P
봄·가을 포인트
1~2m
뗏장수초·부들·갈대

증산수로 상류는 알려지지
않은 붕어낚시 명당이다.

증산수로 상류

❸ 부사호 상류(잔디포수로) 부사호에서 낚시인이 가장 많이 찾는 구간. 겨울에도 얼음만 얼지 않으면 붕어가 낚인다.

웅천읍→
벽동교
하수종말처리장
완장교
초봄 낚시터(만수 포인트)
P
1.2~1.5m
갈수시에 진입가능 (받침틀 필수)
갈대밭
P 5대 주차
3~4m
노천교→
잔디포 운동장
비포장도로
직벽 (진입못함)
웅천읍 노천리 534-1
3~4m
갓길 주차
P
5대 주차
이 진입로는 가끔 공장 측에서 폐쇄하기도 함
웅천읍 대창리 864-1
보림씨에스 (폐기물 처리)
대원산업
쓰레기 매립장
잔디포수로의 붕어 씨알은 6치부터 35cm까지 다양하며 밤보다는 낮 입질이 활발하고 미끼는 글루텐이 잘 듣는다.
웅천읍 대창리 872-14
1.5~2m
P
화성산업 (쓰레기·폐기물 처리)
1.5~2m
P
채석장부터 하류 고속도로 아래 구간까지는 수심이 깊어 물이 빠지거나 물이 맑은 날에 더 나은 조황을 보인다. 4칸 이상 긴 대 유리.
노천리
1.5~2m
부들·수몰나무
웅천교
서해안고속도로

서천 축동지 (한산지)

씨 알 ★★★
마릿수 ★★★★
수 질 ★★★
경 관 ★★★
주 차 ★★★

Profile

초봄에 중부지역 최고의 마릿
수 조황을 보여주는 곳이며 얼
음낚시터로도 명성이 높다. 한
때는 5천원의 입어료를 받는
유료낚시터로 운영하기도 했
다. 배스가 유입되어 있지만
아직 개체수가 적고 새우가 풍
부해 봄과 가을에 새우 밤낚시
를 하면 월척도 자주 낚인다.
연안을 따라 버드나무, 갈대,
부들이 포인트를 형성하고 있
다.

송산교회

한산면소재지

축 동 리

초봄 포인트
1~2m

P

P

무넘기

얼음낚시
포인트

봄시즌은 2월 중순부터
4월 초까지이며
3월 초부터 보름간이 피크
가을엔 10월부터 11월까지
시즌을 맞으며
조황기복은 없는 편

P

얼음낚시
포인트

송 림 리

마산면 송림리 172-5

축동지 낚시는 '논두렁 낚시'
라고 할 만큼 연안 논둑에서
낚시하는 일이 많다.
봄 만수위 상황에선 질척거리는
땅이 많으므로 장화는 필수.

부들

1~2m

P

부들

※ 가장 많이 쓰는 미끼는 떡밥과 지렁이의 짝밥
※ 봄과 가을에 새우를 사용하면 붕어 씨알이 굵다

종 지 리

1.8~2m

1~2m

수심 얕아
낚시 불가

보트낚시 포인트
× ×
×

1~1.5m

P

P

부여

인 당 리

어종과 미끼

주어종 ▶ 붕어
외래어종 ▶ 배스
토착어종 ▶ 잉어, 가물치
잘 듣는 미끼 ▶ 지렁이, 떡밥, 새우
채집 가능한 생미끼 ▶ 새우

행정명칭 ▶ 축동지
지역별칭 ▶ 한산지
주소 ▶ 서천군 한산면 축동리
면적 ▶ 24만6천평
준공연도 ▶ 1955년
인터넷지도 검색명 ▶ 서천 축동지
내비게이션 주소 ▶
마산면 송림리 172-5

613

서천 흥림지

씨 알 ★★★
마릿수 ★★★
수 질 ★★★
경 관 ★★★
주 차 ★★★

Profile

서천 지역의 대표적인 좌대낚시터다. 연안 입어료 1만원, 배스낚시 5천원, 좌대 4만원(입어료 별도)을 받는다. 2월 중순 해빙과 동시에 물낚시가 시작될 정도로 시즌이 빨리 열리며 겨울에도 얼음만 얼지 않으면 낚시가 가능한 곳이다. 봄에는 4짜 이상의 토종붕어가 낚이는 대물터로 알려져 있다.

흥림지에는 배스가 서식하는데도 새우, 참붕어가 많이 남아있다. 붕어 외에 동자개, 잉어도 잘 낚이며 참게도 많아 참게만 잡아가는 낚시인들도 많다. 토종붕어와 떡붕어 비율은 8대2로 토종붕어가 앞선다.

어종과 미끼

주어종▶붕어, 떡붕어
외래어종▶배스
토착어종▶잉어, 동자개
잘 듣는 미끼▶글루텐떡밥, 지렁이
채집 가능한 미끼▶새우, 참붕어

※골 상류에 각종 수초와 버드나무가 잠겨있어 붕어들의 좋은 산란처가 된다.

※좌안보다는 우안에 포인트가 많다.

※미끼는 계절에 관계없이(산란기에도) 글루텐떡밥이 가장 빠르다. 생미끼에는 배스와 참게 성화

좌안으로 진입하려면 제방 밑에서 구도로를 이용해야 한다

행정명칭▶흥림지
지역별칭▶서부지
주소▶서천군 판교면 상좌리
면적▶39만평
준공연도▶1945년
인터넷지도 검색명▶흥림저수지
내비게이션 주소▶종천면 석촌리 598-6
관리소 전화▶010-5420-7788

판교면소재지
현암천
만덕리
옥산면소재지
우라리
만수 때 돌붕어 포인트
좌대 배치
논 주인과 마찰 지역
문곡교교로
수몰 버드나무
좌대 배치
1~2m
만수 때 낚시 가능
문곡리
수몰 버드 나무 지대
등고리 버스정류장
등고리
2~3m
2~3m
진입불가
진입 불가
정토사
장항선 철로
알뜰주유소
봄에 호황 1~1.5m
수몰나무
3~4m
상류 못지않은 봄 조황으로 자리 경쟁이 치열한 곳
지석리
관리소
라현가든
종천면 석촌리 598-6
무넘기
신도로
종천산업단지 입구 삼거리
서천 IC
구도로
종천산업단지

세종 고복지 (용암지)

씨 알 ★★★★★
마릿수 ★★★
수 질 ★★★
경 관 ★★
주 차 ★★★★

→ N

↑ 정안면소재지·정안IC

3월 중순부터 대물붕어가 나오기 시작한다. 초봄에는 상류의 용암교 하류와 석축 포인트, 도로변 중류의 백련화메기탕집 앞, 하류의 백수가든 앞에서 낚시가 이뤄지며 그중에서 메기 탕집 앞과 백수가든 앞은 최고의 대물명당으로 꼽힌다.

연기대첩비공원

용암교

연서면 용암리 184-3
고복저수지마트

수영장
1m

P 석축 P 50여대 주차

권농교

산책로
(데크)
1.5~2m

부들+갈대+말풀

80cm~1,2m

윤대감네
송어촌

오름수위 포인트

철탑 포인트

갈수기 포인트
60~90cm

P 포도밭

버드나무군락

귀신골

갈대

산책로
(데크)

산란기 막바지에
낚시 잘됨

604

백련화메기탕

버드나무군락

산란기 포인트

원두막식당

→
→ 1.4m
→ 갈대

갈수위 포인트

백수가든

봄철
명당 1m

5·6월 갈수위에
가끔 4짜 붕어들이
올라온다.

백수가든 앞은 앉을
자리가 4-5곳밖에
나오지 않는데 수준
좌대를 설치하면
더 나은 조과를
거둘 수 있다.

갈수위
포인트

조각공원

Profile

세종시 제1의 명낚시터. 군립공원으로 관리하고 있는 저수지다. 예전엔 신병훈련소라고 불릴 정도로 마릿수 조황이 좋았는데 배스가 유입되면서 4짜, 5짜 붕어를 만나는 특급 대물터로 바뀌었다. 매년 3~5월이 시즌. 슈퍼, 커피숍, 음식점 등이 저수지 인근에 많고 도로변의 주차 공간도 넉넉하다.

행정명칭▶ 고복지
지역별칭▶ 용암지
주소▶ 세종시 연서면 고복리
면적▶ 25만8천평
준공연도▶ 1989년
인터넷지도 검색명▶ 고복저수지
내비게이션 주소▶ 연서면 용암리 184-3

어종과 미끼

주어종▶ 붕어
외래어종▶ 배스
토착어종▶ 잉어, 가물치, 강준치
잘 듣는 미끼▶ 떡밥, 지렁이, 옥수수
채집 가능한 생미끼▶ 없음

↓ 세종시

고복지 상류

만수위의 산란기와 새물찬스 때
대물붕어들이 몰린다

N

정안면소재지·정안IC

공원마트(낚시)

연서면 용암리 184-3

용암교

고복저수지마트(낚시)

연기대첩비공원

화장실

아외수영장

주차장

산책로데크

버드나무

고복낚시마트
044-862-4254

80cm~1.2m

만수 때 부들과 갈대 분포

권농교

3.5~4m

부들, 갈대, 말풀 혼재

※ 대물 확률이 가장 높은 미끼는 글루텐!
   옥수수에는 씨알이 잘다.

1~1.5m

※ 저녁엔 지렁이, 아침엔 떡밥에 좋은 반응을
   보인다.

부들

용머리

윤대감네
송어촌

부들

물이 빠지고 날이 더워지면 자정을 넘어 새벽 2시부터
입질이 들어오는 경우가 많다.

저수지 연안을 생태공원으로 조성해서 가로등이 도로
를 따라 설치되어 있는데 밤 10시 이후 가로등 불빛이
꺼지고 인적도 드물어져야 낚시가 잘된다.

청림산장가든

3대 주차

오름수위 포인트

철탑 포인트

오름수위 포인트로서 큰
비가 오고 나면 연안의
육초가 잠기면서 대박
호황을 안겨준다.

철탑

아산 도고지

씨 앗 ★★★
마릿수 ★★★
수 질 ★★
경 관 ★★★
주 차 ★★

● 3월 초부터 4월 초까지
떡붕어 산란특수를 맞는다.
이때는 월척 떡붕어가 마릿수로 낚이며
밤에도 입질이 잘 들어온다.

덕암교
1~1.5m

버드나무 군락

갈수선

석축
공사중

대술면소재지 →

1m 전후

Profile

아산을 대표하는 떡붕
어낚시 명소. 90년대
말에 향어 가두리가 생
기면서 수질이 악화되
고 불법어로마저 성행
하면서 낚시인의 외면
을 받았으나 가두리가
철거되고 수질개선을
위한 정비공사가 진행
되면서 조황이 다시 살
아나기 시작했다. 떡붕
어와 붕어의 비율은
8:2 정도이며 얼음낚
시에선 토종붕어가 주
로 낚인다.

버드나무
1m 초봄, 겨울 포인트

연안에서 가까운
수몰나무 지대보다
바지장화를 입고
3~5m 들어가서
수중좌대를 설치하면
10~12척 거리에
떡붕어 포인트 형성

얼음낚시
1m 전후

얼음낚시

70cm~1.5m

산란기
포인트

여름 포인트
70~80cm

직벽지대로
3~4명 낚시자리가
나온다. 15~18척을 펴고
제등낚시하기에 최적

※ 떡밥낚시를 주로 하며 글루텐과
감자 계열 떡밥을 섞어서 사용한다.

※ 토종붕어만 낚으려면 3월에
지렁이를 달아 수초대를 노린다.

석앙리 마을회관

어종과 미끼

주어종 ▶ 떡붕어, 붕어
외래어종 ▶ 블루길, 향어
토착어종 ▶ 잉어, 동자개
잘 듣는 미끼 ▶ 떡밥, 지렁이
채집 가능한 생미끼 ▶
소량의 새우

645

행정명칭 ▶ 도고지
지역별칭 ▶ 없음
주소 ▶ 아산시 도고면 석당리
면적 ▶ 29만1천평
준공연도 ▶ 1929년
인터넷지도 검색명 ▶ 도고저수지
내비게이션 주소 ▶
도고면 시전리 159

도고면 시전리 159

도고면소재지
도고중교
도고초교

아산 봉재지

씨 알 ★★★
마릿수 ★★★★★
수 질 ★★★
경 관 ★★★
주 차 ★★★★

Profile

다양한 포인트에서 다양한 낚시(수초대물낚시, 떡밥낚시, 전층낚시 등)를 입맛대로 구사할 수 있는 유료낚시터다. 다만 떡붕어 전층낚시는 수상좌대에서만 할 수 있다. 마릿수가 좋아서 유료터 마니아들 사이에선 신병훈련소로 통하며 수질도 좋아 갈수위에도 녹조가 발생하는 일이 없다. 월척 토종붕어와 4짜 떡붕어가 자주 출현한다. 입어료는 1만5천원.

☞ 도고온천과 충무공 이순신 기념관이 가까이 있다.

↑음봉면소재지

N

갈대
부들
봄철 대물 포인트
0.7m

잉어·떡붕어 좌대 포인트
골자리
1~2m

갈대
부들
봄 만수위
대물 포인트

● 3월 말에서 4월 중순에 1차 산란을 하는데 이때 상류 쪽 조황이 가장 좋다. 갈대 밀생지역을 찾아서 채비를 바짝 붙이면 월척 붕어가 낚인다.
● 5월 중순에서 6월 초순엔 하류의 조황이 좋다. 이때는 잉어가 섞여 낚이기 때문에 채비를 튼튼하게 해야 한다.
● 장마철 새물이 유입될 때는 상류 쪽 조황이 좋다.

갈대
1m
만수위 포인트

향어·잉어
가을 포인트

뻘바닥

※ 배스 개체수가 많지 않아 생미끼낚시를 하는 데 어려움은 없다.
※ 관리소 우측 연밭 포인트는 현지인들만 아는 포인트로서 두 칸 대 전후의 짧은 대에 마릿수 붕어가 붙는 곳

외국인하우스

뻘바닥

외국인하우스

붕어산란장

마사토 바닥

좌대 A급 포인트
(2.5~3칸)

떡붕어 포인트
(만수위 3.5~4m)

방류붕어가 많이 머물러 마릿수 재미가 좋은 구역(지도의 점선 동그라미)이다.

어종과 미끼

주어종▶ 붕어, 떡붕어
외래어종▶ 배스, 향어
토착어종▶ 잉어, 가물치, 메기, 동자개
잘 듣는 미끼▶ 떡밥, 지렁이
채집 가능한 생미끼▶ 없음

관리실

석축 연안

둔포면 봉재리 산54-5

봄 좌대 A급 포인트

연안잔교

갈대·부들 혼재

1m(만수위)

갈수위 좌대 이동 장소

행정명칭▶ 봉재지
지역별칭▶ 봉재낚시터
주소▶ 아산시 둔포면 봉재리
면적▶ 13만8천평
준공연도▶ 1944년
인터넷지도 검색명▶ 아산 봉재지
내비게이션 주소▶ 둔포면 봉재리 산54-5
관리실 전화▶ 041-531-3196

잉어 포인트

무넘기

↓둔포면소재지

아산 송악지

씨 알 ★★★★
마릿수 ★★★
수 질 ★★★★
경 관 ★★★★
주 차 ★★★

● 4월 한 달이 피크 시즌으로 수초대와 수몰 버드나무 포인트에서 굵은 떡붕어가 낚인다. 이후 5월 배수기에 주춤한 조황을 보이다가 갈수위의 6월부터 만수를 되찾는 8월까지 직벽이나 수상좌대에서 마릿수 호황을 보인다.

N

대술면소재지
느티나무
616
푸른산장가든(관리실)
송악면 동화리 82-6
송악면소재지

7~8m 수심의 급경사 암반지대. 21척을 활용한 제등낚시에 조황이 좋다.

1~1.5m
봄 산란 포인트
1~1.5m
초봄 포인트
배수기 포인트
여름 포인트
무넘기

여름 포인트(직벽)
1번골
여름·가을 포인트
2번골
3번골
4번골

P

묘지

Profile

아산에서 가장 큰 저수지이자 유료낚시터다. 떡붕어낚시터로 인기가 높다. 떡붕어와 토종붕어의 비율은 8:2 정도. 떡붕어 씨알은 7~8치부터 4짜급까지 다양하며 4짜 떡붕어는 봄에 수몰나무 지역에서 주로 낚인다. 두 개의 골이 있는데 포인트가 다양한 좌측 골에 낚시인들이 많이 몰린다. 입어료는 전층낚시 1만원(방생), 바닥낚시 2만원.

회천리

도로변 주차
수몰 버드나무
1.5~2m
길 끊김

P
1.5~3m

글루텐과 감자 계열 떡밥을 섞어서 앙꼬알낚시를 주로 한다. 봄에는 바닥낚시, 여름에는 중층, 또는 깊은 수심을 노린다. 봄과 여름 모두 밤낚시 위주로 이뤄진다.

둠벙 형태의 버드나무 수몰 지역. 수심은 1-1.5m

봄에 산란 붕어가 가장 먼저 붙는 곳. 35-40cm 떡붕어가 종종 올라온다.

버섯재배단지
봄 포인트
1m
버드나무
송남휴게소

유곡교

행정명칭 ▶ 송악지
지역별칭 ▶ 궁평지
주소 ▶ 아산시 송악면 궁평리
면적 ▶ 33만6천평
준공연도 ▶ 1961년
인터넷지도 검색명 ▶ 아산 송악지
내비게이션 주소 ▶ 송악면 동화리 82-6
관리실 전화 ▶ 041-543-5441

어종과 미끼
주어종 ▶ 떡붕어, 붕어
외래어종 ▶ 없음
토착어종 ▶ 잉어, 동자개, 살치
잘 듣는 미끼 ▶ 떡밥
채집 가능한 생미끼 ▶ 새우

송악면 마곡리 307-1
39
송악면소재지
유구읍

괴산 달천 충민사 앞 – 수려한 풍광은 강낚시의 보너스.

아산 아산호 _(평택호)

씨 알	★★★★
마릿수	★★★
수 질	★★
경 관	★★
주 차	★★★

Profile

중부지역에서 연중 가장 많은 낚시인들이 찾는 월척붕어 산지다. 겨울에도 물낚시가 이뤄져서 사계절 낚시가 가능하며 대물낚시, 떡밥낚시, 떡붕어 전층낚시 등 장르별 낚시 포인트가 곳곳에 있다. 토종붕어와 떡붕어의 비율은 5:5. 상류엔 떡붕어 포인트가 많고 하류에 토종붕어 포인트가 많은 특징이 있다.

천북

38

숙성리

6

길음리

아마존(도두리 정글)

서평택IC

인중읍사무소

평 택 시

현덕면사무소

삼정리

5

삼정샛수로

인광리

삼정수로

팽성·오산간도로 공사중

인광육교

횡산리

덕목리

덕목리

4

39

도래천

기산리

2

신왕리

평택항

대안리

기산수로

3

조개섬

아산조개구이골목

평택호관광지

서 해

아산만방조제

천용리

1

신안천

N

아산

모원수로

백석포리

백석포수로

당 거 리

진위천

창 내 리

⑦

신대사거리

평택 · 제천간 고속도로

안성천

평 택 시

평택시청

석봉리

신궁교자로

팽성대교

도로 통제

내 리

동 창 리

로 통제

신 대 리

노 양 리

아 산 시

계양수로

둔포천

둔포면사무소

아산테크노밸리

34

45

둔포교자로

아산시청

팽성읍사무소

성환읍

※ 아산호 낚시의 변수는
배수와 바람이다. 배수는 보통
5일에 한 번씩 이뤄지는데
배수 후 하루나 이틀 후부터
조황이 살아난다. 또오후가되면
강풍이 불기 시작해
낚시를 방해하므로 오전 시간에
집중적으로 낚시하는 게 좋다.

어종과 미끼

주어종 ▶ 붕어, 떡붕어
외래어종 ▶ 배스
토착어종 ▶ 잉어, 메기, 동자개
잘 듣는 미끼 ▶ 떡밥, 지렁이
채집 가능한 생미끼 ▶ 없음

행정명칭 ▶ 아산호
지역별칭 ▶ 평택호
주소 ▶ 아산시 인주면 · 둔포면 · 팽성읍,
평택시 현덕면 · 안중읍
면적 ▶ 728만7천평
준공연도 ▶ 1973년
인터넷지도 검색명 ▶ 아산호 또는 평택호
내비게이션 주소 ▶ 세밀도 참조

❶ 백석포권 아산만방조제 옆에 있어 진입하기 가장 쉬운
포인트. 모원수로 홈통이 명당이다.

당진·삽교호

바다

서평택IC

아산호교차로

아산만방조제

인주교차로

아산

1.2~1.7m   모원수로 홈통 옆에
           3개의 둠벙이 있으며
           이곳에서도 월척이 낚임

인주면 공세리 58-65

물류창고   홈통
                          부들

모원수로

갓길 주차

보트낚시 포인트

1m 내외   1.5m

                          뗏장

백석포수로

짧은 대 갓낚시가
잘 되는 곳

1~2m

● 아산호 낚시 특징
아산호 피크시즌은 3·4월이다.
3월 중순부터 봄 시즌이 시작되어
3월 말·4월 초에 산란 찬스를 맞는다.

4월 중순부터 6월까지도
산란기만큼은 아니지만 곳곳에서
호조황을 만날 수 있다. 여름 시즌은
부진하고 9월부터 다시 조황이 재개되어
11월이면 봄에 호황을 보인 포인트를
중심으로 다시 입질이 붙어
12월까지 이어진다.
특히 겨울엔창내리 주변의 3·4m의
깊은 수심에서 떡밥낚시가 잘 된다.

둔포면소재지   백석포마을

N

1~3m

백석포

1~2m

갓길 주차

연안 수초대

4~5월 산란기
특급 포인트

현덕면 신왕리 341

신왕리

안중읍

도로변 주차

밤낚시 월척 포인트.
4~6월에 자리다툼 심하다.
곡물떡밥+글루텐 짝밥 효과적

1.2~1.5m

늦가을 포인트

보트 포인트 ×
×
×

영인면 창용리 40-1

10만평 크기의 섬으로
'쌀섬'이라고도 부른다.
밤낚시가 잘된다.

1~2m

조개섬

5월 초에
산란 특수

P 차량 통제

가을 포인트
1~2m

석축

P

배스 포인트로
유명한 곳인데
붕어는 산란기와
장마 직후 반짝 호황

창용리

구룡교

계양마을

심남리

계양수로

산란기 특급 포인트

둔포면소재지

❸ 기산수로 앉을자리가 많아 동호회의 정출모임이 자주 열리는 지역. 본류와 수로 모두 포인트다.

N

80cm~1m

기산수로

인근 덕목리보다 씨알이 떨어지지만 붕어, 떡붕어, 잉어 등 다양한 어종의 마릿수 조과가 뛰어나다. 수로보다 본류 석축 구간에서 낚이는 씨알이 더 굵다.

갈대

갈대·부들

1.5m

현덕면 기산리 844-2 P

보트 포인트

갈대

80cm~1m

← 평택호 자동차극장

※ 본류에도 갈대, 마름 등 수초만 있으면 붕어가 낚인다

↑ 안중읍

❹ 덕목리 아산호에서 수초대가 가장 잘 형성되어 있고 봄에 4짜 자주 출현

현덕면 덕목리 191-2

삼정수로

1m

자전거도로 공사중 진입 통제

P 갓길 주차

갈대·부들

선착창

갈대·부들

P 갓길 주차

80cm

갈대·부들

갈대·부들

보트 포인트

80cm~1.2m

산란기 보트 낚시터

양수장

← 신왕리

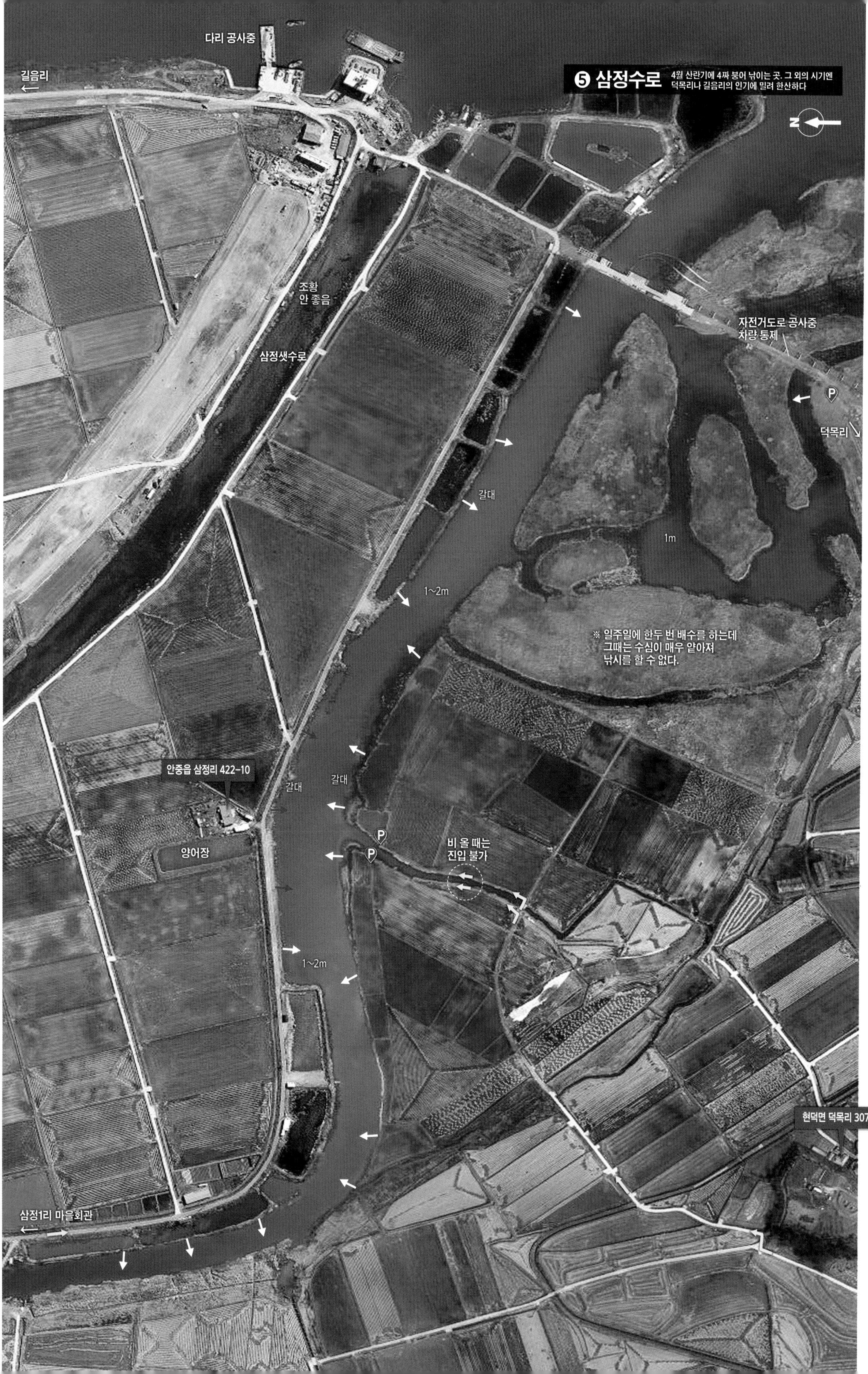

다리 공사중

❺ 삼정수로 4월 산란기에 4짜 붕어 낚이는 곳. 그 외의 시기엔
덕목리나 길음리의 인기에 밀려 한산하다

조황
안 좋음

삼정샛수로

자전거도로 공사중
차량 통제

ⓟ

덕목리 ↘

갈대

1m

1~2m

※ 일주일에 한두 번 배수를 하는데
그때는 수심이 매우 얕아져
낚시를 할 수 없다.

안중읍 삼정리 422-10

갈대   갈대

양어장

ⓟ

ⓟ

비 올 때는
진입 불가

1~2m

현덕면 덕목리 307-1

❻ 길음리·당거리 최고의 떡밭낚시 포인트. 토종붕어와 떡붕어 모두 고루 낚이며 사계절 낚시가 이뤄진다.

창 내 리

팽성대교↑

배터

팽성읍

3~5m

공사로
진입 통제

3~5m
겨울 포인트

3~5m
토종붕어 겨울 포인트
떡붕어는 산란기 포인트

당 거 리

다리

50cm~1m

공사로 진입통제

떡붕어가
잘 낚이는 곳이나
바닥에 돌이 많아
밑걸림이 심함.

봄, 가을
떡붕어 포인트

당암리의 명당. 봄부터 가을까지
씨알, 마릿수 모두 보장 받는 곳.
3.5칸 이상의 긴 대를 던져야
입질 빈번. 전층낚시는
21척에서 30척 투척.

보트 띄우는 곳

평택타워레스토랑

당 암 리

아마존(도두리 정글)

특급 포인트
3~4m

※ 도두리 정글은 육로 진입로를
통제하여 보트낚시만 가능

오성면 당거리 253

1m 이하

1~3m
갈대·부들

삼정수로

당거사거리

철탑

식당

길음리 최고의 포인트.
갈대와 부들이 있으며
토종붕어와 떡붕어가
사철 고루 낚인다

양수장

갈대·부들

토종·떡붕어 포인트
2~4m

내탑사거리

길 음 리

갈대·부들

길음사거리

❼ 팽성대교 일대 겨울 조황이 가장 뛰어난 곳. 수심이 깊으며 씨알 굵은 토종붕어와 떡붕어가 잘 낚인다.

N

진위천

안성천

50cm~1m
산란기 포인트

석 봉 리

1m

보트 포인트

5~7m

산란기 포인트

1m 이하

석축 연안에 갈대와 부들이
형성되어 있다.
겨울에도 얼음만 얼지 않으면
입질이 자주 들어오는 곳.

안중읍

P 갓길 주차

P 갓길 주차

팽성읍 원정리 23-10

4월 말 피크

팽성대교

1~2.5m

50cm~1m
산란기 포인트

연안에
수초 밀생

P

내리

팽성읍 원정리 143

원정마트

대추리삼거리

아산

예산 예당지

씨 알 ★★★
마릿수 ★★★★
수 질 ★★★
경 관 ★★★
주 차 ★★★★

● 일제 강점기에 만든 국사당보를 모체로 1964년에 만들었는데 예산군과 당진시에 걸쳐 있는 예당평야에 물을 대기 위한 저수지라는 뜻에서 예당지라는 이름을 붙였다.

④
예산휴게소
신양천
당진 영덕간 고속도로
무봉교
탄방천
무봉리
탄방리
태흥터널
지곡리
하탄방리
노동리
새물낚시좌대
⑤
예산읍
예당슈퍼좌대
인천좌대
신속휴게소좌대
예산수덕사IC
검은솔밭좌대
제방
한글좌대
예당호휴게소
※ 예당지는 저수율이 30% 미만일 때는 30% 수위를 회복할 때까지 금어기를 시행한다.
동촌리
정자좌대
월척좌대
진수좌대
도접교
평촌리
산 리
교촌좌대
만수낚시좌대
평촌좌대
교촌삼거리
교 촌 리

Profile

댐이 아닌 저수지로는 우리나라 최대 규모(329만평)를 자랑한다. 광대한 수면만큼 포인트가 많고 붕어 자원이 풍부하다. 토종붕어와 떡붕어가 함께 낚이는데 떡붕어가 주로 낚이기 때문에 글루텐 위주로 미끼를 쓰며 토종붕어 산란철인 봄엔 글루텐과 지렁이를 함께 단 짝밥을 사용한다. 가을~겨울에는 좌대낚시 위주로, 봄에는 연안과 좌대에서 모두 호황을 보인다.

예당지 좌대 연락처

좌대	이름	연락처
2박3일좌대	홍민자	011-452-5117
검은솔밥낚시좌대	손효승	041-334-6962
교촌낚시좌대	이승식	010-4352-5968
그린좌대	류동우	041-332-1077
낚시여행	박윤우	010-5023-2552
낚시회관좌대	손필승	041-332-0020
대양낚시좌대	고종애	041-332-3311
도덕골좌대	박지영	010-2127-2004
만수낚시좌대	강신재	041-332-0043
붕어나라	최재안	041-333-1110
새물좌대	서창이	041-335-3187
숲속좌대	박경자	041-332-0294
신속휴게소좌대	신현익	041-335-4581
애플좌대	심강식	041-332-0440
예당슈퍼좌대	김병규	041-335-5772
예당좌대	서재호	010-5423-8348
오리장낚시좌대	이정우	041-332-0392
월척낚시좌대	복지혜	041-333-4146
인천낚시좌대	변순덕	041-334-4779
임존성낚시좌대	김성호	041-333-2606
장전정자나무좌대	김상호	041-332-0356
장전좌대	주현실	010-3582-9757
정자낚시좌대	전하철	041-332-9881
진수낚시좌대	박순화	041-333-4145
평촌낚시좌대	이용도	041-332-0005
포인트좌대	박의진	010-3582-9757
피쉬뱅크좌대	조복형	041-333-1330
한몰좌대	송옥희	041-331-5117

행정명칭 ▶ 예당지
지역별칭 ▶ 예당호
주소 ▶ 예산군 대흥면 노동리
면적 ▶ 329만3천평
준공연도 ▶ 1964년
인터넷지도 검색명 ▶ 예당저수지
내비게이션 주소 ▶ 세밀도 참조

어종과 미끼

주어종 ▶ 떡붕어, 붕어
외래어종 ▶ 배스
토착어종 ▶ 잉어, 동자개, 피라미
잘 듣는 미끼 ▶ 글루텐떡밥, 지렁이
채집 가능한 생미끼 ▶ 없음

❶ 무한천 초봄 물낚시와 겨울 얼음낚시가 잘 되는 곳

N

→ 신양

예당남로 37
등산교낚시

동산교

4월 초에 논 못자리에 물을 대기 위해
배수를 시작하면 잠겼던 둠벙 앞 연안으로
차가 다닐 수 있을 정도의 길이 드러나면서
낚시가 시작된다.
5월 초까지 낚시할 수 있고
가을에도 포인트가 형성된다.

얼음낚시
포인트

동산삼거리
P

낚시자리
안 나옴   1m

P   2m

1m   둠벙

버드나무   붕어타리좌대
1m   일렬 주차   P

동산리   1m

수심 얕아서
낚시 안됨   초봄 포인트
1~2m

해빙 직후부터 호황을 보이는 특급 포인트.
월척 떡붕어가 낮과 밤 가리지 않고
버드나무   잘 낚인다. 2월 말부터 6월 초까지
낚시할 수 있으며 3월 한 달이 피크 시즌.

관음목장

버드나무

1~2m

1만8천평 정도   4m   도로변 주차
물이 차있음   낚시 안됨

● 만수에는 씨알과 마릿수를 겸비한 지역이지만
5월 중순 이후엔 물이 없어 낚시가 어렵고
가을 만수위 후에 포인트가 형성된다.

N

오리장좌대

갈수선

배수기
포인트
4m

골채 채취로 인해 골자리가
형성되어 있어 갈수위에도
4m 전후의 깊은 수심을 보인다.

1~2m

봄·가을 포인트

1~3m

차량 이동 가능

수심 얕아
낚시 불가능

예당정원펜션

신양면손재지 →

비닥낚시보다 내림낚시가 더 유리.
글루텐만 달아서 낚시한다.

1~2m

장전리

예당군수배
붕어낚시태회가
열리는 대회장.

도로변 주차

산란기 포인트

산란기 포인트

60~80cm

60~80cm
논바닥 지형

광시면 동산리 150-1

예당남로 37

동산교낚시

동산삼거리

❸ 월송리·무봉리·탄방리 예당지에서 연안 포인트가 가장 많은 지역

● 수상좌대가 적어서 연안낚시 여건이 좋고 갈수위에도 낚시할 포인트가 곳곳에 있다.

무봉교 1.5km →

신 속 리

탄 방 리

대흥면 하탄방리 64-1

도로변 주차

신양천

1~2m

1~2m

1.5~2m

길끊김

대 야 리

하 탄 방 리

1~2m

P

늦봄 포인트

1~2m

석축지형

대흥면 송지리 9

무 봉 리

황계리 →

※ 골재 채취한 수심 깊은 자리가
곳곳에 있다. 물이 빠지더라도
골을 따라 낚시할 자리가 곳곳에 드러난다.
수초가 많아 한 대만 사용하는 내림낚시는
불리하고 다양한 길이의 낚싯대를 준비해
다대편성을 한다.

만수위 전층 포인트
2~3.5m

광시면 월송리 578

도로변 주차

늦봄·여름 포인트
1~2m

60cm~1m
만수위 포인트

P

616

도로변 주차

갈수위에 진입

황 계 리

N

동산교

N

무봉리

탄방리

❹ 신양천 배수기와 갈수기에 빛을 발하는 곳

● 예당지로 유입되는 신양천 하류 구간이다. 예당지가 배수와 갈수로 인해
낚시가 어려울 때에도 일정 수위를 유지하고 있어 이때 예당지를 대신해 찾는
낚시인들이 많다. 산란은 예당지보다 늦은 편인데 4월 초부터 5월 초 사이에
호황을 보이며 6·7월에도 수초대를 끼고 앉으면 붕어를 만날 수 있다.
가을 시즌의 마릿수 조황이 뛰어나다.

신양천

예산

동산교

산란기 포인트

1~2m

P

무봉교

형제 고개로 233

대전 방향
예산휴게소

※ 얕은 수심의 수초대가 넓게 분포해 있어
포인트 이동 시 장화가 필요하다.
개인좌대가 있으면 낚시하기 매우 편리.

1~2m

녹문길 140

P

당진-영덕간
고속도로

500m 전방의
다리를 건너
건너편 진입

산란기 포인트

수몰나무 밀집 지역.
밑걸림이 심하므로 대를 적게 펴서
정확히 던질 수 있도록 하는 게 유리.

당진 방향
예산휴게소

녹 문 리

보명레미콘

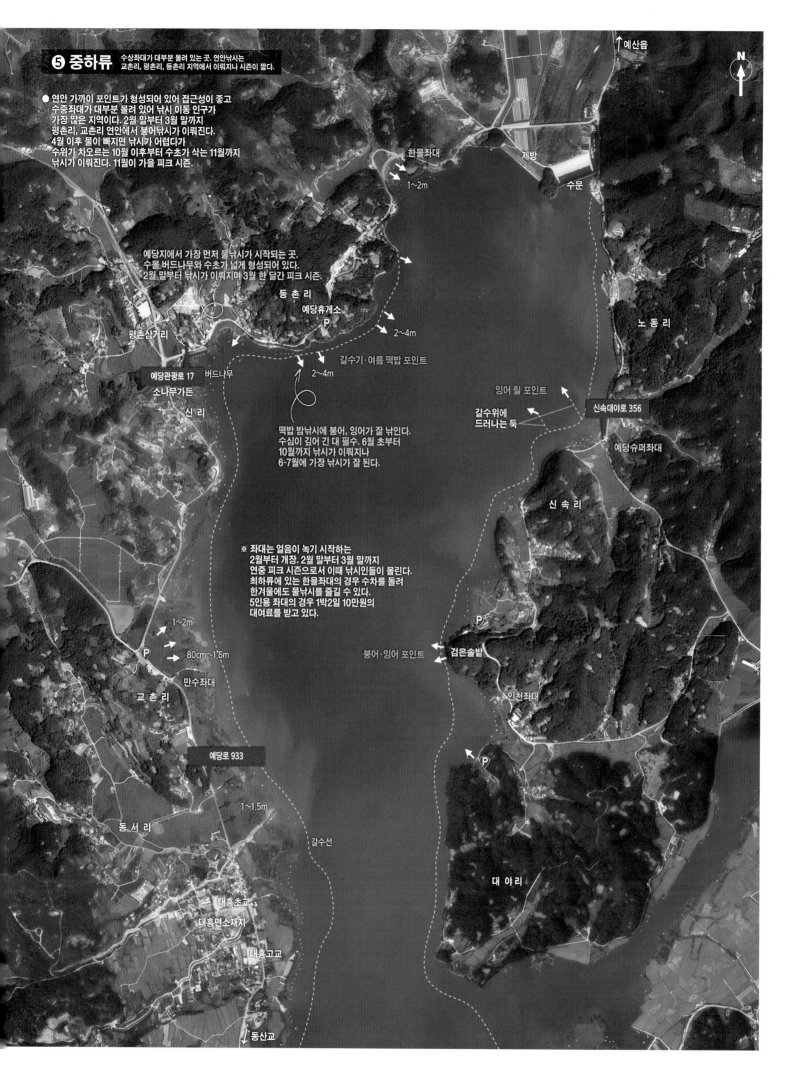

⑤ 중하류 수상좌대가 대부분 몰려 있는 곳. 연안낚시는
교촌리, 평촌리, 등촌리 지역에서 이뤄지나 시즌이 짧다.

↑예산읍

N

● 연안 가까이 포인트가 형성되어 있어 접근성이 좋고
수중좌대가 대부분 몰려 있어 낚시 이동 인구가
가장 많은 지역이다. 2월 말부터 3월 말까지
평촌리, 교촌리 연안에서 붕어낚시가 이뤄진다.
4월 이후 물이 빠지면 낚시가 어렵다가
수위가 차오르는 10월 이후부터 수초가 삭는 11월까지
낚시가 이뤄진다. 11월이 가을 피크 시즌.

한물좌대

제방

수문

1~2m

노동리

예당지에서 가장 먼저 물낚시가 시작되는 곳.
수몰 버드나무와 수초가 넓게 형성되어 있다.
2월 말부터 낚시가 이뤄지며 3월 한 달간 피크 시즌.

등촌리

예당휴게소
P

2~4m

평촌삼거리

예당관광로 17　버드나무

소나무가든

신리

갈수기·여름 떡밥 포인트

2~4m

잉어 릴 포인트

신속대야로 356

갈수위에
드러나는 둑

예당슈퍼좌대

떡밥 밤낚시에 붕어, 잉어가 잘 낚인다.
수심이 깊어 긴 대 필수. 6월 초부터
10월까지 낚시가 이뤄지나
6~7월에 가장 낚시가 잘 된다.

신속리

※ 좌대는 얼음이 녹기 시작하는
2월부터 개장. 2월 말부터 3월까지
연중 피크 시즌으로서 이때 낚시인들이 몰린다.
최하류에 있는 한물좌대의 경우 수차를 돌려
한겨울에도 물낚시를 즐길 수 있다.
5인용 좌대의 경우 1박2일 10만원의
대여료를 받고 있다.

1~2m
P

80cm~1.5m

만수좌대

교촌리

P
검은솔밭

붕어·잉어 포인트

인천좌대

예당로 933

1~1.5m

동서리

갈수선

P

대야리

대흥초교

대흥면소재지

대흥고교

↓동산교

천안 마정지

씨 알 ★★★
마릿수 ★★★★
수 질 ★★★
경 관 ★★★
주 차 ★★★★

→ z

← 천안

직산읍 마정리 314

관리실

성환읍

전층·바닥낚시

전층낚시

갈대
초봄 포인트

갈수선

전층·바닥낚시
1.5~1.7m

초봄 포인트
1.2~1.7m

사유지
(진입불가)

갈대

새우낚시
1.2~1.5m

잔교 좌대
1.5~2m

갈대
1~2m
봄 포인트

새물 유입

갈대

1.5~1.8m

P

1.7~2m

※ 후미진 연안엔 부들, 마름, 뗏장수초가 자라 있다
※ 주 미끼는 떡밥과 지렁이
※ 떡밥에 어분을 섞어주면 잉어도 잘 낚인다
※ 새우를 채집해 밤낚시 하면 굵은 토종붕어가 낚인다

연안 좌대

2~2.5m

P

무넘기

길이 끊겨 있어서
제방 아래쪽에서는
올라올 수 없다.

Profile

펜션형 수상좌대를 전국에서 처음 설치한 곳으로 좌대 시설이 잘 갖춰져 있는 유료낚시터다. 어자원도 풍부해 붕어와 떡붕어가 마릿수로 낚여 가족나들이터로 적합하다. 상류와 골창엔 수초가 잘 형성되어 자연지 분위기가 난다. 떡붕어낚시용 잔교 좌대도 있고, 겨울엔 동계용 떡붕어 전용터를 따로 운영한다. 연안 입어료는 2만원.

어종과 미끼

주어종▶ 붕어, 떡붕어
외래어종▶ 없음
토착어종▶ 잉어, 가물치, 메기, 동자개 등
잘 듣는 미끼▶ 떡밥, 지렁이, 새우
채집 가능한 생미끼▶ 새우

행정명칭▶ 마정지
지역별칭▶ 없음
주소▶ 천안시 직산읍 마정리
면적▶ 5만4천평
준공연도▶ 1949년
인터넷지도 검색명▶ 천안 마정지
내비게이션 주소▶ 직산읍 마정리 314
관리실 전화▶ 041-585-4959

천안 천흥지

씨 알 ★★★★
마릿수 ★
수 질 ★★★
경 관 ★★★
주 차 ★★★

천흥계곡

펜션 P

갈대 군락
1m
보트낚시 포인트
더 하류는 너무 깊어
보트낚시 불가능
1m
3m
2m
갈수기 포인트

성거읍

Profile

충남 천안을 대표하는 대물 붕어터다. 천흥지의 4짜 붕어 호기는 산란기인 4월 초~배수기 그리고 첫 장마 직후 오름수위 때다. 이후 여름 내내 부진하다가 추석 무렵부터 약 한 달간 대물 확률이 높다. 잔챙이는 거의 낚이지 않으며 오로지 월척부터 4짜까지 낚인다. 워낙 입질이 뜸하여 인내를 필요로 하는 곳이다.

※ 상류 연안에 갈대, 그 안쪽으로 말풀(물수세미)이 자란다.
※ 물이 맑아도 아침낚시가 잘된다.
※ 산란기보다 여름철 오름수위가 대박 찬스

무넘기

갈수기 포인트

천정사

회장실

가을 포인트
2~3m

2~3m
줄풀
가을 포인트
2m
왕성교회 P
2~3m
산란기 명당
1~2m
성거읍 천흥리 143-1
P

어종과 미끼

주어종 ▶ 붕어
외래어종 ▶ 배스
토착어종 ▶ 떡붕어, 잉어, 메기
잘 듣는 미끼 ▶ 옥수수, 글루텐떡밥
채집 가능한 생미끼 ▶ 없음

동굴가든

별난매운탕

주요 미끼는 옥수수. 지렁이를 쓰면 50cm 전후의 굵은 메기도 곧잘 올라온다.
여름엔 글루텐떡밥을 쓰면 4짜급 떡붕어가 자주 낚인다.

하절기의 경우 초저녁엔 입질이 뜸하고 밤 11시~2시경 대물 확률이 높다. 이후 잠잠했다가 동이 틀 무렵부터 아침 9시 사이가 피크 시간이다.

행정명칭 ▶ 천흥지
지역별칭 ▶ 없음
주소 ▶ 천안시 성거읍 천흥리
면적 ▶ 3만9천평
준공연도 ▶ 1959년
인터넷지도 검색명 ▶ 천안 천흥지
내비게이션 주소 ▶ 성거읍 천흥리 143-1

천안 풍년지 (시장지)

씨 알 ★★★
마릿수 ★★★
수 질 ★★★
경 관 ★★★
주 차 ★★

N

시장지 최고의 월척 포인트.
떳장수초와 부들을 따라
대를 편성한다 새우낚시도 유망

입장면 시장리 181-16

P

떳장+부들

만수
포인트   갈대
부들   1m   1.2m   2m

8대 주차

오름수위 포인트

Profile

천안에서 업성지(15만7천평 유료터), 대홍지(12만7천평 무료터)에 이어 셋째로 큰 저수지다. 업성지와 대홍지는 배스 성화와 수질 문제로 낚시인의 발길이 뜸한 반면 시장지는 수질도 괜찮고 배스도 많지 않으며 붕어가 잘 낚이는 편이어서 천안 낚시인들의 사랑을 받고 있다. 봄이나 가을에는 제 포인트에 앉으면 8치급 씨알을 마릿수로 낚을 수 있다.

1.5m

※ 토종붕어와 떡붕어의 비율은 7:3

※ 토종붕어는 3월 중순-4월 초,
떡붕어는 6월 갈수기에 호황

※ 미끼는 떡밥과 지렁이를 많이 쓰며
밤에 새우 쓰면 굵게 낚인다

식당
(식당 주변 주차금지)

버드나무 군락

봄 포인트

얼음낚시 포인트

입장면 시장리 65-1

1m

버드나무 군락

배수기
떡밥낚시
포인트

P   P

잉어 잘 낚임   P

※ 전원주택단지 앞은
도로변 주차 불가

전원주택단지

갈수 포인트

천안노블랜드
하늘공원

갈수위 떡붕어
대물 포인트

어종과 미끼

주어종 ▶ 붕어
외래어종 ▶ 배스
토착어종 ▶ 떡붕어, 잉어, 가물치,
동자개, 피라미
잘 듣는 미끼 ▶ 떡밥, 지렁이, 새우
채집 가능한 생미끼 ▶ 새우, 참붕어

P

행정명칭 ▶ 풍년지
지역별칭 ▶ 시장지
주소 ▶ 천안시 입장면 시장리
면적 ▶ 9만평
준공연도 ▶ 1957년
인터넷지도 검색명 ▶ 천안 풍년지
내비게이션 주소 ▶
입장면 시장리 181-16

성거읍

입장면소재지

청양 지천

씨 알 ★★★
마릿수 ★★★★
수 질 ★★★★★
경 관 ★★★★★
주 차 ★★★

충남 청양군 대치면 형산리에서 발원하여 청남면 인양리에서 금강으로 합류하는 지천은 최상류인 청양읍 하류에 붕어낚시 포인트가 집중되어 있다. 10여 개의 보에 붕어가 다 서식하는데, 그중 정좌보, 적노보, 금정보, 미내골보 네 곳이 대표적인 포인트이다.

Profile

지천은 청양군에서 저수지와 하천을 통틀어 가장 인기 있는 낚시터다. 원래부터 붕어 자원이 많은 곳인데 배스가 유입된 후 붕어 씨알이 현격히 굵어져 월척 붕어를 마릿수로 낚을 수 있게 되었다. 봄(4월)과 가을(10~11월)이 피크시즌이며 특히 봄철에 4짜급 대물 붕어가 많이 낚인다. 미끼는 글루텐, 옥수수, 지렁이가 고르게 사용된다.

청양시외버스터미널
교원리
청양읍
❶ 정좌보
벽천리
충남도립대학교
❷ 적누보
정좌리
적누리
적누지
❸ 금정보 & 미내골보

행정명칭 ▶ 지천
지역별칭 ▶ 없음
인터넷지도 검색명 ▶ 지천
내비게이션 주소 ▶ 청양군 남양면 금정리 401-2

금정교
금정리

어종과 미끼

주어종 ▶ 붕어, 떡붕어
외래어종 ▶ 배스
토착어종 ▶ 잉어, 메기, 가물치, 동자개, 쏘가리, 꺽지, 강준치, 끄리 등
잘 듣는 미끼 ▶ 지렁이, 떡밥, 글루텐, 옥수수
채집 가능한 생미끼 ▶ 새우(일부)

① 정좌보 봄낚시가 잘 되는 다른 포인트와 달리 9-10월 벼 수확기 때 붕어낚시가 잘 되는 곳이다.

N

청양읍↑

부들

↗ 청양읍 소재지(약 1km)

청양군 청양읍 정좌리 산 1-2

배수할 때 마릿수 좋다

수심 1~1.5m

● 청양읍에서 하류 쪽으로 1km 지점에 위치해 있다. 봄-가을 사이에 꾸준하게 붕어가 낚인다.

P (5대)

벽천리

마을회관

※ 벼 수확기에 마릿수 호황. 5·9치급 주종으로 월척도 낚인다.

수심 1~2m

보

청양군 청양읍 정좌리 229-1

정좌리

갓길 주차(5대)

P

보

지천교

적누보↓

②적누보
금정보, 미내골보에 비해 대물 자원은 적지만 마릿수 조과는 뛰어나 봄부터 가을까지 꾸준한 조과를 보인다.

● 금정보, 미내골보에 비해 수초가 적은 편. 연안 따라 이어진 부들수초대를 노리는 게 좋다.
● 동쪽보다 서쪽 연안에 앉을 자리가 많고 낚시도 잘 된다.

지천교

축사(소)

N

청양읍 소재지 ↑

청양군폐수처리장

섬 포인트

산란기 특급 포인트. 장화를 신고 건너가야 한다.

철갑농산

보트낚시 포인트

대복식당

수심 1~2m

봄에 부들에 붙이면 준월척 마릿수 가능.

적누리

여름 포인트. 1명 앉을 수 있는데 마릿수 뛰어남.

하적교

적누교

청양군 청양읍 적누리 526-25

수심 1.5~2m

돼지돈사

천

봄부터 가을까지 조황 꾸준. 부들, 갈대 언저리 공략하면 준척부터 4짜급까지 낚임.

누

적

금정삼거리 ↘

적누보

여름 밤낚시에 씨알 마릿수 양호.

③ 금정보 & 미내골보 지천의 특급 포인트. 갈대, 부들이 발달해 있고 앉을 자리가 많아 낚시회 정출 장소로 인기가 높다.

● 금정보에 100대까지 주차할 수 있는 대형 공터가 있다.
● 금정교 아래에 있는 미내골보의 특급 포인트는 도로 건너편 소나무 밑이다. 4월 한 달 동안 4짜급 붕어가 잘 낚인다.

N

봉암천

다리

적누보 →

갈대와 부들이 발달해 있으며 봄과 여름에 조황이 뛰어남.

(5대, 일렬로 주차) P

수심 1~2m

부들군락

금정리1구 마을회관

수심 0.6~1m
정자

낚시인들이 제일 선호하는 자리. 연안을 따라 부들과 갈대가 형성되어 있다.

수심 2~3m

금정리

P 대형공터(100대 가량 주차 가능)

금정교

충남 청양군 남양면 금정리 401-2

금정보

금정리

금정삼거리

청양군 남양면 금정리 177-1

소나무

부들

미내골보 특급 포인트. 진입하기는 힘들지만 조황 보장. 갈대, 부들 넘겨서 긴 대 위주로 편성하는 게 유리하다.

수심 0.5~1m

구 금정공업사

부들

도로 옆 포인트. 건너편보다 조황은 떨어지지만 접근 용이.

수심 2~3m

미내골보

수심이 2m 이상으로 제일 깊다. 마릿수는 적지만 씨알이 굵다.

태안 도내리수로

씨 알 ★★
마릿수 ★★★★
수 질 ★★★
경 관 ★★
주 차 ★★★

바다

Profile

동절기 마릿수 명당으로 특히 얼음낚시터로 유명한 곳이다. 배스가 없어 잔챙이 붕어부터 월척까지 낚이는데 최대씨알은 37~38cm. 여름에는 잔챙이 성화가 심해 초봄과 늦가을에 씨알이 좋은 편이다. 연안을 따라 뗏장 수초가 발달해 있고, 전 수면에는 마름이 자란다. 수심은 상류나 하류 구분 없이 1.5~2.5m로 고른 편이다.

● 2010년 얼음낚시에 많은 붕어를 쏟아내 포인트 전쟁을 치렀다. 이듬해 겨울에도 얼음낚시 호황. 그러나 이후 물색이 쌀뜨물 색깔을 보인 후부터 1년 넘게 붕어가 낚이지 않았다. 그러다 2013년 봄 회색 물빛이 순식간에 사라졌고, 산란기에 다시 붕어가 낚이며 도내리수로가 살아나기 시작했다.

석축 시작

도내리수로의 구간별 시즌

▶ 상류 수로 : 봄과 가을 시즌 명당. 폭은 약 25m로 일정. 해빙 직후부터 4월 하순까지 그리고 추석 이후 얼음이 얼 때까지 시즌

▶ 중류 : 여름 포인트

▶ 하류 : 얼음낚시 포인트. 얼음낚시에 7·8치급 붕어가 마릿수로 낚인다.

1.8~2m
보트 포인트
2.5~3m

4칸 대 거리의 물골

도로변 주차
석축 끝

일렬주차

양수장

부들·갈대
1.7~1.9m   1.7~2m

부들·갈대

양수장

짝밥(지렁이+떡밥)을 쓰면 마릿수 조과를 올릴 수 있고, 새우나 참붕어를 채집하여 봄이나 늦가을에 밤낚시를 하면 월척을 낚을 수 있다. 씨알 선별력은 새우보다 참붕어가 우수하다.

태안읍 도내리 539-3

2~2.5m

뗏장 마름
2.2m

도로변 주차

뗏장 마름
1.7~2m

태안

1.5~1.7m
초봄 새물찬스 포인트

급좌회전

어종과 미끼

주어종 ▶ 붕어
외래어종 ▶ 없음
토착어종 ▶ 잉어, 가물치, 메기, 장어
잘 듣는 미끼
지렁이, 떡밥, 글루텐, 새우, 참붕어
채집 가능한 생미끼 ▶ 새우, 참붕어

행정명칭 ▶ 없음
지역별칭 ▶ 도내리수로
주소 ▶ 태안군 태안읍 도내리
면적 ▶ 길이 1.4km, 폭 170m(하류)
준공연도 ▶ 미상
인터넷지도 검색명 ▶
태안읍 도내리 1107
내비게이션 주소 ▶ 태안읍 도내리
539-3(진입로 도로변 가옥)

팔봉면소재지

태안 만리지

씨 알 ★★★
마릿수 ★★★★
수 질 ★★★
경 관 ★★★
주 차 ★★★★★

Profile

의항리 갯벌을 막아 만든 간척지로서 수면 대부분이 갈대와 부들로 덮여 있다고 할 정도로 수초가 밀생해있는 곳이다. 태안의 손꼽히는 대물터인 송현지가 상류에 있으며 물길이 연결되어 있다. 블루길이 유입됐지만 붕어 마릿수가 좋은 곳으로 7~8치 붕어가 잘 낚이며 월척도 종종 올라온다.

☞ 만리지가 어자원을 유지할 수 있는 이유?
밀생한 수초 때문에 그물질이 불가능하고 낚시도 봄과 가을에만 가능하기 때문. 농번기인 5·6월엔 찌가 서기 어려울 정도로 물이 빠지고 7·8월엔 모기 때문에 낚시가 어렵다.

바다

수문
무넘기

비포장도로 노면 주차

2대 주차 P

짧은 대가 깊고 긴 대가 얕다. 3칸 이상 긴 대를 펴서 건너편의 얕은 수초대 턱에 올려야 입질이 잦다.

0.8~1.2m

저수지 둘레를 차로 돌 수 있다. 도로변보다는 도로 건너편이 수심이 깊고 조황도 뛰어나다.

전역에 부들 밀생

도로변 주차

보트 포인트

60~80cm

보트 띄우는 곳

비포장길

※ 가운데보다 가장자리 쪽이 수심이 더 깊다. 농번기 때 물을 퍼올리기 위해 연안 준설작업을 했기 때문이다.

상류의 송현지에는 배스가 많은데 이상하게도 만리지에선 배스가 낚이지 않는다.

60~80cm

봄과 늦가을에는 낮낚시, 초가을엔 밤낚시가 잘된다.
씨알이 가장 굵은 시간대는 동틀 무렵. 떡밥낚시와 옥내림낚시에 입질이 잘 들어온다. 생미끼를 쓰면 블루길이 달려든다.

P

60~80cm

가물치가 잘 낚이는 자리

물이 빠지면 둠벙 형성. 글루텐과 옥수수가 잘 먹히며 어분을 쓰면 잉어가 잘 낚인다.

1m

마름

P 2대 주차

도로변 주차 가능

행정명칭 ▶ 만리지
지역별칭 ▶ 의항지, 의항늪
주소 ▶ 태안군 소원면 의항리
면적 ▶ 2만5천평
준공연도 ▶ 미상
인터넷지도 검색명 ▶ 만리저수지
내비게이션 주소 ▶ 소원면 의항리 987-2

어종과 미끼

주어종 ▶ 붕어
외래어종 ▶ 블루길
토착어종 ▶ 잉어, 장어, 동자개
잘 듣는 미끼 ▶ 떡밥, 옥수수, 지렁이
채집 가능한 생미끼 ▶ 없음

소원면 의항리 987-2

의항

송현지 퇴수로와 연결

소원면소재지

태안 미포지

씨 알 ★★★
마릿수 ★★★
수 질 ★★★
경 관 ★★★★
주 차 ★★

Profile

3면이 제방인 양수형 저수지다. 제방의 높이가 대단히 높고 수심도 깊다. 상류 섬 앞의 산 밑 연안이 1급 포인트다. 전반적으로 수심이 깊어서 수위가 어느 정도 빠지는 5월 이후부터 앉을 자리가 생기고 조황도 나아진다. 6월 갈수위엔 글루텐과 옥수수에 월척급까지 마릿수 호황을 보이기도 한다.

안면읍 창기리 209-534

ⓟ 2대 주차

창기지

레이크앤씨
빌리지펜션

레이크앤씨빌리지 앞은
펜션에서 숙박하는 손님들만
낚시할 수 있다.

77번 국도

가을 떡밥 포인트

ⓟ

1.5~2m

보트낚시 포인트

3~4m

1~1.5m

2~3m

석축으로 진입

철조망
ⓟ
4~5대 주차

보트 내리는 곳

3m

※ 보트를 타고 들어갈 수만 있다면 섬이 명포인트다.
5~6자리가 나오며 섬과 섬 사이에 찌를 세우고
낚시를 한다. 갈대 군락이 자라 있다.

※ 새우를 쓰면 씨알이 굵다. 만약 밀어가 달려들면
옥수수, 글루텐, 메주콩, 참붕어를 사용하고
채집된 밀어를 미끼로 쓰기도 한다.

미포수로

3~4m

제방권은 전역이 갈수기 포인트다.

ⓟ

봄·가을 붕어터

ⓟ

부들

77번 국도

행정명칭 ▶ 미포지
지역별칭 ▶ 없음
주소 ▶ 태안군 안면읍 창기리
면적 ▶ 6만4천평
준공연도 ▶ 1983년
인터넷지도 검색명 ▶ 미포저수지
내비게이션 주소 ▶ 안면읍 창기리
209-534

어종과 미끼

주어종 ▶ 붕어
외래어종 ▶ 없음
토착어종 ▶ 잉어, 밀어
잘 듣는 미끼 ▶ 새우, 옥수수, 콩, 지렁이, 참붕어
채집 가능한 생미끼 ▶ 참붕어

태안 반계1호지 (닷개지)

씨 알 ★★★
마릿수 ★★★★
수 질 ★★★★
경 관 ★★★★
주 차 ★★★

Profile

새우낚시 신병훈련소라 할 정도로 새우 미끼가 잘 먹히는 곳이다. 새우에 낚이는 평균 씨알이 6~7치이며 월척은 30cm 초반대가 간간이 올라온다. 포인트가 많고 주차공간도 넓어 시조회터로도 애용된다. 봄보다 가을 조황이 더 뛰어나다. 봄에는 4월 중순부터 보름간이 산란찬스이며 가을엔 마름이 삭은 뒤인 10월 중순부터 11월까지 호기다.

갈대

1m 내외
가을 포인트

1.5~2m
밤낚시 필수

※ 여름에는 수면에 마름이 많이 자란다.
※ 자생 새우의 씨알이 굵고 채집량도 많다.
※ 봄 새우낚시의 경우 초저녁부터 밤 11시에 입질이 집중된다.

갈수선

1~1.2m

떼장·부들

갈대

민박집

닷개지에서 월척이 가장 많이 배출되는 곳. 바닥에 마름 찌꺼기가 쌓여 지저분하므로 채비 안착할 자리의 바닥상태 확인해볼 것.

급경사
낚시 불가

정자

원북면 반계리 1012

황촌리

닷개민박
041-672-4508

80cm~1.5m

민박집 앞에 주차

부들

초봄 포인트
60cm~1m

부들

634

P 3대 주차

★ 저수지 왼쪽 연안(도로변)에서 낚시할 때는 두 곳의 민박집에서 5천원씩 청소비를 받고 있다.

초봄 명당.
수초직공낚시 유리

원북면소재지

어종과 미끼

주어종▶ 붕어
외래어종▶ 없음
토착어종▶ 잉어, 가물치, 동자개
잘 드는 미끼▶ 새우, 옥수수
채집 가능한 생미끼▶
새우, 참붕어

행정명칭▶ 반계1지
지역별칭▶ 닷개지, 신두1호지
주소▶ 태안군 원북면 반계리
면적▶ 7만9천평
준공연도▶ 1930년
인터넷지도 검색명▶ 일호저수지
내비게이션 주소▶
원북면 반계리 1012

태안 반계2호지 (섭벌지)

씨 알 ★★★
마릿수 ★★★
수 질 ★★★
경 관 ★★
주 차 ★★

Profile

새우 미끼로 씨알과 마릿수 재미를 모두 충족할 수 있는 곳. 2000년대 초까지 4짜붕어가 자주 낚였으나 최근엔 4짜를 보기 어려워졌다. 새우에 낚이는 씨알은 7~8치이며 월척은 30~35cm급이 많다. 월척은 물낚시보다 얼음낚시에 더 많이 낚인다. 여름에는 마름이 수면을 덮고 모기 성화가 극심해 낚시하기 어렵다.

무넘기

연 군락

이 구간은 낚시인들로 늘 붐벼서 큰 조과가 없는 편이나 이 자리만큼은 연 군락을 5·6칸대로 넘겨 치면 실패가 없는 자리다.

1~1.5m

1~1.5m
한적한 대물붕어낚시 가능

※ 3월 중순부터 말까지 보름 기간에 호황. 가을은 봄보다 조황이 떨어진다.

※ 새우를 채집해 미끼로 쓴다. 초봄에는 지렁이 사용. 옥내림낚시도 잘 된다.

수심 얕다

가을 포인트

진입하기 상당히 힘들지만 씨알 마릿수 모두 만족시키는 구간

갈대·부들
1~1.2m

섭벌지에서 월척 확률이 가장 높은 포인트

50cm~1m

갈대·부들

얼음낚시 포인트

2m 내외

얼음낚시 포인트

갈수 때 드러나는 둑

수심 얕아 낚시 어려운 구간

50cm~1m

원북면 신두리 367

부들

수심 얕아 4칸 이상 긴 대 유리

얼음낚시 주차 공간

신두리

행정명칭▶ 반계2지
지역별칭▶ 섭벌지, 신두2호지
주소▶ 태안군 원북면 신두리
면적▶ 4만4천평
준공연도▶ 1930년
인터넷지도 검색명▶ 이호저수지
내비게이션 주소▶
원북면 신두리 367

어종과 미끼

주어종▶ 붕어
외래어종▶ 없음
토착어종▶ 잉어, 가물치, 동자개
잘 듣는 미끼▶ 새우, 지렁이, 옥수수
채집 가능한 생미끼▶ 새우, 참붕어

원북면소재지

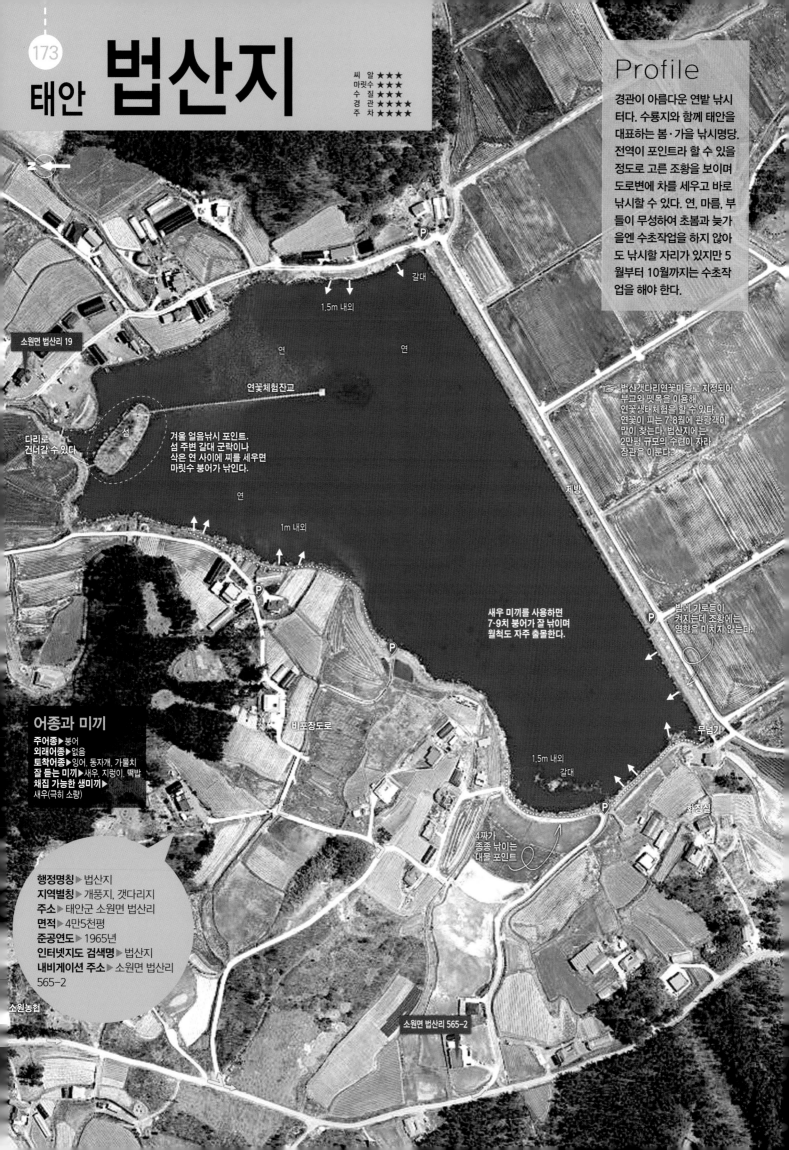

태안 법산지

씨 알 ★★★
마릿수 ★★★
수 질 ★★★
경 관 ★★★★
주 차 ★★★★

Profile

경관이 아름다운 연밭 낚시터다. 수룡지와 함께 태안을 대표하는 봄·가을 낚시명당. 전역이 포인트라 할 수 있을 정도로 고른 조황을 보이며 도로변에 차를 세우고 바로 낚시할 수 있다. 연, 마름, 부들이 무성하여 초봄과 늦가을엔 수초작업을 하지 않아도 낚시할 자리가 있지만 5월부터 10월까지는 수초작업을 해야 한다.

소원면 법산리 19

갈대

1.5m 내외

연   연

연꽃체험잔교

☞ 법산갯다리연꽃마을로 지정되어 부교와 뗏목을 이용해 연꽃생태체험을 할 수 있다. 연꽃이 피는 7·8월에 관광객이 많이 찾는다. 법산지에는 2만평 규모의 수련이 자라 장관을 이룬다.

섬

겨울 얼음낚시 포인트. 섬 주변 갈대 군락이나 삭은 연 사이에 찌를 세우면 마릿수 붕어가 낚인다.

다리로 건너갈 수 있다

연

1m 내외

제방

새우 미끼를 사용하면 7-9치 붕어가 잘 낚이며 월척도 자주 출몰한다.

밤에 가로등이 켜지는데 조황에는 영향을 미치지 않는다.

무넘기

비포장도로

1.5m 내외
갈대

어종과 미끼

주어종 ▶ 붕어
외래어종 ▶ 없음
토착어종 ▶ 잉어, 동자개, 가물치
잘 듣는 미끼 ▶ 새우, 지렁이, 떡밥
채집 가능한 생미끼 ▶ 새우(극히 소량)

4짜가 종종 낚이는 대물 포인트

화장실

행정명칭 ▶ 법산지
지역별칭 ▶ 개풍지, 갯다리지
주소 ▶ 태안군 소원면 법산리
면적 ▶ 4만5천평
준공연도 ▶ 1965년
인터넷지도 검색명 ▶ 법산지
내비게이션 주소 ▶ 소원면 법산리 565-2

소원농협

소원면 법산리 565-2

태안 사창지

씨　알 ★★
마릿수 ★★★★★
수　질 ★★★★
경　관 ★★★★
주　차 ★★★

Profile

야산을 끼고 있는 준계곡지지만 경사가 급하지 않고 수초도 잘 형성되어 붕어낚시 여건이 좋다. 보통 낚이는 붕어 씨알은 5~6치이지만 새우나 참붕어를 미끼로 밤낚시를 하면 준척 월척도 종종 올라온다. 4월과 10월에 붕어가 잘 낚이고 얼음낚시에 마릿수 조황을 보여준다. 가물치가 많아 납자루를 미끼로 쓰면 가물치가 잘 낚인다.

원북면소재지

603

이원면소재지

P

이원면 사창리 146

1.2m

연·갈대

마름

대물 포인트

납자루 미끼가 효과

P

이원면 사창리 74-1

연·마름

최상류에 비해
한적한 1급 포인트

원북면소재지

등산로

1.5m 내외

여름 포인트

어종과 미끼

주어종 ▶ 붕어
외래어종 ▶ 없음
토착어종 ▶ 잉어, 동자개, 가물치
잘 듣는 미끼 ▶ 새우, 참붕어, 옥수수
채집 가능한 생미끼 ▶ 새우, 참붕어, 납자루

※ 맨바닥에선 지렁이, 떡밥, 옥수수를 사용하면
5~6치 붕어가 잘 낚인다.
마름 포인트에서는 잔챙이 성화가 심한데
참붕어를 활용하면 굵은 붕어를 선별해 낚을 수 있다.
밤에는 새우, 낮에는 참붕어나 옥수수 추천

행정명칭 ▶ 사창지
지역별칭 ▶ 없음
주소 ▶ 태안군 이원면 사창리
면적 ▶ 5만1천평
준공연도 ▶ 1952년
인터넷지도 검색명 ▶ 태안 사창저수지
내비게이션 주소 ▶ 이원면 사창리
146(상류)

낮낚시에 마릿수 입질.
옥수수에 붕어가,
납자루 미끼에
가물치가 잘 낚인다.

부들·마름

1.2m

연

N

태안 송현지

씨 알 ★★★★
마릿수 ★★
수 질 ★★★
경 관 ★★★
주 차 ★★★

송현삼거리·태안

Profile

태안 지역에서 붕어 씨알이 가장 굵은 대물터. 이 지역에서 배스가 가장 먼저 들어갔다. 낚이면 4짜 중후반이 대부분이라 할 정도로 씨알이 크며 5짜 붕어가 낚였다는 소문도 있다. 터가 아주 세서 열흘 밤을 새면 두세 번 입질을 받는 정도지만 한 번 4짜 붕어가 낚이면 서너 마리가 하룻밤에 몰아치기 식으로 낚여 속칭 대박을 만날 수 있다.

자리다툼 심한 명당. 5월 초 어리연 잎이 필 때 대물붕어가 낚인다.

1~1.5m

소원면 송현리 산 154-3

1~2m

콧부리 수중턱에서 입질이 잦으므로 수중턱에 채비를 안착시켜야 한다.

여름 포인트

갈수기 보트 포인트

※ 5월 초부터 배수가 시작되는 5월 중순까지가 대물찬스
※ 가을엔 10월 한 달간 유망
※ 옥수수가 잘 먹히며 비가 와서 물색이 탁해질 땐 지렁이도 효과
※ 입질이 약하므로 목줄을 15cm 정도 길게 운용하는 게 좋다
※ 입질 시간대는 초봄엔 새벽과 오전, 가을에는 초저녁

어종과 미끼
주어종▶붕어
외래어종▶배스, 블루길
토착어종▶잉어, 가물치
잘 듣는 미끼▶
옥수수 글루텐, 지렁이
채집 가능한 생미끼▶없음

1m

무넘기

갈수 포인트
1m(갈수시)

5대 주차

배수기·가을 포인트
1~1.2m

의항리·만리지

행정명칭▶ 송현지
지역별칭▶ 없음
주소▶ 태안군 소원면 의항리
면적▶ 3만4천평
준공연도▶ 1982년
인터넷지도 검색명▶ 태안 송현지
내비게이션 주소▶
소원면 송현리 산 154-3

태안 수룡지

씨 알 ★★★
마릿수 ★★★★★
수 질 ★★★
경 관 ★★★★
주 차 ★★★

☞ 수룡지는 신진도항, 몽산포 해수욕장과 가깝고 인근에 고급 펜션과 모텔도 많아 가족여행 낚시터로 적합한 곳이다.

Profile

유료낚시터였으나 2014년 내수면 임대허가기간 종료 후 기존 좌대만 빼고 전역이 무료터로 개방되어 있다. 7치부터 월척급까지 골고루 낚이고 마릿수도 1박2일에 10마리 이상 낚을 만큼 풍족하다. 떡밥과 옥수수를 주로 사용하며 지렁이에는 배스, 블루길이 성화를 부린다. 전 수심이 완만하고 군데군데 수초가 잘 발달되어 좋은 포인트가 많다.

근흥면소재지 ↗

초봄과 늦가을 떡밥낚시에 8치부터 월척급까지 잘 낚인다. 3.2칸대 이상 긴 대 사용

P
4m

수룡모텔

구 관리소
근흥면 마금리 35-11

10대 주차 P

근흥면 수룡리 683-1

새물 유입구

7치 이상으로 20-30수씩 잡을 수도 있는 마릿수 명당. 2.5-3칸 짧은 대에 입질이 잦고 텐트 칠 공간도 많다.

밭주인과의 마찰로 연안낚시 불가로

새물 유입구
P

1.5~2m
봄·가을 명당

1.5~2m

1.5~2m

1.5~2m

2~3m

P 4대 주차

근흥면 마금리 138-3

P

밤낚시를 많이 하며 월척급이 가장 많이 배출되는 곳이다. 미끼는 새우와 옥수수.

묘지

조황 기복 심한 구간

어종과 미끼

주어종 ▶ 붕어
외래어종 ▶ 배스, 블루길
토착어종 ▶ 잉어, 가물치, 메기
잘 듣는 미끼 ▶ 옥수수, 떡밥
채집 가능한 생미끼 ▶ 없음

행정명칭 ▶ 수룡지
지역별칭 ▶ 없음
주소 ▶ 태안군 근흥면 수룡리
면적 ▶ 15만평
준공연도 ▶ 1960년
인터넷지도 검색명 ▶ 태안 수룡지
내비게이션 주소 ▶ 근흥면 마금리 35-11

태안

태안 정죽지 (비석거리지)

씨 알 ★★★
마릿수 ★★★★★
수 질 ★★★
경 관 ★★
주 차 ★★★

어종과 미끼

주어종 ▶ 붕어
외래어종 ▶ 없음
토착어종 ▶ 잉어, 가물치, 동자개
잘 듣는 미끼 ▶ 새우, 참붕어
채집 가능한 생미끼 ▶ 참붕어, 새우

Profile

바다와 접해있는 2면 각지형 저수지다. 붕어 자원이 워낙 풍부해 봄에 지렁이를 쓰면 잔챙이 성화 때문에 낚시를 하기 어려울 정도다. 새우와 참붕어를 미끼로 월척 붕어를 노릴 수 있다. 겨울 얼음낚시가 잘 되는 곳으로도 유명하다. 마름이 수면을 덮는 여름에는 낚시하기 힘들고 마름이 삭는 봄과 가을~겨울이 시즌이다.

행정명칭 ▶ 정죽지
지역별칭 ▶ 비석거리지
주소 ▶ 태안군 근흥면 정죽리
면적 ▶ 3만6천평
준공연도 ▶ 1945년
인터넷지도 검색명 ▶ 정죽지
내비게이션 주소 ▶ 근흥면 정죽리 493-2

☞ 가까운 신진도항에서 신선한 해산물을 맛볼 수 있고 우럭 배낚시도 다녀올 수 있다.

새우와 참붕어는 미끼로 쓸 만큼 충분한 양이 채집되므로 따로 구하지 않아도 된다.
단, 아침에는 지렁이에 씨알이 더 굵게 낚이는 날도 있으므로 아침낚시용 미끼로 지렁이를 준비하길 바란다.

동이 터오면서부터는 잔챙이 성화가 심하므로 초저녁부터 밤낚시에 집중하는 게 좋다.

바다

마름

1.5~2m

마름

펜션 밑에 주차한 후 100m 이상 짐을 메고 걸어가야 한다.

얼음낚시 포인트 2m

갈대

1.2m

P P

P

예소담펜션에 묵는 낚시인에 한해 보트를 타고 건너가서 낚시할 수 있다.

예소담펜션 (010-7554-2391)

얼음낚시 포인트 2m

부들·마름

50cm~1m

부들·마름

태안 ↗

P 저수지 진입로 초입의 수초밭이 최고의 명당

근흥면 정죽리 493-2

골든베이골프앤리조트

정산포

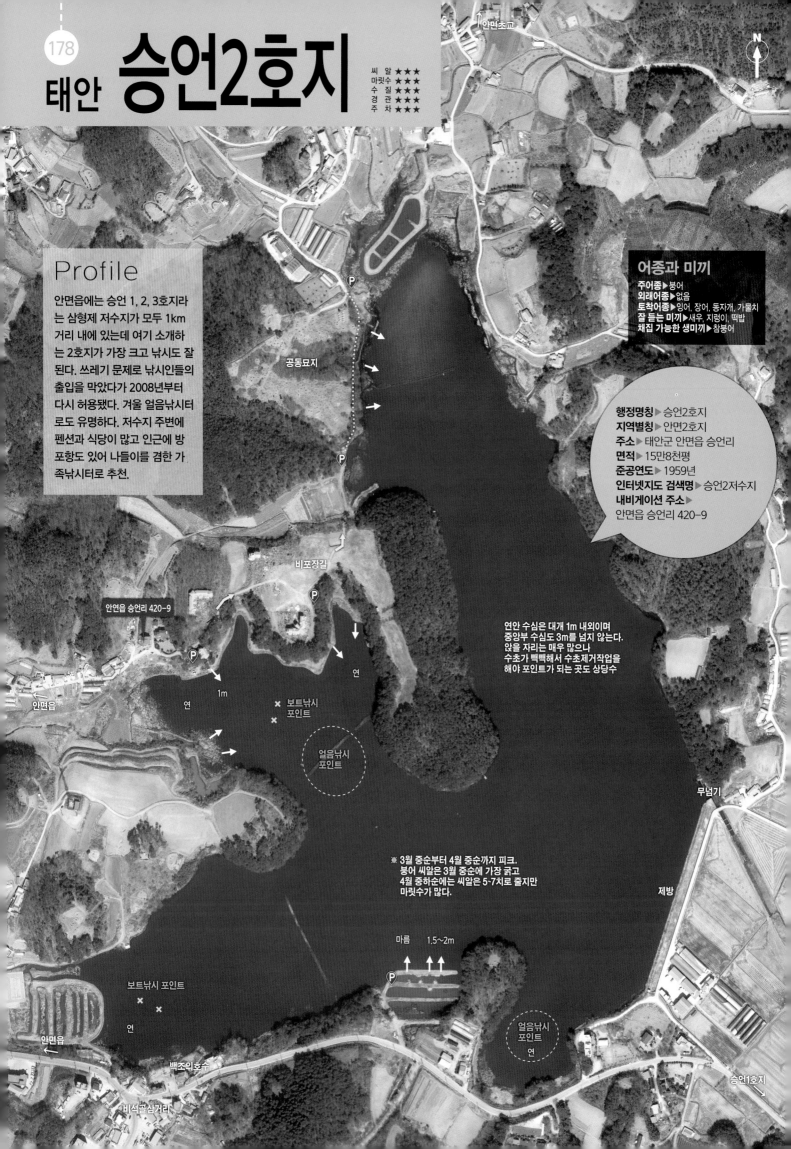

태안 승언2호지

씨 알 ★★★
마릿수 ★★★
수 질 ★★★
경 관 ★★★
주 차 ★★★

안면초교

N

Profile

안면읍에는 승언 1, 2, 3호지라는 삼형제 저수지가 모두 1km 거리 내에 있는데 여기 소개하는 2호지가 가장 크고 낚시도 잘 된다. 쓰레기 문제로 낚시인들의 출입을 막았다가 2008년부터 다시 허용됐다. 겨울 얼음낚시터로도 유명하다. 저수지 주변에 펜션과 식당이 많고 인근에 방포항도 있어 나들이를 겸한 가족낚시터로 추천.

공동묘지

P

어종과 미끼
주어종▶ 붕어
외래어종▶ 없음
토착어종▶ 잉어, 장어, 동자개, 가물치
잘 듣는 미끼▶ 새우, 지렁이, 떡밥
채집 가능한 생미끼▶ 참붕어

P

행정명칭▶ 승언2호지
지역별칭▶ 안면2호지
주소▶ 태안군 안면읍 승언리
면적▶ 15만8천평
준공연도▶ 1959년
인터넷지도 검색명▶ 승언2저수지
내비게이션 주소▶
안면읍 승언리 420-9

비포장길

안연읍 승언리 420-9

P

연

연안 수심은 대개 1m 내외이며
중앙부 수심도 3m를 넘지 않는다.
앉을 자리는 매우 많으나
수초가 빽빽해서 수초제거작업을
해야 포인트가 되는 곳도 상당수

P

연

안면읍

1m

연

보트낚시
포인트

×
×

얼음낚시
포인트

무넘기

제방

※ 3월 중순부터 4월 중순까지 피크.
붕어 씨알은 3월 중순에 가장 굵고
4월 중하순에는 씨알은 5~7치로 줄지만
마릿수가 많다.

마름   1.5~2m

P

보트낚시
포인트

×
×

연

안면읍

얼음낚시
포인트

연

백조의호수

승언1호지

비석골삼거리

승언2호지 가운데 골
세 개의 큰 골이 있는데 가운데 골이 1급 포인트.
갈대와 연, 부들이 어우러져 있다.

새우 미끼에 대형 붕어가 올라온다.
새우가 채집되지 않으므로 낚시점에서 구입
아침과 초저녁 입질이 잦다.

연

1m

P

얼음낚시 포인트

얼음낚시에선
물속제방 주변 1.5m 수심에서
5~8치 붕어가 마릿수로 낚인다.

보트낚시
포인트

연

P

연

1m

P

연

1m

태안 이원호

씨 알 ★★★
마릿수 ★★★★★
수 질 ★★★
경 관 ★★
주 차 ★★★

Profile

이원면 해안의 바다를 막아서 생긴 간척호로서 담수를 시작하자마자 준·월척이 쏟아지면서 중부지역의 명낚시터로 떠올랐다. 이원호의 포인트는 본류와 두 개의 가지수로(이원수로, 방갈리수로)로 나뉜다. 봄과 가을에 좋은 조황을 보이며 여름철엔 씨알이 잘다. 3월의 지렁이 낮낚시, 10월의 새우 밤낚시가 유망하다.

민어도펜션

※ 붕어는 7~9치가 주종이며 월척붕어도 곧잘 낚이나 35cm가 넘는 대물은 귀하다.

※ 계절에 따른 포인트 변화는 거의 없는 편이며 수위에 따라 포인트가 달라진다. 만수일 때는 수로 상류나 샛수로 조황이 좋으며 물이 빠지면 수로 하류 쪽이나 본류를 찾아야 한다.

P

떡밥 포인트(암반)

이원방조제

바 다

연안 갈대

※ 어촌계에서 낚시인들이 새우채집망에 손을 댄다는 이유로 보트낚시를 금지하기도 한다.

진입불가

보트낚시 포인트

석축자리라서 불편하지만 붕어의 길목이라 마릿수가 가능. 수심은 1.5m 내외

P

갈대 군락 (수초직공낚시 가능)

이원면소재지

키을철 명당

이원면 포지리 1100-7

수심 1.5~2m

당산리

수심 0.8~1.2m

석축(도로변 주차가능)

이원수로

황촌리수로

봄철 직공낚시 포인트

갈대·부들 군락

갈대와 부들 산재

상류(낚시불가)

행정명칭 ▶ 이원호
지역별칭 ▶ 이원수로
주소 ▶ 태안군 이원면 관리
면적 ▶ 87만평
준공연도 ▶ 2008년
인터넷지도 검색명 ▶ 이원방조제
내비게이션 주소 ▶ 이원면 포지리 1100-7

어종과 미끼

주어종 ▶ 붕어
외래어종 ▶ 없음
토착어종 ▶ 잉어, 가물치, 동자개, 망둥어
잘 듣는 미끼 ▶ 새우, 참붕어, 지렁이
채집 가능한 생미끼 ▶ 참붕어, 새우

방갈리수로

도로변 주차

상류로 갈수록 수심 얕아 낚시 불가능

방갈리

포지리

방갈리수로 & 황촌수로
부들이 빽빽하게 자라 있어서 2-3월 산란기에 호황을 보이는 곳

N

보트낚시 0.8~1.2m

빽빽한 수초 가운데로 물골 형성. 산란철 수초직공 낚시 포인트

부들
말풀

방갈리수로에서 가장 붐비는 곳. 봄 · 가을철 마릿수 보장 0.8~1.2m

부들+줄풀

방갈리수로

황촌수로

수심보다 물색과 수초 유무를 보고 포인트를 선택할 것

겨울과 초봄엔 중하류보다 최상류 쪽수로의 조황이 낮다.

도로변 전역 갓길 주차 가능

60~70m

부들+갈대

상류로 갈수록 수심은 얕고 부들이 빽빽해져서 낚시 어려움

이원수로
봄부터 겨울 얼음낚시까지 이원호에서 가장 꾸준한 조황 배출

다리

갈대 군락 스윙+수초직공낚시 가능

새우가 최상의 미끼로서 낮밤 상관없이 새우를 쓰면 잔챙이를 피할 수 있으며 마릿수 조과도 가능하다. 백새우 80%, 보리새우 20% 비율로 채집된다.

1.5~2m

여름 포인트
양쪽 연안 석축. 오전부터 낮낚시 잘됨. (채집한 백새우 · 옥수수 · 글루텐 효과)

N

1.5~2m

전역에 갓길 주차 가능

수로폭 60m

당산리

수초 없음

수로형 둠벙 (붕어 · 동자개 · 가물치 서식)

이원면 당산리 1495-1

가을 초겨울 포인트

갈대

갈대+부들 군락

수심 얕음(낚시 불가)

갈대 0.8~1.2m

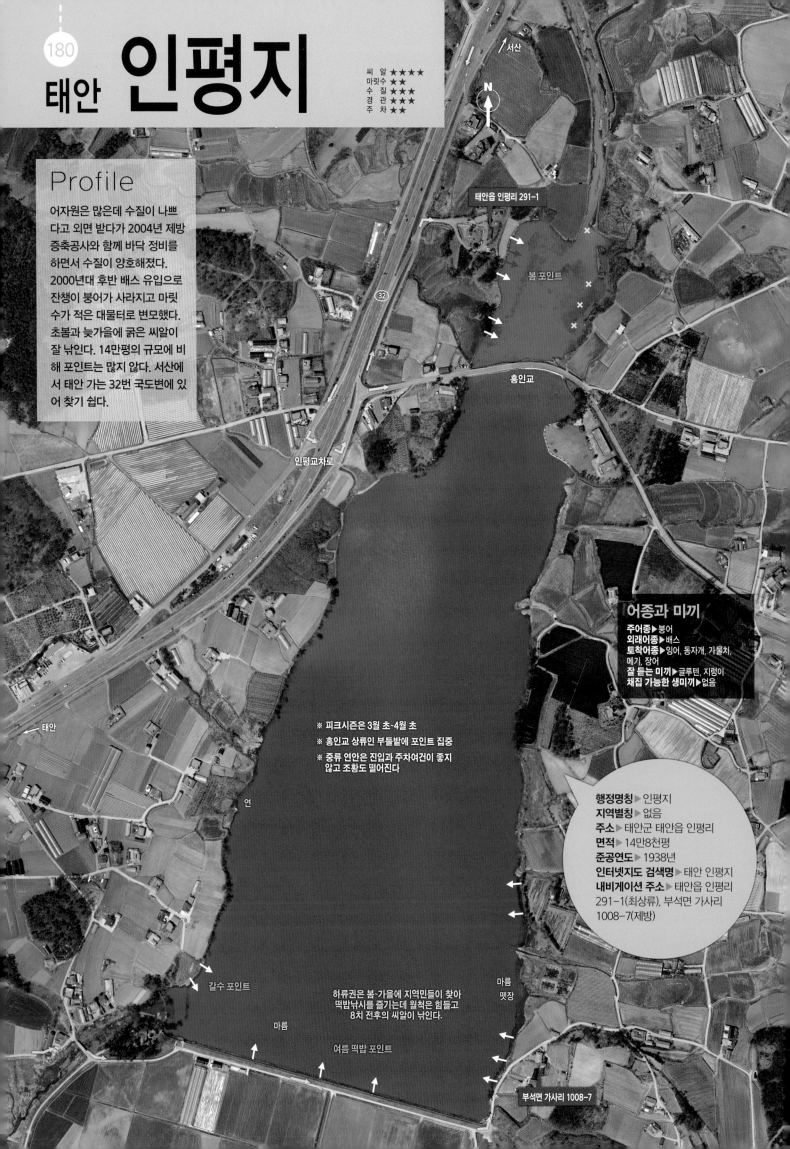

태안 인평지

씨 알 ★★★★
마릿수 ★★
수 질 ★★★
경 관 ★★★
주 차 ★★

Profile

어자원은 많은데 수질이 나쁘다고 외면 받다가 2004년 제방 증축공사와 함께 바닥 정비를 하면서 수질이 양호해졌다. 2000년대 후반 배스 유입으로 잔챙이 붕어가 사라지고 마릿수가 적은 대물터로 변모했다. 초봄과 늦가을에 굵은 씨알이 잘 낚인다. 14만평의 규모에 비해 포인트는 많지 않다. 서산에서 태안 가는 32번 국도변에 있어 찾기 쉽다.

태안읍 인평리 291-1

봄 포인트

32

홍인교

인평교차로

서산

N

태안

↗서산

연

※ 피크시즌은 3월 초~4월 초

※ 홍인교 상류인 부들밭에 포인트 집중

※ 중류 연안은 진입과 주차여건이 좋지 않고 조황도 떨어진다

어종과 미끼

주어종▶ 붕어
외래어종▶ 배스
토착어종▶ 잉어, 동자개, 가물치, 메기, 장어
잘 듣는 미끼▶ 글루텐, 지렁이
채집 가능한 생미끼▶ 없음

행정명칭▶ 인평지
지역별칭▶ 없음
주소▶ 태안군 태안읍 인평리
면적▶ 14만8천평
준공연도▶ 1938년
인터넷지도 검색명▶ 태안 인평지
내비게이션 주소▶ 태안읍 인평리 291-1(최상류), 부석면 가사리 1008-7(제방)

갈수 포인트

마름 뗏장

마름

여름 떡밥 포인트

하류권은 봄~가을에 지역민들이 찾아 떡밥낚시를 즐기는데 월척은 힘들고 8치 전후의 씨알이 낚인다.

부석면 가사리 1008-7

흥인교 상류 만수위를 보이는 봄과 가을에 조황 집중되는 구간

N

부들 등 수초가 밀생하여 바지장화나 개인 좌대, 보트가 있어야 공략 가능한 구간

70~80cm

물골

부들 군락

연안에도 부들

70cm~1m

태안읍 인평리 291-1

P

P

※ 뻘바닥이라 비 온 뒤에는 흙탕물로 변해 조황이 떨어지는 단점이 있다.

부들

흥인교

흥인교 아래쪽도 연과 뗏장, 마름, 갈대 등 다양한 수초가 자라지만 상류에 비하면 조황이 떨어지는 편이다.

P

인평장어 메기집

서산

찌맞춤을 무겁게 하면 미끼가 뻘 속에 파묻혀 안 보이는 경우가 많아 가볍게 맞추는 게 좋다.

태안

태안 죽림지

씨 알 ★★★★
마릿수 ★★★
수 질 ★★
경 관 ★★
주 차 ★★

신진도 →

배스의 개체수가 현저하게 줄어
지렁이를 써도 배스가 잘 낚이지 않는다.

주차 후 바로 앞에서 낚시할 수 있는
포인트가 많고 전 연안을 따라
마름과 뗏장수초가 잘 형성되어 있다.

2014년 7월에
48cm 배출

무넘기

1.5m 부들+갈대

봄·가을 포인트

빛고을식당
041-675-1301

1~2m

603

※ 제방권은 수면에서 높이가 3m에 달해
낚시 여건이 나쁘다.

※ 얼음낚시에선 2-3m 수심을 보이는
저수지 중앙부와 마을 앞 수초대,
상류 산 밑 등에서 붕어가 잘 낚인다.

안흥초교 →

2~3m

1~2m

만수 때 대물 포인트
뗏장수초와 마름이혼재

뗏장·마름

근흥면 정죽리 1712-5

간이화장실

뗏장

도로변 주차

1~2m

마름

상류물 유입구

석축

제방 석축은
좌대나 받침틀을 설치해야
낚시가 가능

P

P

태안·서산 →

투박한 채비보다 옥내림채비나 감도가 높은
바닥낚시용 채비를 쓰는 것이 좋다.
4월이 되면 말풀이 자라 채비 넣을 구멍을 찾기가
쉽지 않은데 그때는 목줄이 긴 옥내림채비보다
5·6cm로 목줄이 짧은 채비가 유리해진다.

행정명칭 ▶ 죽림지
지역별칭 ▶ 없음
주소 ▶ 충남 태안군 근흥면 정죽리
면적 ▶ 5만5천평
준공연도 ▶ 1945년
인터넷지도 검색명 ▶ 태안 죽림지
내비게이션 주소 ▶ 근흥면 정죽리
1712-5(간이화장실 앞)

어종과 미끼

주어종 ▶ 붕어
외래어종 ▶ 배스
토착어종 ▶ 잉어, 가물치
잘 듣는 미끼 ▶ 옥수수, 떡밥, 지렁이
채집 가능한 생미끼 ▶ 없음

Profile

2면 제방 각지로서 4짜
붕어가 빈번하게 낚이는
곳은 아니지만 월척 배출
량만 따진다면 태안 최고
를 자랑한다. 또 얼음낚
시터로도 출조 1순위터
에 꼽힌다. 한때 쓰레기
문제로 낚시를 막았으나
현재는 개방되었고 마을
부녀회에서 5천원의 청
소비를 받고 있다. 3~4
월과 10~11월이 시즌
이다.

태안 지포지

씨 알 ★★★
마릿수 ★★★★
수 질 ★★★
경 관 ★★★★
주 차 ★★★

Z ←

바람아래펜션

누동삼거리

고남면
소재지

Profile

수초 많은 평지지로 마릿수가 뛰어나 빈작이 없다. 초봄과 얼음낚시에 특히 좋은 조황을 보인다. 하지만 봄에는 월척이 드물고 가을 밤낚시와 얼음낚시에 종종 월척이 낚인다. 수면의 절반을 연이 덮고 있으며 연안에 갈대, 부들, 마름, 말풀 등이 밀생해 있어 수초직공낚시 포인트가 많다. 2000년대 후반부터 새우미끼 대물낚시터로 주목받고 있다.

준설한 뒤
낚시 잘 안됨

모석원

▶ 얼음이 녹는 2월 중순부터 3월 중순까지 마릿수 호황
▶ 새우에 낚이는 씨알이 굵으며 옥수수엔 4·5치가 잦은 입질
▶ 주차 후 걸어서 진입하는 포인트가 많은 게 흠

구도로에 주차

홈통 지형으로서 연이
시작되는 경계 지점을
노리면 씨알이 굵게 낚임

P

1.5~2m

부들·갈대

얼음낚시

1.5m
부들·갈대
밀생

갈수 때
드러나는 둔덕

얼음낚시

갈수 때
드러나는 둔덕

공원

P

갈수 때
드러나는 둔덕

얼음낚시

전층낚시
포인트

하절기에는
전 연안에 연 밀생

P

고남면 장곡리 151-19

달형민박

제방 밑 도로에
주차공간 없음

1~2m
대물 포인트

아름다운펜션

P

어종과 미끼

어종 ▶ 붕어
외래어종 ▶ 없음
토착어종 ▶ 가물치, 동자개
잘 듣는 미끼 ▶ 새우, 옥수수, 지렁이
채집 가능한 생미끼 ▶ 새우

행정명칭 ▶ 지포지
지역별칭 ▶ 없음
주소 ▶ 태안군 고남면 장곡리
면적 ▶ 5만8천평
준공연도 ▶ 1960년
인터넷지도 검색명 ▶ 태안 지포지
내비게이션 주소 ▶ 고남면 장곡리
151-19

안면읍 ←

태안 창기지

씨 알 ★★★
마릿수 ★★★★
수 질 ★★★★
경 관 ★★★★
주 차 ★★

→ 황도

Profile

안면도의 관문인 안면대교에서 5분 거리에 있는 준계곡지로서 안면도 최고의 새우낚시터라 할 수 있다. 특히 가을 밤낚시에 새우를 쓰면 7치부터 34~37cm 월척까지 마릿수로 낚을 수 있다. 지렁이와 떡밥엔 잔챙이가 낚인다. 상류에는 갈대와 부들이 넓게 깔려 있으며 전 수면에 마름이 분포해 있다.

갈대
1~1.5m

※ 봄보다 가을 조황이 낫다. 10월 중순부터 하순까지 피크 시즌

※ 자생 새우를 채집해 미끼로 쓴다. 잔챙이 마릿수 입질을 보고 싶다면 옥수수를 쓴다.

※ 가을 새우낚시의 입질시간대는 초저녁부터 밤 11시까지.

가을 포인트

보트 포인트

1.5~2m

뗏장수초

P

안면읍 창기리 209-101

1m
초봄 포인트

뗏장수초

얼음낚시

수몰논둑

얼음낚시

가을 오름수위 포인트

짐을 메고 다소 걸어야 하기 때문에 낚시인들이 붐비는 가을에도 빈자리로 남아있을 때가 많다.

P

가을 새우낚시 포인트
1m

어리연

만수위 포인트로 얕은 곳에서 입질 잦다. 갓낚시가 효과적

어리연
0.8~2m

P

펜션

P

펜션 평일엔 펜션에 양해 구하고 주차 가능

행정명칭 ▶ 창기지
지역별칭 ▶ 없음
주소 ▶ 태안군 안면읍 창기리
면적 ▶ 3만3천평
준공연도 ▶ 1959년
인터넷지도 검색명 ▶ 태안 창기지
내비게이션 주소 ▶ 안면읍 창기리 209-101

어종과 미끼

주어종 ▶ 붕어
외래어종 ▶ 없음
토착어종 ▶ 동자개, 가물치, 장어
잘 듣는 미끼 ▶ 새우, 옥수수
채집 가능한 생미끼 ▶ 새우, 참붕어

↙ 안면대교·홍성IC

태안 창촌지 (관리지)

씨 알 ★★★
마릿수 ★★★★
수 질 ★★★
경 관 ★★★
주 차 ★★

Profile

태안 지역 최고의 새우낚시 마릿수터. 새우터로는 닷개지도 유명하지만 마릿수만 따진다면 창촌지가 한 수 위다. 새우에 6~7치 붕어가 주로 낚이며 월척 씨알은 30cm 초반이 많다. 상류에 뗏장수초가 있고 안쪽에 말풀이 자란다. 봄, 가을은 물론 여름에도 부침 없는 조황을 보이며 얼음낚시가 특히 잘된다.

무넘기

60~70cm

뗏장+말풀

무넘기에 물이 넘칠 때 붕어가 잘 낚인다. 건너편 뗏장수초나 삭은 마름 사이를 새우 미끼로 공략

바다

P

P

갈대

말풀

얼음낚시 포인트

3~4m

물골

말풀

창촌지에서 산란기 월척이 가장 먼저 붙는 포인트

부들

1~2m

바다

P

※ 3월 중순부터 말까지 보름 동안 산란특수
※ 장마가 지나간 뒤 여름엔 무넘기나 하류 쪽에서 붕어가 낚인다
※ 가을엔 마름이 삭는 10월 이후 새우 밤낚시에 월척 자주 출현

이원면 관리 249-2

새우낚시를 하면 밤새 입질이 이어지고 멋진 찌올림을 즐길 수 있다. 옥내림낚시도 잘된다.

얼음낚시 포인트

2~3m

뗏장

1m

뗏장

어종과 미끼

주어종 ▶ 붕어
외래어종 ▶ 없음
토착어종 ▶ 잉어, 가물치, 동자개
잘 듣는 미끼 ▶ 새우, 옥수수
채집 가능한 생미끼 ▶ 새우, 참붕어

P

행정명칭 ▶ 창촌지
지역별칭 ▶ 관리지
주소 ▶ 태안군 이원면 관리
면적 ▶ 1만5천평
준공연도 ▶ 1984년
인터넷지도 검색명 ▶ 태안 창촌지
내비게이션 주소 ▶
이원면 관리 249-2

이원면소재지

홍성 공리지

씨 알 ★★★
마릿수 ★★★★
수 질 ★★★
경 관 ★★★
주 차 ★★★

N

Profile

갈수위 낚시터라고 할 정도로 만수위보다는 갈수위에 호황을 보이는 곳이다. 봄 만수위에선 상류 일부와 도로변 중류 홈통 외에는 낚시할 자리가 없다. 씨알보다 마릿수 조황이 뛰어난 곳으로 배수기인 5~6월에 떡밥, 새우 밤낚시가 잘 된다. 얼음낚시에선 초빙기에 최하류권에서 마릿수 호황을 보인다.

2008년에 상류 일부 준설. 한때 축사 냄새가 심해 낚시인들의 외면을 받기도 했으나 지금은 철거되었다.

상류로 진입하려면 29번 국도 구항교차로에서 오봉리 쪽으로 올라가다가 왼쪽 시멘트길로 진입한다.

P

산란기 오름수위 명당

※ 글루텐떡밥을 쓰면 토종붕어와 떡붕어가 섞여 낚인다.

※ 배스가 있어도 새우가 많이 서식하므로 토종붕어 미끼로 쓰면 좋다.

P

수몰나무
1~1.5m

떡붕어 특급 포인트

→ 갈수위 포인트

→ 갈수위 포인트
2m 전후

P

P

2~3m

※잉어·향어
자주 출몰

1m

만수선

공리마을회관

2~3m
홈통 자리

구항면 공리 21-7

어종과 미끼

주어종▶붕어, 떡붕어
외래어종▶배스, 향어
토착어종▶잉어, 메기
잘 듣는 미끼▶떡밥, 새우
채집 가능한 생미끼▶새우

행정명칭▶공리지
지역별칭▶구항지
주소▶홍성군 구항면 공리
면적▶9만1천평
준공연도▶1985년
인터넷지도 검색명▶공리저수지
내비게이션 주소▶구항면 공리 21-7

← 홍성·홍성IC

구항우체국

홍성 대사지

씨 알 ★★★
마릿수 ★★★
수 질 ★★★★
경 관 ★★★★
주 차 ★★★★

Profile

봄에도 준척급 붕어가 잘 낚이지만 7~8월 오름수위에 만나는 월척 손맛이 대단해서 한번 재미를 본 낚시인은 매년 오름수위 시기에 맞춰 찾는 곳이다. 터가 세서 붕어가 연안에 붙는 특정 시기가 아니면 입질을 보기 어렵다. 낚이는 씨알은 7~8치로서 4짜는 만나기 어렵고 월척은 턱걸이에서 35cm가 주로 낚인다.

← 서산

P

1~1.5m

50-60m 도보 진입
진입로 험함

봄 포인트

수몰 버드나무
지역

Z ←

오름수위가 진행되면 서해안고속도로
교각을 중심으로 포인트 형성. 흙탕물이
일어도 입질한다. 육초작업이 필요하며
수중좌대가 있으면 편리.

갈산면 대사리 104-2

대사교

서해안고속도로

홍성 →

초기 오름수위선

갈수위선

수몰집터

P

낚시인들이
가장 많이
찾는 구간

P

0.8~1.8m

봄 호황터지만 그늘이
지고 경관이 빼어나
여름 피서 포인트로도 추천

제방 밑 300m 지점에서
우회전 진입

어종과 미끼

주어종▶ 붕어
외래어종▶ 없음
토착어종▶ 잉어, 가물치, 납자루
잘 듣는 미끼▶ 지렁이, 새우, 참붕어, 옥수수
채집 가능한 생미끼▶ 새우, 참붕어, 납자루

※ 초봄에 최상류에서, 여름 오름수위 때
교각 아래서 월척이 자주 낚인다.

※ 지렁이, 옥수수, 새우, 참붕어 모두 먹히는데
지렁이가 가장 잘 듣는다.

행정명칭▶ 대사지
지역별칭▶ 대사리지
주소▶ 홍성군 갈산면 대사리
면적▶ 4만8천평
준공연도▶ 1984년
인터넷지도 검색명▶ 홍성 대사지
내비게이션 주소▶ 갈산면 대사리
104-2

배수기 포인트
1~2m

P

배수기 포인트
2m

P

갈산면소재지 →

홍성 벽정지

씨 알 ★★★
마릿수 ★★★
수 질 ★★★
경 관 ★★★★
주 차 ★★★★★

Profile

갈수위와 오름수위에 호황을 보이는 준계곡지. 특히 오름수위에 마릿수 호황을 보여 그때를 기다리는 낚시인들이 있다. 2000년대 중반까지 4~5치가 낚이는 마릿수터였으나 배스가 유입되어 평균 씨알이 7치급으로 굵어졌다. 월척은 30cm 초중반이 대부분. 몇 차례 준설작업을 위해 물을 빼면서 배스 개체수가 많이 줄었다.

광천읍 벽계리 470

1~1.5m

1.5~2m

1~1.5m

마름+뗏장

※ 중상류 연안에 뗏장수초와 마름 형성
※ 미끼는 옥수수가 가장 잘 먹힌다. 특히 옥내림낚시 효과

2m 전후

봄, 오름수위 포인트
연안의 뗏장수초 주변과
마름 사이 공략

1.2~2m

급경사여서
낚시 불가

갈수기 포인트
1.3~2.5m

● 3월 말부터 4월 초에 간간이 월척붕어가 낚이나 출조 타이밍을 맞추기 힘들 정도로 조황 기복이 심하다. 하류에 논이 많아 4월 중순부터 물을 빼기 시작. 대신 갈수기엔 30% 최저수위를 보일 때 제방과 하류 연안에서 생미끼에 굵은 붕어가 잘 낚이며 오름수위 때는 7치부터 월척급까지 확실한 마릿수 조황을 보인다.

갈수기 포인트
(참붕어 미끼 효과)

2~3m

어종과 미끼
주어종▶ 붕어
외래어종▶ 배스
토착어종▶ 잉어
잘 듣는 미끼▶ 옥수수 참붕어, 새우
채집 가능한 생미끼▶ 새우, 참붕어, 납자루

갈수위 4짜 포인트.
긴 대 위주로 대편성,
옥내림낚시와
참붕어 대물낚시
병행하면 효과적

광천읍

행정명칭▶ 벽정지
지역별칭▶ 신곡지
주소▶ 홍성군 광천읍 벽계리
면적▶ 3만평
준공연도▶ 1945년
인터넷지도 검색명▶ 홍성 벽정지
내비게이션 주소▶
광천읍 벽계리 470

홍성 **월암지** (봉서지)

씨 알	★★★★
마릿수	★★★
수 질	★★★
경 관	★★★★
주 차	★★★★

N

Profile

2000년대 초에 축사의 유입수를 차단하여 수질이 개선되고 배스가 유입된 후 붕어 씨알이 준척 월척급으로 성장하면서 대물터로 자리매김한 곳. 그 전에는 6~8치 붕어가 잘 낚였어도 축산폐수 유입으로 수질이 나빠서 기피하는 낚시인들이 많았다. 낚이는 붕어 씨알은 35cm 후반급이 많으며 간혹 40cm 초반의 대물도 올라온다.

→ 예당지

금마면 봉서리 69-3
통나무펜션

봄에 월척 출현 잦은 곳.
개인 수중좌대 설치하면
낚시 가능한 자리

버드나무

P 5대 주차

갈대

초봄 포인트

↑ 홍성
추모공원

사유지
(진입통제)

갈대

0.8~1.2m

연안 갈대, 줄풀을
짧은 대로 공략, 경사
심해 개인 접지좌대
있으면 편리

봄 포인트

도로변 주차

2~2.5m
갈대
가을 포인트

P

갈대

1~1.5m

한 자리밖에 나오지
않으나 4칸대 거리의
수중턱에서 월척 확률 높다

한주골낚시별장

P

뗏장

1~2m

가을·배수기 포인트

※3월 중순부터 4월 초가 피크 시즌
※10월에는 봄처럼 씨알이 크진 않아도 7-9치 마릿수 배출
※봄 산란기 미끼는 지렁이. 떡밥을 쓰면 떡붕어가 붙고 옥수수엔 씨알이 잘다.

2~2.5m
배수기 포인트

616

무넘기

홍성 ↓

행정명칭 ▶ 월암지
지역별칭 ▶ 봉서지
주소 ▶ 홍성군 금마면 봉서리
면적 ▶ 2만4천평
준공연도 ▶ 1992년
인터넷지도 검색명 ▶ 홍성 봉서제
내비게이션 주소 ▶ 금마면 봉서리
69-3

어종과 미끼

주어종 ▶ 붕어
외래어종 ▶ 배스
토착어종 ▶ 떡붕어, 잉어, 동자개
잘 듣는 미끼 ▶ 글루텐떡밥, 지렁이, 옥수수, 새우
채집 가능한 생미끼 ▶ 없음

홍성 장곡지

(죽전지)

씨 알 ★★★
마릿수 ★★★★★
수 질 ★★★
경 관 ★★★
주 차 ★★★★

Profile

홍성에서 홍동지와 함께 물낚시가 일찍 시작되는 초봄낚시터다. 포인트가 도로에 인접해 있고 상류에 앉을 자리가 많아 단체출조지로 인기가 높고 얼음낚시 조황도 좋다. 네모난 형태의 평지지로서 줄풀, 수몰나무 등이 포인트를 형성하고 있다. 붕어 씨알은 5~8치로 다양한 편이며 월척은 30cm 초반이 많다. 토종붕어와 떡붕어의 비율은 6:4.

P

갈수위·떡붕어 포인트
2m 전후

1~2m

1.5m전후

P

P 후진 주차

1.4m

글루텐과 지렁이 깐밥에 토종붕어와 떡붕어가 함께 잘 낚인다.

※3월 말~4월 초 산란 특수를 맞는다.
※5~6월 갈수위엔 제방을 중심으로 떡붕어 전층낚시 활기
※글루텐이 주로 쓰이며 봄에는 지렁이도 쓴다. 옥수수를 쓸 때는 찌맞춤을 가볍게 할 것. 가을엔 참붕어가 잘 먹힌다.

1.5~2m

도로변 주차

광천읍

월척이 가장 많이 낚이는 자리. 외바늘채비로 수몰나무 사이 공략. 줄풀대에선 수초직공낚시 유리

P

2m 전후

0.8~1.5m
줄풀·수몰나무

어종과 미끼

주어종▶ 붕어
외래어종▶ 없음
토착어종▶ 떡붕어, 잉어, 가물치, 메기
잘 듣는 미끼▶ 떡밥, 지렁이, 옥수수, 참붕어
채집 가능한 생미끼▶ 새우, 참붕어

행정명칭▶ 장곡지
지역별칭▶ 죽전지, 광천지
주소▶ 홍성군 장곡면 죽전리
면적▶ 8만8천평
준공연도▶ 1978년
인터넷지도 검색명▶ 홍성 장곡지
내비게이션 주소▶ 장곡면 오성리 321-1

장곡면 오성리 321-1

광천읍

홍성 천태지 (행정지)

씨 알 ★★★
마릿수 ★★★
수 질 ★★★
경 관 ★★★
주 차 ★★★★

Profile

마릿수가 좋고 주차여건도 편해 단체출조지로 인기 높은 저수지다. 배스가 유입된 뒤로 평균 7~8치로 붕어 씨알이 굵어졌으며 월척은 턱걸이급이 많다. 떡붕어터로도 인기가 높은데 토종붕어와 비율은 5:5로 비슷한 편. 하트 모양으로 생긴 저수지의 양쪽 골 상류에 뗏장수초와 부들, 버드나무가 포인트를 형성하고 있다.

N

월계

봄 포인트

1~2m

만수위에 잠기면 붕어 유입되어 잘 낚이나 잔챙이급이 많음

행정리2구 마을회관

P 10대 주차

장곡면 행정리 124-1

행정 2교

P

P

1.5~2m

P

※ 3월 중순부터 4월 초에 산란찬스
※ 5~6월엔 하류와 제방에서 떡붕어 전층낚시
※ 옥수수와 떡밥에 입질 잦다. 참붕어는 많으나 미끼 효과 없는 편

1.5~2.5m
떡붕어 포인트

행정1구 마을회관

장곡면소재지
행정1교

봄·가을 만수 포인트
1~1.5m

갈수 포인트
1~1.8m

무넘기

떡붕어 포인트

P

배수가 진행되면 수몰나무가 드러나서 포인트 형성

뗏장수초와 버드나무가 형성되어 있어 만수위를 이루는 봄과 가을엔 항상 붕어가 붙어 있는 곳.

광시면소재지

행정명칭 ▶ 천태지
지역별칭 ▶ 행정지
주소 ▶ 홍성군 장곡면 행정리
면적 ▶ 10만7천평
준공연도 ▶ 2005년
인터넷지도 검색명 ▶ 홍성 천태지
내비게이션 주소 ▶ 장곡면 행정리 124-1

어종과 미끼

주어종 ▶ 붕어, 떡붕어
외래어종 ▶ 배스
토착어종 ▶ 잉어, 메기, 동자개, 가물치, 장어, 동사리
잘 듣는 미끼 ▶ 옥수수, 글루텐, 지렁이
채집 가능한 생미끼 ▶ 참붕어, 소량의 새우

홍성 **홍동지** (장곡지)

씨 알 ★★★
마릿수 ★★★★
수 질 ★★★★
경 관 ★★
주 차 ★★★

Profile

홍성에서 물낚시가 가장 빨리 시작되며 포인트가 다양해서 대물낚시, 수초직공낚시, 전층 낚시를 두루 즐길 수 있다. 신병 훈련소라 할 정도로 마릿수 조황이 뛰어나다. 한때 수질이 악화되어 외면받기도 했지만 농어촌공사에서 상류에 인공습지를 만드는 등 수질관리에 신경을 써 많이 나아졌고 인공습지는 새로운 붕어 포인트로 각광받고 있다.

2월 말부터 물낚시가 시작되어 4월 초·중순 보름 기간에 피크호황 보인다. 가을엔 10월 말부터 11월 초에 낚이는 씨알이 굵고 12월까지 붕어가 낚인다.

말풀

P

초봄 만수위 1급 포인트

1~1.8m

1~1.8m

홍동 인공습지

2천평 크기의 인공습지로 수위 변동이 없고 흙탕물이 일지 않아 늘 안정된 조과. 갈대, 부들, 말풀 등의 수초가 가득 차있다. 새우 미끼에 38cm까지 낚였다.

부들

얼음낚시 포인트

P

1m

도로변 주차 가능

1~1.5m

부들

1~1.5m

차량 진입 가능

P

광천읍·광천 IC

1~1.5m

1~1.5m

봄, 가을 포인트로 바닥이 깨끗해
내림낚시에 마릿수 조황.

1~1.5m

뒤쪽 야산이 북서풍을 막아주어
동절기에 아늑하다. 마릿수는 적지만
씨알이 굵다.

수몰나무+뗏장

갈수위 토종붕어포인트
만수위 떡붕어 포인트

※붕어는 7치가 주종이며 월척은 30cm 초반이 많다.
※월척은 물낚시보다 얼음낚시에서 잘 낚인다.
※떡밥+지렁이 짝밥 활용. 옥수수엔 잔챙이 입질 많다.
 참붕어와 새우에 굵은 씨알.

홍성·홍성 IC

장곡면 지정리 654-7

어종과 미끼

주어종▶붕어
외래어종▶없음
토착어종▶떡붕어, 잉어, 가물치, 메기,
 동자개
잘 듣는 미끼▶새우, 참붕어, 떡밥,
 지렁이, 옥수수
채집 가능한 생미끼▶새우, 참붕어

행정명칭▶홍동지
지역별칭▶장곡지, 화신지
주소▶홍성군 장곡면 지정리
면적▶14만5천평
준공연도▶1955년
인터넷지도 검색명▶
홍성 화신저수지
내비게이션 주▶장곡면 지정리
654-7

색 인

이 책은 항공사진집이기 때문에 대부분의 항공사진에 페이지가 보이지 않습니다. 그 대신 저수지 번호로 해당 페이지를 찾을 수 있게끔 색인에 저수지 번호(1번부터 191번까지)를 표기하였습니다.

하늘에서 본
낚시터 대백과 경기·강원·충청편

지은이 낚시춘추 편집부
펴낸이 정규도
펴낸곳 황금시간

초판 2쇄 발행 2022년 4월 13일

편집 허만갑 이기선 이영규
디자인 김광규

공급처 (주)다락원 (02)736-2031
출판등록 제406-2007-00002호

주소 경기도 파주시 문발로 211
주문전화 (02)736-2031(내선 800, 803)

Copyright ⓒ 2019, 황금시간

ISBN 979-11-87100-69-0 93690

이 책의 내용을 무단 복제하는 것은 저작권법에 의해 금지되어 있습니다.
이 책 내용의 전부 또는 일부를 이용하려면 반드시 낚시춘추와 황금시간의
서면 동의를 받아야 합니다.

책값은 뒤표지에 있습니다.
파본이나 잘못된 책은 교환해 드립니다